日本赤十字社と人道援助

黒沢文貴　河合利修 編

東京大学出版会

The History of the Japanese Red Cross Society and Humanitarian Assistance

Fumitaka Kurosawa and Toshinobu Kawai, editors

University of Tokyo Press, 2009
ISBN 978-4-13-026221-7

はじめに

黒沢文貴

一　近代的人道援助の創始者としての赤十字

難民は可哀相だから施しをあげるのではなくて、尊敬すべき人間だから、人間としての尊厳をまっとうさせるために援助する。最終的に、人間を生き延びさせる選択を取るしか仕方がない。そうすれば、もう一回生きるチャンスがでてくる。殺されれば、それまでだから。

これは、国連難民高等弁務官を務められた緒方貞子氏（現国際協力機構理事長）が、NHK教育テレビ「ETV二〇〇二　シリーズ緒方貞子の仕事」(1)のなかで、インタヴューに答えて語った言葉である。緒方氏が携わった難民問題をはじめとする、戦争や武力紛争、また国内紛争にもとづき発生する人道的危機や、地震・津波・台風などの自然災害による大量の死傷者と避難民の発生、そして飢饉、飢餓などの、人間の生命と尊厳を脅かす問題は、二一世紀においても止むことなくつづいている。

そうした人道的惨事にたいして、今日では、非軍事的手段によるさまざまな救援活動が、国境を越えて活発に繰り広げられている。その担い手も、国家のみならず、国連などの国際機関、地域機構、NGOなどの非国家的行為体、そして個人など、実にさまざまである。いわば人道的惨事が拡大し深刻化するにつれて、人道援助の担い手も拡大し、多様化してきたといえよう。

そうした人道援助の歴史を紐解くとき、その先駆者としての位置にあるのが、赤十字である。一九世紀の中葉、スイスの実業家アンリ・デュナンの提唱から生まれた赤十字とジュネーブ条約（赤十字条約）こそが、今日のさまざまな人道援助活動と理念の大きな出発点のひとつとなっている。

すなわち、赤十字は、戦地（紛争地）において非国家的機関が敵味方等の区別なく、しかもなんの宗教的背景や営利目的、また政治的利害関係をもたずに救護・援助活動をおこなうという、近代的な人道援助のあり方の創始者ともいうべき名誉ある地位を占めている。また、その活動の国際法上の根拠をなし、それゆえに赤十字とは表裏一体の関係にあるジュネーブ条約（赤十字条約）は、これまた国際人道法（戦時国際法、戦争法、武力紛争法とも呼ばれる）の先駆けとして重要な位置を占めている。

もちろん赤十字とジュネーブ条約の歴史そのものも、二つの世界大戦を含む多くの武力紛争の影響を受けて、その内容を拡大し、深化させてきた歴史である。現在、国際赤十字は、一九八六（昭和六一）年の第二五回赤十字国際会議の決議にもとづき、自らをたんなる機関とか団体とは呼ばずに、国際赤十字・赤新月運動と呼んでいる。運動とは、「同じ理想や目的を分かち合う人々の集団」であり、「目的を達するために活動すること」[2]を意味している。

したがって国際赤十字・赤新月運動とは、赤十字の理想と目的を共有する人々や集団であり、それらの活動のことである。ちなみに赤新月とは、多くのイスラム諸国で赤十字の代わりに用いられている赤い三日月の標章のことで、赤十字と同じ意味をもつものである。

そして、そうした運動を構成するのが、つぎの三つの機関、すなわち戦時救護を目的として一八六三（文久三）年に設立された、最初の赤十字機関である赤十字国際委員会（International Committee of the Red Cross, ICRC）、その翌年から各国に設立された各国赤十字社・赤新月社（National Societies　日本赤十字社はアジア初の社として一八八七年に世界で一九番目に加盟、二〇〇七年三月時点で世界一八六ヶ国）、一九一九（大正八）年に日本赤十字社をはじめとする日英米仏伊の五社の提唱により設立された、平時事業を主目的とする赤十字社連盟（League of Red Cross Societies 連盟[3]）であり、それらは戦前期から密接に連繋しながら今日にいたっている。

赤十字は、もともとは「戦いの中にも慈悲を（inter arma caritas）」（「戦場に博愛を」とも訳される）をスローガンとして、戦時救護を目的として設立されたものである。しかしその後、平時における災害救護や防災活動、看護教育、保健衛生事業等にも活動内容を拡大させ、今日では平戦両時を通じて、また国内外を越えて、さらに国籍、人種、民族、宗教、思想、政治などを超えて、「人道を通じて平和へ（per humanitatem ad pacem）」（一九八四年赤十字国際標語）を達成するために、世界中で人道活動を展開している。それゆえ先に述べたように、今日人道援助の担い手が多様化するなかにあっても、赤十字は依然として、その主要な位置を占めつづけているのである。

日本においても、近年とみに人道援助への関心が高まっている。多くのＮＧＯや個人がさまざまな分野で、とくに国や政府関係機関の援助がおよばない、もしくは不十分な地域や対象にたいしても、それぞれのやり方で、地道な粘り強い援助活動を展開している。日本赤十字社の活動も、そのなかの主要なひとつである。

ただし湾岸戦争以後、「国際貢献」をめぐる議論のなかで、国連の平和維持活動（ＰＫＯ）への参加というかたちでの自衛隊の海外派遣が実現し、さらに二〇〇一（平成一三）年に起こった九・一一後の自衛隊のイラク派遣やインド洋への派遣、有事関連法の整備、また二〇〇七年に防衛庁が防衛省に昇格し、自衛隊の本来任務として海外派遣が明記されるなど、民間による人道援助を考えるうえでも、そのとりまく環境には国内外で大きな変化が生じている。たとえば日本赤十字社に限ってみても、第二次世界大戦後の平和憲法下で基本的には業務外とされた戦時救護活動について、現在あらためて検討する必要に迫られている。

このようななかにあって、日本における人道援助、とりわけ非軍事的手段による人道援助のあり方を考察するうえで、日本赤十字社のこれまでの活動の歴史、とくに戦前の歴史を振り返ることは、きわめて有益なことと思われる。なぜなら、日本近現代において「人道」という普遍的理念にもとづく援助活動を、国際的なつながりをもちながら展開した組織は、日本赤十字社（一八七七年に設立された博愛社を八七年に改称）をもってはじまりとするのであり、実際上においても、戦前期に日本内外で人道援助をおこなった最大の組織が、日本赤十字社であったからである。

西洋先進国から提起された「人道」援助という理念が、どのように日本において受容され、展開されたのか。その過程における日本赤十字社（その前身である博愛社）と政府・軍や皇室との関係はいかなるものであったのか、またそれらが日赤の活動にどのような影響をおよぼしたのか。さらに国民・社会との関係もどのようなものであったのか。そして日赤のもつ国際的側面と国内機関としての側面は、その関係性も含めていかなるものであったのか。

そうした問いに答えることは、近現代日本における人道援助の歴史を明らかにするうえで重要な第一歩となるのであり、さらには日本での「人道」理念のあり方を考察するための一助となるのではないかと思われる。いずれにせよ、前身の博愛社時代から数えて一三〇年余の長い歴史と伝統をもつ日本赤十字社の経験と実績を検討することは、日本人の人道援助を歴史的に考察するうえで必要不可欠な作業といえよう。

二　本書の研究上の位置

日本赤十字社の歴史は、その高い知名度に反して、一般的にはあまりよく知られていない。たとえば、戦前の歴史をもっともよく伝えているのは、主として日赤自身が編纂した著作物である。具体的には、一八七七年から一九〇七年までを記録する日本赤十字社編『日本赤十字社史稿』（日本赤十字社、一九一一年）、一九〇八年から一九二二年までを扱う同編『日本赤十字社史続稿』上下巻（日本赤十字社、一九二九年）、一九二三年から一九三五年までの同編『日本赤十字社社史稿』第四巻（日本赤十字社、一九五七年）、そして一九三六年から一九四五年までを記録した同編『日本赤十字社社史稿』第五巻（日本赤十字社、一九六九年）の五冊であり、さらに明治期に関する主たる文献としては、博愛社編（神戸務著）『日本赤十字社沿革史』（博愛社、一九〇三年）と川俣馨一（日本赤十字社校訂）『日本赤十字社発達史』（日本赤十字社発達史発行所、一九一一年）の二冊がある。しかしそれらは、いずれも当時の日赤が所蔵していた原史料にもとづくものであり、その意味でそれ自身が史料書的意味合いをもっているうえに、今日まったく流布していないため、一般に入手したり、図書館で借りて読むこともきわめて困難である。[4][5][6]

さらに研究書の類もさして多くはなく、ここではたとえば、亀山美知子『近代日本看護史Ⅰ　日本赤十字社と看護婦』（ドメス出版、一九八三年）、同『近代日本看護史Ⅱ　戦争と看護』（ドメス出版、一九九七年）、吹浦忠正『赤十字とアンリ・デュナン――戦争とヒューマニティの相剋』（中央公論社、一九九一年）、桝居孝『世界と日本の赤十字』（タイムス、一九九九年）、吉川龍子『日赤の創始者　佐野常民』（吉川弘文館、二〇〇一年）、井上忠男『戦争と救済の文明史――赤十字と国際人道法のなりたち』（ＰＨＰ研究所、二〇〇三年）、大川四郎編訳『欧米人捕虜と赤十字活動――パラヴィチーニ博士の復権』（論創社、二〇〇六年）、川口啓子・黒川章子編『従軍看護婦と日本赤十字社――その歴史と従軍証言』（文理閣、二〇〇八年）、そしてオリーブ・チェックランド（工藤教和訳）『天皇と赤十字――日本の人道主義一〇〇年』（法政大学出版局、二〇〇二年）などをあげるにとどめる。[7]

いずれにせよ、日本赤十字社に関する学術的研究は、これまで活発になされてきたとはいいがたい。それは第一に、人道援助そのものにたいする一般的な関心の高まりが、湾岸戦争以降の「国際貢献」をめぐる議論に触発された側面があり、それゆえ比較的近年に属する現象であること、第二に、戦前・戦後の日本赤十字社の歴史にたいする認識不足を背景とする日赤の活動自体への関心の低さ、第三に、とくに研究者にとっては、日赤の所蔵していた原史料への接近の困難さ（史料の消失・散逸のほか、非公開措置等に起因する）などの要因が、主としてあったためである。それゆえ前掲の執筆者の多くも、実際には日赤に在籍していたり、なんらかのかたちで関わりをもっていた人たちが多いというのが実情である。いわば一般の研究者の参入が、ほとんどなかった研究分野であったといえよう。

しかし、そうした研究状況を一変させうる史料上の変化が、二〇〇五年に起こった。それは、博物館明治村が所蔵していた昭和初期頃までを主とする日本赤十字社本社関係の残存史料が一括して、日本赤十字豊田看護大学に移管され、研究者がそれを利用することが可能になったからである。

そこで、同大学でそれらの日赤史料の管理担当者となった河合利修（国際法）の呼びかけに応じて、小菅信子（国際関係論）、喜多義人（国際法）、黒沢文貴（日本近代史）の四名で史料の調査・研究をおこなう共同研究が、二〇〇五年度の学校法人日本赤十字学園助成金をもとに組織されることになり、その成果が所蔵史料の目録一覧を含めて、河合編『赤十字史料による人道活動の展開に関する研究報告書』（日本赤十字豊田看護大学、二〇〇七年三月）としてまとめられた。その後共同研究は、さらに千田武志（日本軍事・医療史）を加えて継続され、その結果ここに共同研究の成果として、一書が編まれることになったのである。

したがって本書の特色は、第一に、これまで研究の乏しかった日本赤十字社を対象とする学術書であること、第二に、これまで利用されることのなかった日本赤十字社本社関係の原史料を利用した研究成果であること、第三に、博愛社・日赤の誕生から昭和初年までの主要な活動に考察の力点をおきながらも、現在までを視野に収めた通史的研究であること、にある。

ただし、すでに触れたように、赤十字活動の範囲はかなり多岐にわたる。それゆえそのすべてを網羅することは難しいため、本書ではまず、日本赤十字社の誕生と組織のあり方について概観し（序章）、博愛社から日本赤十字社への展開を考察したあと（第一章）、赤十字運動のそもそもの出発点である戦時救護の問題を主軸として取りあげ（第二章―第七章、第一〇章）、それに災害救護や保健衛生事業などの平時事業（第八章）や地域社会との関係（第五章）、また日本がその創設に主導的役割を果たした赤十字社連盟をはじめとする日赤の国際的側面（第九章）などの諸問題を加え、最後に二つの世界大戦と赤十字および日赤との関係の意味を探る（終章）という構成をとることにした。(8)

なお、本書が取り扱う時代の範囲に関しても、あらためて言及しておきたい。すでに述べたように、主たる考察の対象とするのは昭和初年までの時期であり、太平洋戦争の終結期までを本格的に扱うものではない。その主な要因は、日赤豊田看護大学の所蔵史料、とりわけ戦時救護文書が、明治期から昭和初期までしかないということに起因する。日中戦争から太平洋戦争までの時期、とくに日赤がその全精力を傾けた太平洋戦争期の戦時救護関係の原史料は日赤本社に保管されており、本書を企画した二〇〇八年初旬の段階では、依然として非公開のままであった。(9)したがって、そうした史料状況が直接的な要因である。

しかし、より積極的な要因をあげれば、明治期から昭和初期のいわゆる「大正デモクラシー」までの時期と日中戦争・太平洋戦争期との間には、日本近代史上明確な時期区分を引くことができるからである。それは、ひとことでいえば、両時代における西洋世界との距離感の違いである。両時代の違いは、西洋的な「文明国」標準を必死に習得することで、なんとか西洋国際社会への仲間入りを果たそうとしていた明治・大正期の日本から、むしろ日本の自立と独自性に価値をおき、反西洋的な風潮（近代の超克）に傾斜した昭和戦前期の日本への変化として理解することができるが、日本赤十字社の活動や独立性も、当然そうした時代状況の変化に大きな影響を受けることになったからである。

たとえば、日赤の戦時救護活動の対象となった敵国捕虜の日本軍による取り扱いは、模範的とされた日露戦争期や日独戦争（第一次世界大戦）期から、戦後の戦争犯罪裁判でその虐待を問われることになる太平洋戦争期へと大きく変化したが、(10)それは戦時国際法、すなわちジュネーブ条約（目的は武力紛争犠牲者の保護）とハーグ条約（目的は戦う方法・手段の規制、条約附属書で捕虜取り扱いを規定）にたいする政府・軍の態度の転換を背景とするものであり、それゆえジュネーブ条約に活動の国際法的根拠をおく日赤も、必然的にその荒波にもまれることになったのである。いわば日赤の戦時救護活動の前提そのものが、両時代では様変わりしてしまっていたのである。

その意味において本書では、まずはひとつのまとまりをもった時代としてとらえることのできる明治期から昭和初年までの時代の日本赤十字社を、主たる考察の対象とすることにした。今後はさらに、それらの考察を踏まえて、日中戦争・太平洋戦争期の日赤の活動の実態を明らかにし、それにつづく戦後の日赤のあり方にも本格的な研究範囲を広げていきたいと思っている。

以上述べてきたように、明治期から昭和初年にかけての時代を主要な研究対象とする本書は、一八七七（明治一〇）年に設立された博愛社が、その一〇年後に日本赤十字社となり、世界的な赤十字運動の一翼を担うなかで、近代日本が経験した戦争と災害における戦時・平時の救護活動等をとおして、日本内外でどのような位置を占めるようになったのかを考察しようとするものである。同時にそれは、近代日本における人道援助の歴史の中核部分を明らかにしようとする試みでもある。

（1）　二〇〇二年二月一一日放送。なお引用に際しては、発言の趣旨を損なわない範囲で、若干の整除を施している。

（2）　日本赤十字社国際部編『赤十字と国際人道法――普及のためのハンドブック』（株式会社日赤会館発行、二〇〇六年）二頁。なお赤十字と国際人道法に関する文献は多数あるが、本稿においては前掲書のほか、主として以下の文献を参考にした。日本赤十字社事業局国際部企画課編『赤十字関係者のための国際人道法普及入門』（株式会社日赤会館発行、二〇〇〇年）、日本赤十字社編『国際赤十字のしくみと活動』（日本赤十字社発行、二〇〇六年）、日本赤十字社編『日本赤十字社の国際活動二〇〇六』（日本赤十字社発行、二〇〇六年）、ジャン・ピクテ（井上忠男訳）『国際人道法の発展と諸原則』（株式会社日赤会館発行、二〇〇〇年）。

（3）　赤十字社連盟はその後、二度にわたり名称が変更されている。まず一九八三年に、赤十字・赤新月社連盟（League of Red

Cross and Red Crescent Societies)、つぎに一九九一年に、国際赤十字・赤新月社連盟（International Federation of Red Cross and Red Crescent Societies)。

（4）書名は、本の表紙と背表紙にもとづくものである。奥付と表題紙には、『日本赤十字社史続稿』第四巻と記されている。

（5）増補訂正版が一九〇五年二月に出版されている。ちなみに日露戦争終結の翌年七月には、一六版となっている。なお栗原芳『日本赤十字社沿革史　全』（博愛館、一九〇三年一二月、一九〇五年四月再版）という本が存在する。これは、神戸『沿革史』の第一章から第一四章までを収録するほか、「日本赤十字社現在職員」「忠愛亀鑑」等を掲載している本である。

（6）違う版として、川俣『日本赤十字社発達史』（訂正増補版、日本赤十字社発達史発行所、一九一三年）、川俣『日本赤十字社発達史　全』（明文社、一九一五年）がある。なお尚文社編（神戸務著）『日本赤十字社発達史』（尚文社、一九〇六年七月）と帝国廃兵慰藉会編（神戸務著）『日本赤十字社発達史』（帝国廃兵慰藉会、一九〇六年一二月）という同書名の本があるが、川俣『発達史』とは異なる本である。ただしこの二冊の神戸『発達史』の内容は、まったく同じである。さらに藤牧左門（著作権者）『日本赤十字社発達史』（帝国廃兵慰藉会、一九〇七年、確認の限りでは一九〇八年版も存在）もあるが、これは神戸『発達史』と同じ内容である。

（7）翻訳のない主要な外国語文献としては、以下を参照されたい。いずれもＩＣＲＣと各国赤十字社の歴史を取り扱っている。Pierre Boissier, *From Solferino to Tsushima : History of the International Committee of the Red Cross*, Geneva, Henry Dunant Institute, 1985. André Durand, *From Sarajevo to Hiroshima : History of the International Committee of the Red Cross*, Geneva, Henry Dunant Institute, 1984. John F. Hutchinson, *Champions of Charity : War and the Rise of the Red Cross*, Boulder/Oxford, Westview Press, 1996. Caroline Moorehead, *Dunant's Dream : War, Switzerland and the History of the Red Cross*, London, Harper Collins, 1998.

（8）本書では正面から取りあげることはできなかったが、日本赤十字という問題群には、医療史や公衆衛生史、植民地等を含む日本帝国形成史、女性学・男性学・ジェンダー的視点という側面からの考察も存在する。

（9）その後の史料公開に関しては、『朝日新聞』二〇〇八年八月三一日付朝刊の記事「日赤、戦地報告二〇〇冊」を参照。

（10）日本軍の捕虜取り扱いに関しては、Kurosawa Fumitaka, 'Why did the Japanese Army abuse Allied prisoners of war? : The primary historical and structural causes', Hugo Dobson and Kosuge Nobuko eds., *Japan and Britain at War and Peace*, London, Routledge, 2009.（日本語版は、黒沢文貴「日本軍はなぜ連合軍捕虜を虐待したのか――その歴史的構造的要因」、小菅

信子、ヒューゴ・ドブソン編『日本とイギリスの戦争と和解』（仮題）法政大学出版局、近刊予定）のほか、内海愛子『日本軍の捕虜政策』（青木書店、二〇〇五年）、木畑洋一、小菅信子、フィリップ・トウル編『戦争の記憶と捕虜問題』（東京大学出版会、二〇〇三年）などを参照。

〔付記〕

本書各章の注記で示した書類編冊番号のついた史料は、第一章で利用した日本赤十字社本社所蔵のものを除き、すべて博物館明治村所蔵・日本赤十字豊田看護大学保管の史料である。

また本書中の読みのむずかしい人名や漢字に、ルビを付した箇所がある。さらに史料の引用に際しては、旧字は原則として通行の字体を用いたが、その他の漢字の用法は原則として史料にしたがった。

目次

第Ⅱ部　日本赤十字社の国際的展開と平時事業

序章　近代日本と赤十字

黒沢文貴

序章では、まず赤十字誕生の歴史を概略したうえで、そうした国際社会における新たな人道援助の潮流の一翼を担うかたちで構想された、博愛社・日本赤十字社の創設とその組織のあり方についてあらかじめ簡単に言及し、本書の導入部とすることにしたい。

一　赤十字の誕生

一八六三年の赤十字の誕生に大きな役割を果たしたのが、スイスの実業家アンリ・デュナン（一八二八―一九一〇年）である。一八五九年の初夏、アルジェリア事業への援助をナポレオン三世に直訴するため、フランス・サルジニア連合軍とオーストリア軍との間で戦われていたイタリア統一戦争の戦地に赴いた彼は、たまたまイタリア北部ロンバルディア平原で繰り広げられたソルフェリーノの戦いに遭遇した。両軍合わせて三〇万以上の兵のうち、一日の戦闘で四万人を超える死傷者をだしたこの戦いは、一九世紀最大の悲劇ともいわれている。

デュナンはその地で、軍医たちの十分な手当てを受けられず、放置されたままにある多数の戦傷者の惨状を目撃し、不眠不休で看護にあたった。彼はその衝撃的な体験を忘れることができず、その時の状況を克明に描いた書物を、三年後の一八六二年に自費出版し、ヨーロッパ各国の有力者に送った。それが『ソルフェリーノの思い出』(1)である。

しかしその本は、たんに戦場の負傷者の悲惨な状況を生々しく描写しただけのものではなかった。末尾で二つの重要な提案をしていたのである。すなわち第一に、今後も避けがたいと思われる戦争において傷病兵の救護にあたる民間組織を、平穏と平和な時代に各国に設立すること（のちの赤十字の萌芽）、第二に、そうした傷病兵の救護活動に関する法的拘束力をもち、普遍的に尊重される国際的合意を取り決めること（のちの国際人道法の萌芽）。

そして彼は、「戦闘が一度勃発してしまってからでは、交戦者はこの問題を自国と自国の兵士以外の観点から考察しにくくなるため、このような決まりに関して事前に取り決めを結ぶことはますますもって重要となる。人道と文明を有する私たちは、ここで概略を示したような活動に着手するほかはないのだ」(2)と力説した。

このようなデュナンの主張、つまり傷病兵はもはや兵士ではなく、敵味方の区別なく一人の人間として収容し、その苦痛を和らげるために看護しなければならない、そのための救護機関を平時に組織し、その活動を国際条約で保障しようという提案は、ヨーロッパ各国の王室・指導者や軍人、博愛思想家などに幅広い共感を呼んだ。

そのなかから、デュナンの構想を実現するための小グループが、スイスのジュネーブで生まれた。それが、ジュネーブ公益協会会長で法律家のグスタフ・モアニエ（のちの赤十字国際委員会第二代委員長）、スイス陸軍の父と呼ばれ、戦場の人道化を実践していたアンリ・デュフール将軍、外科医のテオドア・モノワール、戦傷外科の権威ルイ・アッピアの四人の協会員が、デュナンとともに組織した「負傷軍人救護国際委員会」（通称五人委員会）である。その初会合は、一八六三（文久三）年二月一七日のことであったが、この組織が一八七五（明治八）年に赤十字国際委員会と改称したため、先の初会合日が国際赤十字の創立日とされている。

こうして五人委員会の強いリーダーシップのもと、その呼びかけに応じて、一八六三年一〇月に一六ヶ国および四つの博愛団体の代表が参加して開かれたジュネーブ国際会議において赤十字規約（戦時に軍の衛生活動を援助する救護組織を各国に設立し、救護員の腕章を「白地に赤十字」とすること等）が採択され、それを受けてベルギー、プロイセンなどで救護団体が設立されることになったのである。

そして翌一八六四（元治元）年八月、一六ヶ国の政府代表が集まり「戦地にある軍の衛生要員の中立に関する国際会議」が開かれ（議長はスイス政府代表のデュフール将軍）、その最終日に締結されたのが、「戦地軍隊ニ於ケル傷者及病者ノ状態改善ニ関スル条約（一八六四年八月二二日のジュネーブ条約）」（赤十字条約）である。[3] その第六条では「負傷シ又ハ疾病ニ罹リタル軍人ハ、何国ノ属籍タルヲ論セス之ヲ接受シ看護スヘシ」（史料引用の際の読点は筆者による、以下同様）と明記され、ここにはじめて戦争における傷病兵の保護を謳った国際条約が誕生したのである。また軍の衛生部隊の赤十字標章の使用が決められたのも、この条約であった。

ただし、この条約の主眼は、軍の衛生活動の中立・保護にあり、民間救護社（赤十字社）の役割と保護については直接的には触れられておらず、たんに住民が救護活動をおこなう権利に簡単に言及しているだけであった。それは、戦場での民間人による救護活動が軍事作戦の障害になるのではないかという、各国の軍関係者の懸念に配慮したものであったが、その後一九〇六（明治三九）年に締結された新しいジュネーブ条約（「戦地軍隊ニ於ケル傷者及病者ノ状態改善ニ関スル条約（一九〇六年七月六日のジュネーブ条約）」）によって、「篤志救恤協会」（赤十字社）の役割がはじめて明記されることになったのである。

このように戦地における傷病兵の救護という人道理念は、多くの政府の共感をえ、共有されることになったものの、戦場において軍隊と非軍事の民間団体が共存するという実際上の困難さについては、赤十字の発足当初から認識されていたことであった。それゆえ赤十字は、あくまでも「軍隊ノ衛生勤務ニ幇助ヲ与フル」機関と位置づけられたのであり、それは「本国政府カ適法ニ認可」したものでなければならなかったのである（一九〇六年七月六日のジュネーブ条約第一〇条）(4)。

一九世紀後半のヨーロッパ社会において、赤十字の掲げた戦時救護の人道理念は、国境と国益、政治的立場を超える普遍的な理念として承認されたものの、他方では、政府と軍との関係なしには成立しえないというジレンマのなかでしか現実のものとはならなかったのであり、またそうでなければ赤十字社は存立しえなかったのである。しかし、逆の立場からいえば、各国政府と軍は懸念や異論を抱えながらも、デュナンが提唱し五人委員会がその具体化に邁進した、民間団体による戦時救護という新しい人道的仕組みを、結局は承認せざるをえなかったといえるのであり（各国政府のジュネーブ条約への加入と各国赤十字社の設立認可）、そこにはそうせざるをえなかった時代の流れがあったというべきであろう。

では、その時代の流れとは、どのようなものであったのであろうか。それは第一に、傷病兵はもはや兵士ではなく、一人の人間として尊重され、保護されるべきであるというデュナンの考え方自体は、一八世紀のヨーロッパに生まれた啓蒙思想にもとづく人道主義思想を底流とするものであり(5)、したがってデュナンと類似の考えは、同時代にはすでに表面化していたということである。

たとえば、デュナンの『ソルフェリーノの思い出』のちょうど百年前に出版された『社会契約論』のなかで、スイスの啓蒙思想家ジャン・ジャック・ルソーはすでに、「戦争の目的は敵国の撃破であるから、その防衛者が武器を手にしているかぎり、これを殺す権利がある。しかし武器をすてて降伏するやいなや、敵または敵の道具であることをやめたのであり、ふたたび単なる人間にかえったのであるから、もはやその生命をうばう権利はない(6)」と述べている。

さらに多くの犠牲者をだした内戦として知られるアメリカの南北戦争（一八六一―一八六五年）では、国内にのみ適用されるものではあったが、野戦病院とその要員を局外中立とみなして保護し捕虜としないこと、傷病兵にたいして人道的処遇をおこなうこと等を定めた「リーバー法」と呼ばれる近代初の戦争法が、一八六三年四月に公布されている。また傷病兵救護のための軍の衛生活動の局外中立を求める提案も、イタリアとフランスの医師からだされていたし、民間人による傷病兵への看護活動という点からいえば、もちろんクリミア戦争（一八五三―一八五六年）におけるフローレンス・ナイチンゲールの活動もあったのである(7)。

このように徴兵制を導入したナポレオン戦争以来、多くの国民の戦争参加が常態化した一九世紀においては、傷病兵の増加と人道主義とがあいまって、デュナンの赤十字思想を生みだし、育む土壌が形成されていたのである。

時代の流れの第二は、西洋諸国が近代的な国民国家となり、国家間の戦争が絶対君主時代の傭兵や常備軍ではなく、国民軍同士の戦いとなるにつれて、増大する戦死者や傷病兵にたいして、政府としても大きな顧慮を払わざるをえなくなっていたということである。

すなわち国民軍の兵士が、殺傷力を増した新兵器の登場ともあいまって、多数の死傷者をだすなかで、きわめて貧弱な軍の衛生看護制度のせいで、戦場でいかに悲惨な状態におかれているのか、それが通信手段の発達によって国内に伝えられると、本国の家族はきわめて強い衝撃を受けた。イギリスの新聞『タイムス』が世界ではじめて戦場特派員を送ったのは、クリミア戦争のときであるが、その生々しい戦場の惨状を伝える報道が、兵士の家族に強い驚きと悲しみ、そして深い嘆きを与え、それがイギリス陸軍大臣の依頼を受けたナイチンゲールの看護活動につながったことは、よく知られている事実である。このように傷病兵の救護は、兵士の士気と国民の士気にかかわる問題であったのであり、また当然のことながら、軍隊の戦闘力の低下如何にもつながる問題であったのである(8)。

以上のように、一九世紀の西洋諸国においては、総じていえば、やがて赤十字とジュネーブ条約に結実する「戦争と戦場の人道化」もしくは「戦争の文明化」[9]が、大きな流れとしてあったのである。その意味で、赤十字の誕生は、西洋近代のキリスト教圏（西洋文明国）の産物であったといえよう。しかし、その掲げた人道理念は、他の文化圏にもみられる普遍性をもつものであったのであり、それゆえ赤十字運動は、その出自のいかんにかかわらず、イスラム圏やアジア諸国をも含めた全世界に拡大することになったのである。近代日本も、そうしたなかで、赤十字と出会うのであった。

二　近代日本と赤十字との出会い

1　博愛社創設の主旋律としての佐野常民

博愛社、そして日本赤十字社の設立と運営に中心的役割を果たしたのが、佐賀藩出身の佐野常民（一八二三―一九〇二年、のち博愛社副総長、初代日赤社長）である。一八六七（慶応三）年にパリで開かれた万国博覧会に佐賀藩から派遣された佐野は、そこで「負傷軍人救護国際委員会」（赤十字国際委員会）の展示館を訪れ、負傷兵を敵味方の区別なく、一人の人間として救護するという赤十字の思想と出会い、強い感銘を受けた。

佐野はもともと外科医となるべく修業を積み、いくつかの蘭学塾で学んだ俊才であった。なかでも緒方洪庵の適塾では、日本の蘭方医に強い影響を与えたドイツの医学者フーフェランドの著わした「医師の義務」（『扶氏医戒之略』）が説くところの、医の倫理を学んだ。それは、「不治の病者であってもその苦痛を和らげ、その命を保つよう努力することは、医の職務である。棄てて省みないのは人道に反する。たとえ救うことができなくても、これを慰するのが仁術である」という、人命尊重の精神であった[10]。おそらく、そうした教えを受けてきたからこそ、赤十字思想にもただちに、そして深く共鳴しうるところがあったのであろう。

さらに彼は一八七三（明治六）年のウイーン万国博覧会に、現地の責任者である博覧会事務副総裁（オーストリアとイタリアの弁理公使も兼務、総裁は大隈重信）として派遣され、そこで各国赤十字社の出品物の盛大さを知り、普仏戦争（一八七〇—一八七一年）を経たヨーロッパにおける赤十字事業の広がりを、肌でもって感じることになった。

彼は後年（一八八二年六月二六日）、博愛社の社員総会で「博愛社ノ主旨ハ人ノ至性ニ基クノ説」と題する講義をおこなっているが、そのなかで大要つぎのように当時のことを語っている。すなわち、パリ万博からウイーン万博にかけて、赤十字が「数年ヲ出スシテ異常ノ盛大ヲ致シタ」のは、政府の慫慂によるのではなく、赤十字社が各国の有志により設立され、政府がそれを認めてジュネーブ条約に加入したことによるのであり、こうして政府と国民とが相応じるよりも早く国を越えて同じ考えをもち、万国が連合して敵味方を問わずに負傷者を救護するという「美事」が起こったのである。そして、そうした赤十字社の盛大さの原因は「人ノ至性」（至誠）にもとづくものであり、それゆえ赤十字社の隆盛こそが「文明」の「証憑」（証し）なのである。

とくに最後の部分を彼は、「当時余ハ以為ク文明ト云ヒ開化ト云ヘハ、人皆直ニ法律ノ完備、若クハ器械ノ精良等ヲ以テ之ヲ証憑ト為スト雖モ、余ハ独該社〔赤十字社のこと——筆者注〕ノ此ノ如ク忽チ盛大ニ至リシヲ以テ、之カ証憑トナサントス」と回顧している(11)。

こうして帰国後に佐野は、日本においても赤十字組織が必要なことを陸軍省に提案し、明治天皇にも赤十字の概況を説明したといわれている。しかし、博愛社が実際に成立するためには、明治日本の最大の内乱である西南戦争（一八七七年）まで待たなければならなかったのである。そもそも救護団体は、悲惨な戦時にこそその関心が高まり、必要とされるものであったからである。

2　博愛社創設の直接的副旋律――岩倉具視と大給恒

ところで、佐野常民の存在が、博愛社（日本赤十字社）成立史の主旋律であるとするならば、さらにいくつかの副旋律があったことにも触れておかなければならない。それは第一に、明治政府の実力者である右大臣岩倉具視の動向である。

一八七一（明治四）年に日本を出発した岩倉使節団の一行は、ウイーン万国博覧会を見学している。そこで佐野の案内も受けたと思われるが、つづいてスイスに入った岩倉たちは、実はジュネーブで負傷軍人救護国際委員会（赤十字国際委員会）のグスタフ・モアニエたちと面会している。佐野がおこなったであろう赤十字に関する説明に、岩倉たちが興味を抱いたためかもしれない。

ただこの時の面会の実現にあたっては、実は負傷軍人救護国際委員会側からの積極的な働きかけがあったのである。というのも、赤十字活動の詳細を岩倉たちに知ってもらいたいと考えたモアニエたちが、スイス大統領にそうした委員会の意向を岩倉たちに伝えることを依頼し、大統領がそれを承諾したからである。その結果、ジュネーブにおける使節団の滞在が延期され、モアニエたちが直接岩倉たちと会える絶好の機会が訪れたのであった。

いずれにせよモアニエ側の記録によれば、彼らを訪れた使節団のメンバーは「良識があり、かつこれ以上好意的であることを望めないような人物が揃っており、我々の努力にたいして共感を示してくれた」。なかでも岩倉大使と伊藤博文副使とは、数回にわたり相次いでおこなわれた会談において「我々の説明に真剣に耳を傾けるとともに、我々の出版物にたいして賛辞を呈してくれた」。彼らからの質問は、「少なくとも赤十字の『芽生え』を日本にもたらすことができたらという、彼らの強い意欲を物語っていた」。

とはいえ、彼ら二人は、「日本国民自らが、ジュネーブ条約を順守することにまず慣れない限りは、日本が同条約に加入するには時期尚早であり、日本軍の正規の衛生部隊を幇助するための自発的な協力を呼びかける以前に、そうした軍の衛生部隊を『きちんとした組織』として整備するために、まだやるべきことが多く残っているということを、真っ先に認めた」。それでも彼らは帰国後、「そうした改革に努めることを約束するとともに、この件について、これからも我々が彼らと継続的に連絡をとることを認めてくれた」[12]。

こうして岩倉たちとの出会いは、「赤十字にとって実りあるものとなった」が、モアニエたちの岩倉らにたいする好印象は、会談直後の同年八月一六日付で、幕末の修好通商条約締結のために日本に派遣されたことのあるスイス連邦議会議員エメ・アンベールにたいして、日本に関する情報を求めていることからも確認することができる。

九月二〇日、アンベールはモアニエたちに返書を送り、そのなかでつぎのように述べている。日本人は蒙古襲来以外に外国からの侵略を受けたことがないので、ある意味では戦争とは何かを知らない。そのため蒙古襲来のときや一六世紀の戦国時代に、捕虜虐殺など敵にたいする一切容赦のない態度をとることがあった。しかし中国人の場合と違い、それを日本人の民族性とみることはできない。「日本人は総体的には、温和で人間的で、平和的な民族である」。戊辰戦争に際しても「人道的な汚点を残すことはなかった」。捕虜の虐殺も軍法会議による死刑もなく、将軍は天皇にその地位を譲ったのちは市井の民としての生活に戻り、将軍の支持者たちも財産を失っただけで済んだからである。それゆえ「赤十字がおこなっているような活動についても、日本には受け入れる準備ができている、と私は確信している」。もっとも「赤十字のような組織については、実際上、すべてを最初から作りはじめなければならないであろう」。しかし、日本の軍隊がヨーロッパ式（プロイセン式ではなくフランス式）に組織されていくにつれて、やがて各連隊には直属の外科医と救急スタッフが配置されるであろう。衛生部隊は少しずつ整えられており、欧米から来日した医者たちが日本の主要都市でその整備をはじめている。また、ますます多くの日本人学生が、ドイツの諸大学で医学を学んでいる。

アンベールは手紙を結ぶにあたり、明治天皇がアメリカ大統領に宛てた一八七二年三月四日付の書簡の一節を、モアニエたちへの激励の意味を込めて、もう一度想起すべきであると説いている。そこには、条約改正により日本が世界の最先進諸国と同列に立ち、国民の繁栄と権利の発達が十分に獲得される希望と意志を抱いていること、現在の日本の文明と諸制度がそれらの国々と非常に異なっている以上、我々が所期の目的に即座に到達することは不可能であること、我々はもっとも先進的な国々で確立されたさまざまな制度のなかから、日本の現況にもっとも適したものを選び採用することによって、日本の制度と慣習を徐々に改革、改良し、先進諸国と対等になることを望んでいることなどの、天皇の強い思いが記されていたのである(13)。アンベールはこのように、日本にきわめて好意的な内容を認めていたのである。

のちに西南戦争に際して岩倉は、明治天皇が政府軍の負傷者をお見舞いし、皇太后と皇后が傷病者にお見舞い品を贈ったことに感激し、国民の上にたち天皇のお側近くにいる上流階級の華族も徒食に甘んずることなく、つまり何もしないでただ暮らしているだけではなく、率先して「報効ヲ図ル」(14)べきであると、太政大臣三条実美とともに、華族が傷病者の救護に尽力することを訴えている。

こうして西南戦争時の政府中枢には、西洋文明国から生まれた赤十字運動と戦時救護の重要性をよく知り、華族の立場からもその必要性を認識していた岩倉具視右大臣がいたのである。

第二の副旋律は、博愛社の設立願出書と社則とを、佐野常民との連名で岩倉に提出することになる、大給恒《おぎゅうゆずる》（一八三九―一九一〇年、のち博愛社副総長、初代日赤副社長）の存在である。西南戦争当時、佐野と同じ元老院議官を務めていた大給は、元三河奥殿藩の藩主で、かつ幕府陸軍総裁も務めたことのある松平乗謨の改名であり、松平一三家の長として重きをなしていた。

彼は、華族がヨーロッパの王室や貴族のように救護社（貴族の篤志的会社）を設けて傷病兵の救護にあたることが「貴族ノ本分」(15)であるとして、そうした会社の創設を、華族会館を設立した岩倉に訴えていた。それにたいして岩倉は、同様の志を自分に伝えていた佐野との会談を求めたのであり、こうして岩倉の仲介によって、佐野と大給の考えがひとつとなり、それが博愛社として結実することになったのである。

なお博愛社の最初の東京仮事務所が、松平一族の合意の下、麴町区富士見町にあった一族の桜井忠興邸におかれたことからもわかるように、博愛社の成立と西南戦争時の活動における大給ならびに松平一族の存在には、きわめて大きなものがあったのである[16]。

3　博愛社創設の間接的副旋律

以上二つの副旋律が、博愛社の設立に直接的にかかわるものであるとするならば、より間接的ながらも博愛社の成立を考えるに際し、逸することのできない副旋律がいくつか存在する。そうした間接的な副旋律の第一は、日本に派遣されてきたオランダ海軍軍医から西洋医学の薫陶を受けた陸軍軍医たちの存在である。

一八五七（安政四）年に江戸幕府の招聘を受けて派遣され、長崎出島で西洋医学を教えた二等軍医ポンペ・ファン・メールデルフォールト、一八七〇（明治三）年に設立された大阪軍事病院内の軍医学校でその後任として教育を担当した一等軍医アントニウス・F・ボードウィン、さらにその翌年に後任となったブッケマンなどから教育を受けた軍医たちのことである。たとえば、松本良順（明治四年に順と名乗る、のち陸軍軍医総監、陸軍軍医本部長）、林紀（のち陸軍軍医総監、陸軍軍医本部長）、石黒忠悳《ただのり》（のち陸軍軍医総監、陸軍省医務局長、第四代日赤社長）、橋本綱常（のち陸軍軍医総監、陸軍省医務局長、初代日赤病院長）などの名前をあげることができる。

とくにここで注目すべきは、ボードウィンが赤十字社規則などの赤十字に関する講義をおこない、ブッケマンもそれを引き継いだことである。軍医にとってもっとも重要な戦時救護活動についての最新事情として教えられたと思われるが、これが、日本人が赤十字の教育を受けた最初の例といわれている[17]。

また一八七一年には、東京に新設された医学寮（もしくは陸軍衛生部）で赤十字標章を使用したい旨の願いが兵部省にだされたが、それを考えたのは、松本、林、石黒の三人であったといわれている。その願いは却下されたが、それは赤十字がキリスト教の印であるという理由からであった。そこで当面、衛生部隊では「朱色の横一文字」の標章を使用することになったが、それは近い将来日本がジュネーブ条約に加入し、赤十字標章の使用が認められた際に、赤の縦線を加えるだけでよいとの考えからであったといわれている(18)。

このように西南戦争に従軍した政府軍の軍医たちの多くが、すでに赤十字活動にたいする相応の知識をもっていたものと思われる。その意味で、西南戦争時の衛生部隊においては、博愛社の救護活動を受け入れる素地が、戦前からすでに醸成されていたといえよう。軍の衛生部隊、とくに軍医との関係が非常に大事になる博愛社の活動は、そうしたなかで受容され、展開されることになったのである。

間接的な副旋律の第二は、当時の陸軍内には、ある意味では当然のことながら、軍医だけでなく一般兵科の将校のなかにも、赤十字とジュネーブ条約の知識をもつ軍人たちがいたということである。それは近代的な西洋軍制の導入にともなうものであり、とくにヨーロッパにおける近年の戦争にかかわる動向として、大きな関心が寄せられたものと思われる。

たとえば、その代表的人物として、大山巌（のちの陸軍大臣、日露戦争時の満州軍総司令官）をあげることができよう。彼は一八七〇年、ドイツ統一をめざすプロイセンとそれを阻止しようとするフランスとの間で繰り広げられた普仏戦争の観戦武官として、プロイセンに派遣された。両国はともに一八六四年のジュネーブ条約に加入しており、国内には救護社（赤十字社）が設立されていた。それゆえこの戦争は、ジュネーブ条約と救護社の有効性と力量とが、大いに試される戦争でもあったのである。

とくにプロイセンでは、一八六六年のオーストリアとの間の普墺戦争以来、軍の衛生部隊の急速な改善が進むとともに、救護社の活動にたいする高い評価と信頼とが寄せられていた。当時プロイセン救護社は、皇帝と軍の理解に支えられながら、二五万人の動員力を誇る世界最大の救護組織に成長していたのである。またジュネーブ条約の普及と教育にもっとも熱心に取り組んでいたのが、皇帝ウィルヘルム一世であった。

他方、フランスの事情は異なっていた。ジュネーブ条約への理解の乏しいフランス軍は、戦争で条約違反を数多く引き起こし、衛生部隊も一般には赤十字腕章を着用していなかった。一八六四年に設立された救護社も形式的組織にとどまり、救護員も器材も未整備のままの状態であった。

こうした両国の違いは、結局、戦死者数がプロイセン軍の四万四〇〇〇人にたいしてフランス軍一四万人という、大きな差を生みだす重要な一因となったのである。戦死者のなかには、戦場の劣悪な衛生環境に起因する多くの疾病死者、傷病死者が含まれていたのである(19)。

大山はその後、一八七一年から七四年までフランス（実質的にはスイス）に留学している。その間、山県有朋陸軍大輔の命によりウイーン万国博覧会を二ヶ月にわたり見学したが、博覧会事務副総裁の佐野常民とも会っており、赤十字関係の事項も当然話題にのぼったものと思われる。また七三年六月末にジュネーブに来着した岩倉使節団一行とも会い、七月一日には岩倉とともに軍医の集会に臨席し、負傷軍人救護国際委員会（赤十字国際委員会）のデュフール将軍とも会談、「頗る愉快を極めた」(20)。大山は帰国後、政府にジュネーブ条約への加入を積極的に働きかけたといわれている。なお彼は、西南戦争時には旅団司令長官として従軍している。

さらに、それ以後にも話を進めれば、一八八四（明治一七）年、陸軍卿となっていた大山は三度フランスにわたり、各国兵制を研究するかたわら、同行した橋本綱常陸軍軍医監とともにジュネーブ条約の加入手続きを調査する。同年九月にジュネーブで開催された第三回赤十字国際会議には、その橋本とアレキサンダー・シーボルト（博愛社社員）のオブザーバー参加が認められたが、会議への招待状はそもそもは、大山に宛てられたものであった(21)。こうして帰国後大山は、新しい内閣制度のもとでも陸軍大臣となり、山県有朋などの協力もえながらジュネーブ条約への加入に尽力したのである。

なお一八八六（明治一九）年六月に日本のジュネーブ条約加入が実現したが、それを受けて条約の内容を軍内に普及させるべく尽力したのも、大山陸相であった。翌年シーボルトの協力もえて、条約の注釈書である『赤十字条約解釈』を作成し、それを全将兵に頒布し普及に努めたのである。ちなみに、八七年四月二三日付の陸軍訓令としてだされた『赤十字条約解釈』の冒頭の大山陸相の訓示は、「赤十字条約ノ儀ハ軍人軍属ニ在テ最緊要ノモノニ付、解釈ヲ容易ナラシムル為メ注釈ヲ加ヘ別冊頒布候条、遍ク熟読格守ス可シ」(22)と謳っていたのである。

間接的な副旋律の第三は、国際法の受容に熱心であった当時の政府内においても、赤十字とジュネーブ条約のことは知られていたということである。

たとえば、岩倉右大臣のことはすでに触れたとおりであるが、ほかにもつぎのような例をあげることができる。一八七二（明治五）年に陸軍大輔山県有朋が、太政官正院に「世界普通ノ赤十字相用申度」という伺書を提出したことがあるが（前述の軍医療での赤十字標章使用の願いを受けたものかもしれない）、太政官左院はそれにたいしてデュナンや赤十字のいわれを記し、赤十字は「同盟ノ記号」であり、ジュネーブ条約の未加入国がみだりに使用すると不都合が生じる恐れがあるとの意見書をだしている(23)（伺書は結局却下されている）。

間接的な副旋律の第四は、負傷兵を敵味方の区別なく救護するという人道的行為は、西南戦争ではじめておこなわれたわけではなく、それ以前の戊辰戦争の際にもみられていたということである。

たとえば戊辰戦争最後の五稜郭の戦い（函館戦争）において、榎本武揚の軍に属した高松凌雲は、榎本軍・政府軍双方の負傷者を病院に収容し、手当てを施している(24)。幕府の奥詰医師で適塾の出身者であった高松は、一八六七年のパリ万国博覧会に派遣され、そこで同じ適塾出身の佐野常民とも交流を深めているが、五稜郭での救護活動は、まさにパリ万博で出会った赤十字精神の実践であったといえよう。
さらに日本人ではないが、当時北陸地方や会津の戦いに従軍したウィリアム・ウィリスというイギリス人の医師が、やはり敵味方の区別なく救護したことも知られている。なお、そのウィルスのもとで治療経験をもつ熊本の医師鳩野宗巴《そうは》も、西南戦争時に地元熊本において、薩摩軍・政府軍双方の負傷者の治療にあたっている(25)。

このように明治初年の日本には、すでに赤十字思想の実践例があったのであり、博愛社の設立も、そうした系譜のなかに位置づけることができよう(26)。

間接的な副旋律の最後、五番目は、日本における赤十字組織の成立とジュネーブ条約加入の背後には、アレキサンダー・シーボルトと弟のハインリッヒ・シーボルトという外国人の存在があったということである(27)。

彼ら兄弟は、幕末の長崎にオランダ商館の医師として来日した、フィリップ・フランツ・フォン・シーボルトの息子たちである。彼らは、佐野常民がウイーン万国博覧会に赴いた際にも同行している。また岩倉具視は、西南戦争時に華族による戦時救護を構想した際に、アレキサンダー・シーボルトにヨーロッパにおける貴族救護会社の制度を諮問し、あらためてそうした「貴族会社」は「帝国ノ難ニ際シ戦争アルニ方テ、其死傷将卒ヲ救助看護スル」ことを目的とし、社員は戦地または病院で救護に従事するとの説明を受けている。

シーボルト兄弟は、博愛社規則の草案作りにも関与し、弟は一八八〇（明治一三）年一月一七日に、兄は三月二八日に社員となっている。同年五月の社員総会では、ハインリッヒが外国の救護団体の状況、とくに婦人の救護活動を紹介し、その後の博愛社の事業にひとつの指針を与えている。

またジュネーブ条約への加入に関しては、一八八三年五月にベルリンで開催された衛生および救難法についての博覧会に、政府から派遣された内務省御用掛の柴田承桂（同年四月一二日博愛社社員）に、ヨーロッパにおける赤十字事業とジュネーブ条約加入手続きの調査が博愛社から依頼されたが、その際当時ベルリンに在住していたアレキサンダーにも、柴田と密接な連絡を取りながら、同条約の加入手続きと加入後の「権義」に関する調査をするよう依頼がなされている。

さらに翌年、すでに触れたように、大山巌陸軍卿の渡欧に同行した橋本綱常陸軍軍医監にも、博愛社はジュネーブ条約加入手続きの調査を依頼したが、その関係で、アレキサンダーは赤十字国際委員会に書簡と書類を送り、それにたいしてモアニエは二月一八日にアレキサンダー宛ての返書を送っている。それには、日本政府が条約に加入すれば、博愛社が赤十字に加入するのは差し支えないこと、九月にジュネーブで第三回赤十字国際会議が開かれるので、博愛社代表の出席も許可されることなどが記されていた。

なおモアニエはその書簡のなかで、「千八百七十七年貴下〔アレキサンダーのこと――筆者注、以下同様〕ヨリ右ノ義〔博愛社の設立〕御発議相成候ハ、恰モ其前千八百七十三年当府〔ジュネーブ〕ニ於テ我輩ヨリ日本使節〔岩倉具視と伊藤博文〕ニ勧告致シ候ヲ賛成シテ、大ニ其力ヲ添ラレ候姿ニテ、殊ニ感謝致シ候」とも述べている。

結局、第三回赤十字国際会議には、橋本とアレキサンダーがオブザーバーとして参加した。こうして柴田の報告やシーボルトからの報告をもとに、一八八四年一一月二五日の博愛社社員総会で、政府にたいしてジュネーブ条約への加入を建議することになり、一二月一〇日博愛社総長小松宮彰仁親王〔前の東伏見宮嘉彰親王のこと〕名で建議書が政府に提出された。そして日本が加入手続きを開始すると、条約改正の件で井上馨外務卿に呼ばれて一八八五年四月に来日していたアレキサンダーも、井上外務卿のモアニエへの働きかけに助力したが、佐野と大給たちも彼の助力を大いに求めたのであった。

このように、博愛社の設立とジュネーブ条約への加入に際しては、シーボルト兄弟のきわめて大きな貢献があったのである。

以上みてきたように、日本初の民間人による戦時救護組織としての博愛社は、佐野常民という主旋律を軸にしながらも、岩倉具視と大給恒という二つの直接的な副旋律と、さらには五つの間接的な副旋律とがうまく紡ぎ合うことによって誕生したのであった。それは、明治日本が近代的な国民国家を形成し、西洋文明国の仲間入りをめざすなかでの大きな「出会い」であったのであり、その意味で、博愛社（日本赤十字社）の設立と発展は、近代日本が人道援助という国際的な新しい潮流の一翼を担いうる「文明国」であることの、きわめて重要な証しとなったのである。

三　博愛社・日本赤十字社の創設と展開――「報国恤兵」と「博愛慈善」

1　赤十字の国際標準と博愛社の創設

他方、博愛社・日本赤十字社の誕生と発展、そして国際赤十字への加盟（一八八七年九月）は、赤十字国際委員会と西洋諸国の赤十字社にとっても、イスラム教国であるトルコの加盟（一八六七年）ともあいまって、赤十字運動が西洋近代のキリスト教圏（西洋文明国）という枠を超えて世界に拡大し、真の意味で国際社会における普遍的な正当性を獲得するうえでの、きわめて重要な出来事であった。

そして各国の赤十字社は、戦時に敵味方の区別なく傷病兵を救護するという普遍的な人道理念と、政府に認可され、戦時には軍衛生部隊の補助機関として活動するという、国家・軍との密接な関係性をそもそもが不可欠とする組織原理とを、共有することになったのである。またドイツやオーストリア、そしてロシアに代表されるように、君主制の国家においては、赤十字の掲げる人道理念に共鳴する王室とのきわめて密接な関係も、組織上の共通する特色であった。

したがって博愛社・日本赤十字社も、当然のことながら、そうした国際標準を意識して設立されることになった。ただ各国赤十字社が、それらの共通性を有しながらも、平時から一定の編制をもつ社（ドイツやフランス、日本など）

とそうでないもの（イギリスやアメリカなど、本来は平戦両時を通じて実質的に常設でなければならないのであるが）とに実際上分類しえたように[28]、そのあり方は必ずしも一様ではなく、各国にはそれぞれの個性ともいうべきものがあった。いわば赤十字社という組織が元来内包する、国際性と国家性もしくは普遍的側面と個別的側面の共存のあり方には、各国の政治・文化や歴史にもとづく違いが、一方ではみられたのである。

それでは、博愛社・日本赤十字社は、赤十字の人道理念をどのようなかたちで受け入れ、展開させようとしたのであろうか。それはまた、国家・軍との関係や皇室との関係を、実際上いかなるかたちで構築することにつながったのであろうか。紙幅の関係上、結論をあらかじめ先取りするかたちで述べれば、それは、「報国恤兵《じゅっぺい》」と「博愛慈善」（もしくは「博愛人道」）との絡み合いを軸として展開されたのであった。

一八七七（明治一〇）年四月六日、先述したように、元老院議官の佐野常民と大給恒が連名で、「博愛社設立願出書」ならびに「博愛社社則（五ヶ条）」を、岩倉具視右大臣に提出した。同年二月に勃発した西南戦争の戦場の悲惨さ、とくに三月の田原坂での激戦の報道が、傷病者救護の機運を皇室や華族たちの間に醸成させることになったのである。博愛社という名称は、中国唐代の詩文家韓愈（韓退之）の『原道』の冒頭「博愛之謂仁」（博く愛する、之を仁という）からとったものであった。すなわち赤十字の人道理念は、日本においてはまず、「博愛」「仁」という言葉で表現され、理解されることになったのである。

佐野らの「願出書」は、「国恩」に報いるため「海陸軍医長官ノ指揮ヲ奉」じて、政府軍・薩摩軍（「暴徒」）の区別なく負傷者を救護したいとの願い出を述べ、敵兵は「大義ヲ誤リ王師ニ敵スト雖モ亦皇国ノ人民タリ、皇家ノ赤子《セキシ》タリ、負傷坐シテ死ヲ待ツ者モ捨テ顧ミサルハ人情ノ忍ヒサル所」と、その救護の必要性を「皇国ノ人民」「皇家ノ赤子」という国家・皇室との関係と「人情」という東洋的文脈から説明し、さらに「欧米文明ノ国ハ戦争アル毎」に「彼是ノ別ナク救済ヲ為スコト甚タ勤ムルノ慣習」という、文明国の慣習として説いたものであった[29]。

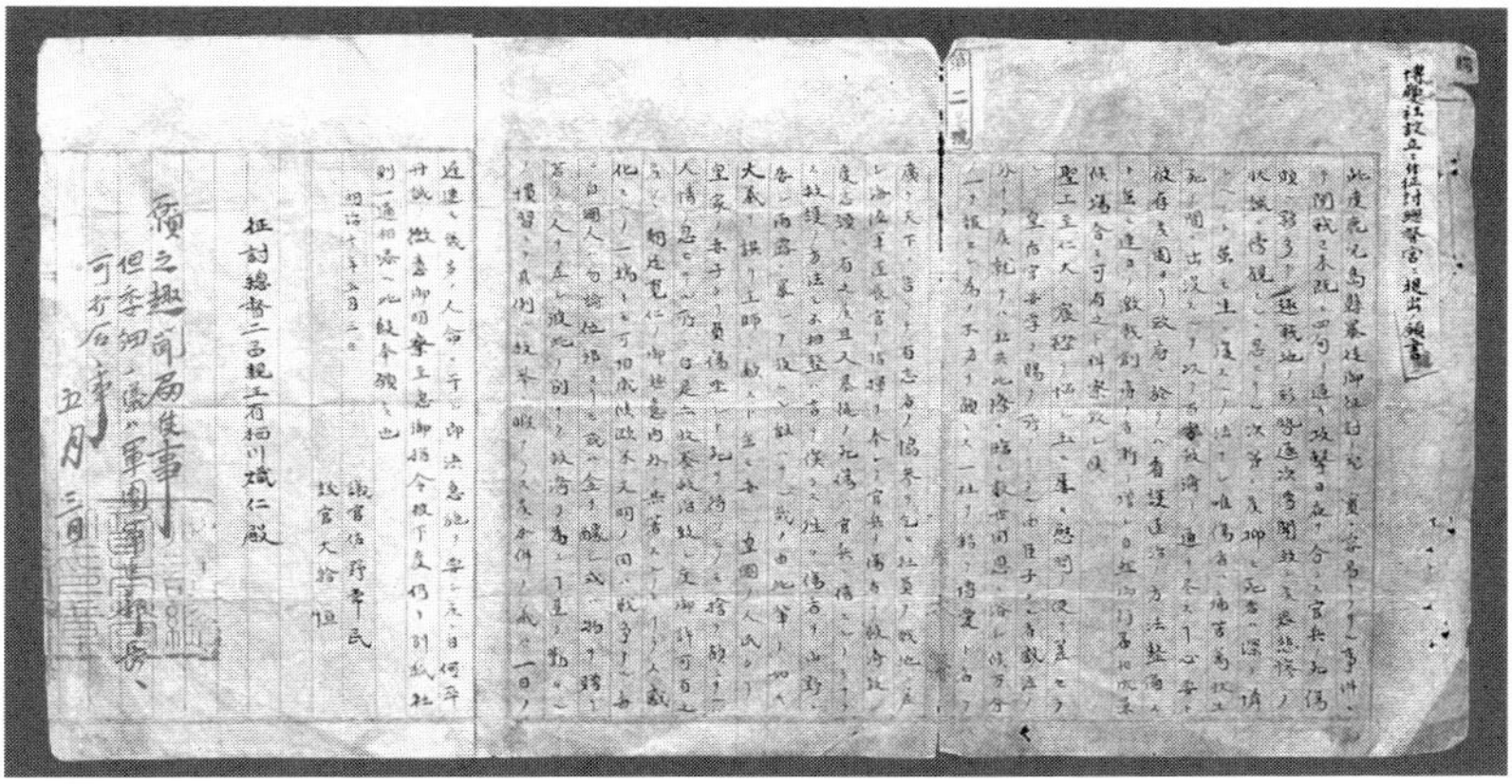

図0-1　博愛社設立の請願書（日本赤十字社所蔵）

しかし、博愛社設立の願いは、すんなりと実現したわけではなかった。実は四月二三日に、いったん願出書は却下されたのである。薩摩軍との激戦がつづく状況下においては、敵兵を救護するという趣旨が仮に理解されたとしても、現実にはそれをためらい、忌避する理屈や感情のほうが、往々にしてまさっていたからである。

また戦地から遠く離れた東京にいる軍上層部にとっては、政府軍の衛生部隊が機能しているという自負があったうえに、民間救護員の派遣は戦地での混乱を招く恐れがあるということ（この危惧は、かつての西洋諸国の軍と共通する認識）、さらに赤十字活動は承知しているが、それは他国との戦争に適用されるものであり、内戦にまでおよぶのかわからないということ（赤十字国際委員会は一八六四年三月の五人委員会会合で、内戦を活動対象としないことを決めていたが、一八七一年のパリ・コミューンに直面して方針転換し、翌年のスペインの第二次カルロス党員の内戦で、はじめて内戦時の救護活動をおこなっている(30)。そうした情報が当時の日本、少なくとも軍には伝わっていなかったのかもしれない）、そして結社の儀は善良であっても、救護活動は平時に準備をしておかなければ実現しがたい、などさまざまな消極的意見がだされたのであった(31)。

そこで佐野は、岩倉具視の示唆があったともいわれているが、戦地の九州熊本に赴き、征討総督有栖川宮熾仁《たるひと》親王（のち第二代博愛社総長、初代日赤総裁）に博愛社の設立を願いでることになった。戦場の惨状をよく知る有栖川宮の決断に、期待することになったのである。その結果五月三日、有栖川宮から正式な設立許可がおり（三条実美太政大臣にも通知）、ここに博愛社の戦地での救護活動がはじまることになった（標章には「朱色の丸に横一文字」を使用）。なお佐野の願い出に賛意を示し、有栖川宮への取り次ぎをおこなったのは、参軍山県有朋と高級参謀小沢武雄（のちの第三代日赤副社長）であった。

2　博愛社から日本赤十字社へ――「国家」「天皇」「人道」

ところで、博愛社という救護社の設立が、西洋諸国のような対外戦争ではなく、西南戦争という内戦をきっかけにしてなされたことは、日本における赤十字のあり方を、その出発点から大きく規定することになった。なぜなら、博愛社設立にたいする政府部内の消極論や反対論を説得するために、そして反政府軍であり、天皇にたてつく賊軍である薩摩軍負傷者の救護を実現させるために、博愛社の活動がいかに国家・政府と天皇のためであるかという点を、ことさらに強調せざるをえなかったからである。

もとより佐野と大給が訴えた博愛社設立の理由は、第一に、国恩に報いるためであること、第二に、敵兵とはいえ負傷者を放置することは野蛮であり、人情としても忍びがたいこと、第三に、敵負傷者も同じ日本国の国民であり、天皇の赤子であること、第四に、敵味方を区別しない戦時救護が、文明国の人道的慣習であること、の四点にあった。つまり、「文明の証しとしての人道」という理由だけでなく、「国家」と「天皇」という二つの観点が、当初より相対的に色濃く打ちだされていたのである。後二者は、対外戦争であればいわずもがなの、自明なものであった。

こうして「国家」「天皇」「人道」という三要素によって、博愛社の設立は意義づけられることになった。そしてそれらの三要素は、博愛社が政府による正式認可を受けた八月一日に、その創業同志者の会合で決定された「社則附言」では、「該社ノ主旨ハ……此惨烈ナル戦時ニ方リ、報国慈愛ノ赤心ヲ以テ軍医部ヲ補助シ、博ク創者患者ヲ救済スルニ在リ」[32]（第一項）と、「報国慈愛ノ赤心」と表現されることになった。ここでは「慈愛」が、人道理念を示している。

それと同時に、のちに「主意」「主旨」「経」という表現でもっとも重要なものとして位置づけられることになる「報国恤兵ノ義務」（第九項）が、ここで早くも登場している点に注意しなければならない。ただし「恤兵」とは兵士をいたわり慰めることを指しており、もともとは人道的意味を含むものである。

したがって、のちに一二月三日の博愛社社員総会において、総長東伏見宮嘉彰親王が「諸君恤兵ノ慈心ヲ発シ報国ノ義務ヲ執リ、奮起此ニ博愛社設立ノ挙アリ」と述べているとおり、この段階ではのちのように、博愛社の国家主義的側面を強調する意味合いとしてだけではなく、「慈心」という言葉をともなった人道主義的側面をも含む使い方をしていたものと思われる。その東伏見宮の言葉にたいしては、大給恒も「報国ノ義務ヲ拡メ、恤兵ノ慈心ヲ厚クシ殿下ノ高諭ニ副ハントス」と答えていたのである[33]。

それゆえこの時期には、「国家」「天皇」「人道」の三要素がいまだ十分には整理されていない、未分化の状態にあったといえよう。

しかし、西南戦争が九月に終息した後も、博愛社を戦時の臨時的組織ではなく、デュナンが提唱したような平時にも活動する常設組織とすることを目論んでいた佐野たちは、そのために皇室・国家との結びつきをさらに強めようとしたのである。創設時三八人から出発した博愛社の社員数が、当初なかなか増えずに数十人から数百人規模で推移したように（明治一〇年代）、それは一面、社員や賛同者を拡大し、組織を確固たるものにする有効な手段であったのであり、またたんに「博愛」を叫ぶだけでは国民の反響が乏しいという[34]、現実の反映でもあったのである。

そこで、まず皇室との関係でいえば、社則附言を決定した八月一日に、博愛社の総長に西南戦争に従軍中の東伏見

図0-2　有栖川宮へ嘆願（日本赤十字社所蔵）

宮を推戴することとし（九月一三日に承諾）、それ以降歴代の総長と総裁（日本赤十字社）には皇族を戴くことになったが、そうした皇室との結びつきは、やがて一八八七年の日本赤十字社への改称にともない「本社ハ皇帝陛下、皇后陛下ノ至貴至尊ナル保護ヲ受クルモノトス」[35]（新社則第二条、傍点筆者）と、天皇・皇后による保護が明示されるまで強められることになったのである（しかしこの条項は、オーストリア赤十字社社則の引き写しであり[36]、その意味でこうした君主との関係は日赤特有のものではない）。

他方、国家との関係でいえば、一八八一（明治一四）年に社業拡張のために新たに議定された「博愛社規則（八一ヶ条）」の冒頭で、「博愛社ハ報国恤兵ノ義心ヲ以テ戦場ノ負傷者疾病者ヲ看護シ、力《ツト》メテ其苦患ヲ減スルヲ主意トス」[37]（総則第一条）と謳われたように、「報国恤兵」が前面にでるとともに、それが「義心」と結びつくことによって、「忠君愛国にもとづく、国家に報いるための正しいおこないとしての救護」、いいかえれば「忠君愛国のための恤兵＝救護」という国家主義的意味合いを強めることになったのである。また陸海軍省をはじめとする各省高等官以上の高級官僚を、博愛社・日赤社員とするための勧誘も積極的におこなわれたのであった[38]。

ところで日本のジュネーブ条約加入（一八八六年）と日本赤十字社への改称、そして国際赤十字への加盟（一八八七年）という、博愛社をとりまく大きな環境の変化は、博愛社が元来もっていた人道機関としての側面を、あらためて顕在化させる契機となった。なぜなら、日本赤十字社が「万国共同ノ目的事業ニ連合」する以上、「万国共同ノ通規ニ従ハサル」をえず、また「万国普通ノ実例ニ準拠シテ本社ノ性質ヲ表白スル」ことになったからである[39]。その「性質」とはいうまでもなく、「博愛慈善」のことであり、それはさらに「一視同仁、四海兄弟の人道[40]」「人類共愛の至道[41]」「人類相憐ノ至情」「世界的仁愛事業」「卓絶ナル一大文明事業[42]」などと認識されるものであったのである。

また、そうした赤十字のもつ普遍的側面の強調は、「基督教ヲ宣布スル為メノ赤十字事業ニアラズシテ[43]」という、博愛社から日本赤十字社への改称にともない噴出した赤十字とキリスト教との結びつきにたいする疑念を払拭し（標章の問題）、日赤の存在を日本社会に確実に定着させるためにも、必要なことであったのである。

その結果、一八八七（明治二〇）年に新しく定められた日本赤十字社社則（一九条）においては、「国家」「天皇」「人道」の三要素が、ある種整合的に共存し、盛り込まれることになった。すなわち、第一条で「本社ハ戦時ノ傷者病者ヲ救療愛護シ、力メテ其苦患ヲ軽減スルヲ目的トス」と、それまで使われていた「報国恤兵」という表現をここであえて欠落させるとともに、第三条で赤十字規約とジュネーブ条約の主義に従うことを明記する一方（「人道」の側面）、第二条において天皇・皇后の保護を受ける組織であることを高らかに謳うと同時に、第六条で皇族を総裁とすることを規定し（「天皇」の側面）、さらに第四条で戦時救護に際し日赤が軍医部に付随し、それを幇助する組織であることを定めたうえで、第七条で宮内省と陸海軍省による監督下にあることを明記したのであった（「国家」の側面[44]）。

このように、博愛社・日本赤十字社を意義づけた「国家」「天皇」「人道」の三要素は、博愛社から日本赤十字社への転換をきっかけとしてその相互関係が整理され、「忠君愛国ノ観念ヲ基礎トシテ報国恤兵ヲ主旨トシ、博愛ヲ従ト為ス[45]」もしくは「報国恤兵を経とし、博愛慈善を緯とする[46]」という語り口に、やがて定式化されることになったのである。

こうして「報国恤兵」と「博愛慈善」が、日本赤十字社のあり方を特徴づける二本柱として定着することになった。

前者を日本赤十字社の「主旨」とし、後者をその事業の「精神」とするという[47]。日赤の目的と精神を表すそれら両者の関係には、定式上ある種の濃淡がつけられたものの、実際には日赤をとりまく国内外の状況が、そうした国家主義的もしくは忠君愛国主義的側面と、国際主義的もしくは人道主義的側面のあらわれ方に大きな影響をおよぼすことになったといえよう。

たとえば、平和が回復した第一次世界大戦後の赤十字社連盟の創設を主導した大正期と、戦時救護に全精力を費やすこととなった太平洋戦争期とでは、「報国恤兵」（目的）と「博愛慈善」（精神）のどちらに力点をおくかについては、自ずと異ならざるをえなかったからである。

ただし、その点に関してさらに指摘しなければならないのは、「報国恤兵」が基本的には日本赤十字社の「天皇」と「国家」の側面を、「博愛慈善」が「人道」の側面を意味するものとして整理されたとはいえ、両者はけっして対立するものではなく、密接なつながりをもつものとして関係づけられたということである。たとえば、赤十字社の戦時救護活動は、そもそもが「自国ノ名誉」であり、「国家ノ仁愛ノ最大ナルモノ」と位置づけられ、それゆえ赤十字事業は「国家ニ対スル国民ノ義務」であり、その発達は「実ニ国家ノ一大幸福」とさえ認識された[48]。

またジュネーブ条約加入後、全陸軍将兵に配布された『赤十字条約解釈』においては、「已ニ我皇帝陛下ノ加盟アラセラレタレハ即チ我全国ノ人民皆之ニ加盟セシモノナリ、然レハ一人モ此盟ニ背クヲ得ス」と、天皇がジュネーブ条約に加盟したことを理由に、軍人のみならず全国民にたいしても条約を順守することが説かれている。したがって、万一条約に違反する行為があったとするならば、それは「畏クモ皇帝陛下ノ至仁至慈ナル聖慮ニ乖キ、国ノ品位ヲ墜ス」ことを意味するものとして認識されることになったのである[49]。

このように日本赤十字社の人道活動は、そもそも天皇の「至仁至慈ナル聖慮」にもとづくものであり、「国家ノ仁愛ノ最大ナルモノ」と位置づけられた。いいかえれば、赤十字の活動と精神は、まさに忠君愛国を体現するものとしてとらえられていたのである。

「報国恤兵」と「博愛慈善」の基礎をなす「国家」「天皇」「人道」の三要素は、基本的には以上のようにその関係性が整理され、緊密なつながりをもつものとして語られることになった。それゆえ博愛社から日本赤十字社への転換は、たんなる組織替えにとどまらない、近代日本における「人道」が、「天皇」および「国家」との明確かつ強固な関係をとり結ぶ、大きな結節点としての意味を有していたのである。

さらにそうした三者の関係は、近代日本が実際に対外戦争を積み重ねていくなかで、ますます強いものとなっていった。たとえば日赤と「国家」との関係を、『日本赤十字社沿革史』は、つぎのように記している(50)。

我が赤十字事業が過去に於て、如何に国運の発展に貢献せしかを視よ、日清戦争及び北清事件に際して、如何に我が文明を発揮し、我が国威を宣揚し、我が地位を進むる功績を顕したるか、而して我が国が欧米各国と対等の条約を締結するに到りしに、直接間接の力ありしことは、いふまでもなからむ。

すなわち日赤の活動が、いかに国運の発展に貢献し、戦時には文明の発揮と国威の宣揚をもたらし、さらに日本の国際的地位の向上に役立ち、ひいては不平等条約の改正に結びついたのかが、強調されているのである。

なお、右記引用文中の最後にある条約締結云々に関していえば、ジュネーブ条約は、近代日本が欧米先進国と取り交わした、はじめての対等関係にたつ多国間条約であった。したがって、そうした記念すべき意味合いをもつジュネーブ条約への加入には、近代日本を文明国として欧米諸国に認知させるという、日本政府の大きな国家目標が内包されていたのであり、またそれにより日本が長年追い求めてきた欧米諸国との不平等条約の改正に役立てたいという外交的思惑があったのである(51)。

このようにジュネーブ条約への加入と日本赤十字社誕生の背景には、一面国家の政治的思惑があったのであり、それも日赤の位置づけを考えるうえで見過ごすことのできない重要な要素であったのである。

3　日本的普遍主義としての「博愛慈善」

ところで、「博愛慈善」の語り口については、日本赤十字社の歴史的なあり方を考えるうえでも、あらためて触れておく必要があろう。たとえば『日本赤十字社沿革史』によれば[52]、そもそも「博愛主義」は、「耶蘇基督ガ初メテ発明」したものではない、という。すでに東洋においては、それに「先チテ孔孟ハ仁義ヲ主張」し、「釈迦牟尼仏」は「耶蘇以前」において「切ニ慈愛ヲ説」いており、それゆえ「是レ洵《マコト》ニ人道ノ然ルベキ所以」として、まず東洋的文脈から「博愛慈善」の普遍性と必然性が説かれている。

そのうえで、日本における「傷病兵救護事業」も「遠ク神功皇后三韓御征服ノ当時、既ニ此ノ挙アリシコトハ日本紀ニヨリテ伝ヘラレタリ」と、少なくとも神功皇后にまでさかのぼる天皇家の事績として位置づけられ、つぎのように語られている[53]。

神功皇后カ遠ク海ヲ渡リテ三韓ヲ征セラル、ヤ、其軍令中ニ於テ自ラ服スル殺ス勿レト宣告シ給ヘリ、自服ハ抗敵セサルモノ、謂ニシテ、二千余年前既ニ近世文明ノ戦律ヲ実行シ給ヘルニ非スヤ

また戦時救護という「戦争道徳」は、「武士道の精華」を発揮したものであり、それゆえ「博愛慈善一視同仁」は「大和民族の先天的品性」という語り口さえみることができるのである[54]。

このように「博愛慈善」は、西洋的文脈だけでなく、東洋的文脈と日本的文脈からもその意味づけがなされたが、

とくに「天皇」の文脈から語られることによって、いわば日本的普遍性が付加されることになったといえよう。近代日本における「人道」は、こうして西洋的普遍主義の文脈のみならず、日本的普遍主義の文脈で語られることになったのである。

なおそうした西洋的普遍主義と日本的普遍主義の文脈の対比という点からいえば、欧米と日本の赤十字事業は、「博愛慈善」を精神とする戦時救護活動ということでは同じであるが、しかし「彼我ハ根本ヨリ国体ヲ異ニシ国民ノ思想感情モ異ナレバ、自ラ一致」しない部分があることは「自然」である、すなわちその事業を「経営施行スル主意ニ到リテハ、彼レト我レトハ大ニ其ノ趣意ヲ異ニスルアルヲ視ル」ということであり、それが先述した「忠君愛国ノ観念ヲ基礎トシテ報国恤兵ヲ主旨トシ、博愛ヲ従ト為ス」という語りに、定式化することになったのである(55)。

いいかえれば、その語り口によって、「欧米ノ赤十字事業」が「博愛ヲ旨トスル」ので「勢ヒ人ヲ主トシテ国ヲ客」とするのにたいして、日本ではあくまでも「国」が主であるということが、鮮明に表現されているのである(56)。

それゆえそうした語りの背後には、実は本来「報国」＝国家主義と「博愛」＝国際主義とが対立する側面をもつという認識があったのであり(57)、そこで日本的普遍主義の文脈においては、それら両者を主・従というかたちで関係づけることによって、整合的に安定化させようとしたといえるのである。

ところで、日本的普遍主義の中核をなす「天皇」の文脈、つまり天皇・皇室との強い結びつきは、日本赤十字社のあり方にどのような特色をもたらしたのであろうか。ここではとくに、つぎの二つの点について簡単に言及しておきたい。まず第一は、それが災害救護や看護婦養成など日赤の平時事業の活発さ、とりわけ世界的にももっとも早い取り組みといえる平時の災害救護活動を可能にした、大きな要因となったのではないかということである（日本が地震や台風など天然災害のきわめて多い国であるという要因も、もちろん重要であるが）。

すなわち、皇室の慈愛・慈善という日本的普遍主義の観点からいえば、そもそも天皇・皇后の慈愛に戦時・平時の区別はなく、それゆえそれが、一八八八（明治二一）年の日赤によるはじめての災害救護活動である磐梯山噴火時の救護につながったといえよう。大噴火による多数の死傷者や家屋倒壊の報に接した皇后の思召しを、佐野社長が受けて日赤の救護活動がはじまったという巷間伝えられるエピソードこそ、まさにその間の事情を物語る象徴的な語りである。ちなみに災害救護が戦時救護と並ぶ日赤の事業として、正式に社則に掲げられるようになったのは、一八九二（明治二五）年のことである。[58]

特色の第二は、天皇・皇室との結びつきが、日本赤十字社の人道活動のもつ慈善＝施し的な色彩を、より強めることになったのではないかということである。もともと赤十字社は各国ともに、上流階級の篤志家の慈善活動としてはじまっており、その点では日本の赤十字社（救護社）も例外ではない。社員となるための会費（三円以上一二円以下と定められた「年醵金」「保続金」と呼ばれたもの）や有志者からの寄付金（二〇〇円以上）、そして皇室からの御下賜金などにより活動資金はまかなわれていたが、その拠出金の金額からすると、上流階級や富裕者層を対象とした高額の設定になっており、一般国民の参加は少なくとも当初、実際にはさして想定されていなかったものと思われる。[59]

しかし、日本赤十字社誕生後の全国組織網の整備とその地方支部長への各道府県知事の就任、そして日本経済そのものの発展などもあり、明治二〇年代以降社員数は爆発的に増大することになる（日清戦争時に一〇万人を超え、日露戦争時に一〇〇万人を突破、第一次大戦後の一九二〇年には二〇〇万人を超える、太平洋戦争の終戦時には約一五〇〇万人）。[60]したがって日赤は、やがて世界有数の社員数を誇る一大「国民的機関」へと成長していったのである。

ただし、天皇・皇室との直結という組織そのものの特徴的なあり方が変わらない以上、そうした天皇との距離の近さから来るある種の優越感や、上流階級のようなある種高貴な使命感や責任意識を、一般の社員（国民）にももたせることになったのではないかと思われる。その意味で、組織の国民化・大衆化にもかかわらず、日赤本来の体質に大きな変化はなかったのであり、それゆえ「博愛慈善」にもとづく人道活動には、依然として施し的眼差しが色濃く反映されていたものと思われる。

そうした施し的眼差しは、もちろん日赤だけのことではなく、戦前各国の赤十字社には大なり小なり共通してみられたものである。その意味で、戦前の赤十字活動は、「はじめに」の冒頭で取りあげた緒方貞子氏の発言のような、施しではなくて人間の尊厳を守るための人道援助という認識とは、基本的に異なるものであったといえよう。それは端的にいえば、「博愛主義」から「人道主義」への変化を意味していたのである。(61)

したがって、そうした人道意識の変化には、少なくとも第二次世界大戦後の世界人権宣言（一九四八年）をはじめとする、人権意識の高まり（主として国連に主導された）を待たなければならなかったのである。

4　現実主義としての赤十字

最後に序章を終えるにあたり、日本赤十字社を含む赤十字活動そのものの基本的特質についても触れておかなければならない。それは、赤十字とは本来、戦争自体の根絶をめざすものではなく、あくまでも戦争のもたらす災禍を軽減し、その犠牲者を保護することを目的とする組織・運動である、ということである。

そもそもデュナンは、「これほど進歩とか文明が口にされる時代でありながら、残念ながら戦争は必ずしも常に避けることはできない。それだからこそ人道と真の文明の精神をもって、戦争を予防し、少なくともその恐ろしさを和らげようと根気よく努力することが急務ではないだろうか(62)」（『ソルフェリーノの思い出』）という思いをもって、救護社による戦時救護活動を提唱した。赤十字国際委員会のデュフール将軍は、さらにその思いを端的に「戦争を消滅させる夢を追いかけるよりも、私たちは戦争の悲惨な結果を少しでも軽くするために努力するべきである(63)」と表現している。

さらに、同じく赤十字国際委員会の第二代委員長を務めたモアニエは、つぎのように説いている。(64)

戦争の惨禍を軽減する代わりに、ただちにその根本に立ち入り、永久的世界平和を策する方が優れているという者がいる。これらの人々は、私たちが戦争を必要な悪と見て、それを是認するよりも、一層有益なことができるだろうと言っている。人類が互いに殺しあうことをやめて、祖先から受け継いだ野蛮な災禍から脱しようとすることは、私たちも人一倍希望するところである。しかし、人間はなお長い間、人間らしい欲望にとらわれて不幸な結果に甘んじなければならないだろう。だからこそ、その禍を即時に、また絶対的に防止できないのならば、それを軽減するように努力するのは間違ったことだろうか。いや、人道は私たちにそれを要求しているのである。

これら一連の発言にみられるように、赤十字の直接的な目的は、戦争反対や戦争廃絶にあるのではない。その意味でその基本的な立ち位置は、いわば方法としての現実主義にあり、むしろその点にこそ大きな特色があるといえるのである。

またその点に関しては、日本赤十字社ももちろん例外ではない。したがってそうした現実主義が、これまで述べてきた戦前期の日赤における国家主義的もしくは忠君愛国主義的側面と国際主義的もしくは人道主義的側面との関係性にも色濃く反映されていたのである。

ただし、赤十字のそうした現実主義こそが、歴史的にみれば国際社会における人道活動の発展を促進し、他方、それにより国家の行動に相応の制約を加えた側面があることも、あらためて指摘しておく必要があろう。そしてそれが、平和を希求しながらも現実主義に立つ赤十字という組織・運動の、まさに歴史的役割といえるのである。

（1）日本ではじめての完訳は、アンリー・デュナン（木内利三郎訳）『ソルフェリーノの思ひ出』（白水社、一九四九年）。これを、現代かなづかい、当用漢字を用いて読みやすくした改訂版が、一九五九年に出版されている。なお戦前の一八九四年には、兵事新報社から桃源仙史（本名は寺家村《じけむら》和介）訳の版（顕理儒南『朔爾弗里諾之紀念』）が刊行されている。

（2）アンリ・デュナン「ソルフェリーノの思い出」（H・M・エンツェンスベルガー編、小山千早訳『武器を持たない戦士たち——国際赤十字』新評論、二〇〇三年）三七頁。

（3）日本赤十字社事業局国際部編『赤十字条約集』改訂版（日本赤十字社、二〇〇五年）二頁。

（4）同右、五頁。

（5）井上忠男『戦争と救済の文明史』（ＰＨＰ新書、二〇〇三年）三五—三六頁。

（6）ジャン・ジャック・ルソー（桑原武夫・前川貞次郎訳）『社会契約論』（岩波文庫、一九五四年）二五頁。

（7）井上『戦争と救済の文明史』三九—四一頁、藤田久一『戦争犯罪とは何か』（岩波新書、一九九五年）九—一二頁、桝居孝『世界と日本の赤十字』（タイムス、一九九九年）三—五頁。

（8）小菅信子「〈戦死体〉の発見——人道主義と愛国主義を抱擁させた身体」（石塚久郎・鈴木晃仁編『身体医文化論——感覚と欲望』慶應義塾大学出版会、二〇〇二年）参照。

（9）小菅信子「赤十字標章、赤十字社、植民地」（河合利修編『赤十字史料による人道活動の展開に関する研究報告書』二〇〇七年）三八頁。

（10）桝居『世界と日本の赤十字』二一頁、吉川龍子『日赤の創始者　佐野常民』（吉川弘文館、二〇〇一年）一一一—一一三頁。

（11）吉川『日赤の創始者　佐野常民』一〇六—一〇七頁。

（12）*Bulletin International*, No. 17, Octobre, 1873, pp. 12–13.

（13）Ibid, pp. 14–16.

（14）『岩倉公実記』下巻（岩倉公旧蹟保存会、一九二七年再版）四四三頁。

（15）日本赤十字社編『日本赤十字社史稿』（日本赤十字社、一九一一年、以下『社史稿』と略記）九〇頁。

（16）吉川『日赤の創始者　佐野常民』九二—九八頁。

（17）井上『戦争と救済の文明史』一五八—一五九頁。

（18）井上『戦争と救済の文明史』一五九—一六一頁、吉川『日赤の創始者　佐野常民』九一頁。なお博愛社が使用した標章は、「朱色の丸に横一文字」（「朱色の日の丸、下横一文字」）である。

（19）井上『戦争と救済の文明史』一二二—一二九頁。

(20) 大山元帥伝編集委員会編『元帥公爵大山巌』(大山元帥伝刊行所、一九三五年)三五五頁。
(21) 吉川『日赤の創始者　佐野常民』一一〇頁、井上『戦争と救済の文明史』一六一—一六二頁。
(22) 喜多義人「日本によるジュネーヴ条約の普及と適用」(『日本法学』第七四巻第二号、二〇〇八年)六六頁。
(23) 吉川『日赤の創始者　佐野常民』九一—九二頁。
(24) 桝居『世界と日本の赤十字』二三—二四頁。
(25) 吉川『日赤の創始者　佐野常民』九九頁。ウィリスについては、西野香織「日本陸軍における軍医制度の成立」(『軍事史学』第二六巻第一号、一九九〇年)、吹浦忠正『捕虜の文明史』(新潮社、一九九〇年)八九—九二頁を参照。
(26) 戊辰戦争という内戦の悲惨な戦争体験とその記憶が、負傷者を敵味方の区別なく救護するという人道的行為をもたらす大きな伏線になっていたと、一面ではいえるのかもしれない。したがって日本における赤十字の展開を考察するにあたっては、それが対外戦争ではなく、内戦を契機としているという点に着目する必要があり、その意味では、同じく南北戦争という大きな内戦を経験したアメリカとの対比も必要かつ有益だと思われる。なお博愛社編(神部務著)『日本赤十字社沿革史』(博愛社、一九〇三年、以下『沿革史』と略記)は、日本の「戦事救護法」は「明治維新ト共ニ胚胎」したが、「現実」には、明治七年の台湾出兵に際して西郷従道征討都督が「従軍ノ軍医ニ命ジテ敵ノ負傷臥倒シタルモノヲモ救護セシメタルコトアリキ之ヲ実施ノ嚆矢トナサム」と記している(八頁)。
(27) 以下のシーボルトに関する記述については、吉川『日赤の創始者　佐野常民』七八、一〇二—一〇三、一〇七—一一二頁を参照。
(28) 日本と各国の赤十字社の比較については、川俣馨一(日本赤十字社校訂)『日本赤十字社発達史』(日本赤十字社発達史発行所、一九一一年、以下『発達史』と略記)六—八、一七—一八、四一—六〇頁を参照。
(29) 『社史稿』九五頁。『沿革史』は、「博愛を標榜する赤十字事業が、今日其の国、文明の進歩を測るべき唯一の標準たるべきは、何人と雖も首肯すべきことにて、……真の文明は必ず人道の進歩に副ふべきなり。故を以て日本赤十字事業発達の奈何は、直に我等国民の道義の消長をトすべき一大試金石たるべからむ」(「発行の要旨」二頁)と述べている。
(30) 井上『戦争と救済の文明史』一三八頁。
(31) 吉川『日赤の創始者　佐野常民』八四、八二頁、桝居『世界と日本の赤十字』三三頁。
(32) 『社史稿』一〇七頁。

(33) 同右、一一六―一一七頁。
(34) 『沿革史』九頁。
(35) 『社史稿』一六〇頁。
(36) 吉川『日赤の創始者　佐野常民』一二二頁。
(37) 『社史稿』一二五頁。
(38) 『社史稿』は、日本赤十字固有の特質として、「国民尚武ノ気ニ富ムコト」「国民仁愛ノ徳ニ厚キコト」「皇室ノ余沢」「組織ノ利便」の四点をあげているが、とくに最後の点に関しては、「欧米ニ在テ全ク其類ヲ見サル所又殆ト驚歎セラル、所」である、なぜなら「日本赤十字ノ地方機関ハ官ノ行政区画ト其揆ヲ一ニスルト同時ニ支部ノ組織ハ同一ノ行政官吏ニ依テ形成」されているからであると指摘している（二五―二六、二七頁）。
(39) 同右、一五四、一五五頁。さらに日本赤十字社への改称についても、「世界文明国ニ伍シテ同一事業ニ従ハントセハ世界共通ノ名ヲ用ヰルノ便益ナルニ如カサルナリ」、それは名ばかりではなく、人道を訴えるにも役立つと述べている（同書、一五六頁）。
(40) 『発達史』一頁。
(41) 『沿革史』中の「発行の要旨」三頁。
(42) 『社史稿』四、一、二頁。
(43) 『沿革史』三頁。『社史稿』では、「欧州赤十字社ハ耶蘇教国人ノ手ニ成ル其主義彼我ノ別ヲ捨テ国ナルモノ、外ニ立チ偏ニ人類相憐ノ至情ヲ達スヘキ大慈善ノ結社」（一五六―一五七頁）と記されている。なお小菅信子「赤い十字と異教国――近代日本の〈非宗教〉とナショナリズムについて」（木畑洋一、小菅信子、フィリップ・トウル編『戦争の記憶と捕虜問題』東京大学出版会、二〇〇三年）も参照。
(44) 『社史稿』一五九―一六二頁。
(45) 『沿革史』三頁。
(46) 『発達史』九頁。
(47) 同右、六頁。
(48) 『社史稿』六、五頁。さらに赤十字社の戦時救護活動を結節点とする「国家」「軍」「国民」との関係も、「国民トシテ其国家ヲ愛セサル者アランヤ、国家ノ尊栄ヲ欲セハ国家ノ富強ヲ計リ国家ノ仁愛ヲ明カニセサル可ラス、平時ニ於テ軍人ヲ愛シ戦時ニ際シテ其傷病者ヲ救護スルハ即チ兵ヲ強クスル所以ニシテ又仁愛ノ大ナルモノナリ、国民ノ後援愈々盛ニシテ軍気益々奮ヒ勝ツ可ラサルニ勝チ敗ルヘキニモ敗レサルハ軍気ノ勇怯如何ニアリ、国民後援ノ最大ナルハ戦場痛苦中ノ痛苦ニ沈メル最モ不幸ナル傷病軍人ヲ慰安救護スル赤十字事業タラスンハアラス、国家ニ対スル国民ノ義務トシテ赤十字ナル事業ノ発達ヲ見ルハ実ニ国家ノ一大幸福ナラスヤ」と、一体のものとしてとらえられていたのである（同書、五頁）。

(49) 喜多「日本によるジュネーヴ条約の普及と適用」六六—六七頁。

(50) 『沿革史』中の「発行の要旨」二—三頁。また『発達史』一二頁にも、同様の記述がみられる。なお『社史稿』には、「要スルニ赤十字事業ハ必要ノ点ヨリスルモ徳義ノ点ヨリスルモ其存在ハ社会ニ欠ク可ラサルモノトナレリ、而シテ其淵源ハ人情ノ至誠ニ発シ又国家存立ノ一要件トナルニ至レリ」（六頁）という記述もみられる。

また第一次世界大戦後の国際聯盟条規第二五条の存在と赤十字社連盟の創設が、戦時救護を主としてきた赤十字における平時事業の比重を高める重要な契機となるが、その点を自覚的にとらえた日赤外事顧問蜷川新が、国家との関係を含めてつぎのような語りをしている点に着目すべきである（蜷川新「新赤十字事業の重要点」『博愛』第四〇一号、一九二〇年九月一〇日、二—三頁、なお第四〇三号の二頁も参照）。

従来の赤十字観念よりせば、法理上及事実上戦時事業を重しとし、平時を軽しとする事が出来たのであるが、向後は、平戦何れも重く、何れを軽し何れを重しとする事は出来ない事となつた。……平戦両時共に条約の義務に基き均等に働くのである。平戦両時共に人道の為めに尽すのである。平戦両時共に国民の為め又他国人の為めに、尽瘁する事となつたのである。従来の如くに戦時を重しと云ふ如きは、理に於て認む可らざる事となつたのである。……赤十字事業は、其の性質上、純博愛であつて、愛国即ち自国民に対する偏愛ではない事何等の疑はない。乍併平時に赤十字事業を行ふ事が、国家の為めに幸福有益であるかと云ふ事を一考するも亦必要である。若し赤十字の活動に依つて、国民の健康増進せられ、疾病予防せられたならば、日本には之れが為めに有為の青年を増加し、強健の兵士も労働者も大いに得られ、学術の上にも、産業の上にも、軍事の上にも、非常なる利益が得らるゝのである。此点の如きは、戦時に於て、傷病者を救治（但し一部分）する事に比して、其の国家に利益ある事、到底其の大小軽重比較にはならないのである。然らば、愛国論より考へて見ても、如何に平時に赤十字事業を大々的に且つ真面目に行ふ事の必要なるかを知る可く、何人も双手を挙げて賛成す可き事であるを覚る可きではないか。

(51) 喜多「日本によるジュネーヴ条約の普及と適用」六四頁。
(52) 『沿革史』四―五頁。
(53) 『社史稿』四四―四五頁。同書は、「日本帝国ノ赤十字ハ赤十字トシテノ建設ハ近ク明治ノ聖代ニ在リト雖トモ、其要素ハ遠ク日本建国以来国内ニ充溢セルモノナリ」「日本ニ於ケル赤十字ノ要素ハ皇室ノ余沢ニ出テ、其発達ハ特ニ天皇陛下皇后陛下ノ盛徳ニ率ヒタルニ外ナラス、即チ日本赤十字ノ終始ハ皇室ノ余沢ヲ離レテ其成立ヲ見ル可ラス、忠愛報国ノ精神ヲ外ニシテ其発達ヲ期ス可ラサルナリ」(二六―二七頁)とも指摘している。
(54) 『発達史』一―二頁。新渡戸稲造は『武士道』(矢内原忠雄訳、岩波書店、一九三八年)のなかで、「優しさ、憐れみ、愛が武士の最も惨憺なる武功を美化する特質なりしことを、この物語が示すことには変りがない。『窮鳥懐に入る時は、猟夫もこれを殺さず』と言う古い格言がある。特にキリスト教的であると考えられた赤十字運動が、あんなにたやすく我が国民の間に堅き地歩を占めたる理由の説明は、おおむねこの辺に存するのである。吾人はジュネーヴ条約〔万国赤十字条約〕を耳にするに先だつ数十年、我が国最大の小説家馬琴の筆により、敵の傷者に医療を加える物語に親しんだ」と述べている(五四―五五頁)。
(55) 『沿革史』三頁。なお同書は、「日本ニハ日本ノ国体アリ、西洋ニハ西洋ノ国体アリテ其ノ根本ニ到リテハ到底動カスベキモノニアラズ」(四頁)とも述べている。
(56) 同右、一頁。
(57) 『発達史』は、「殊に其の内容の点よりして、各国と異なれる所を一言せむに、外国の赤十字社は、宗教の観念よりして、博愛慈善を主とすれども、我が赤十字社は、全く忠君愛国の観念より根帯して、報国恤兵を主旨とするなり。博愛と報国とは、其の実似寄りたるにあらずして、反対の現象を呈すべし。博愛といへば、報国にあらず。報国といへば、博愛にあらず。欧米の諸国とて、報国の主旨たるべけれど、形式には博愛を標榜し、日本は最初よりして、報国恤兵を主旨とし、其の結果として、博愛慈善を施行しつゝあり」(九頁)と述べている。西洋的文脈であろうと日本的文脈であろうと、「博愛」「人道」が普遍主義として語られる以上、それは国を越える国際性をもつわけであり、それゆえ「報国」と「博愛」には対立せざるをえない側面がある。その関係性をいかに整合的に定式化するのかに、当時の関係者の苦心があったのである。
(58) 吉川『日赤の創始者　佐野常民』一六二頁、桝居『世界と日本の赤十字』四六―四七頁。
(59) 川口啓子・黒川章子編『従軍看護婦と日本赤十字社』(文理閣、二〇〇八年)一七五、一七九頁。

(60) 同右、三六―三七頁。
(61) 戦前戦後における「博愛」「人道」という語の使用頻度の差の背景のひとつには、そうした認識の変化があるといえよう。
(62) 井上『戦争と救済の文明史』二六―二七頁。
(63) 同右、二八頁。
(64) 同右、二七頁。

第Ⅰ部

戦時救護と博愛社・日本赤十字社

ジュネーブ条約が締結された，1864年国際会議の様子［序章］．（赤十字国際委員会所蔵）

第一章　博愛社から日本赤十字社へ

小菅信子

一　皇家の赤子

1　博愛社の発足

一八七七（明治一〇）年五月三日、西南戦争さなかの博愛社認可は、「官賊軍とも看護」する篤志団体の発足として、ただちに『横浜毎日新聞』（同年五月八日付）や『東京日日新聞』（五月七日付）、『朝野新聞』（五月一五日付）を通じて報道された。[1] もっとも、薩摩軍側に博愛社についての情報がどれほど浸透していたかはさだかでなく、政府軍も薩摩軍傷病兵をつねにねんごろに扱ったわけではなかった。[2] しかしながら、博愛社の公認と活動は、西南戦争という内戦において、政府の側に反乱者の投降と帰順を受け容れる用意があることを公に示唆するものであった。実際、五月中旬から六月にかけての時期になると、田原坂の戦いののちに長期化した戦争によって西郷軍の用兵・補給が厳しさを増したこともあり、政府軍に投降する者がではじめた。[3] 六月になると、「官軍に降参する者は古《こ》ろさず」とするビラが官軍先鋒本営の名でまかれた。この宣伝ビラにどれほど効果があったかはふたたびさだかではないが、敵味方の区別ない救護社の認可と彼らの活躍、さらにそれに共感する者たちをめぐるエピソードは、たとえば函館戦争における榎本武揚の「万国公法」尊重をめぐるエピソードにも似て、内戦後の勝者と敗者の国内和解を促す要素となったかもしれない。博愛社の発足は、西南戦争という内戦の性格を物語る出来事のひとつでもあったといえよう。

博愛社認可にはより実務的な背景もあった。民間の救護社が公認され、実際に敵味方の区別ない救護活動をおこなうという状況は、たとえば戊辰戦争でもとくに苛烈をきわめた会津戦争で「賊軍」が置かれた状況や、佐賀の乱のような一定期間戦闘がおこなわれた士族反乱と比べて大きく異なっていたが、実際には戊辰戦争の際にも敵味方の区別ない救護活動はおこなわれていたし、佐賀の乱においても「賊軍」救護の必要を説く声もあるにはあった。[4] たとえば、英国公使館付医官ウィリアム・ウィリスは、一八六八（慶応四）年九月一日から五ヶ月間にわたり、高田から会津若松の各病院で治療をおこない、官軍軍医を教育したが、とくに会津戦争において敵味方の区別なく六〇〇名の負傷者を救護したことで知られる。[5] とはいえ、戊辰戦争で明らかになったことは、「漢方の軍陣医学が全く役に立たないこと」であった。[6] つまり、漢方医の治療はしばしば戦傷外科の基本を無視したものであったため、維新政府の陸軍は早急に西洋式の基本を軍医団に教育し、衛生機関を整備する必要に迫られた。西南戦争は、戊辰戦争以来の陸軍軍医制度の整備のための努力が偶然にも試される機会となり、「軍医部は、西南戦争で見事にその存在価値を示す」ことができたのである。[7]

こうした経緯は、序章でも言及されているように、一八七三（明治六）年にジュネーブで、岩倉具視が、維新政府の軍医制度の不備を理由のひとつとして挙げてジュネーブ条約加盟に躊躇を示したのにもかかわらず、西南戦争に際しては、むしろ博愛社の認可や活動に強い関心を示したこととも呼応する。つまり、維新政府がジュネーブ条約に加盟し、赤十字社を設立するための最重要課題は、実は、敵味方の区別ない救護への抵抗感を処理する以上に、専門的な戦時救護医療すなわち軍医学を充実させることにあったともいえる。戦傷外科と軍医制度が不備な状況では、いかに篤志の民間人組織が敵味方ない救護を望んだとしても不可能である。日本の戦傷外科と軍医制度は、西南戦争期までに、のちの日本赤十字社の前身となる民間救護団体である博愛社を、公認組織として「軍団病院」や「包帯所」で活動せしめるに十分なほど発展していたといえよう。

2　西南戦争後の博愛社

一八七七（明治一〇）年九月二四日、西郷隆盛をはじめとする薩摩軍指導者らが戦死自刃し、西南戦争は終わった。一〇月三一日の戦地での救護活動の終結までに、博愛社の救護員延べ一九九名（実数は一二六名）が取り扱った傷病兵は一四二九名にのぼった(8)。これらの傷病兵のなかには薩摩軍の者も含まれていた(9)。

博愛社が暫定的な救護団体ではなく常置の組織であることは、すでに西南戦争中の一八七七年八月一日に制定された「社則附言」において、「我社員報国恤兵ノ義務ハ、之ヲ平時ニ講究シ、其需用物品ノ如キモ亦、豫メ之カ準備ヲ為サヽルヘカラス。故ニ、今回ノ戦役ヲ終フルノ後モ本社永設ノ基礎ヲ立テ、其結構ヲ盛大ニセンコトヲ期ス(10)」と謳われていた。したがって、西南戦争が終わると、博愛社の関心は、同社を永置するための基礎をいかに固めるかということに注がれた。一二月三日、同社委員らは本社にて集会し、桜井忠興が戦地での救護についての報告をおこなった。翌四日、戦後総会が開かれ、同社総長の東伏見宮嘉彰親王をはじめ、大給恒、佐野常民ほか、各委員、社員、戦地派出の職員など三〇名が集まった。そして、博愛社永設のための方策を講じるべく、一八七八年ならびに翌年の一月にそれぞれ新年総会をおこない、その後、年一―三回の社員総会を開いた(11)。

また、一八七八（明治一一）年六月、従来の委員一一名を廃して職員を選任し、副総長に大給と佐野が、幹事に花房義質、桜井忠興、松平乗承が就任した(12)。翌七九年一二月には、社員より議員一二名を公選、毎月一回の議員会を開くこととした。さらに、同年六月には、守成金規則をあらため、拠出額を一年につき三円以上一二円以下として、三回に分割して払うことができるようにするとともに、寄贈金として二〇〇円以上寄付した者は以後年醵金を支払わずともよいこととした[13]。

さらに、一八八一（明治一四）年、博愛社は、社業の拡張をはかり、国民的な協力をえるために、八一条からなる新社則「博愛社規則」を議定した[14]。この総則第一条は、「博愛社ハ報国恤兵ノ義心ヲ以テ、戦場ノ負傷者疾病者ヲ看護シ、力メテ其苦患ヲ減スルヲ主意トス」と謳っていた。西南戦争の戦火が開かれてまもない時期につくられた「社則」では、同社の目的は「戦場ノ創者ヲ救フニ在リ」とされていた。つづいて八月一一日に制定された「社則附言」では、その主旨は「此（西南戦争の――筆者注、以下同様）惨烈ナル戦時ニ方リ、報国慈愛ノ赤心ヲ以テ軍医部ヲ補助シ、博ク創者患者ヲ救済スル」とされていた。これにたいして、新たに制定された「博愛社規則」では、「報国恤兵ノ義心」をもって戦場の傷病兵の「苦患ヲ減スル」という使命が、同社の事業の意義として明示された。つまり、戦時救護という課題が、国民の抱くべき愛国心の一部として位置づけられたのである。

3　「天皇陛下ノ赤子《せきし》」

さて、戦場において敵味方の区別なく傷病兵の「苦患ヲ減スル」ためには、戦地において保護されるべきものとそうでないものを区別することが肝要となる。区別と保護という発想は、「戦争の必要を人道の法に調和させ[15]」ようとするさまざまな試みの原点にあるものであり、戦時にあっては敵対行為参加能力を失った（あるいは、もたない）ものを局外中立とするための大前提となる。区別して保護するという発想は、序章において論じられているように、赤十字の発祥地であるヨーロッパでは、ルソーの『社会契約論』にみられるような一八世紀の啓蒙思想にその源流を求めることができる。では、西南戦争後の博愛社は、この問題についてどのように説明したのであろうか。

前述の「博愛社規則」の「序文」が、これについて考える手がかりを与えてくれる。この「序文」は、総長の東伏見宮嘉彰親王の筆によるもので、同社の「拡張主意書」[16]であり、国民の協力をえるために、事業の意義をいかに新国家の脈絡のなかに位置づけようとしたかをうかがうことができる。

「序文」の前半は、デュナンの『ソルフェリーノの思い出』を彷彿とさせる叙述である。すなわち、戦闘に際しての苦患の悲惨さ、兵器革新による戦争の残虐化、戦闘後の荒廃の凄まじさについて言及したうえで、各国の「文化」が進むにつれて軍医制度が整い、戦時の救護がなされるようになったにせよ、それでもなお十分ではないとする。なぜなら、「瞬間ニシテ千万ノ死傷ヲ致シ、敗兵ハ遁逃シ、勝兵ハ追撃スルニ当リテハ、其戦野ニ遺ス所ノ負傷者、軍医ノ拾収ニ漏ル、コト無キヲ保ツコト能ハス」[17]、ゆえに、「欧州ノ慈善者、悲惨ノ状ヲ視、哀痛ノ情ニ忍ヒス、相謀リテ戦時ニ負傷者ヲ救護スル社ヲ設ク」るにいたったと説明する。[18]このように、「序文」では、戦場の悲惨とりわけ「敗兵」の窮状を強調したうえで、患者や負傷者を保護するという取り決めの重要性が示されている。これは、日本も加盟することになる一八六四年のジュネーブ条約の冒頭第一条においても規定されている、人道法の基本原則である。

では、「序文」は、同条約六条の「負傷シ又ハ疾病ニ罹リタル軍人ハ、何国ノ属籍タルヲ論セス、之ヲ接受シ看護スヘシ」については、どのように解説しているだろうか。「序文」では、西南戦争に際しての博愛社の活動が、まさにこの事例としてあげられている。すなわち、西南戦争の救護活動は、まず、天皇の慰問によってはじまり、皇后御製の包帯の下賜がこれにつづき、「是ニ於テ、佐野常民、大給恒等、有志ノ華族ト謀リ、一社ヲ創シ、欧州戦時救養ノ社ニ擬シ、負傷者救療ニ従事センコト請フ」たのである。[19]この脈絡では、博愛社の結社は、天皇・皇后の行動にならい、その意思を反映しようとしたものにほかならない。そのうえで、「暴徒ハ大義ヲ誤リ、王師ニ抗スト雖モ亦皇家ノ赤子」であり、負傷して死を待つのみの者も見捨てて顧みないのは「人情ノ忍ヒサル所」であるという、征討総督有栖川宮熾仁親王に宛てた大給と佐野による博愛社設立請願の文言を引き、「其彼此ヲ別タス生霊ヲ救恤スルヲ以テ、博愛社」と名づけたと説明している。

博愛社という戦時救護社が、国際戦争ではなく、西南戦争という内戦をきっかけにして認可されたことは、同戦争後の日本における赤十字思想を、その根底において規定することになる。大給が、西南戦争の際の博愛社の活動にたいする人々の疑惑や警戒に抗して、「事業ノ真相」を知らしめるために著した「博愛社述書」においても、政府に抵抗し戦いに敗れた「賊兵」もまた「天皇陛下ノ赤子」であることが強調されている[20]。赤十字思想と人道の原則のなかで基本となるのは、区別して保護するという発想であるが、西南戦争での救護を経験した明治前期の戦場人道観においては、敗者である「兇徒」「反賊」としての敵兵士が保護されるべき根拠は、彼らもまた「天皇陛下ノ赤子」「皇家ノ赤子」であるという思想であった。

いまや、永設組織としての博愛社は、「万一」の将来の戦争に備えて、「皇室ヲ衛リ国家ヲ護スル者」が「戦場ノ苦患ヲ受クルコト」のないように、平時における存続を国民に訴える必要に迫られることになった[21]。博愛社の使命は、「報国恤兵」すなわち国民の抱くべき愛国心の発露として位置づけられた。とはいえ、将来の国際戦争において、日本の敵は、かならずや「王師ニ抗ス」る存在、よって敗北を宿命づけられた存在になるはずである。こうした文脈において、博愛社にとって、ひいては日本の赤十字にとって、いかに天皇や皇室との関係を形成していくかということが最重要課題となるのである。

二　皇室の恩眷

1　皇室による保護

日本における赤十字の発展の歴史において、もっとも顕著な要素のひとつは、赤十字事業にたいする皇室の「恩《おん》眷《けん》」である。皇室の手厚い保護は、博愛社設立期から日本赤十字社の創設期にかけて、とりわけ重要な意味をもった。草分け期の赤十字事業は、皇室の保護を受けて発展し、一方、赤十字にたいして保護を与えることで、近代における天皇・皇后、そして皇室のイメージが形成されていった。佐野と大給が有栖川宮熾仁親王にたいして提出した請願のなかで、博愛社の設立は、「朝廷ノ寛仁ノ御趣意、内外ニ赫著スルノミナラス感化スルノ一端トモ可相成」と訴えたが(22)、天皇や皇后、ひいては皇室の「慈愛」「仁愛」は、彼らが戦時・平時の赤十字事業に直接関わることで実体化し、国民は「天皇陛下ノ赤子」「皇家ノ赤子」であるという自覚を広く世上に促すことになる。この意味で、博愛社と日赤の発展は、日本における天皇を頂点とする愛国心のあり方に大きな影響を与えることになったといえよう。

赤十字事業にたいする皇室の「恩眷」は、まず、財政的な援助というかたちで差し伸べられた。具体的にいえば、一八七七（明治一〇）年八月七日、西南戦争の最中に、皇室は金一〇〇〇円を同社に下賜した(23)。この下賜金は、日本の赤十字が皇室の保護を直接受けた嚆矢となった。これを皮切りに、各皇族が同社に寄付をおこない、同年九月一三日には東伏見宮嘉彰親王が総長に就任することになった(24)。以降、歴代の総長（日本赤十字社に改称後は、総裁）には、皇族を戴くことになる。

西南戦争後、博愛社を永置の機関として立ち行かせるためには、一定の資本が不可欠であった。戦後の財政難に際して、一八七九（明治一二）年八月一日、東京麻布市兵衛町の宮内省御用邸の内に、博愛社本社事務所を間借りする許可が与えられた(25)。博愛社の事業にとくに関心を寄せたのは、美子皇后（昭憲皇太后）であった。一八八三（明治一六）年以来、皇后が年々同社に下賜した三〇〇円は、博愛社の根本資本となった(26)。

一八八六（明治一九）年六月五日、日本政府はジュネーブ条約に加入し、一一月一五日に号外勅令により加入を公布した。博愛社の設立当初、社員は佐野や大給を含めて三八人にすぎなかったが、ジュネーブ条約に加盟し、博愛社病院が開設されたこの年には、三四一人の新入者を迎えることになった(27)。これによって、社員数は過去九年間の総数

図1-1　飯田町の博愛社と博愛社病院（『日本赤十字社歴史画談』［日本赤十字発行所，1902］より）

の倍以上となり、同年末には総数六〇九名を数えるにいたった[28]。博愛社は東京麹町区飯田町四丁目に活動の拠点となる本社事務所を開設し、一一月一七日には救護員を養成するための博愛社病院を設立した[29]。

2　日赤改称

一八八七（明治二〇）年五月二〇日、博愛社は日本赤十字社へと改称した。新たに制定された「日本赤十字社社則」第一条で、社の目的は「戦時ノ傷病者ヲ救護愛護シ、力《ツト》メテ其苦患ヲ軽減スル」ことにあるとされ、つづく第二条で、「本社ハ皇帝陛下、皇后陛下ノ至貴至尊ナル保護ヲ受クルモノトス」と、天皇・皇后による保護が明示された。あわせて、皇族を総裁とすること（第六条）、社長・副社長は勅許を得て上任、とくに監督官を付せられることになった[30]。ここに、赤十字事業にたいする皇室の「恩眷」は、制度的な裏づけをもつことになった。同月二五日、天皇・皇后より日赤補助金として自今年々五〇〇〇円が、翌年六月一六日には社の資本として一〇万円が下賜された[31]。

日赤の事業はもとより、博愛社病院も、「一ニ皇室ノ恩眷保護ニ依テ成立シタ」ものであった[32]。すでに一八八六（明治一九）年一一月四日に博愛社が東京府に提出した「博愛社病院設立願」によれば、同病院設立の目的は、第一に軍隊の負傷者を救護する看護人を養成すること、第二に戦時においては負傷者の予備病院に供すること、第三に平時においては民間の患者を治療し、看護人の実地研究をなさしむること、の三点で、戦時救護を担う看護婦の養成は、日赤にとって、必要欠くべからざる事業であった[33]。博愛社病院の開院式には、皇后がこれに行啓した[34]。一八八八（明治二一）年一〇月二六日には、特旨をもって病院建築・付属品調製費として八万円、一八九〇年七月一六日にはさらに二万円を増賜し、くわえて南豊島御料地内一万五〇〇〇坪を拝借する特許を与えた。同病院は翌年五月南豊島に移転、八月には社の補助金として五〇〇〇円、さらに向こう一〇年間にわたって年々五〇〇〇円の病院維持費が下賜されることになった[35]。

日赤が「皇室ノ厚遇」を受けたことを示すもうひとつの事例として、一八八八年に制定された「有功章」について触れておく必要がある。これは、「天皇ノ勅裁」をもって日赤事業に功労のあった者に付与されるもので、同章を授与される者は、「其人名ヲ上奏シ、辱クモ入社員ノ姓名ハ一々天覧ヲ賜フ」こととされた[36]。

博愛社から日本赤十字社への改称は、近代日本における人道主義が、財政的にも制度的にも、皇室と明確かつ強固な関係をとり結ぶ大きな契機となった。以後、日本赤十字社は、日清戦争前夜の一八九三（明治二六）年末までに四万五三一七人の社員を抱えるまでに発展する[37]。増員数からみれば、いうまでもなく日清戦争が爆発的な社員数増加の契機となるが、増員比率の面からみれば、もっとも大きな変化は、日赤改称の年の三五八パーセント（対前年増員数は一五七〇名）とその翌年の五四九パーセント（同九七九四名）である。「日本赤十字社カ此ノ如ク速ニ進歩セルモノハ、国民カ皇室ノ威徳ニ則リテ之ヲ拡充セント欲スルノ力、頗ル多キニ居レリ[38]」という日赤の自己評価は、近代日本における赤十字が、「皇室ノ威徳」を基盤として、いわゆる上流階級の支持者らを中心に築かれたことを如実に示している。

3　赤十字への保護

こうした赤十字の国内的な発展のあり方は、とくに日本において特異な現象であったとはいえない。序章で言及されているように、ドイツやオーストリア、ロシアでも、草創期の赤十字事業は王室や貴族の手厚い保護を受けた。初めて戦場で赤十字標章が用いられた一八六四年のシュレスビヒ・ホルシュタイン戦争で、プロイセン側の救護活動の中心となったのは、貴族的なキリスト教系救護団体であった。他方、博愛社同様に内戦である南北戦争期に誕生した篤志団体「米国衛生委員会」のように、一八六三年のジュネーブ会議や翌年の条約締結に際して非公式に招待されながらも、政府が同戦争へのヨーロッパ諸国の介入を危惧してただちに赤十字社に改称しなかった例もあった（一八八一年改称、翌年アメリカ政府はジュネーブ条約に加盟）。[39] 欧米諸国における草創期の近代的篤志戦時救護団体と、博愛社や設立間もない時期の日赤とのもっとも大きな違いは、日本という国家が、非ヨーロッパ・非キリスト教起源の国家であったということと、欧化政策の一環としてジュネーブ条約加盟や赤十字社の設立に国家レベルで取り組んだことであろう。

この意味では、日本の赤十字は、たとえば非ヨーロッパ・非キリスト教起源の国家で最初にジュネーブ条約に加盟したオスマン帝国との比較のなかでみていくこともできる。概して、戦場における人道主義の普遍性をより普遍的なものたらしめるために、非ヨーロッパ・非キリスト教起源の国家に赤十字運動を根付かせようとする推進者たちはみな、多かれ少なかれ、自国の「伝統」や「文化」のなかに存在する共通の価値観の発見に精力を傾ける。次節で述べるようなオスマン帝国の「赤新月」標章の採用も、こうした事例のひとつとしてあげることができるだろう。[40] この脈絡でいうなら、皇室の恩眷に浴して発展しつつあった博愛社が、「人道」「博愛」という普遍的価値観の起源を自国の古代神話のなかに見出そうとしたとしても、そのこと自体はとくに驚くべきことではない。当時、好んで引用されたのは、神功皇后の「三韓征伐」の際の神話的エピソードであった。神功皇后は、「其軍令中ニ於テ、自ラ服スル

〔ヲ〕殺ス勿レト宣告シ給ヘリ。自服ハ抗敵セサルモノ、謂ニシテ、二千余年前、既ニ近世文明ノ戦律ヲ実行シ給ヘル」として、明治時代にあってもなお、「直接赤十字事業ニ関係アルモノ」[41]として物語られることになった。

赤十字という戦時救護運動を生みおとした要素は、近代的で、西洋的な個性を有していた。非ヨーロッパ・非キリスト教起源の国家において赤十字の普遍性を養い保とうとすればするほど、その国家に固有な社会的・文化的事情に配慮しつつ、そもそもそこにあった既存の「人道」や「博愛」の物語のなかに赤十字の理念を読みとり、読みかえていく必要があった。それは、近代日本にとっても、赤十字の受容に際して重要な課題となった。日本の赤十字は、皇室の「恩眷」によってこの課題を克服していった。このことは、博愛社が、区別と保護をあらわす標章として「赤十字」を採用し、日本赤十字社と改称するに際していっそう明らかになった。

三　皇后の簪

1　赤十字標章

博愛社から日本赤十字社への改称に際して、アジアで最初のジュネーブ条約の加盟国となる日本は、一八六五年に非キリスト教国としてはじめてジュネーブ条約に加盟したオスマン帝国が抱えた難問と、よく似た問題を抱えていた。つまり、ヨーロッパを起源とする戦時救護運動に付けられた「赤十字」という呼称や「赤十字」の標章が帯びるキリスト教的含意にたいする忌避や嫌悪を、どう処理していくかという問題である[42]。

オスマン帝国は、結局、条約加盟後の一八七六年に勃発した露土戦争の前夜、敵軍の傷病兵輸送車輌や移動野戦病院の保護標章として「赤十字」を尊重するものの、自国は「赤新月」を用いることを決めた。「赤新月」は、コーランにおいては聖なるシンボルであり、オスマン帝国旗のエンブレムでもあった。オスマン帝国政府が保護標章のデザインを変更した理由は、赤十字の標章が、「ムスリムの兵士に敵意をいだかせ、トルコが〔ジュネーブ〕条約下で享受すべき権利の行使を妨げてきた」というものであった。

日本がジュネーブ条約に加盟し、博愛社が日本赤十字社と改称するに際しても、類似の問題が浮上してきた。すでに、一八七一（明治四）年、当時軍医頭であった松本良順が、陸軍衛生部の徽章として「白地に赤十字」を用いることを提議したが、太政官が、「十文字ハ耶蘇教ニ原因セリトテ、痛ク之ヲ忌ミテ用ヰルコトヲ禁止」したという経緯があった。[43]松本は、いずれ日本がジュネーブ条約に加盟したあかつきには「赤十字」を用いることになるであろうから、その際に赤の縦線を加えればよいだろうということで、「朱色ノ横一文字」の標章を使用することとした。

右の挿話は、明治初年において、「赤十字」がいかに「本邦人士間ニ嫌悪セラレタル」かを示している。「赤十字ナル名称ハ、我国情ニ於テ、往々耶蘇宗教ニ関係ヲ有スルヤノ疑懼ヲ生セシム」恐れがあり、すでに述べたようなオスマン帝国の事例は、日本にとってもけっして他人事ではなかった。[44]西南戦争の際には、日の丸の下に赤一文字の標章を用いて救護活動をおこなったものの、明治国家としては、「世界文明国ニ伍シテ同一事業ニ従ハントセハ、世界共通ノ名ヲ用ヰル便益」を無視するわけにはいかなかった。[45]ここでいう「世界文明国」とは、いうまでもなく欧米列強を意味した。ジュネーブ条約に加盟し、日本赤十字社と改称することが決まり、一八八七年三月には「日本赤十字社社則」が完成、臨時社員総会において審議可決された。だが、やはり「憂慮セシ所ノ宗教上ノ疑惑」や「西洋崇拝ト〔ノ〕嘲リ」が国民の間に生じることになった。[46]日赤は、赤十字事業がキリスト教と関係のないことを訴えた。すでに、一八七九（明治一二）年には、「欧州赤十字社ト連盟スヘキ将来ニ着眼シ」て、平山省齋や島地黙雷のような神道・仏教界の重鎮を議員として選出していたが、日赤改称後は、総裁の小松宮彰仁親王――一八八二（明治一五）年に東伏見宮嘉彰親王から改名――が東西本願寺門主に親書や諭告書を送り、また、京都支部の社員総会で社長の佐野が両本願寺の指導的僧侶を招き懇切に話し合うなどして、「本社報国恤兵主義ヲ解釈」したり、「社旨普及ニ勉メタ」

りした。(47)

非キリスト教国の赤十字社として、日赤は、「赤十字」がキリスト教とはいっさい関係がないことを、たびたび強調していくことになる。とはいえ、こうした宗教上の問題は、ジュネーブ条約加盟後初の国際戦争であり、敵国に比して「文明国」たるを示すことを重要課題とした日清戦争での日赤の活動をとおして実質的には解消されていき、以後、すくなくとも、オスマン帝国のように、新標章を採用すべきだとする議論が公にされることはなかった。(48)

2　美子皇后と赤十字

このことは、前節でも触れた戦時救護のための区別と保護という発想をめぐって、もうひとつの側面から重要な問題をなげかける。国際戦争における戦時救護のためには、いうまでもなく国際的な合意と保証とが不可欠である。同時に、交戦国がそうした国際的合意を尊重するためには、国内的なコンセンサスがさらにもまして重要となる。また、かりにそのようなコンセンサスが内部ではかれたとしても、それを実践に移すための国際的合意のシンボルである保護標章「赤十字」に実質を反映させ表象させていくことには、とりわけ非キリスト教国にあっては、やはり感情的・心理的に困難な側面が残る。近代日本の場合、「赤十字」の受容を政治的に可能にしたものは政府の欧化政策であったが、それを感情的・心理的に容易にしたものは皇室の「恩眷」にあったというべきであろう。

これについては、美子皇后の簪《かんざし》をめぐる挿話が、問題の解決のされ方を象徴的に示している。すなわち、日赤改称後まもない時期に、初代社長の佐野が報告のため美子皇后に謁見し、日赤の社章をどうしたらよかろうと迷っていると打ち明けたところ、皇后が自分の髪にさしていた簪を示して、これに彫りつけてある模様の桐竹鳳凰《きりたけほうおう》を使ったらよいだろうと助言したというのである。今日につづく日赤の社章のいわれを物語るこの挿話は、皇后の簪、すなわち皇室という「伝統」が、赤十字というヨーロッパ・キリスト教起源の事業を受容し、保護したという連想を与えるだけ

図1–2　日本赤十字社社章（『人道——その歩み　日本赤十字社百年史』［日本赤十字社発行，共同通信社，1979］より）

にとどまらない。日赤社章における皇后の簪と赤十字の目にみえるかたちでの抱擁は、日本の赤十字は皇室なる「伝統」とキリスト教ヨーロッパの十字なる「伝統」との対等の、あるいは前者が優位を占める東西調和の姿であり、さらには赤十字が「宗教」とはまったく無関係であるということをイメージさせる。

佐野に自ら髪にさした簪を差しだし、日赤の窮地を救うための助言をした美子皇后は、皇室にあって赤十字事業にもっとも関心を寄せた女性であった。美子皇后は、西南戦争に際しては、皇太后とともに、女官を促して「綿撒糸《めんざんし》〔綿布の糸をほぐしたもの、薬液に浸して傷口に用いた〕」を作らせ、他の慰問品とともに負傷兵に贈った。これは、皇室の女性による戦時慰問の嚆矢であり、以後、戦時に際して包帯を作成することは皇后のつとめとなった[49]。明治初年から四五年までの皇后行啓は、天皇の送迎・皇太后訪問などを除けば、もっとも多いのが日赤・展覧会・催事、学校、病院で、天皇が行幸せず皇后だけが行啓した場合の行き先は日赤、病院、慈善の順であった[50]。また、日赤改称後の明治二〇年代には皇后の洋装が公式化され、赤十字活動を通じてその事績が海外にも知られるようになった[51]。美子皇后は赤十字を保護したが、近代日本の皇后のイメージは、その多くの部分が赤十字とその事業への保護を通じて形成されたといえるだろう。

3　日本赤十字社と国民統合

赤十字は戦時救護団体として産声をあげたが、西南戦争が終わってから日清戦争がはじまるまでの一七年にわたる創設期にあって、皇后が熱心に取り組み、かつ日本の赤十字を発展させたものは、病院事業や災害救助などの、いわゆる平時の救護活動であった。一八八八（明治二一）年七月の福島県磐梯山噴火に際して、日赤は平時における赤十字の災害救護活動として世界で最初の事例を経験した。つづく救護活動も、一八九〇（明治二三）年九月のトルコ軍艦の海難救助であり、また同年一〇月の濃尾大地震の災害救護であった。

一方、平時にあって戦時救護を主旨とする団体を維持するというのは、戦争という「凶事ヲ予メスル、是レ不詳ナリ」と批判する人々もいた(52)。赤十字社の発展は、つまるところ、できるだけ多数の社員と多額の資金をいかに獲得するかということにかかっている。その意味では、ただたんに、皇室の恩眷や赤十字がキリスト教に関係ないこと、戦地の惨状や海外の赤十字社の発展、あるいは国際社会の情勢から戦争がいつ起きてもおかしくないということを国民に説き、赤十字事業の重要性や必要性を訴えるだけでは十分ではなかった。日本赤十字社の飛躍的な社員数増加は、本社を東京に置き、全国に必要に応じて地方支部や委員部を設け、知事に支部長や委員長を嘱託するという制度を採用したことが効果を発揮したというべきであろう。このことは、逆の見方をすれば、磐梯山噴火や濃尾地震だけでなく、各地方で自然災害や大事故が起きれば、日赤はただちにこれに呼応して平時救護をおこなう立場に置かれたことを意味した。この意味では、平時救護団体としての日赤は、設立まもない時期から地方に根ざした、民衆にとって実利的な組織であった。

さらに、社員数を増やすには、社員が支払う年醵金の額を抑えることも必要不可欠であった。そこで、一八八九（明治二二）年には、陸軍省と協議のうえ、日赤の戦時準備を予定して七五万円を獲得し、これをもって、翌年には、社員たるものが支払うべき一時金二〇〇円を五〇円まで軽減することに社則を改定した。その結果、同年末には、日赤の資金総額は約二五万円にのぼり、社員総数二万六〇〇〇余名、年醵金額は五万円となり、七五万円の資本額にたいしておよそ三分の一を収集するにいたった。また、一八九一（明治二四）年には、さらなる社員数増員をめざして、地方部長を奨励するとともに、社員の年醵金を入社の年月から数えて一〇年で中止し終身社員の資格を有せしめること、ならびに一時金二五円以上を出すものには終身社員の資格を与えることなどの「大変革」を断行した(53)。

地方社員の増員をめざして、日赤は、さまざまな配慮や工夫をこらした宣伝活動をおこなった。災害救護に並行して、一八八八（明治二一）年には「万国赤十字社創立二五周年紀祝典」を挙行し、これを赤十字国際委員会や各国に報告宣伝するべく、とくに社員数の増員に力を注いだ(54)。一八九三（明治二六）年以降は社長自らが地方を巡回し、「祝詞朗読」のようなおざなりの演説ではなく、各地方の事情に応じた「誠実懇到」な演説をおこなうことで、「大ニ聴衆ノ感情ヲ惹起」することにつとめた(55)。そうした演説の主眼は、「帝国臣民ノ徳性ニ訴ヘテ、尊皇愛国ノ志気ヲ鼓舞スル」ことにあった(56)。日赤社長は、帝国臣民としてのつとめ、天皇・皇后そして皇室の「仁愛」のなんたるかを、全国津々浦々で教え広めたのである。

有賀長雄は、のちに、『日清戦役国際法論』において、日赤が身分や階級の区別なく「日本国民ノ一致和合ノ主力」となっている点、そしてそれが「皇室ノ尊威」によるものであることを指摘した(57)。創設期の日赤は、皇室による国民統合と天皇を頂点とする愛国心の培養のための一装置として、象徴的に、具体的に、大きな役割を果たしたといえるだろう。

四　赤十字幻燈

1　石黒忠悳の尽力

創設期の日赤による宣伝普及活動で、ひときわ世上の関心を集めたのは、一八九〇（明治二三）年末に陸軍軍医総監の石黒忠悳（のちの第四代社長）が考案した、「赤十字幻燈（石黒幻燈）」であった。ガラス板のスライド二四枚に、

図1-3　赤十字幻燈（日本赤十字社所蔵）

ナイチンゲールやデュナンの事績、赤十字条約の成立、戦傷病兵の惨状、台湾における日本軍、皇室の保護、博愛社の事業、日赤の沿革、海外での戦争における赤十字の活動、さらに、御真影などを描いて投影した[58]。「赤十字幻燈」は、宣伝予算の計上もままならない時期に、石黒が夫人の理解をえていわゆる自腹を切って制作したもので[59]、人々の視聴覚に訴えて「感情」を揺さぶり、「人性天賦ノ真情ヲ発揮スルノ導火」を供しようとするものであった[60]。

一八九一（明治二四）年六月、石黒自身が、出張の折をとらえて、京都・大阪各支部の社員総会や職員協議会でこの幻燈をはじめて上映した。その結果は上々で、「大ニ聴衆ノ感情ヲ惹起シ」た[61]。翌七月一四日には、芝離宮で、佐野社長や花房副社長も同席して幻燈会を催し、美子皇后と皇太子（のちの大正天皇）の前で、石黒自ら夫人とともに実演した。皇后はこれをいたく喜んだ。「凡ソ二時間ノ長キ盛暑ノ候ヲモ厭ハセラレス、之ヲ聞召サセラレタルノミナラス、夫妻ヲ御前ニ召サレ、其熱心篤志ヲ賞シ給ヒ、且物ヲ賜フ」ほどで、幻燈はさらなる皇后の「善事ヲ奨励」することになった[62]。

以後、「赤十字幻燈」は、東京を皮切りに、国内各地で頻繁に上映され、社業拡張に大きな役割を果たした。また、一八九二（明治二五）年にローマで開かれた第五回赤十字国際総会の席上で、シーボルトが、赤十字思想の普及に効果を発揮するとしてこれを紹介したために、海外でも知られるようになった。

宮中と地方の会合とを問わず、自ら上映して歩いた石黒は、一八九三（明治二六）年に「赤十字幻燈」の解説書を作成している。[63]この解説書のなかで、石黒は、赤十字の普及のために、人の心を揺さぶるような話をしたり文章を書いたりするのは、なかなか難儀であると述べる。なぜなら、第一に、赤十字の話は、「人々固有スル惻隠ノ心ヲ奮ヒ起ス丈ノモノナル故ニ、即坐ノ興味少キ」の感があり、第二に、貴賤や老若男女を分かたず対象にしなければならないものであるがゆえに「甲ニ味アリト思ハルレハ、乙ニハ適セストノ嘲」を来す恐れがあり、第三に、「何レノ党派、何レノ宗門ニモ偏倚セサルカ故ニ、ソヲ褒貶スルノ語ヲ用ヰルヲ得」ないので、「随テ、聴衆ノ感ヲ惹クコト難シ」いのである。ゆえに、戦地の惨状を言葉で伝えるよりも、あるいはたんに絵画で示すよりも、絵を見ながら解説を聞けば、「一層感ヲ起コス」のだと述べる。[64]

「赤十字幻燈」は、赤十字社の「主旨、未夕国民ニ普及セサル時期ニ在テ、其唯一ノ誘導機関」であった。[65]同時に、それは、平時にあって赤十字社の社業拡張に多大な貢献をした。のちに、日清戦争後、この幻燈は改定され、海外の戦争の事例に代えて、同戦争での日赤の戦時救護の実績を盛り込むようになった。上演時間も長くなり、上段・下段あわせて四時間にわたるものとなった。

「赤十字幻燈」は、日露戦争後、いわゆる活動写真の登場によってその役目を終えることになる。[66]それまでに、幻燈は、国内のみならず上海や満州、朝鮮半島にも普及し上映され、あらゆる年齢、あらゆる階層の人々が拍手を送った。[67]幻燈人気の高さに、石黒は、一九〇〇（明治三三）年、「赤十字幻燈演説上ノ注意」と題したパンフレットを発行し地方に頒布した。石黒は、たとえ幻燈が人気を博したとしても、上演者によって「其主旨ヲ数衍修飾セラル、為ニ、却テ本旨ヲ愆ル」ことを危惧した。[68]石黒によれば、いまや軍の野戦衛生事業は整備され、赤十字が活動しなければ負傷兵が路上で呻吟したようなクリミア戦争やソルフェリーノの戦いは過去のものとなった。ゆえに、戦場の悲惨さを聴衆に強調して、「当局者ノ悪感ヲ引クノミナラス、聴者ヲシテ漫ニ戦争ヲ畏怖スルノ悪感ヲ起サシムル」ようなことがあってはならない[69]。軍の野戦衛生制度すでに整備され、赤十字社の事業とは、要するに、軍を幇助し後顧の憂いをなくし、「一毫モ患者ノ疾苦ヲ軽減セシムルヲ目的トスル」ものである。くわえて、ジュネーブ条約に加盟している以上、敵手に落ちたとしても「決シテ憂慮スル所アルヘカラサル事」を説かねばならない[70]。

同様に、石黒は、赤十字事業について説明する者は、「極メテ熱心ニ、極メテ威儀ノ端正」でなければならないと諭す[71]。「赤十字演述ヲナス者ハ、恰モ、布教宣教スル如ク、自ラ赤十字ノ主旨ヲ篤信」しなくてはならない。もし、解説中に、皇室について言及することがあれば、「心常ニ敬恭ナル」はもちろん、服装もフロックコートか羽織袴などを着用して、威儀を整えなければならない。「両陛下ノ御写真ニ対シテハ、聴衆一同ニ声調ヲ揃ヘテ、君カ代ヲ唱へ」たい[72]。さらに、「成ヘク他人ノ毀誉ヲ挿マサル」よう注意しなくてはならない。なぜなら、赤十字事業は、人種や宗教、党派や国籍、身分の別なく、手を携えての協働だからである[73]。

一九〇八（明治四一）年六月、東京市日比谷公園で挙行された第一六回社員総会には、およそ四万一〇〇〇人の社員が集い、「君之代」が奏楽されるなか、当時日本赤十字社総裁であった閑院宮載仁親王が、美子皇后の一行を迎えた[74]。翌々年の第一七回総会では、皇后にたいして会場の日比谷公園を埋め尽くす日本赤十字社社員が「連呼万歳」しつつ、『君代』之『八千代』」と合唱した[75]。万単位の大衆が「一つの場所に集まり、無言のまま生身の姿をさらした皇室シンボルの直接的な視線を浴びながら、日の丸の旗を振ったり、最敬礼して君が代を斉唱し、万歳を叫ぶ」光景が日常化するのは大正末期から昭和初期にかけてであるとすれば[76]、日本赤十字社社員総会は、いわば時代を先取りした祝祭と記念の場であったといわねばならない。

2　赤十字と愛国心

赤十字幻燈の上映を通して、石黒は、愛国心の発露である赤十字の精神と活動、その理想的なあり方について、「布教宣教スル如ク」全国津々浦々を説いてまわることを促したともいえる。のちに大正初期に刊行された川俣馨一の『日本赤十字社発達史』において、日本と欧米諸国の赤十字の違いについて以下のような説明がなされている(77)。すなわち、日本の赤十字は「忠君愛国」の観念に由来し、日本の赤十字社は「報国恤兵」をもって博愛を主旨として「慈善」をおこなう。だが、欧米諸国においては、「宗教」の観念に由来し、「博愛」をもって「慈善」の主旨とする。しかしながら、ジュネーブ条約は宗教とはまったく関係ないし、赤十字標章もキリスト教の十字架とは無縁である。現に非キリスト教国であるトルコも同条約に加盟し、篤志救護運動をおこなっている。赤十字は、「仁義」と「道徳」の観念からでたものである、にもかかわらず、ヨーロッパ諸国においては、「仁愛道徳」は宗教と逃れ難く関わるものであり、宗教とまったく無関係ということはありえない――こうした議論のなかから、日本の赤十字こそが、もっとも純粋に赤十字の主旨を全うしうるのだという自負が生まれてくる。ジュネーブ条約も、赤十字標章も、宗教とは何の関係もないのであれば、それらは、欧米諸国よりも、日本においてこそ、本来の非宗教性を実現しうるはずのものであった。

近代日本において、「赤十字」の非宗教性を担保したものは、皇室の「恩眷」であった。日本と同じように非キリスト教国で非ヨーロッパ起源のオスマン帝国は、「赤十字」にキリスト教性を認め、ナショナルで宗教的な白地赤新月標章の採用に踏みきった。これにたいして、明治日本は、「赤十字」にキリスト教性を認めつつこれを受容し、その表象するところを皇室と一体化させて非宗教化し、そのうえで、天皇を頂点とする愛国心のシンボルとしていったといえるだろう。

かくして、明治前期における戦傷外科の進歩と軍医制度の成立を梃子として、博愛社が西南戦争を契機にその産声をあげ、内戦の敗者を回収しつつ、最初の国際戦争である日清戦争にいたるまでの「平時」にその発展の基礎を固めたことは、近代日本の赤十字のあり方、ひいては戦争と人道、天皇、そして国家の関係のなかで形成されていく愛国心のあり方を大きく規定していくことになる。

（1）博愛社『各新聞寄報元稿』明治一〇年自六月至一二月（書類編冊番号「A1―二〇」、日本赤十字社本社所蔵）。吉川龍子『日赤の創始者　佐野常民』（吉川弘文館、二〇〇一年）八八―九〇頁。
（2）政府軍による残虐行為は、吹浦忠正『捕虜の文明史』（新潮選書、一九九〇年）一〇九―一一〇頁。
（3）五月一五日には西郷軍九八名が、その後六月四日までに四八〇名余が投降した。「政府軍はこれらの者たちを帰順させ、政府軍の軍務に服せしめた。西郷軍側も、投降した政府軍一一〇名余を弾薬製造所に送り作業に従事させた」（吹浦『捕虜の文明史』一〇八頁）。
（4）「西洋医」ウィリスは、一八六八（慶応四）年一月の鳥羽伏見の戦いの直後に京都で薩摩藩の負傷者を治療し、つづいて四月、横浜に、日本ではじめての外科専門病院である「軍陣病院」を開設した。西野香織「日本陸軍における軍医制度の成立」（『軍事史学』第二六巻第一号、一九九〇年）二五頁。また、佐賀の乱に際しても、橋本維綱によって、「自他ノ別ナク救療セシメ」ることが提案された。陸軍軍医団『陸軍衛生制度史』（陸軍軍医団、一九一三年）一一九〇頁。
（5）西野「日本陸軍における軍医制度の成立」二五―二六頁。その間、ウィリスは、一一月に、征討軍による無差別な捕虜処断をあらためるよう訴えるなどした（吹浦『捕虜の文明史』八九―九〇頁）。
（6）西野「日本陸軍における軍医制度の成立」二六―二八頁。
（7）同右、三六頁。
（8）博愛社『西南征討救護関係　共二ノ二』明治一〇年（書類編冊番号「A1―三」）、同『西南征討救護関係　共二ノ二』明治自一〇年至一一年（書類編冊番号「A1―四」）。正確な人数の内訳については不詳。なお、博愛社の救護活動費用は、総額で七〇〇〇円。日本赤十字社編『日本赤十字社社史稿』（日本赤十字社、一九一一年、以下『社史稿』と略記）三一頁。博愛社の統計によれば、西南戦争での官軍の死傷者は一万六一九五名、このうち即死四六五三名、負傷死一八七四名。薩摩軍についてはは、その総数四万人余のうち死傷者の数は未詳としながらも、おおむね一万五〇〇〇人を上回ったとしている

（『社史稿』一一三一―一一三三頁）。

西南戦争と博愛社の救護活動については、吉川『日赤の創始者　佐野常民』七四―一〇〇頁。吹浦『捕虜の文明史』一〇六―一一〇頁。北野進『赤十字のふるさと――ジュネーブ条約をめぐって』（雄山閣、二〇〇三年）五七―六三頁。

（9）博愛社『西南征討救護関係　共二ノ二』明治自一〇年至一一年（書類編冊番号「A1―三」）、同『西南征討救護関係　共二ノ二』明治一〇年（書類編冊番号「A1―四」）。吉川『日赤の創始者　佐野常民』九八頁。「博愛社の最初の救護活動は藤田圭甫という老医のほか二人、事務員一人、看護人三、四人で、約五〇人の薩摩半絆を着た負傷者を治療したと書かれたものもある」（北野『赤十字のふるさと』六一頁）。

（10）『社史稿』一〇九頁。

（11）博愛社『会議日誌』自明治一一年至一三年（書類編冊番号「A1―九」）。同『決議録』自明治一二年至一五年（書類編冊番号「A1―一六」）。同『総会幷役員会書類』自一〇年至一九年（書類編冊番号「A1―二一」）。『社史稿』、一一九頁。

（12）『社史稿』一一七頁。八一年には松平信正も幹事に加わり、幹事の総数は七名となった。

（13）同右、一二〇頁。社則附言では、「社員ハ該社本資トシテ金若干円ヲ出ス」とある（同、一〇八頁）。

（14）博愛社『結社及處務関係』自明治一〇年至二〇年（書類編冊番号「A1―一」）。

（15）「サンクト・ペテルブルク宣言（戦時における或る種の発射物の使用の禁止に関する宣言）」、一八六八年一二月一一日署名。

（16）博愛社「博愛社規則」（『社史稿』一二一頁）。

（17）同右、一二一―一二三頁。

（18）同右、一二三頁。

（19）同右、一二三―一二四頁。

（20）同右、一〇一―一〇二頁。

（21）同右、一二四頁。

（22）同右、九五頁。川俣馨一『日本赤十字社発達史　全』（明文社、一九一五年）四一―四三頁。

（23）『社史稿』、四六頁。

（24）同右、四七頁。

（25）同右。
（26）同右。
（27）川口啓子・黒川章子編『従軍看護婦と日本赤十字社』（文理閣、二〇〇八年）三七頁。
（28）同右、三七頁（ただし、『社史稿』三四頁の数字と齟齬がある）。
（29）『社史稿』四七―四八頁。日本赤十字社に改称後の一八八九（明治二二）年九月一四日には、皇宮地の付属地であった麴町区飯田町の三〇〇〇坪が下賜され、本社の事務所が設置されることになった。
（30）同右、四八頁。
（31）博愛社『帝室恩賜関係』自明治二〇年至二六年（書類編冊番号「A1―六四」）。『社史稿』五〇頁。
（32）同右、五一頁。
（33）亀山美知子『近代日本看護史Ⅰ　日本赤十字社と看護婦』（ドメス出版、一九八三年）一六頁。
（34）『社史稿』四八頁。翌年四月、病院長は勅許をえるものとされた（『社史稿』五〇頁）。
（35）同右、五一頁。
（36）同右、五一―五二頁。のちに、日清戦争の際の有功章受章者について、人名には振り仮名をふって上奏するよう、日赤にたいして通牒された。つまり、読みにくい姓名があれば、天皇はそれを侍従に質問することになるので、読み仮名をふっておくようにと下命があったのである。当時、いわゆる私設の勲章が流行していたという事情があった。一八九五（明治二八）年には、勅令をもって私設の勲章は禁止されたが、日赤の「有功章」はその例外として認められた。日赤は、その「真価ハ益々明白トナリ、皇室ノ特恩愈々厚キコト加フ」と誇った。
（37）川口・黒川編『従軍看護婦と日本赤十字社』三七頁。『社史稿』三六頁。
（38）『社史稿』四四頁。
（39）海外の戦時救護社、赤十字社については、John F. Hutchison, *Champions of Charity: War and the Rise of the Red Cross*, Colorado and Oxford, West View Press, 1996 参照。
（40）今日、赤十字国際委員会は、「一八六四年の最初のジュネーブ条約採択をもって、今日の国際人道法の出発点とするのは誤り」であり、「あらゆる種類の社会が独自の規則を持つように、これまでも個々の戦争においては、漠然とした、または明確な規則があり、戦闘や、敵対関係の発生と終結について定めていた」ことを指摘し、聖書はもとより、ハンムラビ法典やマハーバーラタ、コーランのような、多くの非キリスト教古代の文書に「敵を尊重することを示した規則が含まれている」ことを強調している。つまり、ジュネーブ条約は、「負傷者およびその救護者の保護に関する、断片的かつ分散した古代の戦争法および慣習を法典化し、強化したもの」にすぎないのであり、だからこそ普遍的であり、いかなる文化を共有する国家も加盟し遵守することができる、と主張している。こうした脈絡のなかで、もっとも優先されているのは、いうまでもなく、できる限り多くの、起源・政体・宗教・民族・人種の異なる国家によるジュネーブ条約加盟を可能にすることである。赤十字国際委員会『国際人道法』（日本赤十字社国際部、二〇〇一年）九、三五頁参照。

(41) 『社史稿』四四―四五頁。

(42) 赤十字標章問題については、小菅信子「赤い十字と〈異教国〉」（木畑洋一他編『戦争の記憶と捕虜問題』東京大学出版会、二〇〇三年）参照。

(43) 『社史稿』一五四頁。

(44) 同右、一五五頁。

(45) 同右、一五六頁。

(46) 同右、一五六―一五七頁。

(47) 同右、一五七―一五八頁。

(48) のちに、一九〇六年、ジュネーブで六四年条約改正のために国際会議が召集された時、中国、シャム、ペルシャの各代表が、赤十字標章の宗教性は否定できないが、「歴史的考慮（＝historical considerations）」に則して標章に敬意を払うことは可能であるとの立場を表明したのにたいして、日本は、同標章の宗教性を明確に否定したうえで、単一の保護標章としてこれを支持している。日本が保護標章の複数化に公に賛意を表明するのは、一九二九（昭和四）年、赤十字条約（一九〇六年）の改正と捕虜条約起草のためのジュネーブ会議においてである。この会議において、それまで留保されてきた「赤新月」と「赤獅子太陽」の認可について、日本はじめフランス、イタリア、オランダが賛意を表明した。一方、このときに単一の保護標章の維持に賛意を示したのは、ルーマニアとチリのみであった。小菅「赤い十字と〈異教国〉」参照。

(49) 若桑みどり『皇后の肖像――昭憲皇太后の表象と女性の国民化』（筑摩書房、二〇〇一年）二五六―二五七頁。

(50) 同右、二五四―二五六頁。

(51) 同右、二五九頁。

(52)『社史稿』二九八頁。
(53) 同右、三一一―三一四頁。
(54) 日本赤十字社『万国赤十字社二十五年紀祝典書類』明治二六―二七年（書類編冊番号「A1―七六」）。『社史稿』三〇九頁。
(55)『社史稿』三一六頁。
(56) 同右、三一七頁。
(57) 有賀長雄『日清戦役国際法論』（陸軍大学校、一八九六年）一七〇頁。
(58)『社史稿』三四八頁。
(59) 石黒忠悳『懐旧九十年』（岩波文庫、一九八三年）。
(60)『社史稿』三四五頁。
(61) 同右。
(62) 同右。
(63) 同右、三四七頁。「赤十字幻燈演述の要旨　日赤社員　男爵　石黒忠悳述」（一八九三年三月二九日初版）。一八九八（明治三一）年二月二五日発行の補訂四版（国立国会図書館所蔵）の原文の翻刻は、北野『赤十字のふるさと』一七五―二〇一頁に収載。
(64)『社史稿』三四七頁。
(65) 同右、三四四頁。
(66) 同右、三五六頁。一九〇九年には「本社病院の実況」という実写映画を作成。だが、日赤が本格的な広報活動を開始したのは、一九二一（大正一〇）年五月に本部規則を改正し、調査部に「社業の宣伝に関すること」を加えてからである。
(67) 同右、三五六頁。
(68) 同右、三五三頁。
(69) 同右、三五三―三五四頁。
(70) 同右、三五四頁。
(71) 同右。

(72) 同右、三五四―三五五頁。
(73) 同右、三五五―三五六頁。
(74) 川俣『日本赤十字社発達史　全』四二九頁。
(75) 同右、四三九―四四〇頁。
(76) 原武史「〈礼楽〉としての『日の丸・君が代』」(『世界』一九九九年六月号)一〇九―一一九頁。引用は一一〇頁。
(77) 川俣『日本赤十字社発達史　全』六頁。

第二章 「文明の戦争」としての日清戦争

喜多義人

一 日清戦争とジュネーブ条約

一八九四（明治二七）年二月、朝鮮全羅道で東学（朝鮮の民間宗教）を奉じる農民が蜂起し、五月三一日、政府軍を打ち破って首府金州を占領すると、朝鮮政府は清国に救援のための出兵を要請した。これにたいし、日本も公使館および居留民の保護を目的として六月一〇日、歩兵一個大隊を仁川に上陸させた。日本は、六月五日、「戦時大本営条例」を適用して大本営を設置し、戦時体制に入った。

日清間で戦端が開かれたのは七月二五日、両国の海軍が豊島沖で砲火を交えたときである。八月一日、宣戦詔勅が発せられた。それには「朕カ百僚有司ハ……苟モ国際法ニ戻ラサル限リ各々権能ニ応シテ一切ノ手段ヲ尽スニ於テ必ス遺漏ナカランコトヲ期セヨ」との一節があった。君主が開戦に際し、国際法の遵守を命じることはほとんど前例がない。大山巌陸軍大臣も開戦直後、以下の訓示を発している。

戦は国と国との戦にして一個人互の恨あるにあらねはたとひ敵なれはとて傷を受るか病にかかりたる者をいたわり救ふは人の常なり故に文明の国々にては戦時敵味方の別ちなく負傷者病者を救ひあふことを平時に於て約束す所謂「ジュ子ーフ」条約（一に赤十字条約ともいふ）是なり我国にても明治一九年六月此条約に加盟せられ我軍人は此約束によりて敵の負傷者病者に対して愛敬を加ふへき義務あることは常に教を受しことなれは……敵はいかに残暴にして悪むへき所行あるにもせよ此方にては文明の公法により傷病者をは救護し降者俘虜をは愛撫し仁愛の心を以て之に対すへし。(1)

この訓示は印刷され全将兵に配布されたが、注目されるのは、清国が当時ジュネーブ条約の締約国でなかったにもかかわらず、日本が一方的に同条約を遵守し、清国側に残虐行為があっても報復を禁じたことである。また、「文明」や「文明国」という言葉がくり返し使用されている点から、国際法を遵守することで、欧米諸国から文明国として認知されたいとの強い願望をうかがい知ることができよう。

大山は、八月六日にも陸軍大臣名で出征する各師団長にたいして同様の訓示を下達し、ジュネーブ条約にもとづいて傷病者を救護し、捕虜を保護することを命じている。(2)

ところで、開戦直前、日本がジュネーブ条約の当事国であったのにたいし、清国と韓国は同条約に加入していなかったのみならず、軍民ともに赤十字事業についての知識を欠いていたため問題が生じた。すなわち、両国がジュネーブ条約を尊重して敵味方の区別なく負傷者を救護するのか、また日赤の救護活動を妨害することがないのかである。そこで、日赤は七月一三日、政府に両国との間に傷病者の安全を保証する条約をあらかじめ締結するよう提言した。また、赤十字国際委員会も八月四日、日赤にたいし、清国がジュネーブ条約を適用するか否かを調査のうえ報告することを依頼してきた。(3)

しかし、陸軍内で検討の結果、今回の戦争において日清間にジュネーブ条約の全部または一部を適用することは困難であるとの判断にいたった。その理由の第一は、清国陸軍の編成はきわめて不完全であり、軍人はけっして上官の命令に従わないから、政府が条約を遵守する意思があっても、部下将兵はその意思を実現すべく行動しない。第二に、清国陸軍では野戦衛生部隊がまったく整備されておらず、衛生部員もほとんど存在しない。そのうえ、医療技術が未発達であるため、条約の適用に両国が合意した場合、日本は清国負傷兵を完全に救護するのにたいし、負傷した日本兵は清国の適当な治療を受けることができない。つまり、日本のみが事実上、清国兵救護の義務を負うことになるというのである(4)。

陸軍のこの判断を受けて、日赤は八月二八日、赤十字国際委員会に「今日清国ヲシテ我赤十字ノ主義ヲ施行セシムル如キハ到底期望スヘキ処ニ非ス我兵士ノ不幸ニシテ捕虜トナルモノハ救護ヲ受クル能ハサルノミナラス畏ルヘキ残害ニ遭フヲ免レサル次第ニテ実ニ痛歎ノ至ニ御座候(5)」との回答を送った。

右の理由から、日清両国間にジュネーブ条約の適用に関する特別協定は締結されなかったが、日本は前掲諸訓示に明らかなように、清国の態度如何にかかわらず、同条約を遵守することを決意したのである。

二　日本赤十字社と陸軍の関係

1　日本赤十字社社則および日本赤十字社条例

日赤と陸軍の関係について最初に規定したのは、西南戦争時、博愛社の創立に際して作成され、一八七七（明治一〇）年五月一日に有栖川宮熾仁征討総督の許可をえた「博愛社社則」である。同社則第五条は「官府ノ法則ニ謹遵スルハ勿論進退共ニ陸海軍医長官ノ指揮ヲ奉ズ」として、軍衛生部隊の補助機関として活動するという赤十字事業の基本原則を明示した[6]。

ジュネーブ条約への加入にともない、博愛社は社則を改正し、「日本赤十字社」と改称した。一八八七（明治二〇）年四月、宮内大臣および陸海軍両大臣の認可を受けた「日本赤十字社社則」は、その目的を「戦時ノ傷者病者ヲ救療愛護シ力メテ苦患ヲ軽減スル」（第一条）ことに定め、その活動については「千八百六十三年ジュネーヴ府ニ開設セル万国会議ノ議決及ヒ千八百六十四年八月同府ニ於テ欧州政府ノ間ニ締結セル条約ノ主義ニ従フ」（第三条）とした。そのうえで、右の目的を達成するため、「軍医部ニ附随シ之ヲ幇助シテ傷者病者ノ救護ニ尽力スル事」（第四条第二）を戦時の事業として掲げた。そして、第七条で「本社ノ事業トシテ両陛下眷護ノ聖慮ニ適セシメ且軍陣衛生ノ諸整備ニ応セシムル為メ宮内庁陸海軍省ノ監督ヲ受クル」ことが明記された。この規定にもとづき同年六月、陸軍省は同省医務局長橋本綱常軍医総監を監督官に任命した。

一九〇〇（明治三三）年三月二二日、日赤は佐野常民社長名で、陸軍大臣および海軍大臣に「特ニ本社ノ保護ニ関スル勅令ノ公布」を請願した。それは、「明治二十七八年戦役ニ際シ本社救護ノ勤務上……特別ナル官府ノ保護ヲ受クルニアラサレハ円滑ノ進行ヲ得ル能ハサリシハ実験上其必要ヲ感シタ」[7]ためであった。一九〇一（明治三四）年一二月二日、「日本赤十字社条例」（勅令第二二三号）が制定された。

全文七ヶ条からなる同条例は、第一条で「日本赤十字社ハ陸軍大臣海軍大臣ノ指定スル範囲内ニ於テ陸海軍ノ戦時衛生勤務ヲ幇助スルコトヲ得」と規定し、第三条で陸海軍両大臣は「第一条ノ目的ノ為日本赤十字社ヲ監督ス」とした。このほか、日赤救護員の陸海軍の命令への服従義務（第四条）、救護員の待遇（第五条―第七条）に関する規定があった。

2 陸軍の軍令

それでは、陸軍は日赤をどのように位置づけていたのか。両者の関係を明確に定めたのは、日清戦争直前の一八九四年六月一〇日に示達された「戦時衛生勤務令」である。

戦時衛生勤務令は、まず第一篇「総則」で、「敵ノ傷者病者ハ治那伯《ジュネーブ》条約ノ趣旨ニ依リ保護ヲ加フヘシ」（第六）と規定する。救護員については、第一一篇「日本赤十字社救護員篤志者ノ寄贈品」第一章「日本赤十字社救護員」が、以下のように定めていた。

第三二七　日本赤十字社救護員ノ派遣ハ陸軍大臣之ヲ命ス其必要ノ人員ハ野戦衛生長官又ハ陸軍省医務局長之ヲ定メ野戦衛生長官ハ兵站総監ニ、医務局長ハ直ニ陸軍大臣ニ具申スルモノトス

第三二八　派遣セラレタル救護員ハ兵站総監部、兵站監部、留守師団司令部、要塞司令部、対馬警備隊司令部又ハ運輸通信官衙ノ管理ニ属シ其勤務ニ関シテハ野戦衛生長官、当該軍医部長及各所属長ノ指揮命令ヲ受クルモノトス

第三三〇　救護員ハ陸軍ノ紀律ヲ遵奉シ命令ニ服従スヘキ義務ヲ負フモノトス

陸軍の衛生機関は、戦時衛生勤務令により、戦地では前線から順に繃帯所（または仮繃帯所）、野戦病院、兵站病院が開設され、内地には予備病院が置かれた。このうち、救護員の使用は兵站病院（第一四三）、予備病院（第二五七）および兵站管区内（第二一八）、要塞病院（第二三三）のほか、患者の陸路輸送（第一七八）および鉄道輸送（第一八二）ならびに病院船勤務（第二一二）に限られ、危険のともなう戦線にでることはなかった。この点について、同勤務令第二三三は「救護員ハ戦線ノ勤務ニ使用スルコトヲ得ス」と断っていた。

戦時に日赤救護員を使用する法的根拠は右勤務令に求められるが、さらに日清戦争中の一八九四年一一月三〇日、日赤の地位と活動を詳細に定めた訓令が発せられた。野戦衛生長官が隷下衛生部隊に発した一六項目にわたる「陸軍ノ編成ニ対スル本社事業ノ地位ニ関スル訓令」[8]である。

同訓令はまず、日赤の目的は「軍衙衛生官ノ指揮ヲ受ケ戦時ニ彼我ノ患者ヲ救療シ其苦ヲ軽減」（第一項）することにあるため、「軍衙ノ衛生官ハ此赤十字事業ヲシテ可成其目的ヲ達セシムルコトヲ幇助」（第二項）しなければならないとしたうえで、日赤単独の救護活動を許さず、その救護員を陸軍の編成に組み入れ、陸軍衛生勤務に付随するものと位置づけていた。

五　赤十字社ハ……野戦衛生長官ノ命令ニ依リテハ或ハ之ヲ一団トシ又ハ各個々ニ都テ野戦衛生長官ノ指揮ニヨリ其使用ニ供スル義務ヲ負ヒ又軍衙衛生官ハ之レヲ使用スル権アルト共ニ……可成安全ニ（戦争ノ危険ナキ所ヲ云フ）該社ノ目的ヲ達セシムル義務ヲ有ス而シテ該社ヲシテ其事業ニ従事セシムル区域ハ兵站所轄内ニ限リ之ヲ病院患者集合所及内地ノ予備病院其他患者転送等ニ用フルモノトス（世人動モスレハ赤十字社員若クハ他ノ篤志看護者ヲ兵站外ノ戦地若クハ未タ安全ト認メサル危険ノ地ニモ用フル如キ誤想ヲナスモノアレトモ是レ軍衙ノ決シテ許ササル所ニシテ其許ササル所以ノモノハ非軍人ヲシテ戦争危険ノ地ニ居ラシムルヘカラサルヲ以テナリ）

六　故ニ之ヲ兵站区域内若クハ内地ノ予備病院ニ用フルニハ其団体ヲナシタルモノハ病院ノ一部ヲ受持タシメ又団体ヲ成ササルモノニハ其医員薬剤員ハ我軍医若クハ薬剤官ニ付シ看護者ハ我看護者ト合シテ業務ヲ輔ケシムルヲ要ス其一団ヲナスモノニ病院ヲ受持タシムル時ニ於テハ病院中ノ一個若クハ数個ノ病室ヲ托スヘシ……但シ一門一廓ヲ挙ケテ之ヲ托シ赤十字社病院ナル一門ヲ設ケルハ不可ナリ

同訓令はさらに、一つの分院を日赤に委託する場合でも陸軍軍医を付して監督すること（第九項）、看護婦使用上の注意（第一二項）、患者の被服、食物、滋養品は日赤自弁のものであっても陸軍規定の数量を超えてはならないこと（第一四項）、救護員が病院の一部を担当する場合、患者の被服、薬剤はなるべく官給品を使用すること（第一五項）、救護員も陸軍軍医も患者を平等に扱うよう注意すること（第一六項）などを詳細に規定している。

これにより、戦時における日赤と陸軍の関係がいっそう明確になった。すなわち、日本赤十字社社則ならびに日本赤十字社条例および戦時衛生勤務令と右訓令を要約すれば、日赤は陸軍大臣の監督下におかれ、その命令によってのみ救護に従事することができる。派遣人員は戦時に設置される野戦衛生長官または陸軍省医務局長が決定する。救護員は陸軍の編成に組み入れられ、派遣先では同地の指揮官の命令に従って活動し、陸軍の規律に服さなければならない。しかし、陸軍衛生部員と異なり非戦闘員であるため、危険度の高い前線に派遣されることはない。つまり、日赤は軍の補助機関と位置づけられたのである。

三　日赤の救護事業

1　戦地における救護事業

(1)　救護員の戦地派遣の発端

日清関係が緊迫し、開戦が不可避の情勢になると、日赤は六月一九日、救護員の派遣を陸軍大臣および海軍大臣に出願した。

朝鮮内乱ノ為メ軍隊及軍艦ヲ派シ以テ公使館総領事館及居留民ヲ保護セラル……本社ハ平素傷兵救護ノ準備ニ強

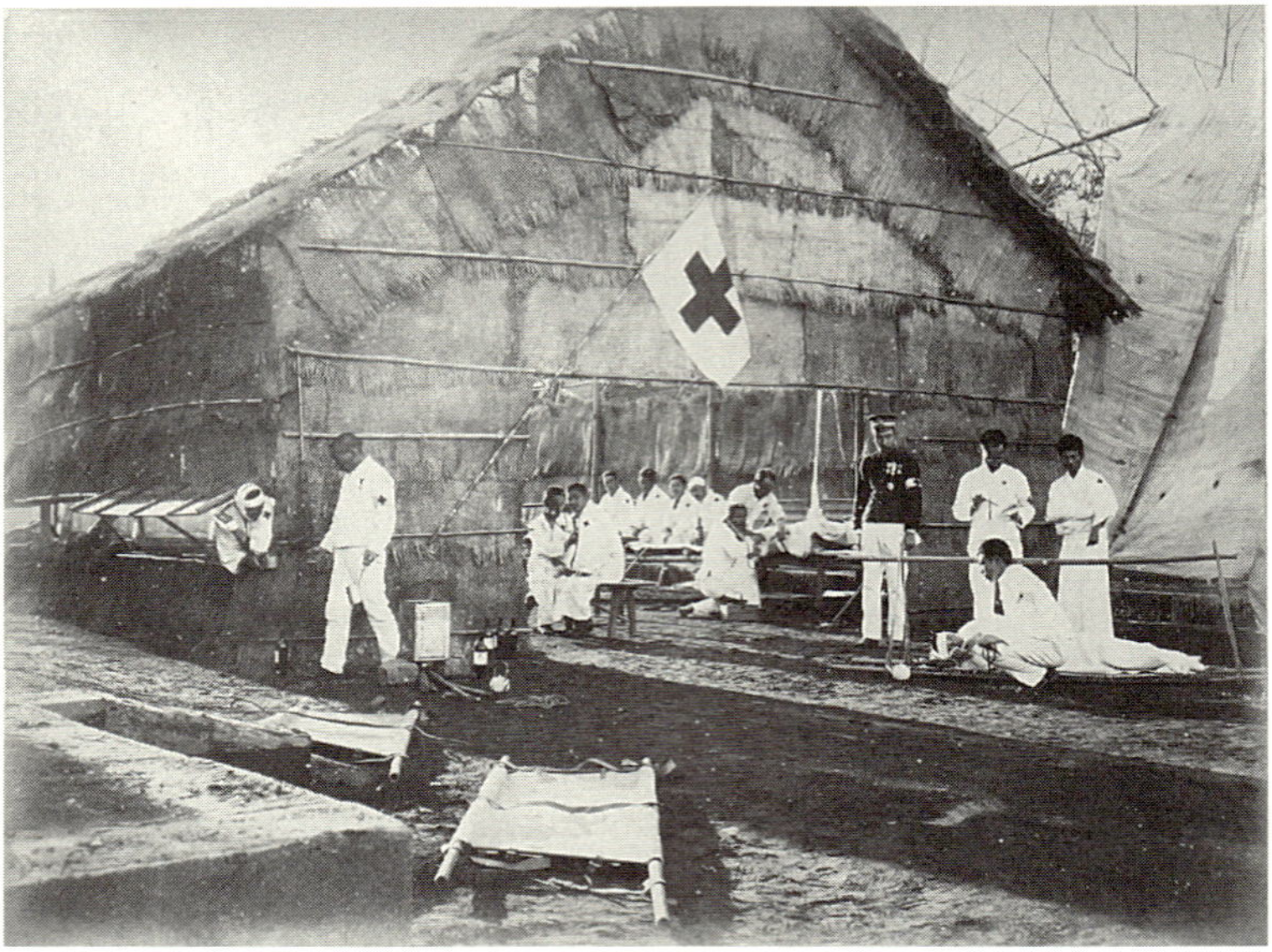

図2-1　台湾における救護活動（博物館明治村所蔵・日本赤十字豊田看護大学保管）

ム万一緩急アラハ軍隊ノ指揮ニ従ヒ聊《イササ》カ応分ノ義務ヲ尽サント欲ス若シ其機ニ至ラハ我請願ヲ許サレタシ[9]。

これにたいし、陸軍大臣は八月一日、救護員を「広島陸軍予備病院へ派遣ノ上救護ニ従事候儀差支無之[10]」と、出願を認許した。ここに、日赤によるはじめての戦時救護事業が実施されることになった。日赤は、さらに八月一三日、救護員の戦地派遣を陸軍大臣に出願し、二八日その認許をえた。同日、恤兵監大蔵平三中佐より、戦地での救護活動について、(一)救護員の業務は野戦衛生勤務令によること、(二)救護員は朝鮮到着後、第一軍軍医部長の管理に属し、同官の指揮を受けること、(三)救護員は中立の徽章を帯び、社長よりその交付番号および族籍氏名を記載した名簿を恤兵監に届けでること、(四)救護員には陸軍が糧食を支給し寝具を貸与するとともに、相当の宿舎および業務執行のために必要な病舎等を貸し付けることなどが指示された[11]。

陸軍大臣の認許をえた日赤は、ただちに九月二日、第一救護員四一名を東京発、広島経由で朝鮮に派遣した[12]。このあと、野戦衛生長官の命令により一〇月一九日、四〇名で編成された第二救護員、一二月二五日には三八名からなる第三救護員が東京を出発した。

(2)　第一救護員の活動

戦時における敵国傷病者の救護および捕虜の待遇は、交戦国の国際法遵守意識や人道観念、ひいては国民の成熟度を測る尺度となる。そこで、本章では、清国傷病者の取り扱いを中心に、日赤の救護活動をみることにしたい。

第一救護員は、九月一二日に仁川上陸後、現地の陸軍当局と協議した結果、一六日、同地に「日本赤十字社戦時第一病院」を開設し、翌日から治療を開始した。その後、前進する第一軍に随伴し、平壌、南浦、義州、龍川、牙山においても救護をおこなったが、日本人だけでなく現地人も治療している[13]。

日赤戦時第一病院には捕虜患者もいたようで、九月二五日の報告に「清国人志前営従卒王得勝足部貫通銃創ニテ万里倉病院ヨリ後送入院」との記述がある。その翌日、清国人一名を在院患者三二名とともに、陸軍御用船で広島陸軍予備病院に後送している[14]。

九月二〇日、開城の石坂惟寛兵站軍医部長より「其病院便船次第平壌ニ進ムベシ敵ノ傷者モ許多アリ適宜救護セラルベシ[15]」との命令があった。第一救護員は、一〇月一一日仁川を出発し、大同江を遡り平壌に到着したのち、一七日に「平壌日本赤十字社戦時第一病院」を開設した。同病院は、その後平壌兵站病院に統合され、さらに平壌患者集合所となり、延べ一万三九一六名を治療したが（日赤による救護数はこのうち三三九名[16]）、捕虜患者に関する記録は、以下のものにとどまる。すなわち、一一月一七日「俘虜清国人景山仁」入院、同二〇日「清国役夫一名」後送[17]、一二月三日「俘虜清国人夫一名」入院[18]の三件である。激しい戦闘がおこなわれた平壌で、日赤が救護した敵負傷者がこの数ではいかにも少なすぎる感がある。

これは、第一軍が収容した敵負傷者が少なかったためであろう。第一軍第五師団の菊池忠篤軍医部長は、収容者が百十余名にとどまった理由について、「本日マテ敵ノ負傷者ヲ拾ヒ救ヒタル数ハ別紙名簿ニ録スル百十余名多クハ起ツコト能ハサル重症ナリ其軽症ニシテ自カラ起チ得ルモノハ遁走シ去レリ」[19]と報告している。つまり、収容者が少なかったのは軽傷者は逃走したためで、収容したのは歩行不可能な重傷者のみだったというのである。

(3)　第二救護員の活動

第二救護員は一〇月二八日、仁川に上陸後、第二軍の指揮下に入り、大同江河口の漁隠洞を皮切りに耳湖浦、柳樹屯、旅順口、金州において救護活動をおこなった。このうち、敵傷病者救護に関する記録があるのは柳樹屯である。

一二月一六日、森林太郎（鷗外）第二軍軍医部長の命令により、清国盛京省大連にある柳樹屯に柳樹屯兵站病院第一分院が開設された。同分院が救護したのは日本軍将兵および軍夫のほか、同一八日に収容された和尚島中央砲台と西砲台の捕虜患者二六名、そしてそれ以降に収容された九名である[20]。日赤の救護報告書は、そのときの状況を「右捕虜患者砲台ノ営中ニ在テハ健康者ト同シク狭隘ノ室内ニ鎖錮セラレタリシ艱苦ニ反シ我カ分院ニ入院後ハ殆ント本邦人ニ似タル診療ヲ受クルノミナラス新清ナル病衣ヲ以テ汚穢ノ営衣ニ換ヘシメ食餌薬剤至ラザル所ナキニ感動悦服セシモノノ如ク哨長某ナル者一同ニ代リ感泣拝謝シテ止マズ」[21]と、記している。

第二救護員が救護した捕虜患者は三五名にすぎなかったが、第二軍が収容した敵負傷者もまた少なかった。この点について、第二軍の国際法顧問として従軍した有賀長雄は、同軍が経験した三つの大規模な戦闘で敵は五〇〇〇名の戦死者をだしているから、負傷者はその二倍の一万名はいたと推定される。しかし、収容したのはわずか六六名にすぎない。それゆえ、「如何ニ弁解セントスルモ野戦衛生部員ニ於テ其ノ収容シ得ヘキ所ノ者ノ幾分ヲ収容セスシテ徒ニ戦場ニ遺棄シタルニ非スヤトノ疑ヲ避クルコト難」しく、「必スシモ常ニジュネーブ条約ノ精神ヲ十分ニ遵奉シタリト謂フ可カサルニ似タリ」[22]と批評する。

これにたいし、大本営野戦衛生長官部の報告書は、以下のように分析している。すなわち、戦闘後、日本軍は敵負傷者の捜索救護につとめたが、彼らは危害を加えられることを恐れて遁走した。また、残された重傷者も激しく抵抗したため、言語が通じない衛生部員は近づいて救護することができない場合が多かった。そのうえ、敵兵は巧みに死傷者を運び去って戦場に遺棄することが少なかったというのである[23]。

ちなみに、第一軍と第二軍が戦地で収容した敵傷病者の総数は負傷者三一五名、病者八九四名で、前者のうち五〇名、後者のうち七七名は死亡した。このほか、収容者から二三名の逃亡者がでている[24]。この数字をみると死亡者が多いが、その原因はコレラや赤痢等の伝染病による死者が多かったのと、負傷者は重症にもかかわらず初期に適切な治療を受けることなく日本軍に収容されたためであったとされる[25]。

2　内地における敵傷病者の救護

(1)　日本赤十字社病院（東京）

日赤にたいし、一八九四年一〇月九日、東京陸軍予備病院より、捕虜患者の引き渡しについて打ち合わせるため、主務者一名を東京衛戍病院に派遣されたしとの連絡があった[26]。翌一〇日、予備病院長松嶋玄景一等軍医正は、患者が到着する新橋停車場に天幕を張った患者休憩所を設置し、重症者のためのベッド、軽症者のための椅子のほか毛布、枕、緊急時の薬品と繃帯を準備すること、患者護送に必要な担架夫、人力車および人夫を用意することなどを指示した[27]。

一〇月一六日午前一〇時、捕虜患者五五名が新橋停車場に到着した。東京陸軍予備病院から引き渡しを受けた日赤

図2-2　日清戦争に派遣された救護看護婦（陸上自衛隊衛生学校彰古館所蔵）

は、ただちに患者休憩所において緊急処置を施したのち、軽症者は人力車、重症者は担架で、憲兵と警察官の護衛のもと広尾の日赤病院に移送した。日赤病院では、構内の看護婦生徒寄宿舎を救護室に充てた。五五名の内訳は傷者五二名、病者三名で、前者は受傷後約一ヶ月を経過していた(28)。

収容時の捕虜患者は、いずれも「体格善良ナレドモ栄養稍々衰ヘタルノ状アリ全身ノ皮膚ハ汚垢堆積シテ殆ト皮色ヲ弁セズ頭髪ハ薙除スルアリ或ハ支那風ノ弁髪ヲナセルアリ共ニ皆髪虱及ヒ其卵子ヲ以テ充タシ衣服ハ汚穢敗裂シ之ニ近ケバ一種ノ悪臭鼻ヲ撲チ将ニ嘔吐セントス」る状況であった。そのなかの一、二名の負傷者は「衰弱最モ甚シク気管支加答児及ヒ下脚ノ浮揚ヲ呈シ殊ニ傷処ノ綳帯ハ膿汁浸潤汚垢凝着シテ不潔ヲ極メ」ていた。そのため、まず患者を入浴させたのち、綳帯を解除しなければならなかった(29)。

傷者では銃創が過半数を占めたが、骨や内臓を損傷した者はきわめて稀で、受傷後三、四日以内に日本軍の治療を受け、日赤病院への収容前に綳帯を二、三回交換していたため、多くの患者は傷口が狭小となり、回復期に入っていた。しかし、銃創性骨傷患者のうち二、三名は膿汁が滞留し、傷口に炎症を起こしていたため傷口を切開し排膿法を実施したが、手術を必要とした者はなく、傷口を消毒して制腐繃帯を施し、滋養物を与えて治療した。また、入院後、腸チフスと脳膜炎を発病した者があったが、治療の結果、死亡にはいたらなかった。日赤の報告書は、受傷後傷口を不潔な空気に曝し、汚物に接触したにもかかわらず、重篤な創傷病を継発しなかったのは、「全ク我戦時衛生法ノ普及完備シテ消毒法上一ノ欠点ナカリシヲ徴スルニ余アリ」と評価している(30)。日赤収容前の初期治療が適切であったのと、収容後の治療が奏功して、死亡者は二名（赤痢一名と腸チフス一名）にとどまっている。全癒者は俘虜廠舎（捕虜収容所）に収容された。一八九五年一月一九日、最後の患者五名が引き渡され、日赤病院における救護事業は結了した。

（2）　大阪陸軍予備病院第二分院

一八九五年一月九日、陸軍恤兵監より日赤にたいし、大阪陸軍予備病院へ医員三名、調剤員一名、看護婦一〇名、会計書記一名、看護人兼使丁三名の派遣が命じられた(31)。同病院第二分院は、大阪市の中央に位置する西本願寺津村別院を使用し、排水、通気、日当たりが良好で、衛生に適していた。三〇四畳の広い部屋が病室に充てられた。

救護員は、第二分院のほか、第一俘虜廠舎においても診察をおこなった。一月一二日の救護開始から八月一三日の本国送還までに救護した捕虜患者の総数は九〇九名にのぼる。その内訳は、傷者七四名にたいして病者八四七名と、病者が圧倒的に多かった(32)。

捕虜患者には、日本人と食習慣が異なるため、食事について配慮が不可欠である。大阪では、患者の希望により三食とも飯は米四分、麦六分とし、野菜は牛蒡、葱、大根、胡蘿蔔《コラフク》、甘薯、蒟蒻などを与えたが、清国人は肉食をもっとも好むのみならず、滋養の点からも必要であるため、日曜日ごとに肉食を支給した(33)。

また、衛生にはとくに注意を払い、入浴は一ヶ月六回で、六月に入ると一〇回に増やし、さらに七月以降は隔日にした。ところが、清国人は最初入浴を嫌い、入浴しても身体を浸すのみで汚垢を落とさなかったため、各人に看護婦一名をつけて汚垢を洗浄したところ、次第に爽快に感じるようになり、その後、好んで入浴するようになった[34]。

病室および患者が使用するすべての部屋は看護婦が消毒をおこない、汚穢物や排泄物を毎朝請負業者に処分させるとともに、便所内外を消毒した。とくに伝染病患者の排泄物等は毎朝、大阪府天王寺避病院に運搬し、焼却処分にした[35]。

病者は胃腸病が圧倒的に多かったが、その原因は運動不足と清国人が調理に脂肪を用いること、および「一日三食ノ菜ニ供シタル残物ヲ悉ク巧ニ隠匿シ已ニ腐敗ニ傾キタルニモ拘ラズ之ヲ間食物トナシ殊ニ夜間窃ニ之ヲ食スル[36]」ことにあった。

ついで患者が多かった脚気については、二名の死者をだしている。そこで、治療法として「麦飯ヲ全般ニ給スルノ意見ヲ其筋ニ提出シタレトモ感情如何ノ点ニヨリ遂ニ許サレ[37]」なかった。陸軍では当時、脚気の原因を栄養障害ではなく細菌による感染症と主張する軍医が主流を占めており、麦飯の採用に反対したためであったと考えられる。

伝染病の予防のため、病院内の衛生にはとくに注意を払っていたが、捕虜送還直前の八月初旬、ついに二名のコレラ患者が発生した。病院側はただちに患者を真田山陸軍避病院に移送するとともに、徹底した消毒をおこなった。コレラの原因は、患者が残飯を隠匿し、腐敗しつつあるものでも深夜に食する習慣にあったと推測される[38]。患者のうち一名は死亡し、他の一名は治癒するまで帰国を許されなかった。大阪ではまた、阿片患者の転地療養がおこなわれた。入院以来時々頭痛を発していた患者を、予備病院からの通達により、和歌山県名草郡紀三井寺に移送している[39]。

ところで、日赤の報告書は、捕虜患者の救護が困難な理由を三点あげている。それによると、（一）救護員と患者の間で言葉が通じないだけでなく、患者間でも言葉の異なることがあったため、病状を訊いたり衛生上の注意を与えるときは常に通訳を介さなければならなかった、（二）清国人が衛生に不注意で、不潔を厭わないことは日本人の想像以上で、治療に困難を来した、(三) 捕虜の大部分は無教育で理解力に乏しく、とくに性格的に頑迷で容易に医員、看護婦等の指示に従わないということであった[40]。

一八九五年八月一三日、捕虜の送還終了により、大阪での日赤の教護事業は結了した。

(3)　名古屋俘虜廠舎

一八九四年一〇月、捕虜が第三師団管内に移送されるとの通報を受けると、日赤本社は名古屋支部にたいし捕虜患者の救護準備を指示した[41]。同支部による名古屋および豊橋での救護事業は、留守第三師団からの依頼により、俘虜廠舎においておこなわれた[42]。

名古屋俘虜廠舎は、市内の建中寺を使用し、廠舎内に診察室と病室六室を開設した。救護に従事したのは医長一名、医員三名、書記兼会計三名、使丁三名（看護人を兼務）であった。医長と書記兼会計は、豊橋俘虜廠舎を兼務した。一〇月一五日、捕虜患者が名古屋に到着したが、いずれも身体と衣服の汚染がはなはだしく、ただちに入浴させた。そして、衛生上の観点から一室に多人数を収容することを避け、二〇室に分散配置し、種痘を実施した。俘虜廠舎内の診察室では、毎日朝夕、医員による診察がおこなわれ、平均一五、六名が受診した[43]。

収容から翌年八月一二日までの期間に、救護員が治療した患者の総数は二九九名にのぼる。その内訳は、傷者一〇名、病者二九三名であった[44]。病名をみると、胃腸病が圧倒的に多いが、その原因は俘虜廠舎の衛生管理や食事に問題があったからではなく、捕虜の衛生観念の欠如による。捕虜は喉が渇けば地面に溜まった水や便所の手洗い水を飲み、空腹になるとごみ箱に棄てた野菜の残り屑を食べた。このような捕虜には相当手を焼いたようで、日赤の報告書は「元来彼等ハ殆ント全ク衛生ノ何物タルヲ弁スルノ脳力ナク故ニ其非ヲ苦諫シテ身体生命ヲ毒スルノ危険ヲ説クモ頑トシテ容易ニ応セス為メニ吾人ヲシテ不識嘆声ヲ発セシメタルモノ実ニ一再ナラス[45]」と記している。

名古屋でも、捕虜の不衛生な行動から赤痢が発生した。俘虜廠舎には伝染病用の隔離室がなかったため、治療は名古屋陸軍予備病院でおこなわれた。

廠舎内を清潔に保つため、病室内外の清掃を毎日二回、健康な捕虜を使用して実施した。飲料水や衣服、食事にはとくに注意を払い、「飲料水ヲ毎月一回宛試験ヲ行ヒ尚之レニ一回煮沸ヲ経ルニアラザレバ使用スルヲ許ササルコトナシ入浴ハ毎週二回襯衣《シャツ》モ亦トキドキ洗濯セシメ食物ハ炊事係リニ就キ献立表及調理セル現品ノ適否ヲ査覈《サカク》シ力メテ健康保全ニ必要ナルモノヲ選(46)」んだ。

手術を要する患者は予備病院に移送し、回復後再び俘虜廠舎に収容した。呼吸器、胃腸病の患者の治療は、廠舎内の病室でおこなった。後者は二〇日以内に全快している(47)。

このような救護員の努力は捕虜側にも伝わり、最初は「教戒注意スルモ少シモ感シス軽キモノハ不摂生重キモノハ自護ノ意ナキ挙動」があったが、「爾後日ヲ経ルニ従ヒ彼我ノ情況互ニ相通シ」るようになり、「事些少トナク医員ノ諭示ヲ守リ、彼ノ摂生法ノ如キモ容易ニ理会シ得ルニ至リ、従テ治療ノ成績ヲシテ一層良好ナラシムルノミナラス遂ニ大ニ一般発病者ノ数ヲ減スルニ至(48)」った。その結果、名古屋俘虜廠舎では一名の死者もださず、八月一二日、捕虜全員の送還により、救護事業は結了した。

(4)　豊橋俘虜廠舎

豊橋では、捕虜は龍拈寺に収容された。捕虜の到着は一八九四年一〇月一五日であった。俘虜廠舎内には診療所と三つの病室が開設され、医員が名古屋から出張して毎日二回、平均一四、五名の患者を診察した。その内訳は、傷者一二名、病者二九三名で、患者総数は一八六名にのぼった(49)。

豊橋でも胃腸病が多かったのは、大阪や名古屋と同じ理由による。そのため、飲料水や食物にたいする注意を与えるとともに、病室および便所の清掃を徹底した。なお、健康維持のため、毎日あるいは隔日に、適当な体操または野外での運動をおこなわせた(50)。

報告書には、赤痢およびその類似病と憂鬱病、全身筋肉リューマチ患者についての記述がある。赤痢および類似病患者は、隔離室に移し、同時に二〇名を治療した。なかには衰弱の激しかった者もいたが、死亡者をだすことなく、全員が二ヶ月以内に治癒した。憂鬱病患者は、一日数回発作を起こして暴れ、縊死を図ろうとするので二四時間看護人を付けて看護した結果、三ヶ月で全治した。また、全身筋肉リューマチ患者は一時、歩行のみか起臥するのも困難な状態に陥ったが、二週間で普通に歩行できるまでに回復した(51)。一八九五年八月一二日の捕虜送還時、全治者一八三名、半治者三名で、死者は一名もなかった(52)。

名古屋と豊橋における救護事業は、俘虜廠舎内でおこなわれたため看護婦は派遣されず、医長は主として名古屋俘虜廠舎で治療に従事し、豊橋へは毎週数回出張して医務を監督し、重症者を診察した(53)。

(5)　陸軍衛生機関による捕虜患者の救護

最後に、日赤が担当した以外の捕虜患者についても触れておきたい。内地へ移送され、第一師団(東京)、第三師団(名古屋)、第四師団(大阪)および第五師団(広島)管内の衛戍地に分散収容された捕虜のうち、傷病者と内地で発病した者は広島陸軍予備病院のほか、浅草本願寺、佐倉、高崎、大津、松山の各捕虜廠舎に開設された病室で治療を受けた(54)。その総数は一八八八名にのぼり、このうち二四名が死亡し(移送途中に七名死亡)、一七六八名が治癒した。このほか、詳細は不明であるが、九六名の事故者(うち一名は逃亡)がいる。この一〇〇〇名あたり一二名という死亡率は、平時の日本軍隊における発病者の死亡率と異ならない数字であったという(55)。

3　救護の実績および評価

日清戦争において救護に従事した日赤救護員の実数は、一三九六名にのぼる。その内訳は、理事首長一名、理事五名、理事心得三名、医長七名、医長心得八名、医員一八九名、調剤員二一名、書記会計二五名、看護人取締三名、看護人伍長一三名、看護人四五六名、看護婦監督一名、看護婦副監督二名、看護婦総取締二名、看護婦取締一四名、看護婦副取締三名、看護婦長七名、看護婦副長三名、看護婦六一七名、使丁九名、磨工四名であった。

このうち、戦地には、すでにみた第一救護員四九名、第二救護員四七名、第三救護員二八名のほか、台湾へ二八名が派遣された。また、患者輸送船内衛生事務幇助として第一回一八名、第二回四五二名が海上勤務に服したが、看護婦はいなかった。内地では東京の日赤病院および名古屋、豊橋の俘虜廠舎へ二三名、広島、京都、東京、仙台、名古屋、豊橋、大阪、松山、丸亀、熊本、福岡、小倉の予備病院へ七五二名が派遣されている[56]。

これらの救護員は、一年五ヶ月の間に傷病者一〇万一四二三名を治療し、輸送した。戦地一万八九一三名、予備病院九四三八名、患者輸送船六万二三三九名、台湾九二四九名、そして捕虜患者一四八四名（戦地を含む）である[57]。この数字には軍人軍属だけでなく、戦地の一般住民も含まれている。

なお、戦争中、戦地一〇名、船内一〇名、内地五名、合計二五名の救護員が殉職した。そのほとんどが赤痢、コレラ、腸チフスなど、伝染病患者を担当したことによる罹病である。広島陸軍予備病院では、殉職者五名のうち、四名が看護婦であった[58]。

この日赤がはじめておこなった戦時救護事業について、戦後編纂された『明治二十七八年戦役日本赤十字社救護報告』は、「開戦ノ当時ニ於テ準備未夕完全ナラス資力猶ホ薄弱ナリシニ拘ラス」、上記の好成績をえることができたのは、「帝室及ヒ政府ヨリ優渥ノ保庇ヲ被リタルノミナラス事務員救護員皆能ク勤勉其任ヲ尽クセルト社員其他ノ有志者争テ熱心ナル賛助ヲ与ヘラレタルトニ由ル[59]」と記している。

（1）大本営野戦衛生長官部『明治二十七八年戦役陸軍衛生紀事摘要』（大本営野戦衛生長官部、一八九八年）八一九―八二〇頁。

（2）同右、八一八―八一九頁参照。大山はその後、第二軍司令官として出征するが、広島出発前日の一〇月一五日にも部下将兵にたいし、ほぼ同内容の訓示をおこなっている。

（3）日本赤十字社編『明治二十七八年戦役日本赤十字社救護報告』（日本赤十字社、一八九八）八―一〇頁。

（4）有賀長雄『日清戦役国際法論』（陸軍大学校、一八九六年）一四八―一四九頁。

（5）同回答は、『明治二十七八年戦役日本赤十字社救護報告』一三―一四頁に収録されている。

（6）同年八月一日に定められた「博愛社社則附言」第一条も、「該社ノ主旨ハ……此惨列《〔ママ〕》ナル戦時ニ方リ報国慈愛ノ赤心ヲ以テ軍医部ヲ補助シ博ク創者患者ヲ救済スルニ在リ」としていた。

（7）陸軍軍医団編『陸軍衛生制度史』（陸軍軍医団、一九一三年）一二四一頁。

（8）「赤十字社派遣員使用上ノ訓示」、野衛訓第一三号、明治二七年一一月三〇日、『明治廿七八年戦役　官衙関渉書類　全』（書類編冊番号「戦二」）所収。

（9）「救護派出ニ付届出ノ件」、議第三二号、明治二七年六月一八日、『明治廿七八年戦役　準備書類　廿七年自六月　至九月　其三ノ二』（書類編冊番号「戦四」）所収。

（10）「救護員派遣聞届ノ指令」、甲第二五四号、明治二七年六月二六日、同右所収。

（11）「救護員渡韓ノ指令及ヒ同件ニ付通知三件」、甲第三五七号、明治二七年八月三〇日、『明治廿七八年戦役　官衙関渉書類　全』所収。

（12）第一救護員の内訳は、理事・陸軍歩兵中尉七里千濤以下、書記会計員二名、書記兼通訳一名、医長心得一名、医員四名、調剤員二名、看護人伍長三名、看護人二七名であった。当時、婦人救護員（看護婦）が戦地に赴くことは認められていなかった。第一救護員は患者二〇〇名の救護用として消毒材料、薬品、患者の被服および寝具、医療機器、調剤器具、担架を携行した。

（13）清水理事首長「復命書」、明治二八年六月三〇日、『明治廿七八年戦役　海外派遣救護報告　第一　其三ノ一』（書類編冊番号「戦六二」）所収。

（14）「渡韓救護員　第二回報告」、番外号、明治二七年一〇月七日、同右所収。

(15) 同右。
(16) 日本赤十字社編『日本赤十字社史稿』(日本赤十字社、一九一一年)一一七一―一一七三頁。
(17) 「第七回報告　自十一月十六日　至同月廿日」、『明治廿七八年戦役　海外派遣救護報告　第一　其三ノ一』所収。
(18) 「第九回報告　自十二月一日　至十二月五日」、同右所収。
(19) 有賀『日清戦役国際法論』一五二―一五四頁より引用。
(20) 「第二渡韓　第一渡清　日本赤十字社救護員業務摘要」、明治二八年七月五日、「日本赤十字社　第二渡韓　第一渡清　救護員業務報告」、『明治廿七八年戦役　海外派遣救護報告　第二　其三ノ二』(書類編冊番号「戦六三」)所収。
(21) 「第五報」、一二月二一日、同右所収。
(22) 有賀『日清戦役国際法論』一五七頁。
(23) 大本営野戦衛生長官部『明治二十七八年戦役陸軍衛生紀事摘要』八二一―八二二頁。
(24) 同右、八三三―八三四頁。
(25) 同右、八三五頁。
(26) 東京陸軍予備病院発日本赤十字社宛、予陸第二三号、明治二七年一〇月一九日、「支那負傷兵取扱ノ件」、『明治廿七八年戦役　清兵救護書類　本社、大阪　名古屋』(書類編冊番号「戦六八」)所収。
(27) 「支那負傷兵到着之節請取方手続及準備之件」、明治二七年一〇月一〇日、同右所収。
(28) 「清兵傷病者一覧表」、明治二七年一〇月二四日、「傷病者病名人名等一覧表」および「清国傷病者治療概報」、明治二八年三月二七日、「清国傷病者治療概報」、同右所収。
(29) 「清国傷病者治療概報」。
(30) 同右。
(31) 「大坂予備病院ニ救護員派遣之件大坂支部長ニ照会案」、戦第七号、明治二八年一月九日、「救護員派遣令達及大坂支部へ通牒ノ件」、『明治廿七八年戦役　清兵救護書類　本社、大阪　名古屋』所収。
(32) 「大阪支部救護景況報告」、明治二八年九月一六日、「救護事務景況月報　自廿八年一月　至廿八年八月」、同右所収。
(33) 「大阪陸軍予備病院第二分院日本赤十字社大阪支部救護員派出所事務景況内報」、明治二八年二月五日、「救護事務景況月報　自廿八年一月　至廿八年八月」所収。食事はその後、「気候ノ差異ト患者食欲ノ加減ニヨリ到底同食物ヲ用ユ可カラザル」状況になったため、四月一四日より「朝ハ粥食ニ変シ而シテ菜ハ漬物及味噌ト定メ午餉晩餐ノ菜ハ其都度之ヲ変更シ力メテ消化シ易キモノヲ与」えることにした。「大阪陸軍予備病院第二分院日本赤十字社大阪支部救護員派出所四月中事務景況報告書」、明治二八年五月二日、以上『明治廿七八年戦役　清兵救護書類　本社、大阪　名古屋』所収。
(34)「大阪支部救護景況報告」。
(35)「大阪陸軍予備病院第二分院日本赤十字社大阪支部救護員派出所事務景況内報」。
(36)「大阪支部救護景況報告」。
(37)同右。
(38)「明治廿八年八月大阪陸軍予備病院第二分院日本赤十字社大阪支部救護員派出所事務景況報告書」、明治二八年八月二七日、「救護事務景況月報　自廿八年一月　至廿八年八月」所収。
(39)同右。
(40)『明治二十七八年戦役日本赤十字社救護報告』一九四―一九五頁。
(41)「名古屋支部長ニ御回答案」、戦第一四九号、明治二七年一〇月二四日、「清兵傷病者救護ニ関シ支部ト往復」、『明治廿七八年戦役　清兵救護書類　本社、大阪　名古屋』所収。
(42)名古屋支部長時任為基発日赤社長佐野常民宛文書、明治二七年一〇月二一日、「清兵傷病者救護ニ関シ支部ト往復」、同右所収。
(43)「名古屋支部救護景況報告　名古屋捕虜患者派出救護員」中の「(八)救護執務ノ実況」の記事、明治二八年九月三〇日、「同上成績報告方照会ノ件」、『明治廿七八年戦役　予備病院捕虜救護報告』(書類編冊番号「戦五三」)所収。
(44)「名古屋支部救護景況報告　名古屋捕虜患者派出救護員」中の「(五)救護患者総数及種類内訳」および「(六)患者傷病ノ種別員数」、同右所収。
(45)「名古屋支部救護景況報告　名古屋捕虜患者派出救護員」中の「(八)救護執務ノ実況」の記事、同右所収。
(46)同右。
(47)「名古屋支部救護景況報告　名古屋捕虜患者派出救護員」中の「(九)重立タル傷病者ノ状況」の記事、『明治廿七八年戦役　清兵救護書類　本社、大阪　名古屋』所収。
(48)「名古屋支部救護景況報告　名古屋捕虜患者派出救護員」中の「(十)病室内全般ノ状況」の記事、同右所収。

(49)「名古屋支部救護景況報告　豊橋捕虜患者派遣救護員」中の「(六) 患者傷病ノ種別員数」、同右所収。
(50)「名古屋支部救護景況報告　豊橋捕虜患者派遣救護員」中の「(八) 救護執務ノ実況」の記事、同右所収。
(51)「名古屋支部救護景況報告　豊橋捕虜患者派遣救護員」中の「(九) 重立タル病者ノ状況」の記事、同右所収。
(52)「名古屋支部救護景況報告　豊橋捕虜患者派遣救護員」中の「(七) 総患者ノ転帰員数」、同右所収。
(53)「名古屋支部救護景況報告　豊橋捕虜患者派遣救護員」中の「(十一) 事務全般ノ経歴略記」、同右所収。
(54) 各俘虜廠舎における患者数および治療結果については、大本営野戦衛生長官部『明治二十七八年戦役陸軍衛生紀事摘要』八三六―八四一頁参照。
(55) 同右、八四一頁。
(56)「救護員統計表」、『明治二十七八年戦役日本赤十字社救護報告』二六一―二六四頁。
(57)「入院外来及輸送患者区別表」、同右、二五一―二五二頁。
(58)「救護員死没者姓名表」、同右、三二三―三二五頁。
(59) 同右、二四五頁。

第三章　病院船の活躍した北清事変

喜多義人

一　戦時救護体制の拡充

1　戦時救護規則の制定

日清戦争後、日赤は戦時救護準備の一環として、戦時に派遣すべき救護班の編成や装備等を定める規則の研究をおこない、一八九八（明治三一）年一〇月、八章五四ヶ条からなる「戦時救護規則」を制定した。同規則は、陸軍大臣および宮内大臣の認可をえた。

同規則によると、日赤の救護事業は救護班、患者輸送縦列、患者輸送船、患者休養所、材料庫の五種とし、その中心をなす救護班は医員二名、調剤助手一名、看護人長または看護婦長一名、看護人または看護婦一〇名（うち伍長一名）、事務員一名、人夫二名の合計一七名で編成し、一個師団につき二〇個班を準備する。一個の救護班は患者約一〇〇名の救護を標準とした。また、患者輸送船については患者二〇〇名以上の輸送を標準とする甲種と、一〇〇名以上を標準とする乙種を各二隻準備し、前者には理事一名、医長一名、医員三名、調剤員一名、書記一名、調剤助手二名、看護人長二名、看護人四〇名（うち伍長四名）、磨工一名の合計五二名を配置するとした（乙種は二九名）[1]。

ついで、一八九九（明治三二）年七月には海軍大臣および宮内大臣の認可を受けて、「海軍傷病者救護規則」（四章二五ヶ条）が制定された。海軍に関しては、救護団をもって救護事業をおこない、一鎮守府につき一個救護団を準備する。救護団は理事一名、医長一名、医員二名、調剤員一名、書記一名、調剤助手一名、看婦婦長または看護人長一名、看護婦または看護人二〇名（うち伍長二名）で編成し、患者一〇〇名の救護を標準とした[2]。本規則の制定により、前年制定の「戦時救護規則」は「戦時陸軍傷病者救護規則」と改称された。なお、陸軍および海軍の傷病者救護規則は、北清事変の経験から、日露戦争直前の一九〇三（明治三六）年一一月に統合され、「日本赤十字社戦時救護規則」（以下、「戦時救護規則」と略記）となった。

2　病院船の建造

日清戦争の経験は、患者輸送船の準備を促した。すなわち、日本は海に囲まれているため、傷病者を内地へ後送するには船舶が必要である。しかし、戦時には船舶が兵員や武器弾薬、糧食の輸送に徴用されるため、患者輸送用の船舶をえることが困難になるうえに、一般の輸送船を使用した場合、敵船の攻撃を受ける恐れが否定できない。そこで、日赤が患者輸送船を保有することが急務となるが、その建造には巨額の費用を必要とし、維持費も多額にのぼる。このため、日赤は、その資金で建造した患者輸送船二隻を日本郵船株式会社に売却し、必要に応じて使用することにした。

日赤と日本郵船の間で交わされた契約書によると、病院船二隻を二〇年賦で売却する。日本郵船は、平時にはこれらを普通船に改造して自由に使用することができるが、年賦が完済するまでの二〇年間は日赤が必要とするときは何時でも、三〇日前の通知により病院船に改装し、日赤の使用に供さなければならない（戦時には通知後七日以内に提供）。

日赤が病院船として使用するときは、所定の使用料および改装費、乗船する医員や看護人の食費等の諸費用は日赤が負担することとされた(3)。

英国の造船所で建造された病院船二隻は、博愛丸（二六三六トン）、弘済丸（二六二七トン）と命名され、それぞれ一八九九年四月一〇日と六月二八日、横浜に到着した。一隻の建造費は約五四万円であった。当時は、欧米諸国の赤十字社でも病院船を二隻も準備するところはなかったという。博愛丸と弘済丸は、横浜到着後、陸海軍当局と日本郵船の意見を容れて内部を改造し、実地演習を実施した。

図3-1　博愛丸（博物館明治村所蔵・日本赤十字豊田看護大学保管）

ところが、病院船に関して、重大な国際法上の懸念が生じた。すなわち、本国へ陸上戦闘の傷病者を後送する病院船が保護されるかどうかである。陸上戦闘の傷病者を輸送する列車や患者縦列は、ジュネーブ条約第六条により、これに従事する人員とともに中立を保障されるが(4)、戦地から本国へ陸上戦闘の傷病者を輸送する赤十字社船舶の保護については規定がなかった。一八六八（明治元）年のジュネーブ条約追加条款には、締約国政府が認可した救恤《きゅうじゅつ》団体が艤装する患者輸送船は中立とみなすとの規定があったが（第一三条）、同条款は未発効であったうえに、海上戦闘で生じた傷病者を対象にしたものと解されていた。赤十字国際委員会も、陸上戦闘の傷病者を後送する船舶は、同条款の対象外との見解をとっていた(5)。

しかし、幸いにして、一八九九年七月ハーグで開催された万国平和会議において、「ジュネーブ条約ノ原則ヲ海戦ニ応用スル条約」

が採択されたことにより、この懸念は解消した。すなわち、同条約第二条は、個人または公認された救恤協会の費用によって艤装された病院船で、所属する交戦国の命令を受け、かつ開戦時または交戦中、その使用に先立ち船名を敵国に通告されたものは等しく尊重され、捕獲を免除されると規定していたからである。

一九〇一（明治三四）年、博愛丸と弘済丸は同条約に従い、外部を白色に塗装し、その中間に赤色の横線を付した。そして、一九〇三年の戦時救護規則により、名称を患者輸送船から「病院船」にあらためた。両船は北清事変ではじめて使用された。

二　日赤の救護事業

1　救護事業の発端

一九〇〇（明治三三）年一月、清国山東省に外国人排斥を唱える義和団が蜂起した。義和団は外国人を殺害し、外国権益を破壊しながら北上、ついには北京を包囲するにいたった。これにたいし、清国政府はむしろ義和団に公然と協力し鎮圧措置をとろうとはしなかったため、北京在留の外国人は英国大使館に籠城することを余儀なくされた。

居留民救出のため、英、仏、独、露、米、伊、墺、日の八ヶ国は、天津南東部の渤海に面する大沽に集結した軍艦から陸戦隊を上陸させ、北京に入城させたが苦戦に陥り、つづいて大沽から北京に向け出発した諸国連合軍も義和団と清国兵の抵抗に遭い、所期の目的を達することができなかった。六月二一日、清国政府は八ヶ国にたいし、宣戦を布告した。二三日、東京で列国公使会議が開催され、協同行動をとることが決定された。これを受け、日本は第五師団の全兵力と第一一師団の一部を清国へ派遣した。

日赤の北清事変における救護事業は、佐世保への救護団の派遣にはじまる。六月二〇日、山本権兵衛海軍大臣より

「今般外国人負傷者ヲ佐世保海軍病院ヘ収容候ニ付貴社戦時海軍傷病者救護規則ニ依リ救護団約半個ヲ至急佐世保鎮守府ニ派遣シ該負傷者治療ヲ幇助セシメラレ度」(6)との命令があった。翌日、一四名からなる救護団（医員一名、調剤員一名、書記一名、看護婦長一名、看護婦一〇名）が東京を出発した。

佐野日赤社長は、出発に際し、今回が海軍にたいするはじめての救護事業であることを強調するとともに、外国人傷病者の救護は「啻に本社のみならず日本帝国の名誉に関すること頗る大」であり、言語が通じなくても「一心の誠実より敬愛を尽くし、寤寐の間も彼等の苦痛を察すること自己の苦痛に於けるが如く」救護に努めよとの訓示をおこなった(7)。

ところが、佐世保に外国人負傷者は一名も来なかったため、救護団は日本軍負傷者四名と佐世保海兵団の外科患者二五名の看護にあたったが、同月三〇日、帰京を命ぜられた(8)。

2　広島陸軍予備病院における救護事業

患者輸送船の運航については後述するが、日赤が陸海軍両大臣に博愛丸の大沽派遣を出願し、六月二八日認許されると、清国から日本人および外国人傷病者が宇品港へ後送されてくることが予想された。そのため、七月七日、桂太郎陸軍大臣に救護班二個を広島に派遣して一病院を組織し、外国人を含む傷病者の救護に従事したい旨を出願した。同大臣は九日、「外国傷病者ヲ収療スル為メ差向キ一救護班ヲ編成シ後来必要ト認ムルトキハ救護員ヲ増シ若クハ認可ヲ経ヘ救護班ヲ加フヘシ」と、出願を認許した(9)。

日赤は、ただちに病院に充てる寺院の選定、洋食が調理可能であるかの調査、洋式の便所や風呂の準備、患者運搬用の担架と人力車の予約など、外国人傷病者を独立の病院において治療するための準備を進めた(10)。七月一五日、医員二名、調剤員補一名、看護婦長一名、看護婦一〇名および通訳、事務員各一名からなる第一救護班が東京を出発した。

佐野社長の同救護班にたいする訓示は、看護婦の規律にその大半を割いていた。とくに、外国人に接する態度については「親切も其程度を超越するときは却て規律を棄損するに至る……患者に対しては慇懃柔和なるべきは勿論なりと雖も其間厳然紀律を恪守し風紀を保持するは看護婦の一代針砭と心得べし。……只だ自ら風紀を紊し怠慢の言動あるときは忽ち侮蔑の乗じ来る、是れ自然の数のみ。是故に侮りを防ぎ辱めを免れんと欲せば必ず先ず己を持つに厳格懈らざらんことを肝要とす」[11]と、注意を促している。看護婦と外国傷病者との醜聞を危惧したためであろう。

救護班は一六日、広島に到着した。ところが、翌日、陸軍大臣より外国人は政府が治療をおこなうので、救護班は広島において軍衛生部の業務を幇助すべしとの命令があった[12]。この命令により日赤は病院開設を断念し、広島陸軍予備病院において傷病者救護を幇助することになった。第一救護班は、フランス人患者三六名の担当を命じられた。その後、患者が増加するにともなって救護員の増派が相次ぎ、最大時には救護班七個、看護婦編成の救護員九組、合計二〇四名を数えるにいたった[13]。

救護班の勤務が繁多だったのは、七月二一日から九月九日にかけてで、戦地より重症者や外科患者が続々到着したにもかかわらず軍医や看病人が少なかったため、一日平均二〇二六名の患者を治療した[14]。とくに、八月上旬は軍医二名と医員一名で五〇〇名余りの傷病者の救護にあたらざるをえず、受け持ち患者は百数十名以上にのぼり、勤務時間は午前八時から午後一〇時におよんだ。しかも、重傷者が多かったにもかかわらず、適当な手術室と器材がなく、さらに臨時募集の看病人は教育不足のうえ人数も少なかったため、「室内患者或ハ喃々譫語《なんなんせんご》ヲ発シ或ハ悲鳴ヲ揚ケテ看護ヲ求ムト雖モ悉ク満足セシムル能ハズ」という状況であった[15]。勤務が激烈だったのは看護婦も同じで、二名で患者三八名を担当したこともあった。ある医員は、報告書に「看護婦ノ煩忙ハ実ニ筆紙ニ尽シ難キノ有様ナリ」[16]と書いている。

九月半ば以降、清国内での戦闘の終息と患者の治癒退院により、入院患者は減少の一途をたどり、一一月から翌年三月までの間に、救護班は順次その任務を解かれた。七月二一日の救護開始から翌年三月一日にかけて日赤が救護した患者総数は一三二八名にのぼり、そのうち一二二名が外国軍人であった[17]。広島における救護班の活動と救護にたいする評価については、第五章を参照されたい。

ところで、今回の派遣では、救護員の待遇が定められた。その契機となったのは、小池正直陸軍省医務局長が八月七日、第五師団と留守第五師団の両軍医部長に発した「赤十字社救護員待遇方ニ就テハ師団長ニ意見ヲ申出テ相当ノ取扱方ヲ定メ且看護婦ニ対シテハ一層保護ヲ加ヘ其ノ面目ヲ保タシムル様殊ニ注意相成度[18]」との通牒である。山口素臣第五師団長はこれを受け、中村雄次郎陸軍総務長官の同意をえて医員、調剤員、看護婦監督、通訳は士官、看護婦長、組長は下士官、看護婦は兵卒と同等の待遇とすることを示達した[19]。

このほか、広島陸軍予備病院では、看護婦の下に看病人をおいて力仕事に従事させ、雇婦を各病室に配置して看護婦を補助させるなど、看護婦の負担を軽減する措置がとられた[20]。小池医務局長の通達とともに、看護婦に配慮した点が注目される。

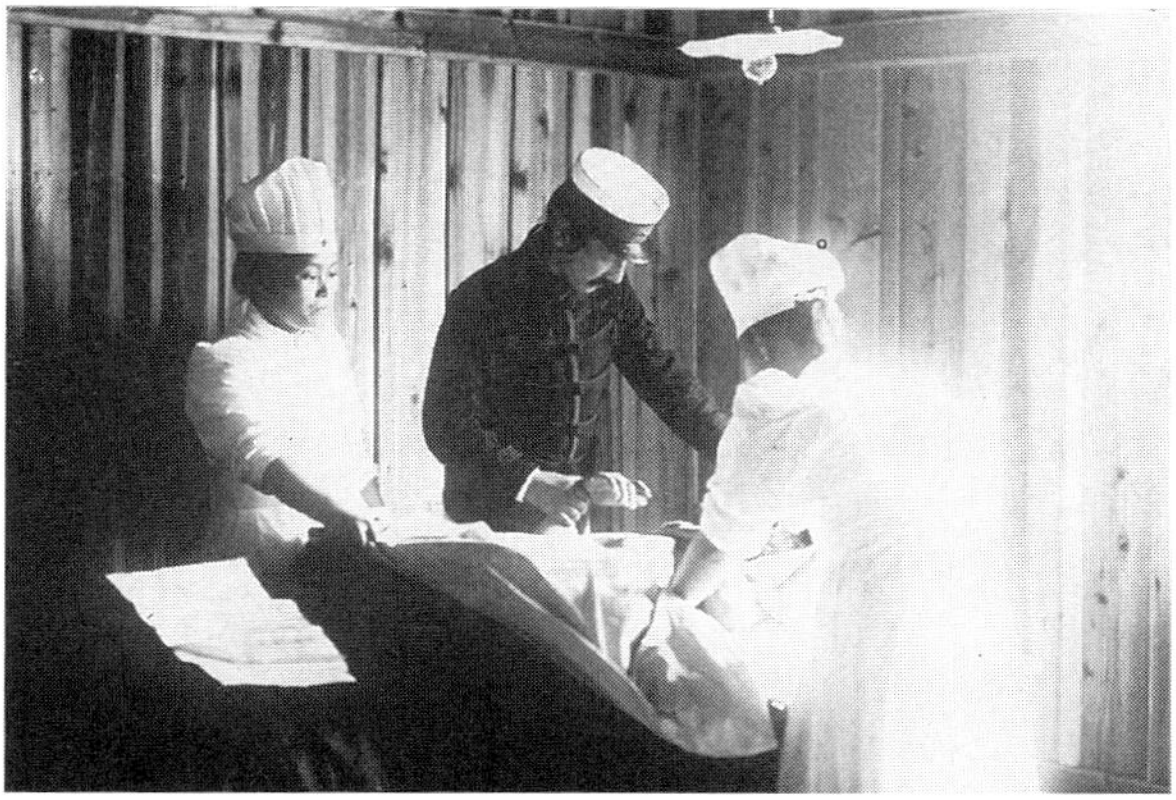

図3-2　北清事変における広島陸軍予備病院（陸上自衛隊衛生学校彰古館所蔵）

3　戦地における救護事業

(1)　大沽特派救護員

北清事変における救護員の戦地勤務は、一九〇〇年七月二四日の陸軍大臣命令により、大沽運輸通信支部に理事一名、医員一〇名、調剤員補一名、看護人長二名、看護人三〇名からなる救護班を派遣したことにはじまる。「大沽特派救護員」と命名された救護員は、七月三一日に宇品を出発し、八月八日、現地に到着した。

大沽上陸当初、救護員は水不足と蚊、南京虫の襲来に悩まされた。同地の水は赤く濁り、濁水を沈殿させて洗濯に用いても、衣類や手拭いはまもなく赤く染まった。飲料水は一日一人二、三升が軍兵站部より支給されたが、しばしば腸カタルに罹る者がでた。蚊を防ぐための蚊帳は、まったく支給されなかった。(21)

救護員の任務は、「支部長〔大沽運輸通信支部長――筆者注〕ノ指揮ニ依リ運送船ニ乗組ミ若クハ場合ニ依リ陸上勤務ニ従事(22)」することであった。着任後、救護員は内地後送患者を天津から大沽へ護送し、これを陸軍輸送船に収容したあと、同船に乗り組み、宇品までの船内救護に従事した。(23)したがって、他の救護班のように一定の病院で勤務することはなかった。

また、救護員は、大沽（西沽と塘沽の二ヶ所）に患者診断所を開設した。西沽診断所は八月一〇日に開設され、医員二名、看護人二名を配置し、後送患者を治療した。塘沽診断所では、一二日から医員一名、看護人二名が同地勤務の日本軍人軍属の治療にあたった。

救護員の大沽到着後、四日目にして通州で戦闘があり、また六日後には北京が陥落したため、その救護作業は繁劇をきわめた。八月一〇日から九月一〇日までの一ヶ月間に、患者後送のため大沽から宇品へ出張すること九回におよび、九〇七名を後送した。また、西沽診断所で一九〇七名、塘沽診断所で九一一名の患者を診療し、さらに軍衛生部員の前線出動により八月二〇日から受け継いだ西沽患者集合所において三〇八〇名を診断した。(24)

連合軍の山海関攻撃が決定すると、九月三〇日、同地派遣の日本軍負傷者救護のため医員一名、看護人二名の派遣が命ぜられ、翌日、衛生材料を携行して出発した。(25)また、一〇月二七日付陸軍大臣の命令により、第五師団兵站管区内の衛生部業務を幇助するため、天津へ医員五名、看護人長一名、看護人一七名が派遣された。(26)このほか、山海関に運輸通信支部が開設されると同地の患者療養所（のちに山海関兵站病院）で勤務し、天津兵站病院西沽分院や運輸通信支部患者診断所（塘沽）でも救護をおこなった。(27)

救護員は、山海関占領後、同地と宇品間の船内救護に従事した。八月から翌年三月までに陸軍輸送船一〇隻に前後二〇回乗り組み、一四八九名を後送している。(28)輸送船には通常、医員一名と看護人数名が乗船したが、軽症者が収容されたとはいえ、「一個ノ医扱ノ外他ニ一点ノ設備ナク食料品ニ於テモ患者ニ供スベキモノトシテノ準備絶無ナレハ救護上ノ一大惨事」(29)という状況であった。

救護員が九ヶ月の活動期間中、しばしば各地へ分遣されたのは、戦時救護規則が定める救護班組織ではなかったからである。そのため、人員や衛生材料が完備しておらず、また軍医を有しない軍機関に配属され独立して活動することが多く、大いに不便を感じた。(30)

大沽特派救護員の任務が解除されたのは、翌年三月二九日である。この間、陸上で救護した患者は、日本人一一二六三名、外国人三二名にのぼった。(31)

(2)　天津派遣救護班

大沽につづいて救護員の戦地派遣が命じられたのは、八月二〇日である。陸軍大臣の命令には、「救護班（看護人組織ノモノ）五個ヲ編成シ第五師団兵站管区内ニ於ケル衛生部勤務ヲ幇助セシムヘシ」(32)とあった。

日赤は、救護班五個を編成し、第八から第一二救護班と命名した。総人員は理事一名、事務員三名、医員一〇名、調剤員補五名、看護人長五名、看護人組長五名、看護人四五名の七四名であった。これらの救護班は、八月二六日に宇品を出発し、北京陥落二十日後の九月二日、天津に到着した。(33)

当時、傷病者は博愛丸、弘済丸と陸軍輸送船により順次内地へ後送されていたが、天津にはまだ二七五名が残っていた。このうち傷者は二〇名足らずで、赤痢患者がもっとも多く、下痢症、脚気患者も少なくなかった。ところが、軍医以下の衛生部員は部隊にともない前進し、また罹病による休養者や入院中の者があったため、天津兵站病院には三名の軍医とわずかな衛生部員しか残っていなかった。第八から第一一救護班は同病院および四つの分院に、第一二救護班は通州定立病院（のちに通州兵站病院）に配属された。(34)

天津着任直後は、現地人が戦乱を避けて郊外に逃れ、その三分の一も帰来していなかったため、飲食物は無論、一個の食器を求めることすらできなかった。(35)そのため、「洗面器ヲ出シテ飯ヲ盛リ膿盤ニ菜汁ヲ酌ミ以テ一時ノ急ニ応スル」(36)という有り様であった。大沽停泊中の博愛丸から食器を譲り受けたこともあった。さらに、水の供給が少なく、洗濯も充分におこなうことができなかった。(37)

北京郊外で義和団残党の掃討がつづいていた九月末の天津は、「前方ヨリノ後送頻繁ナルニ拘ラス内地ヘノ輸送意ノ如クナラサル為メ本日ノ現在傷者十五名病者二百九十九名計三百十四名ニ達シ病室狭隘ヲ告ケ院務繁劇ヲ極」(38)めていた。そのうえ、救護員は現地の風土、水質の不良等に起因する疾病に悩まされた。着任後間もない九月二三日には、すでに救護員の「入院セシモノ六名ニ及ヒ内一名ハ既ニ後送セラレ休養セシモノ亦十名ニ達」(39)したと報告されている。

救護員はまた、通州の患者を天津へ護送し、同地の兵站病院に収容したあと、さらに内地後送のため、大沽まで護送する作業にも従事した。通州・天津間は白河を船で下ること四、五日を要し、天津・大沽間は鉄道で約二時間であった。

このほか、外来患者の診療や天津で外国兵によって受傷した一般市民の収容治療もおこなっている。患者は「孰レモ我カ傷病者ト同一ノ待遇ヲ受ケ施術投薬等頗ル懇切ナルヲ以テ歓喜ノ情面ニ溢」れていたという。それゆえ、彼らの日本軍にたいする信頼は厚かった。この点について救護班の日誌は、「一ハ無辜ノ良民ヲ殺傷所害シテ顧ミス一ハ之ヲ救養愛護シテ慈恵至ラサル所ナシ内外軍隊ノ間ニ愛憎好嫌ノ差大ナルモノアルハ必然ノ結果ナリト云ヘシ」と記している[40]。

天津兵站病院は、一一月末に患者の後送を中止した[41]。この時点での患者数は、天津九二名、通州一九名、山海関二二名、西大沽分院一二名で、脚気がもっとも多く、ついで腸チフス、赤痢、マラリアの順であった[42]。患者の減少は、軍隊の撤退と気候がよくなり、また残留部隊も糧食や健康維持に注意を払ったことによる。翌年二月には、第一〇救護班が北京郊外の山海関兵站病院へ派遣された。三月に入ると患者はさらに減少し、清国内には三五〇名程度が残っているにすぎなかった[43]。

勤務時間にゆとりができると、他の連合国の病院へ視察に行く者がでてきた。各国の軍医もまた日本軍病院を訪問し、救護員とも交流した[44]。彼らがもっとも注目したのは、脚気患者の治療法であった。これは、外国人には脚気患者がいなかったためである。

一九〇一年三月一日、陸軍大臣はすべての救護班の勤務解除を命令した。着任以来、救護班が天津、通州、山海関の各兵站病院で救護した患者総数は三七二七名を数えた[45]。

4　患者輸送船における救護事業

日赤は、六月二七日、日本人および外国人の傷病者を内地に後送するため、博愛丸の大沽派遣を陸海軍両大臣に出願し、翌日認許された。三〇日、「博愛丸大沽派遣ノ義願ノ通リ認許候ニ付陸海軍ノ傷病者輸送ニ関シテハ清国派遣艦隊司令長官佐世保海軍部長大沽及宇品通信支部長ノ指揮ヲ受ケシムヘシ[46]」との命令が発せられた。山本海軍大臣は二九日、大沽の東郷平八郎常備艦隊司令長官にたいし、博愛丸に「相当ノ監督補助ヲ為シ及便宜ヲ与ヘ日本船派遣ノ旨趣ヲ諸外国司令長官若クハ首席将校ニ通知ス[47]」ることを訓令した。博愛丸の艤装は昼夜兼行でおこなわれ、七月一日、横浜を出航した。大沽到着は七日であった。同船には五四名の救護員が乗り組んだが、そのなかに看護婦長一名、看護婦組長一名、看護婦九名がいた。日赤女子救護員による、最初の船内救護である。

博愛丸の到着後、東郷司令長官は海軍大臣の訓令に従い、日赤は私設の団体で陸海軍両大臣の監督下にあること、同船には外国軍人および一般人の患者をも収容すること、同船は事情の許すかぎり「ジュネーブ条約ノ原則ヲ海戦ニ応用スル条約」（当時未発効）の趣旨にもとづき行動すること、同船の視察はいつでも差し支えないことを在大沽各国艦隊の先任指揮官に通知した。これにたいし、各国から謝意が表せられた。そして、フランスがただちに負傷者四一名の収容を依頼してきた。フランス軍の傷病者は日々増加していたが、八月中旬にならなければ本国から病院船が到着せず、仏領サイゴンの病院へ移送するにしても、激暑のなか患者が到底輸送に堪えられないと判断したためであった。(48)

博愛丸には各国軍医の視察が相ついだ。その評価は高く、各国先任指揮官からの感謝状には、「軍医博愛丸ヲ参観候処其設備ノ整頓セルヲ見テ非常ニ満足致居リ候」（イタリア艦隊先任将校）や「当艦隊付軍医長……ハ主管事務上ヨリ同船ノ設備一覧候事殊ニ有益ナル儀ニ可有之候御申越相成候」（フランス艦隊司令長官）などの記述がみられる。(49)

博愛丸は一一月二日までに大沽・宇品間を七往復し、一五三六名を収容し、九一名を転送し、一四二〇名を輸送した。転送とは、収容し治療を終えた患者や軽症者を陸軍輸送船に移乗させることである。収容者のうち二一名が死亡したが、四名は全治した。第一回輸送でフランス将校二名、下士官六名（一名死亡）、兵卒三三名（三名死亡）、第二回輸送で同兵卒五七名を輸送している。(50)なお、第三回輸送終了後、病床を四六床増設し、第五回二一五名、第六回二二一名、第七回二三一名と、従来の定員二〇〇名を超える患者を輸送した。

このほか、特筆されるのは、大沽停泊中、戦闘に巻き込まれて負傷した中国人を軍当局の依頼により船内に収容し、手術したことである。(51)また、第二回輸送時には、投身者をだしている。八月八日午後一時、重症の赤痢患者で脳症を併発していた日本軍兵卒が看護人の隙をみて、海中に飛び込んだ。停船し、百方捜索したが、発見できなかった。(52)

一方、弘済丸は七月一三日に艤装を完了し、救護員を乗り込ませて演習をおこなったのち、二二日、横浜を出港した（派遣命令は七月一六日付）。同船もまた大沽・宇品間を七往復し、一三一六名を輸送した。収容後および輸送中の死者は七名であった。なお、第一回輸送でフランス将校一名、下士官一名、兵卒一八名、第二回輸送でオーストリア下士官一名、同兵卒一名、第三回輸送でフランス兵卒五名を収容、輸送した(53)。

博愛丸と弘済丸が輸送した患者の四分の一は傷者で、その他は病者であった。病者でもっとも多かったのは赤痢で、胃腸病、脚気、腸チフス、呼吸系疾患、マラリア患者等もいた。そのため、一航海ごとに病室のほか被服、器具、繃帯の消毒を実施した(54)。

一二月に入ると、両船は海面氷結のため業務を中止し、横浜に帰港した。完全に任務を解除されたのは、翌年四月二日付である。ところが、その直後の四月六日、弘済丸が陸軍輸送船として徴用され、同船への救護員二五名の派遣が命じられた。弘済丸は六月八日の宇品帰港まで、大沽、山海関と宇品間を三往復し、患者三二六名を輸送した(55)。

ところで、博愛丸と弘済丸は、患者・職員のほか、陸軍省の要請に応じて郵便物を搭載し、さらに内外の新聞記者や陸海軍将校、衆議院議員等の便乗を許可している。患者・職員以外の者については、陸軍大臣の通達により陸軍省の承認なく乗り組ませることが禁止されていたが、陸軍当局の命令または公用により日本と北清を往復する軍人軍属、官吏等は同大臣の承認なく便乗させることができるとしていた(56)。

しかし、患者・職員以外の者や郵便物の輸送は、「ジュネーブ条約ノ原則ヲ海戦ニ応用スル条約」に違反する。同条約第四条二項は、病院船を「何等軍事上ノ目的ニ使用セザルコト」を義務づけていたからである。軍人軍属や官吏はいうまでもなく、信書の輸送も直接または間接の作戦動作のために病院船を使用することであり、病院船の特権を濫用する背信行為にあたる(57)。日赤もこの点を認識していたようで、『日本赤十字社史稿』は「此ノ如キハヂュネーヴ条約ノ原則ヲ海戦ニ適用スル海牙条約ノ許ササル所ナリ以テ真正ナル両国交戦ノ場合ニ於テハ先例ト為ス可カラサルナリ」[58]と記している。

5　救護の実績および評価

北清事変中、日赤は四九一名の救護員を国内外へ派遣した。内訳は博愛丸六三名、弘済丸五四名、広島予備病院勤務救護班一〇七名、同特派救護員一〇三名、大沽特派救護員四六名、天津派遣救護班七四名、宇品特派救護員二五名、広島臨時材料庫三名、佐世保海軍救護団一四名、佐世保臨時材料庫二名である。看護婦は佐世保と広島にのみ派遣され、その数は看護婦長一九名、看護婦組長一九名、看護婦一七四名であった[59]。本事変では、救護員から病気により二名の殉職者がでている[60]。

日赤が救護した陸海軍患者は一万二五八六名（広島一二〇六名、天津三七二七名、大沽四五九七名、博愛丸一四三八名、弘済丸一二九二名、宇品特派救護員三二六名）、外国軍人は二四九名（広島一二二名、山海関二名、博愛丸九八名、弘済丸二七名）にのぼった[61]。

最後に、将来の救護にたいする意見を、広島陸軍予備病院へ派遣された医員が本社に送った報告書のなかから拾ってみたい。

まず、医員の下で働く陸軍看護人、雇看護人について、彼らは看護に関して無教育の者が多く不適当であるため、教育を受けた看護人が必要であるとする[62]。また、救護員の待遇はすでにみたように陸軍当局から示達されていたにもかかわらず、ある陸軍輸送船では医員を将校として待遇し、他の輸送船では下士官として待遇するという事態が生じたため、「治療上監督上威厳ヲ保ツニ於テ大ニ必要」であるとして、救護員の地位と待遇の明確化を求めている[63]。

日赤と陸軍との協同関係については、「幸ニ陸軍部内職員ノ懇篤ナル保護ヲ得テ職責ヲ終ヘタルコトハ深ク感銘スル所ニシテ殊ニ複雑ナル事務ハ軍医担任シ治療上ハ大小共ニ救護員ニ一任サレタルコトハ措置其宜シキヲ得タルモノト云フベク日々満足シテ業務ヲ行ヒ得タルヲ以テ将来救護ニ当リテ此ノ如キ関係ヲ維持サレンコトヲ希望ス」[64]など、好意的な意見が少なくない。しかし、その反面、「赤十字社救護事業ハ可成独立シテ陸海軍ト直接ノ関係ヲ絶チ或ハ然ラザルモ業務ヲ画然区分スルコト交互ノ利益ナルヲ信ズ多言不要異分子ノ混同ハ到底融和シ難キモノナレバナリ」[65]との厳しい意見もあった。担当した病室の軍医との関係によるものであろうと考えられる。

（1）日本赤十字社編『日本赤十字社史稿』（日本赤十字社、一九一一年、以下、『社史稿』と略記）六七一―六七二頁。
（2）同右、六七三―六七四頁。なお、一八九九年九月の「戦時準備概則」により、日赤本社および四五の支部は、救護班二六〇個、患者輸送縦列二六個、患者輸送船四隻、臨時材料庫若干、海軍救護団四個を準備することが定められた（同右、六七四―六七七頁）。
（3）本契約書は、同右、八三四―八三六頁所収。
（4）ジュネーブ条約第六条三項は、「患者負傷者退去スル時ハ其之ヲ率フル人員ト共ニ完全ナル局外中立ノ取扱ヲ受クヘシ」と規定していた。
（5）『社史稿』八四〇―八四一頁。
（6）六月二〇日付海軍大臣より社長宛照会、日本赤十字社編『北清事変救護作業概要』（日本赤十字社、一九〇〇年）一頁。
（7）「日本赤十字社と清国事変」（『日本赤十字』第八七号、日本赤十字社、一九〇〇年七月）二〇頁。
（8）同右、二一―二二頁。
（9）「外国傷病者救護ノ為メ救護班編成ノ件」、七月九日付陸軍大臣より日赤宛指令、『北清事変救護作業概要』一三七―一三八頁。
（10）社長より広島出張の緒方惟精理事心得宛訓令および清水俊準備主管宛指示参照（同右、一四一―一四三頁）。
（11）「日本赤十字社と清国事変（二）」（『日本赤十字』第八八号、一九〇〇年八月）一八頁。
（12）七月一七日付陸軍大臣より社長宛通達、『北清事変救護作業概要』一四三―一四四頁。
（13）広島に派遣された救護班は七個、特派救護員は九組を数えた。これらはいずれも看護婦組織（看護婦長一六名、看護婦組

長一六名、看護婦一四七名）で、看護人（男子）はいなかった。「明治三十三年清国事変日本赤十字社派遣救護員表」、日本赤十字社編『北清事変救護作業概要続篇』（日本赤十字社、一九〇一年）一九二―一九三頁。
(14)『社史稿』一三二三頁。
(15) 水戸勇（第二救護班）「業務報告」、明治三四年一月二五日、『北清事変　広島派遣救護班業務報告　医員』（書類編冊番号「戦一四〇」）所収。
(16) 岩谷林之助（第三救護班）「業務報告書」、明治三三年一二月二五日、同右所収。この当時、看護婦の勤務は残暑が厳しいなか、二四時間から三〇時間におよんだという。「日本赤十字社と清国事変（四）」（『日本赤十字』第九〇号、一九〇〇年九月）三四頁。
(17)『社史稿』一三二三頁。
(18) 陸軍省医務局『明治三十三年北清事変陸軍衛生事蹟』第一編（陸軍省医務局、一九〇五年）三八四頁。
(19) 同右、同頁。なお、この救護員の待遇は、一九〇一年一二月制定の「日本赤十字社条例」（勅令第二二三号）第六条に明記された。
(20)「救護事務報告　明治卅四年一月」、明治三四年二月四日、『北清事変　広島派遣救護班業務報告　医員』所収。
(21)「日本赤十字社と清国事変（三）」（『日本赤十字』第八九号、一九〇〇年九月）二九―三〇頁。
(22) 七月二〇日付陸軍大臣より社長宛通達、『北清事変救護作業概要』二一七頁。
(23) 救護員の勤務要領については、在大沽陸軍運輸通信支部長より理事宛訓令に示されている。同訓令は、同右、二一八―二一九頁所収。
(24)「日本赤十字社大沽特派救護員従務概要」、明治三三年九月一五日、『北清事変　大沽特派救護員報告　自卅三年七月　至卅四年四月　其二ノ二』（書類編冊番号「戦一四二」）所収。なお、「大沽」は「太沽」とも表記される。日赤の文書では統一されていないため、ここでは原史料の表記にしたがった。
(25)「臨時特報」（大特第二五号、明治三三年一〇月二日）および「第八報告」（大特第五五号、明治三三年一〇月一五日）の一〇月一日の記事、同右所収。
(26) 一〇月二七日付陸軍大臣より日赤宛通達、『北清事変救護作業概要』二二〇頁所収。
(27) 救護班の移動については、『社史稿』一三〇六―一三〇八頁参照。

(28)『社史稿』一三一八頁。
(29)「勤務概況報告書　太沽特派救護員」、準人甲第一六六号、明治三四年六月一七日、『北清事変　太沽特派救護員報告　自卅三年七月　至卅四年四月　其二ノ二』所収。
(30)『社史稿』一三〇九頁。
(31)「勤務概況報告書　太沽特派救護員」。
(32)八月二〇日付陸軍大臣より社長宛通達、『北清事変救護作業概要』一五一―一五二頁。
(33)『社史稿』一三一一―一三一二頁。
(34)『北清事変　天津派遣救護班日誌』(書類編冊番号「戦一四六」)、九月四日の記事。
(35)同右。
(36)『社史稿』一三一〇頁
(37)『北清事変　天津派遣救護班日誌』、九月五日の記事。
(38)同右、九月三〇日の記事。
(39)同右、九月二三日の記事。
(40)同右、一〇月四日の記事。
(41)七月中旬の開設以降、一一月末までに、天津兵站病院は五一五五名の患者を収容し、そのうち四〇四九名を内地に後送した。『社史稿』一三一一頁。
(42)『北清事変　天津派遣救護班日誌』、一一月三〇日の記事。
(43)「第十救護班事務報告　明治卅四年三月」、明治三四年四月二日、同右所収。
(44)「吉川元理事の救護談」(『日本赤十字』第九八号、一九〇一年五月)一五頁。
(45)『社史稿』一三一二頁。
(46)六月三〇日付陸海軍両大臣より社長宛通達、『北清事変救護作業概要』一三三頁。
(47)同右、二〇頁所収。
(48)「日本赤十字社と清国事変(二)」(『日本赤十字』第八八号)二〇―二一頁。
(49)『北清事変救護作業概要』一二六―一二七頁。

(50) 同右、一三三―四二頁。
(51) 「日本赤十字社患者輸送船博愛丸　第四回業務報告」、明治三三年九月二一日、『北清事変　博愛丸業務報告　其二ノ一』(書類編冊番号「戦一三二」)所収。
(52) 「日本赤十字社患者輸送船博愛丸　第二回業務報告」、明治三三年八月三一日、同右所収。
(53) 『北清事変救護作業概要』五一―五九頁。
(54) 『社史稿』一三一六―一三一七頁。
(55) 同右、一三一九―一三二〇頁。
(56) 八月三〇日付の陸軍大臣の通達は、『北清事変救護作業概要』一一二―一一三頁所収。同年一〇月二七日付の陸軍省長谷川軍医正より清水日赤主管宛回答は、軍人軍属および官吏の便乗を容認していた(同、一一四頁)。
(57) 立作太郎『戦時国際法論』(日本評論社、一九四四年)三六六頁。
(58) 『社史稿』一三一八頁。
(59) 「明治三十三年清国事変日本赤十字社派遣救護員表」、『北清事変救護作業概要続篇』一九一―一九二頁。
(60) 死亡者は、看護組長(第八救護班)と看護人(第一一救護班)である。このほか、理事一名(弘済丸乗組)が病気解職後に死亡している。「派遣救護員人名書」、同右所収を参照。
(61) 『社史稿』一三三六―一三三七頁。ただし、この数字は、各救護団体が救護した患者を、同一人であっても、それぞれが一名として計上しているため、重複が多い。
(62) 亀井龍士郎(第三救護班)「業務報告」、明治三三年一二月二六日、『北清事変　広島派遣救護班業務報告　医員』所収。
(63) 片山吉五郎(第四救護班)「業務報告」、明治三四年二月、同右所収。
(64) 坂部秀夫(第六救護班)「業務報告」、作成年月日なし、同右所収。
(65) 三上季三郎(第四救護班)「業務報告書」、明治三三年一二月三一日、同右所収。

第四章　ジュネーブ条約締約国間の日露戦争

喜多義人

一　救護事業の発端

1　日露開戦と日赤の戦時救護準備

一九〇四（明治三七）年二月八日、仁川沖と旅順港外で日露両国艦隊が交戦し、ここに一年九ヶ月におよぶ日露戦争が開始された。日本政府は一〇日、国交断絶を通告、宣戦の詔勅が煥発された。日清戦争と同様、今回の宣戦詔勅にも「朕カ百僚有司ハ……凡ソ国際条規ノ範囲ニ於テ一切ノ手段ヲ尽シ遺算ナカランコトヲ期セヨ」と、国際法の遵守を命じる一節があった。

日露戦争は、一八九九（明治三二）年のハーグの万国平和会議で締結された「陸戦ノ法規慣例ニ関スル条約」付属書「陸戦ノ法規慣例ニ関スル規則」が適用された最初の戦争であった。そして、この会議の提唱者がロシア皇帝アレクサンドル二世であり、またヨーロッパの国との戦争であったことから、国際法の遵守には特別の注意が払われた。その一端を示すものとして、陸軍が出征各軍に二名ずつ国際法学者を従軍させたことがあげられる。

「陸戦ノ法規慣例ニ関スル規則」は、傷病者について、「病者及傷者ノ取扱ニ関スル交戦者ノ義務ハ、『ジェネヴァ』条約ニ依ル」（第二一条）と規定していた。同規則は、はじめて捕虜の権利義務について定めた条約でもあった。日本は、同規則を実施するため、俘虜取扱規則以下、海軍俘虜取扱規則、俘虜情報局設置ノ件、俘虜郵便規則、俘虜労役規則、俘虜収容所条例、俘虜ノ処罰ニ関スル法律、俘虜自由散歩及民家居住規則等を制定した。

ところで、日赤は、「平時ニ在リテハ救護ニ必要ナル人員ヲ養成シ及ビ物品材料ヲ蒐集シ戦時又ハ天災事変ノ急ニ応スルニ足ルヘキ準備ヲ為スコト」をその目的達成のための事業として謳っていた（一八九八年「日本赤十字社定款」第九条）。これを受けて、「戦時救護規則」および「海軍傷病者救護規則」が定められ、一九〇三（明治三六）年一一月に両規則を統合して「日本赤十字社戦時救護規則」（以下、「戦時救護規則」と略記）が制定されたことは第三章で述べたとおりである。

戦時救護規則は、救護班の準備数を、陸軍にたいして一一二個（看護婦組織九四個、看護人組織一八個）、海軍にたいしては四個（いずれも看護婦組織）と規定していた（第四一条）。しかし、一九〇四年一月の時点で準備を完了していたのは、救護班七七個（看護婦組織五九個、看護人組織一八個）のほか、甲種病院船二隻、材料庫一個にとどまっていた(1)。

日露開戦を想定して、日赤は一九〇四年一一月、戦時救護規則の改正をおこなった。新規則によると、一個救護班の人員が一七名から二六名に増員されている。その編成では、医員二名は変わらなかったが、調剤員補一名が調剤員一名に格上げされ、事務員一名を廃して書記一名を加えた。そして、看護人長（看護婦長）を一名から二名に、看護人（看護婦）一〇名を二〇名に増員した。旧規則にあった人夫二名は削除された。また、患者輸送縦列は六七名から一三一名へ大幅な増員をみたが、これには輸送人が六〇名から一二〇名に倍増したことが大きい。新規則では理事一名、看護人長二名が新たに配属された。

病院船に関しては、乙種患者輸送船の編成人員二九名は据え置かれたが、甲種患者輸送船には看護婦長二名が新たに配置された結果、総人員が五四名になった（旧規則では五二名）。患者輸送船で特筆すべきは、看護婦の海上勤務が認められたことである。甲種には二〇名、乙種には一〇名の看護婦が配置された。その結果、看護人は甲種が四〇名から二〇名に、乙種では二〇名から一〇名に減員された。これにより、病院船では看護婦が看護人とともに、救護にあたることになった。(2)

2　救護班の編成と戦地派遣

日赤にたいして、救護班の派遣が命じられたのは、日露交戦前日の二月七日である。寺内正毅陸軍大臣より「其社ニ於テ第二師団ニ配当準備ノ看護婦組織救護班二個ヲ仙台予備病院へ派遣スヘシ」(3)との命令があった。救護班二個が宮城と福島でそれぞれ編成され、一五日仙台に到着した。二月七日、日本赤十字社本部規則にもとづき、戦時救護事業を統括するため臨時救護部が設置され、その長に小沢武雄副社長が任命された。

ついで、八日には、陸軍大臣より「其社病院船博愛丸弘済丸ヲ艤装シ宇品港ニ於テ碇泊場司令官ノ指揮ヲ受ケシムヘシ」との命令が発せられた。日本郵船に売却した博愛丸と弘済丸が契約にもとづいて日赤に引き揚げられ、艤装終了後、宇品へ向けて横浜を出港したのは前者が二月一九日、後者が二二日であった。これより先、一二日には「ジュネーブ条約ノ原則ヲ海戦ニ応用スル条約」第二条に準拠して、両船を傷病者および難船者救護のため使用することがロシア政府に通告された。(4)

救護班の戦地派遣命令が下ったのは、二月九日である。独立第一二師団兵站監部に看護人編成の救護班二個の派遣が命じられた。これらの救護班は一五日と一八日、陸軍輸送船で宇品から韓国へ向け出発した。このあと、三月一日、戦地や病院船に衛生材料を補給する材料庫が広島に開設され、六月二九日には満州の第一軍兵站監部に患者輸送縦列一個の派遣が命じられた。(5)海軍については、四月一七日、山本権兵衛海軍大臣より佐世保海軍病院へ看護婦組織救護班一個の派遣命令があった(6)。戦争終結までに、佐世保と呉の海軍病院へ、それぞれ救護班二個が派遣された。開戦後は、救護班の編成が相ついだ。最後の第三十七救護班（呉海軍病院派遣）の編成が完結したのは、一九〇五（明治三八）年四月二七日であった(7)。

戦争中、日赤が戦地および内地へ派遣した救護団体は救護班一四八個、病院船二隻、患者輸送縦列一個、衛生材料庫一個の合計一五二個、総人数は五一七〇名にのぼる。その内訳は理事六名、医員三六四名、調剤員一七一名、看護婦監督一名、書記二〇三名、調剤員補五名、看護婦長一八四名、看護人長九四名、輸長四名、看護婦二六八九名、看護人一二九〇名、輸送人一五六名であった(8)。

救護班のうち、韓国と満州へ派遣されたものは三二個である。看護婦は戦地には派遣されなかった。内地の陸軍予備病院（東京、仙台、名古屋、大阪、広島、熊本、函館、旭川、弘前、金沢、姫路、善通寺、小倉）に勤務したのは七四個、海軍病院（佐世保、呉）が四個であった。また、博愛丸と弘済丸のほか、陸軍が患者輸送用に設備した病院船一八隻には三八個の救護班が派遣された。このほか、後送患者に茶菓を提供して慰労し、あるいは症状に応じて救急処置を施す患者休養所が内地の主要駅一七ヶ所に開設された(9)。

本章でも第二章と同じく、敵国負傷者・捕虜患者にたいする日赤の救護事業を明らかにしたい。なお、日赤がはじめて救護事業をおこなったのは、宣戦布告前日の二月九日、仁川港外で撃沈されたロシア巡洋艦ワリャーク号の負傷者二四名である。これについては、第三節でみることにする。

二　戦地におけるロシア傷病者の救護

1　患者輸送および兵站病院における救護事業

一九〇四年七月、小池正直野戦衛生長官は、ロシア傷病者と捕虜に関し、戦地の衛生部員にたいして以下の訓示をおこなった。

俘虜患者ハ我カ患者ト同シク深ク愛護ヲ加ヘキモノタルハ勿論患者以外ノ俘虜ト雖モ博愛ノ心ヲ以テ之ヲ遇スヘキコトハ陸戦ノ法規慣例之ヲ示シ陸軍大臣亦既ニ之ヲ戒メラレタリ赤十字条約ヲ精神トスル衛生部員ニアリテハ一層意ヲ用ヒ各々部下ニ訓戒シ苟クモ冷淡ナル取扱ヲ為シ若クハ無益ノ問答ヲ試ミテ侮辱ヲ感セシムル等ノ事ナカラシムヘシ殊ニ俘虜患者護送員等ニ対シテハ其都度注意ヲ与フルヲ要ス(10)

日本軍の衛生機関が戦地で救護したロシア傷病者の総数は、旅順を含め、二万一七三〇名にのぼる。このうち一一五八名が死亡したが、五〇〇名は旅順攻囲中の壊血病に起因するものであった(11)。

満州軍総司令部に国際法顧問として従軍した有賀長雄は、主戦場となった満州で救護が困難な理由として、つぎの二点をあげている。まず第一に、野戦病院の開設に適当な家屋がないことである。すなわち、中国家屋は狭くて不健康なうえ、隣家との間隔が離れていて診察や食事、医薬の配給に不便であった。第二に、患者輸送のための鉄道がないことである。満州鉄道はロシア軍によって破壊されていた。そのため、輸送は凹凸や割れ目、泥砂、石ころが散在し、雨期には川となるような険悪な道路によらざるをえなかったのである(12)。

病院に中国家屋を使用する問題について一例をあげると、救護班が南沙諢屯で沙諢屯兵站病院第二分院を開設するための家屋を探したが、中国人の「家屋ハ一般ニ狭小散在シ且不潔」であったため、可及的に清潔法を施行し、換気口を作らなければならなかった(13)。

また、雨中に悪路を患者輸送する救護員の苦労は、以下の報告から知ることができる。一九〇四年七月、鳳凰城兵站病院から安東県兵站病院へ健康捕虜一名、捕虜患者九名、日本軍患者三名を護送する命令を受けた救護員は、中国人人夫とともに担架を用いて「連日ノ降雨ノ為メ大ニ出水シ泥濘脚ヲ没シ或ハ川トナリ各所ノ橋梁ハ過半流失」した道路を進んだ。午前九時半に鳳凰城を出発して、七里先の湯山城に到着したのは午後八時であった。同地に一泊後、午前九時出発、降雨のため「患者ニ毛布外套ヲ著セ尚天幕ヲ張リ防雨セシガ大雨ノ為メ着衣雨ヲ透シ襯衣迄濡湿ス」る状況のなか、七里半を歩いて午後八時前、安東県にたどり着いた。所要日数は二日である。その二日後、救護員は担架と病衣等をもって、また丸二日かけて鳳凰城へ帰っていったのである(14)。

患者輸送縦列や救護員の捕虜患者護送の苦労は、悪路だけではなかった。雇用した中国人人夫が、体格がよく体重が日本人の二倍にもみえるロシア人の運搬を忌避し、争って日本人を搬出しようとしたため、捕虜患者は常に最後になった。そこで、捕虜患者の間に日本人患者をはさみ、前者を真っ先に搬出するようにして、担架縦列が延長するのを防止した。中国人がロシア人の運搬を嫌悪したのは、彼らが大柄であったこと以外に、ロシア人の中国人にたいする蔑視もその理由であった(15)。

第一軍の国際法顧問であった蜷川新は、ロシア負傷者について、「赤十字条約及ヒ海牙条約ノ主旨ヲ尊重シ、負傷者ニ対シテハ彼我ノ間其ノ治療方法ニ何等ノ区別ヲ設ケス、共ニ均シク能フ限リノ懇切ヲ以テ彼等ヲ取扱ヘリ(16)」と述べている。日本軍の治療は、捕虜中のロシア軍医が感謝の意を表するほどであったが(17)、それでも不満や批判がでた。まず、食事にたいする不満で、これはロシア人に米飯を食べる習慣がなかったからである(18)。戦地で物資が欠乏するなか、救護員も、捕虜患者の護送中、この問題に直面した。すなわち、患者で米飯を食べることができない者は、パンを要求した。パンをえるため、米飯を食べることができないと虚偽の申し出をする者もいた。物資が欠乏する戦場での執拗な飲食物の要求には相当手を焼いたようで、「其強請甚タ執拗ニシテ殊ニ『ミルク』『スープ』等ヲ要請スルコト頗ル頑強」であり、「遂ニ列員ヲシテ呆然タラシメ」るほどであった(19)。

また、戦場で自国負傷者のみを収容し、敵国負傷者の多数を放置したとの非難もあった。この点について、第一軍の国際法顧問加福豊次は、前線で負傷者の収容にあたる衛生部隊は人員が比較的少ないため、大規模な戦闘で多数の負傷者が出た場合、「人情の機微を察すれば我か担架卒が自国の負傷者を収容するに急にして敵国傷病者を収容するに遅れたりとても必しも之を以て人道に違反せる行為なりと言ふ」ことはできない。日本軍は、自国負傷者の収容を優先させる命令を発していないし、正規の担架卒だけでなく補助輸卒隊の一部までも使用して、全力で負傷者の収容につとめていると反論している(20)。

ところで、救護員は、戦時衛生勤務令により、戦闘の危険のある地域には派遣されないことになっていた。しかし、弾丸の飛び交う前線で、負傷者の収容救護をおこなった例がある。一九〇四年一〇月九日、本渓湖患者療養所にいた救護班の看護人長と輸送人は中国人人夫を率いて戦線に入リ、「弾丸飛雨ノ間ニ各任務ヲ尽シ……重症者ヲ担架ニテ運搬シ帰所(21)」した。司令官の命令によるものだったが、戦闘地域内での勤務は「本社歴史以来空前ノ出来事」であった。しかし、ロシア負傷者の収容はなかったようである(22)。

兵站病院における救護事業については、奉天会戦の負傷者を収容したときの大連兵站病院を取りあげることにする。一九〇五年三月、奉天付近での大戦闘が予想されると、旅順で勤務中の救護班の一部は大連へ転勤を命じられた。大連到着後、同兵站病院長が各班員におこなった訓示には大要、「凡テ傷病者ニハ誠意寧ロ感謝ノ意ヲ以テ接スヘシ」、「彼我差等ヲ設クヘカラス」との一節があった。各救護班は病室の開設に追われたが、ロシア人の古いホテルや兵火を被った兵舎を使用したため、整理と備品の調達に苦労した[23]。

患者が増加するのは三月七、八日頃からで、一六日以降は重傷者が続々と後送されてきたため、各病室は収容能力を超え、「患者肩臂相接スルモ尚室ニ溢レ已ヲ得ス廊下ニモ収容」した。しかも、患者の収容と転送が相ついだため、医員以下、早朝から深夜一、二時まで勤務し、たびたび徹夜せざるをえなかった。そのうえ、病室の設備が不完全であったため、治療に大いに不便を感じた[24]。

兵站病院第一分院第九号乙病室では、ロシア患者を二階に、日本軍重症者を一階に収容したが、後者が多少感情を害することに配慮し、病院長に具申して、ロシア患者を一階にも収容することにした。捕虜患者の担当は、言語習慣の差異があっていっそう困難なため各病室とも喜ばなかったが、旅順で捕虜患者治療の経験がある救護班は、彼らを進んで引き受けた[25]。その結果、第八、九、一二号病室は捕虜患者のみを収容し、第一二号病室などは患者数が一時、五百四、五〇名に達したこともあった[26]。

三、四両月中に収容した日露の患者の九一％は戦傷者で、砲弾創と銃創がもっとも多く、爆傷、刀剣による刺傷切傷、熱傷、馬蹄傷、捻挫がこれについだ。骨折をともなう者は約六・二％であった。これにたいし、病者は少数で、脚気、呼吸器系病があるのみだった[27]。

捕虜患者は、旅順と異なりいずれも従順で、よく命令を守り、一人も暴行をはたらく者はなく、外出が自由であったにもかかわらず、逃亡者はでなかった。救護班の報告書が「特ニ奇異ナル」光景として記載しているのは、彼我患者の交流である。彼らは手を携えて散歩し、互いに手帳を取りだして国語を交換し、手真似で戦況を語り合い、衣服帽子を交換して戯れ、日本兵が煙草をだせばロシア兵が火をつけるなど、和気あいあいの状況で、少し前まで武器をとって戦闘を交えた者同士とは思えなかった。このような「美風ヲ養成シタルハ一ニ赤十字社先輩諸氏ガ極力赤十字思想ヲ吹聴シタル偉功」によるものであった[28]。

救護員ができうる限りの誠意と懇切をもって治療にあたったところ、「彼等モ亦好遇ニ感ジ往々接吻ヲ以テ感謝ノ意ヲ表シ……本員等ノ肱《ヒジ》ヲ執リ飲泣セルモノサエ」あったという(29)。

救護班と患者輸送縦列が戦地において治療看護した捕虜患者は延べ五六五八名、護送した患者は同三二四八名にのぼった(30)。

2　旅順陥落後における救護事業

日露戦争中、日赤が最大規模の救護事業をおこなったのは旅順においてである。一九〇四年八月一九日にはじまる日本軍の旅順攻撃が、ロシア軍の降伏により終結するのは翌年一月二日であった。同日、開城規約が調印され、一三日、日本軍が旅順市内に入城した。この時点で、ロシア陸軍病院ならびに海軍病院および同赤十字病院には三九八二名の傷病者が収容されていた。傷病者を含む捕虜総数は四万三九七五名を数えた(31)。一月三一日現在の病種別患者数は傷者三九二八名、腸チフス二三名、赤痢二一八名、その他の伝染病一五名、壊血病六〇四四名、その他の平病四一七名であった(32)。

日本軍は、これらの傷病者の治療を、日本軍医の監督のもとに、引きつづきロシア軍と同国赤十字社に委ねた(33)。このほか、四つの病院を開設し、ロシア軍兵舎内の患者を収容した。旅順を攻略した第三軍の北上後は、遼東守備軍がこれを引き継ぎ、日本軍衛生部員と日赤救護員一〇八八名がロシア軍衛生部員、同国赤十字社医員・看護婦等二七九〇名とともに治療にあたった(34)。

旅順付近で勤務していた四個の救護班にたいし、第三軍兵站監部より旅順進出の命令が下ったのは一月二日である。これらの救護班が旅順に入城したのは七日前後で、ただちに日本軍が開設した病院に配属され、ロシア患者の救護を開始した。一五日にはさらに救護班四個が到着し、二月六日には四個が増派された。

救護班の報告書に共通するのは、旅順市内の兵舎や倉庫、ロシア人家屋を病院に転用したため、その清掃と備品の調達に苦労したことである。たとえば、旅順口第二病院（のちに兵站病院第二分院）は開設当初、「砲弾四五箇所ニ命中シ為ニ屋内ニ大欠陥ヲ生シ従テ障壁ハ破損シ硝子障子等ハ粉砕シ殊ニ甚敷特更永期間放任シ有リシ結果室内床上ニハ土塊瓦塵埃人糞等堆積シアリテ乱雑不潔乱雑云フ許リ」(35)という状況であったが、軍衛生予備員と四五日をかけて整理し、患者を収容した。また、病室の備品の欠如も深刻で、第一陸軍病院（のちに兵站病院第一分院）では「設備ナキ所ハ普通ノ寝台ヲ拾集配置シ甚シキハ不完全ナルモノノミナラズ極メテ少数ナレバ多クハ露兵ノ外套毛皮等ヲ集メテ代用シ之ニ寄贈ノ毛布三枚宛ヲ加ヘテ患者一名ノ病床」とし、「食器其他ノ什器等素ヨリ其準備ナキヲ以テ病舎ノ付近ニ遺棄散乱セル露兵ノ飯盒《ハンゴウ》或ハ洗面器、皿等ヲ拾収シ来リテ一時ノ急ニ供」しなければならなかった(36)。

患者は、栄養不足に起因する壊血病がほとんどで、ついで砲創が多かった。壊血病の原因は、滋養物の供給不足、特に新鮮な野菜類の欠乏にあった。その症状は、全身貧血状態を呈しており、全身の皮下に粟粒大の溢血がみられ、下腿および胴体部分に潰瘍を生じ、患者の多くは腓腸筋と下腿の筋肉が硬直して歩行困難に陥っていた。開城当初は、重症者から死者がでた。そこで、主として強壮補血療法を用い、米飯、パン、スープ、牛肉、豚肉、野菜、ビール、ワイン、リンゴ、みかんなどを与えて血液の清浄につとめたところ、経過は良好で、中等症者や軽症者は入院後約一週間で全治する者が多く、重症者の死亡もきわめて少なかった(37)。しかし、二月中旬頃までは物資が非常に欠乏し、患者には麦飯と少量の缶詰を供給できたのみで、野菜にいたってはごくわずかしか調達することができなかった(38)。

日本軍の捕虜患者にたいする態度は、伊知地幸介要塞司令官が二月一一日におこなった以下の訓示によく示されている。

我カ衛生部員カ平日研鑽セル日進医学ノ伎倆ヲ発揮スルモ我カ国民カ仁慈博愛他国ニ類ナキヲ示スモ皆斯時ニア

リ温和ヲ以テ患者ニ接シ周到ヲ以テ治療ニ従ヒ苟モ敵国衛生部員ニ一歩ヲ譲ルカ如キコトナキヲ期スヘシ泰西諸国ノ風俗習慣自カ我国ト同シカラス彼等ニ接スルコト多キ衛生部員ノ如キハ須ラク此ノ点ニ注意シ徒ラニ彼等ノ感触ヲ害スルコトナク機宜好ロシキニ従ヒ大功ヲ些瑾ニ誤ルカ如キコトナキヲ要ス(39)

戦争は国力と国力の衝突であると同時に、文化と文化の衝突でもある。救護員は、言語の不通と文化習慣の差異に悩まされた。救護班の報告書は、旅順での救護に困難を感じた理由として、以下の四点をあげている。すなわち、第一に、通訳の不足である。そのため、やむをえず、すべて手真似により作業をおこなったが、習慣が違えば手真似も異なり、しばしば滑稽な誤解を招くことがあった。第二に、患者は一般に日本軍衛生部員に猜疑心を抱き、何事についても誤解し、しばしば不服従の行為があった。また、習慣と嗜好が異なるため、いかに注意しても彼らを満足させることができなかった。第三に、ロシア将校の日本軍病院にたいする評価である。彼らは、破壊家屋を転用し、物資が欠乏し、かつ言葉の通じない日本人が作業する日本軍病院を、自国民が運営し、設備が完全で、傷病兵の歓心を買っているロシア赤十字病院その他の病院と比較して批評した。第四に、ロシア兵の不規律と不潔である。彼らは自由に病床を交換し、飲食物を調理し、痰や唾、尿を室内に放出したり、室内の器物を散乱した(40)。

ロシア将校が日本軍病院を批判的に評価したのにたいし、多くの患者は自国衛生部員が冷淡なことに不満を述べ、日本軍衛生部員や救護員の熱心で懇切な治療看護に感謝した。彼らによれば、ロシア軍医は二、三時間病院に来て、とくに異常を訴える者があれば自覚症状を聞き、その処置を看護長に命じて退出するのが常で、医学の知識がない看護長の不適当な処置のため疾患が長引き、あるいは身体の一部に障害の残ることが少なくなかった。また、日本軍医のように丁寧に診察することはなく、自ら繃帯を巻くこともしなかった。そして、医員等が重症者室の片隅に机を置き、診察が終わるとそこで事務をとりながら患者の看護状況を監視し、事務繁忙のため深夜になればしばしば机に寄

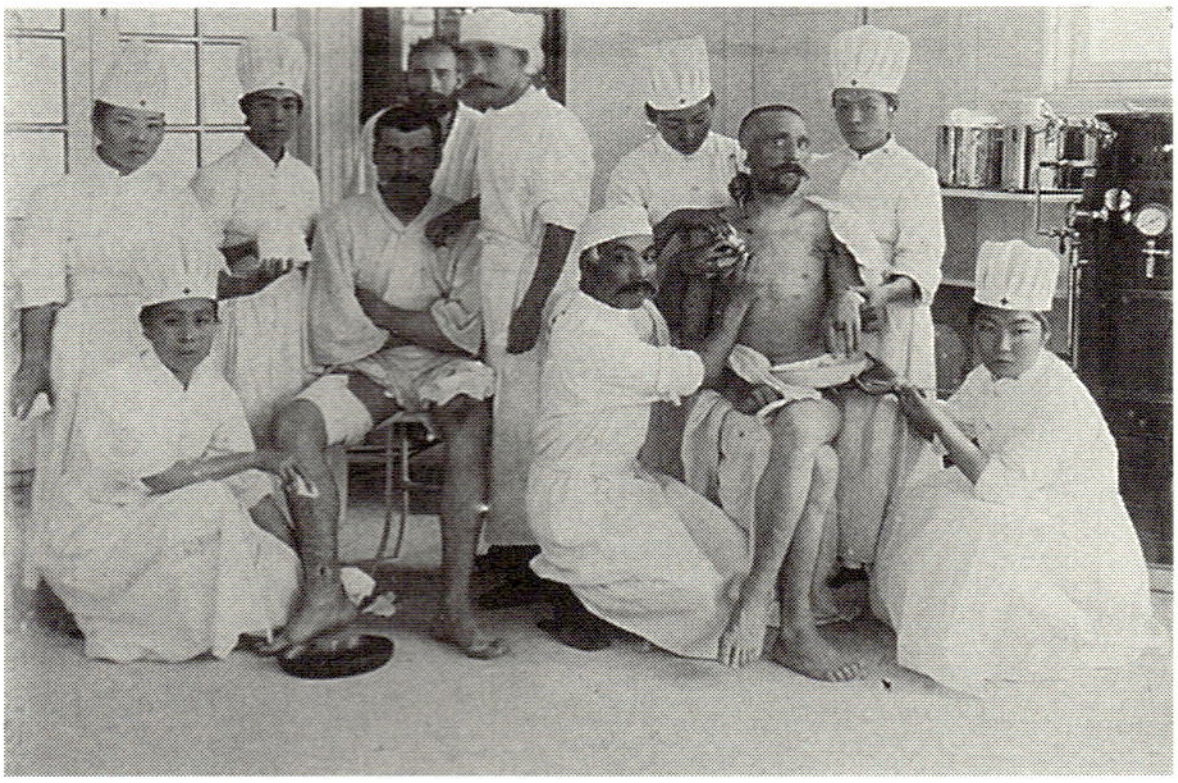

図4-1　救護員と負傷兵（日本赤十字社所蔵）

りかかって休息する姿をみて、不思議に思うとともに、自国軍医の冷淡さと比較した[41]。

日本軍が最新の医療技術を駆使した治療と懇切な看護をおこなったことは、ロシア側も認めるところであった[42]。しかし、ロシア病院が看護婦を使用して患者を慰安せしめたのにたいし、日本軍は看護婦の戦地勤務を認めず、陸軍看護卒または日赤救護班の看護人のみを使用したため、「独り外形上に於いて精粗密略の差あるが如く見ゆるのみならず、実際患者の精神を安慰する上に懸隔ありしは誠に遺憾のことなり[43]」との指摘が日本側にあったことも事実であった。

日本は、ジュネーブ条約第六条二項にもとづき、治療後兵役に堪えないと認定した者を再び日本との戦闘に参加しないことを宣誓させたうえで、ロシア衛生部員を付して、本国へ送還した。その数は、陸海軍将兵合わせて四〇三九名に達した。これらの兵役不堪者は、三月五日から五月二二日にかけて、芝罘《チーフー》駐在のロシア領事に引き渡し、海路帰国させた[44]。日赤医員は、軍医の指導のもとに、「陸軍兵役不堪者選定標準」にもとづき、兵役不堪者の選定作業にも従事した。

救護員はまた、兵役不堪者や内地の捕虜収容所へ移送する患者を大連まで護送した。別離の際、患者は等しく日赤の博愛主義に本心から感謝の念を表し、全癒までの抑留を懇願する者もいた。一方、救護員も患者の将来と境遇を案じ、断腸の思いで別れた[45]。救護員が患者の不自由を慮り、各自が拠金して日用品を購入し、餞別として平等に贈与したこともあった。なお、日赤は開城後、在旅順ロシア赤十字社にたいし、傷病者のために毛布二〇〇〇枚とシャツ、寝衣、帯それぞれ一五〇〇枚を贈り、感謝された(46)。

最後まで残った救護班が旅順を引き揚げたのは、四月二三日である。救護開始以来、一二個の救護班が治療看護した捕虜患者は八四二八名にのぼり、その内訳は傷痍三三一四名、伝染病三一名、平病五三六三名（うち栄養器系病および壊血病五〇六六名）であった(47)。

人員、物資ともに不足し、言語習慣が異なるという困難な状況下で、適切な治療看護をおこなった日本軍にたいし、在旅順ロシア赤十字社全権代表パラショフ中将は、日本軍衛生部員によるロシア傷病者の取り扱いはすべての点において欠くところなく、医療技術は無論、その事務処理も周密かつ敏活で、一万七〇〇〇名の傷病者を開城後三、四ヶ月間で治療して後送を終了し、すべての患者が喜んで旅順を出発したことを称賛し、帰国に際して伊地知司令官に感謝状を贈っている(48)。

三　内地における捕虜患者の救護

1　捕虜患者の内地移送

日本が戦争中、捕虜としたロシア軍人軍属は七万九三六七名にのぼる。このうち、戦地で解放したり、死亡した者を除く七万二四〇八名を日本国内へ移送した。捕虜患者の輸送は、移送が可能な者はただちに、不可能な者は回復を待って、博愛丸と弘済丸のほか、陸軍病院船一七隻によりおこなわれた。前二隻は傷痍五二七名、伝染病二八名、平病二九八名の合計八五三名を輸送し、後者による輸送は傷痍二二七九名、伝染病二一八名、平病一七七名の合計二六七四名であった(49)。ただし、この数字には、広島市似島収容所での検疫後、松山俘虜収容所病室に収容するため、伊予高浜港へ輸送した者も含まれている。

病院船は、戦地の状況上、捕虜患者のみを輸送したわけではなく、少ないときで一名、多いときで一八七名を日本軍患者とともに輸送した(50)。日露両国の患者は、収容病室が異なるだけであったため、船上で患者同士が談話する姿がみられた。日本語、朝鮮語、中国語に手つきを混えて意を通じ、日本語を教える日本兵、なかには甲板に出て輪投げに興じる者、銃の扱い方、発射の姿勢について彼我の相違を示しあう者もいた(51)。

病院船には、自国患者に付き添うロシア衛生部員も乗船した。弘済丸で松山に向かう途中、あるロシア軍医は船員や医員にたいし、米飯はとても食べられないと思っていたが、本船に来て日本食を食べてみると、われわれのためにとくに注意してくれているせいで、たいへん美味しい、水もよいし、お茶は特別にうまいと喜んだ。そして、「露国赤十字社の作業は到底日本に及ばず。日本の赤十字社の作業は懇切にして、露国赤十字社に優ること万々なり」との感想を述べたという(52)。船内での米飯に不満を漏らし、パンを要求する者がいた反面、日本食を好み、沢庵、梅干し、味噌汁にいたるまで残さず食べた者も少なくなかった(53)。

内地では、捕虜をその名誉、健康を害しない気候温暖かつ風光明媚な土地で、警備や交通の便のよい留守師団の所在地または衛戍地に収容した。収容所には兵舎、寺院、その他の公共建築物あるいは借り上げた民家が充てられ、のちに捕虜用のバラックが建設された。最初に開設されたのは一九〇四年三月一八日の松山で、その後、捕虜の増加にともない所容所の開設が相つぎ、一九〇五年八月一九日の山形まで二九ヶ所を数えた(54)。

内地収容捕虜のうち、一九〇四年中の患者は七二六名、一九〇五年中は六七九〇名であった。海軍では、後述する日赤に委託したワリャーク号の二四名を除き、負傷者中の重症者を佐世保海軍病院で治療したのち、陸軍所管の捕虜収容所へ移送した(55)。

捕虜収容所のうち病室が開設されたのは松山と浜寺（大阪）、習志野である。戦地から後送されてきた捕虜患者はこの三ヶ所に収容された。捕虜病室には陸軍予備病院と同様に所要の衛生材料、器具および被服、寝具等が常備され、入院を要する患者を治療した。その他の収容所では、配属の軍医や衛生部員が発病した捕虜患者の治療にあたり、重症者や伝染病患者は陸軍予備病院に収容して、日本軍人と同一の治療をおこなった[56]。

捕虜病室が開設された三つの収容所のうち、日赤の救護員が派遣されたのは松山のみである。そこで、松山俘虜収容所における救護事業をみることにする。その前に、開戦直後に日赤がおこなったロシア巡洋艦ワリャーク号の負傷者救護について概観したい。

2　巡洋艦ワリャーク号負傷者の救護

日赤が最初に救護を担当したロシア患者は、一九〇四年二月九日、仁川沖海戦で撃沈されたワリャーク号の負傷者二四名である。これらの負傷者は、仁川での収容から松山への移送、そして本国送還まで捕虜とみなされなかった。その理由として、宣戦布告前、すなわち国際法上の戦争状態が成立する以前の戦闘での負傷者であったことがあげられる[57]。したがって、捕虜収容所に収容されず、日赤の治療に委ねられた。

日赤仁川篤志看護婦人会は、仁川沖海戦が勃発すると、日本軍から負傷者がでることを予想し救護準備を進めていたが、負傷者がいなかったため、ロシア負傷者の救護を日赤の事業としておこなうことを決意した。そこで、日赤韓国特別委員部は、松方正義日赤社長を通じてフランス軍艦に収容されていたロシア負傷者の救護を海軍大臣に申請したところ、同大臣は同月一二日、臨時救護班の編成を命じた。しかし、社長は救護班を派遣せず、現地の日赤所属医師と仁川篤志看護婦人会の看護婦による治療を決定した[58]。

これにより、在韓日赤特別委員長であった三増久米吉在京城領事がフランス艦長に交渉して負傷者の引き渡しを受け、一三日、仁川英国教会から無償で借用した付属慈善病院の一部に収容した。同病院は、「臨時日本赤十字社病院」と命名された。

重傷者八名を含む二四名は、収容後ただちに、汚損した衣服を篤志看護婦人会が用意した新しい病衣に交換した。治療には在韓の日赤所属医師があたり、同地駐在の陸軍軍医のほか、英仏軍艦の軍医も協力した(59)。

救護に従事したのは医師二名、日赤看護婦四名、同事務員四名のほか、雇い入れた通訳ならびに看護婦三名で、加藤仁川領事夫人の主唱により設立され、数回看護練習をおこなっていた篤志看護婦人会会員も昼間は十余名が交代で出勤し、夜間は五名が宿直した。医師と看護婦は無報酬で、経費は在韓委員部の負担と社員その他の寄付によった(60)。

収容後、患者の負傷箇所を検案し、必要な手術をおこない、毎日繃帯を交換した結果、経過は良好で、引き受け時にフランス軍医より治療の見込みがないといわれた四、五名の患者も次第に回復に向かった。収容三日目にして、すでに三名の全治者がでている(61)。

最初、不安を感じていた患者も懇切な看護を受けて、まもなく安堵の念を表するようになった(62)。そして、洋食と新しくて暖かい病衣、清潔な病室に大いに満足し、たびたび来訪する在京城フランス副領事に、「本院万般ノ取扱上ニ就キ非常ニ満足セル旨ヲ告ゲ其真情ヲ表白」した(63)。同地の内外人の慰問や寄贈品も絶えなかった。

患者の経過が良好だったため、海軍大臣は三月二日、「仁川港貴社病院ニ於テ治療中ノ露国負傷者二十四名ハ博愛丸ニテ便宜松山ニ送致」することを命じた(64)。治療の効なく死亡した二名は、丁重に葬儀をとりおこない、各国共同墓地に埋葬された。

移送当日、患者たちは、いまやこの病院はわれわれが生存する一村部落と思って深く安心して静養している、あくまで父母と慕う懇切な院長看護婦のもとで療養したいとフランス副領事に陳情したが、日本政府の決定であり、どうすることもできないと説得された。この日の仁川埠頭は、「内外人トモ非常ニ見送人多ク此行ヲ壮ニシ頗ル盛況」だったという(65)。

博愛丸がロシア患者二二名と日本軍患者を搭載して仁川を出航したのは三月七日で、松山には一一日に到着した。

松山では、県立松山病院の二棟を借用して「日本赤十字社松山臨時救護所」と命名し、一個救護班の半数（一四名）を配属した。救護所収容後、菅井誠美日赤愛媛支部長（愛媛県知事）は、患者にたいし、以下の懇切な説示をおこなっている。

汝等ノ治療ニ付テハ日本赤十字ニ於テ……医員以下看護婦ニ至ル迄派遣シ充分ノ準備ヲ為ナシアルヲ以テ救護員ノ指示ニ服従シ心ヲ安シテ其救療治術ヲ受クヘシ。言語其他風俗ヲ異ニスル為メ若シ汝等意思ノ貫徹セサルコトアレハ此地ニハ英、米、仏国等ノ宣教師数名居住セルヲ以テ彼等ノ汝等ヲ慰問スル場合遠慮ナク希望ノアル所ヲ彼等宣教師ニ告クヘシ希望ノ取捨ハ余ニ存スルモ規則ノ許ス限リ満足ヲ与フヘシ(66)。

収容後、重傷者九名のうち五名は手、足の切断手術を要した。患者にたいする治療は適切であり、繃帯の交換を毎日一回、膿汁分泌の多い場合には二回実施し、疼痛を訴える者には一日二回湿布の交換をおこなった。経過は良好で、順次全治者がでた。食事は平食と滋養食の二種とし、後者として牛乳、半熟卵、スープ、ぶどう酒等を支給した。また、毎食後に紅茶、午後三時には紅茶のほか寄贈品のビスケット、カステラ、パン等を与えた。病室は毎日二回清掃し、食後に適度な運動をさせるとともに、夏期には週二回入浴させるなど、健康の維持回復にとくに注意を払った。さらに、海軍大臣の許可をえて、七月以降、患者の慰安と治療のため、毎月三、四回、警官と通訳の同行のもと、道後温泉に入浴させたほか、市内を散歩させている(67)。

患者のうち全治者は、愛媛県知事に引き渡して神戸へ移送し、在神戸フランス領事と兵庫県知事の立ち会いのもと、再び日本との戦闘に参加しないことを宣誓させて、帰国させた。第一回目の引き渡しは四月八日、最終は一〇月七日であった。なお、手足切断の五名には、皇后から義手義足が下賜された。

このようなワリャーク号負傷者の厚遇にたいし、ロシア政府は二月二六日、在仁川フランス副領事を通じて、日赤の丁重な治療に謝意を表するとともに、治療費および医師、看護婦の報酬を支払うことを申しでた。日赤が治療費等は辞退するが本社への寄付なら喜んで受けると返答したところ、ロシア政府より二〇〇〇円が送金されてきた(68)。

3　松山俘虜収容所病室における救護事業

捕虜患者救護のため、松山に派遣された救護班は五個である。一九〇四年五月九日、最初の救護班が着任した。つづいて、一九日に二個救護班が着任し、さらに患者の増加にともない八月二七日、一個救護班が派遣された。最後の救護班が着任したのは一一月一日である。各救護班は、医員二名、調剤員、書記各一名、看護婦長二名、看護婦二〇名で編成された。

松山における捕虜患者の救護は、松山衛戍病院（一九〇四年一二月一日、「善通寺陸軍予備病院松山分院」となる）の一部と市内三ヶ所の寺院を使用して開始された。六月一九日、松山城北の練兵場にバラック病室五棟が完成すると、これを「松山俘虜収容所病室」と命名した。一二月には、一五棟が増築された。

最初に着任した救護班は、着任当日から患者の収容準備に追われた。すなわち、仮病舎となる寺院を病室にするため、医員は看護婦を指揮して大掃除をおこない、調剤員は井戸水を検査し、書記と看護婦長は病室に必要な備品や帳簿の準備に従事し、一四日に終了した。その翌日、担当病室に一〇〇名の患者が到着した。約二時間で全員を収容し、昼食を与え、軍服を病衣に着替えさせたが、着任以来さまざまな雑務に従事したうえに、半数の人員で重症者一〇〇名を担当したため勤務は繁忙をきわめ、収容前後の三日間は徹夜勤務がつづいた。しかし、一七日からは事態が落ち着き、看護婦は六時間勤務の四交替制にし、医員は隔日に宿直することになった(69)。

捕虜患者は、病院船により似島収容所へ護送され、検疫を受けたのち、高浜港に到着した。高浜港では、軍衛生部員とともに救護班の医員も病院船に乗り込んで患者を受け取り、鉄道で松山まで輸送した。患者は、戦地からただちに後送されてきたため、いずれも不潔で、悪臭が甚だしく、救護員が健康を害するのではないかと心配されるほどであった。そこで、病症に差し支えない者に限り、身体を清拭し、あるいは蝨の駆除をおこない、また看護婦や雇人に伸び放題の頭髪を散髪させ、身体を清潔にすることにつとめた(70)。

患者の大部分は銃創で、砲創、刺創、爆創、切創はわずかにとどまり、内科病は銃創に比べてはるかに少なかった。内科病では壊血病がもっとも多く、ついで肺結核であった(71)。壊血病は旅順籠城者に多くみられたが、患者は下士卒のみで、将校は皆無であった。その理由は、下士卒は給与物以外に食料をえることができなかったのにたいし、将校は贅沢な生活を営み、栄養不足を来すことがなかったためとみられる(72)。

患者の手術は週三回、新たに患者が到着したときは毎日実施した。病室開設当時や救護班着任前後は、患者は融和信頼せず、多くは手術をおこなおうとすると忌避する傾向がみられたが、次第に日本の医術を信頼して喜んで手術を受けるのみならず、懇請する者もでてきた(73)。銃創は神経銃創、動脈銃創、肺銃創、腹部銃創、骨折、骨傷、小銃弾および破片の残留等で、前二者の手術が比較的多かったが、術後の経過は良好で、多くは治癒した(74)。なお、手術と治療は、佐藤運雄軍医総監と菊地常三郎軍医監の指導監督のもとにおこなわれた。医学博士の肩書をもつ陸軍軍医の重鎮二名が松山に派遣されたことは、軍当局がいかに捕虜患者を重視していたかを示すものといえよう。

救護員は、患者の健康保持に細心の注意を払った。すなわち、毎日午前七時から八時までの間に病室の清掃を実施した。毎週一回の大掃除では、病室の床から医員室、看護婦室、小使室、便所にいたるまでことごとく拭き掃除をおこない、硝子、障子、電灯の塵埃を除去した。そして、寝台、布団、毛布を一定時間、日光消毒にかけた(75)。

夏期になると、汚れやすい病衣、シャツ等に汚垢が付着したり、あるいは悪臭がすればただちに交換した。盛夏期には生水を飲むことを許さず、麦茶や熱湯を冷まして与えた。入浴は、週一回（夏期には二回）であった。また、夜間は室内の気温が下降し、感冒や下痢等に罹りやすいため窓を厳重に閉鎖し、腹部を冷さないように腹巻を使用させた。このほか、運動不足の解消と慰安のため、朝夕二時間、庭園の散歩や球技をおこなわせている(76)。患者を道後温泉に入浴させ、松山市内を散歩させることもあった。

食事は当初、下士卒については制限があって不満がでたが、のちにロシア人に調理を任せたところ苦情がなくなった。そのうえ、患者は一般に栄養が回復して次第に体重が増加し、壊血病患者は薬品や滋養食を与えなくても食事だけで症状が軽くなった(77)。

ところで、救護員は、松山でもロシア人の衛生観念の欠如、不規律、反抗的態度に悩まされた。患者には「不潔ヲ厭ハサル、命令紀律ヲ守ラサル窃盗ノ行為アル褻褻ノ所為ヲナスモノ及隠密ニ酒精ヲ購入シテ泥酔喧号スル偶脱柵ヲ試ムルモノ等」があって、「勤務以外ノ勤務トシテ殊ニ一般ヲシテ心ヲ痛」めさせた(78)。衛生観念の欠如にたいしては、絶えず注意を促さなければならず、警戒を怠ることができなかった。将校ですら病室内の床に痰や唾を吐き、飲食器を不衛生にする。入浴しても湯船に浸かるだけで垢を落とさず、入浴後は身体を拭かないまま病衣を着る。裸足で散歩したあと病室に入る、あるいは靴を履いたまま病床にあがる。夏期に洗用水を飲む者もいた(79)。

下士卒は一般に従順で、日本軍の厚遇に感謝し、医員以下の命令によく服従したが、将校には概して「我儘気随ニテ傲慢ノ風」があった。とくに、少壮将校は厚遇に慣れて、とにかく騒々しかった(80)。長期間の籠城戦を強いられた旅順の捕虜が到着すると、将校は「名誉ノ俘虜ト称」して病室に入っても帯刀を離さず(81)、また賭博し、大酒を飲んで酩酊し暴行をはたらく者が多かったため、取締上の困難をきたした(82)。

当初は反抗的な態度をとっていた患者も、救護員の懇切な治療看護に接するうちに、次第に従順になっていった。彼らの救護員にたいする信頼は厚かった。救護班は定期的に担当病室を交代したが、担当の救護員と別れるときは慰留や同行を懇願する者が後を絶たたず、救護員を感激させ、あるいは困惑させた。ある救護班が患者と病室を移転する際、残された患者は同班とともに転室することを懇願して聞かなかったため、人員に制限がありかつ命令により不可能である旨慰諭した。ところが、新病室へ移転後、人員の点呼をおこなうと、秘かに七、八名が紛れ込んでいたため、再び不可能なことを説示し、自分の病室に戻るように諭したが、涙を流して動かない。さらに説諭すると、「益々流涕悲泣シ従前ノ如ク当班ノ下ニ在リテ救療ヲ受ケンコトヲ悃願渇望シテ止マス一時ハ殆ント懇諭スルノ手段方法ニ渇《ママ》キ」るという状況になった。しかし、情を抑えて厳しく帰室を命令し、看護婦に護送させた[83]。救護員の日常の懇切な看護が偲ばれる逸話である。

しかし、このような親身の看護が思わぬ誤解を招くことがあった。すなわち、地元の新聞雑報が、看護婦と捕虜患者との間に「往々怪シキ挙動アリタルカ如ク無遠慮ニモ登載シ至リテ世間ニ風評専ラ怪聞ヲ喧伝」したのである。これは、敵味方の区別なく救護するという赤十字の趣旨を理解せず、「敵ノ傷病者ヲ懇篤親切ニ看護スルヲ以テ敵愾心ニカラレ自然感情ノ誤解ヨリ看護婦ヲ罵ルニ至」ったものと思われるが、「神聖ニシテ犯スベカラザル行動ヲ以テ一意専心勤務ニ精励シアル看護婦ヲ無惨ニモ傷害セント」とする行為で、「看護婦ノ心事ヲ思フテ爰ニ至レハ一抹ノ涙禁」じえず、実に憤慨に堪えないことであった[84]。このような風評のため、収容所側は将校患者の担当から看護婦を外す措置をとった[85]。

松山での救護班の活動、とくに看護婦については、捕虜患者から高い評価をえた。たとえば、満州で重傷を負い松山へ移送された夫を看病するため、ペテルブルクから松山に来たソフィア・フォン・タイルは、つぎのように述べている。

ここの収容所病院の中では、何と言っても、看護婦さんがいちばんチャーミングで、能力に富んだ、しかも可愛らしい存在なのである。彼女たちは休む暇もなく働いているが、疲れた様子はまったく見せない。決して不機嫌になったり、いらいらしたりせず、つねにほほ笑みを忘れず、まことに礼儀正しい。……彼女たちは、自分の患者に対しては、気軽に、ユーモアたっぷり、魅力的に接するけれど、軍医の指示には正確に従い、この点では軍規を厳守する軍人のようである。だから、患者は決して希望を失うことなく、いつも言うことをきく。[86]

また、旅順で捕虜になり、宣誓解放によって帰国するまで、松山で六ヶ月間を過ごした青年士官クプチンスキーも、看護婦にたいする賛辞を惜しまない。その回想記のなかで、「わが負傷兵に惜しみなく示された優しい、献身的な世話、肉体的な苦痛と精神的苦悩をやわらげようとする親切な看護は決して忘れることはないだろう。……どんなに疲れても看護婦は手抜き看護することなく、優しい、愛想のいい笑みを浮かべ任務を遂行している」[87]と書くなど、何度も取りあげている。看護婦は、包帯の交換や床ずれの矯正だけでなく、床掃除、マッサージ、包帯の洗浄、患者の下着の洗濯などもおこない、ときには日露両語を混交して新聞を読んでくれたという。[88] クプチンスキーはさらに、日本の医務当局が捕虜患者にできる限りのことをしたことと、日本人医師の優秀さにも言及している。[89]

収容所当局の救護班にたいする評価も高かった。救護班はいずれも、「其俘虜患者ニ対スルヤ懇切ヲ極メ我同胞ニ対スルト等シク熱心誠意ヲ以テ看護ニ従事」したため、「能ク異境ノ人ヲ感動セシメテ俘虜将校下士卒悉ク其看護ヲ徳トシ如何ナル重傷大患ノ者モ皆能ク其言ニ従」った。その結果、俘虜病室は「赤十字救護班員ノ補助ヲ得テ執務上至大ナル利便ヲ得タリ」と、謝意を表している。[90]

捕虜患者が増加するのは一九〇四年八月の蔚山沖海戦以降で、遼陽、旅順、奉天での大規模な戦闘後には一時に多くの患者が到着し、徹夜の治療がおこなわれた。担当患者数が三四〇名に達した救護班もあった。[91] ちなみに、看護婦の勤務時間は、午前八時から翌日の正午までという過酷なものであった。しかし、奉天会戦後、患者は減少の一途をたどった。六月には新患者の後送収容が皆無となり、また退院者が相ついだため、救護班は一〇月二八日以後、順次任務を解除された。最後の救護班の解任は、一二月一三日であった。

一一月二五日、ロシア病院船モンゴリア号が高浜港に入港し、患者の約半数を収容した。一二月五日には、同船により、残った患者全員が帰国した。捕虜の本国送還により、松山俘虜収容所は、一九〇六（明治三九）年二月二〇日に閉鎖された。

救護班が松山で治療看護した捕虜患者は、傷痍四八九七名、伝染病一一二名、平病九三八名の合計五九四七名で、延人数では三万六六八八名にのぼった(92)。

4　陸海軍病院における捕虜患者の救護

日赤による捕虜患者の救護は、陸軍予備病院や海軍病院でもおこなわれた。捕虜患者のみが一団となって内地へ護送されてきたときは、松山や浜寺、福岡の俘虜収容所病室に収容されたが、健康捕虜のなかに少数の傷病者が混在するときは、患者をいったん各収容所の病室に収容し、そこでの治療が困難な者および収容所で発病した者を付近の予備病院に収容した(93)。したがって、予備病院に派遣された救護員も、捕虜患者の救護に従事した。

捕虜患者の治療をおこなったのは、前述の善通寺陸軍予備病院松山分院のほか、小倉、熊本、善通寺、名古屋、金沢、仙台、弘前の予備病院および佐世保海軍病院であった(94)。

予備病院での救護状況について、若干の例をあげると、金沢陸軍予備病院第二分院では当初、陸軍軍医が捕虜患者の治療を担当したが、病室の設備や食事がロシア人の風習と一致しないところがあって不満がでた。また、看護人等がしばしば患者を侮辱する態度をとったため、分院長は日赤医員を治療主任に任命し、患者の信頼をえようとした。救護員は、日本人患者にたいする以上の好意をもって捕虜患者に接し、その風俗の差異と言語の不通を勘案して患者に先んじてその要求を理解することにつとめた結果、患者は命令をよく守り、安心して療養するようになった。しかし、重症患者に周到な看護をおこなうため、看護婦の配属を希望したが、風紀その他を考慮してついに配属されなかった(95)。

佐世保海軍病院がはじめて捕虜患者を収容したのは一九〇四年八月一四日、蔚山沖海戦のリューリック号負傷者一七七名である。午後九時に収容されたときの患者の多くは、「裸体跣足ニシテ赤毛布ヲ纏ヒ或ハ鮮血汚染ノ病衣ヲ着シ創面ハ一般ニ潮水浸潤シ為メニ腐敗ニ傾キ一種ノ悪臭鼻ヲ衝キ其不潔混雑ハ言語ニ絶ス」る状況であった(96)。救護員は、午後一〇時より手術に着手したが、軍医一名と医員二名では、とうてい一夜で終えることができなかった。そのうえ、日本軍負傷者も同時に収容されていたため、治療は繁忙をきわめた。創傷は失肉、砲創、貫通砲創、盲管砲創、擦過傷、熱傷が多かった。患者の手術が終わったのは一七日午前二時であった。繃帯を一回交換するにも、二昼夜を要した。この月、救護班が治療した日露の患者数は、三一八名にのぼった(97)。

佐世保海軍病院はまた、一九〇五年五月二九日以降、日本海海戦の負傷者を収容した。救護班は、捕虜患者の担当を命じられた。患者は砲弾創、火傷が大部分を占め、創面のもっとも多い者で三〇余ヶ所、少ない者でも五、六ヶ所を数えた。負傷箇所は、「創底ニハ被服片木片弾片等深ク穿入セルアリ或ハ切開シテ弾片ヲ剔出シ縫合セラレタルモノアレトモ悉ク化膿シテ癒合ヲ営マズ」という状態であった。傷者の過半数は重症で、自ら歩行できる者は少なかった。乗艦沈没時、海中に投げ出されたことによる肺炎および気管支カタルなどの呼吸器系患者もいた。救護班が担当したのはおもにこのような重症者で、「全身ハ実ニ垢ヲ以テ汚染セラレ到底其儘ニシテ繃帯交換スベクモアラズ且ツ寝床ニ就カシムルニ忍ビ」なかったため、「遂ニ悉ク沐浴清拭シ繃帯ヲ交換シテ床ニ就」かせた。最初の二昼夜は、とくに混雑をきわめた(98)。

バルチック艦隊司令長官ロゼストウエンスキー中将は、頭部と両足を負傷して動くことができなかったため、専属の看護婦を付して、とくに注意を払った。同長官は、言語不通により看護上掻痒の感があったが、看護婦の挙措にたいし、頭を下げて「サンキュー」を連呼し、感謝の意を表したという(99)。

救護班二個が治療した日本海海戦の患者は一七四名で、経過は一般に良好であったが、不幸にして五名が死亡した(100)。このほか、島根支部が日本海海戦のロシア負傷者にたいし、単独で救護事業をおこなった記録がある。五月二八日午後、同県那賀郡都濃村（現在の江津市）の沖合にロシア軍艦イルテッシュ号が漂着し、白旗を掲げた二四四名のロシア兵が上陸した。そのなかに相当数の重傷者がいることを知った那賀委員長は、ただちに島根赤十字社名をもって近在の医師一名、看護婦二名、委員部事務員二名に必要な材料を携行させて現地に派遣した。報告を受けた島根支部は、救護班派遣の要否を問い合わせる電報を発したが、那賀委員長はすでに医師、看護婦を派遣したので支部からの派遣は必要なしと返電した(101)。

那賀委員部が救護した負傷者は三二名で、六名は重傷であった。このほか病者が三名いた。救護員は、浜田の歩兵第二一連隊から派遣された軍医等とともに、これらの負傷者に治療、投薬をおこなった。翌二九日、負傷者を含むロシア兵は全員、民間船で歩兵第二一連隊に護送されることになり、救護員も浜田までの患者輸送に従事した。島根支部が本社に提出した報告書は、そのときの状況を以下のように記している。

患者ハ海路船送ノ便ヲ取リ、同日午前十一時、一同ヲ乗船セシメ出張ノ軍医衛生部員及ヒ委員部派遣ノ医員看護婦等乗リ込ミ、赤十字旗ヲ翻シテ出発シ、海路約十三里、風波平穏ニシテ午後四時三十分浜田ニ到着セリ(102)。

浜田到着後、重傷者は同地の陸軍予備病院に、その他の患者は臨時収容所に収容された。護送を終えた救護員はまもなく引き揚げたが、その応急措置は十分懇切であり、患者を満足させたと伝えられている(103)。

内地の陸海軍病院において日赤が救護した捕虜患者は、前述の善通寺陸軍予備病院松山分院を除くと、傷痍五九二名、伝染病一七名、通常病一八七名の合計七九六名、延人数で五三〇九名であった(104)。

四　救護の実績および評価

宣戦布告から講和条約発効までに生じた傷病者は、延人数で出征部隊の傷者一二万八一一二名（死亡四万七三八七名）、病者一二三万六二二二三名（死亡二万七一五八名）、内地部隊の患者九万七八五〇名、捕虜患者七万七八〇三名の合計六三万二六八八名にのぼる。

まず、全体的にみれば、傷病者のうち戦死者と生死不明者を控除しても五八万名余りの患者がでている。この約五八万名を陸軍衛生部員と日赤救護員が治療したが、両者の人数を比較すると、後方勤務に服した前者二万八四六四名にたいし後者は五一七〇名であったから、救護員は衛生部員の約五・五分の一である。したがって、単純に計算すると、日赤は一〇万名余りを救護したことになる。このほか、呉と佐世保の海軍病院に収容された三九三二名が日赤の救護を受けている(105)。

また、救護班の一部は、日本軍が伝染病予防と中国貧民の疾病治療のため満州の主要都市に開設した施療院にも配属され、中国人一万一〇四名を含む一万四三四名を治療した(106)。このほか、営口でペストの予防、大連でコレラ予防のため、列車や船舶の検疫に従事した事実にも触れておかなければならないだろう(107)。

しかし、救護員から傷病により九九名の殉職者がでた。このうち、勤務中に死亡した者は五九名で、残る四〇名は疾病等により解任されたのちに死亡している。九九名の内訳は看護婦が三七名でもっとも多く、ついで看護人三五名、輸送人一一名、医員四名、看護人長四名、調剤員三名、看護婦長二名、書記二名、医長一名の順であった。このほか、疾病等により解任された者は一〇七九名にのぼった[108]。勤務中の死因をみると、傷痍は一名にすぎず、伝染病が三九名で三分の一を占める。腸チフスが三三名、赤痢が六名である。平病による死者は一九名で、その内訳は脚気五名、呼吸器系病四名、栄養器系病三名、マラリアと神経系が各二名、循環器系病、その他、病名未定が各一名であった[109]。伝染病が圧倒的に多いのは、戦地の風土や衛生状態、水質の不良によるほか、内地の病院で伝染病患者の治療に従事したことが原因と考えられる。つまり、救護員は過酷な条件のもとで、多くの日露傷病者の救護に従事したのである。

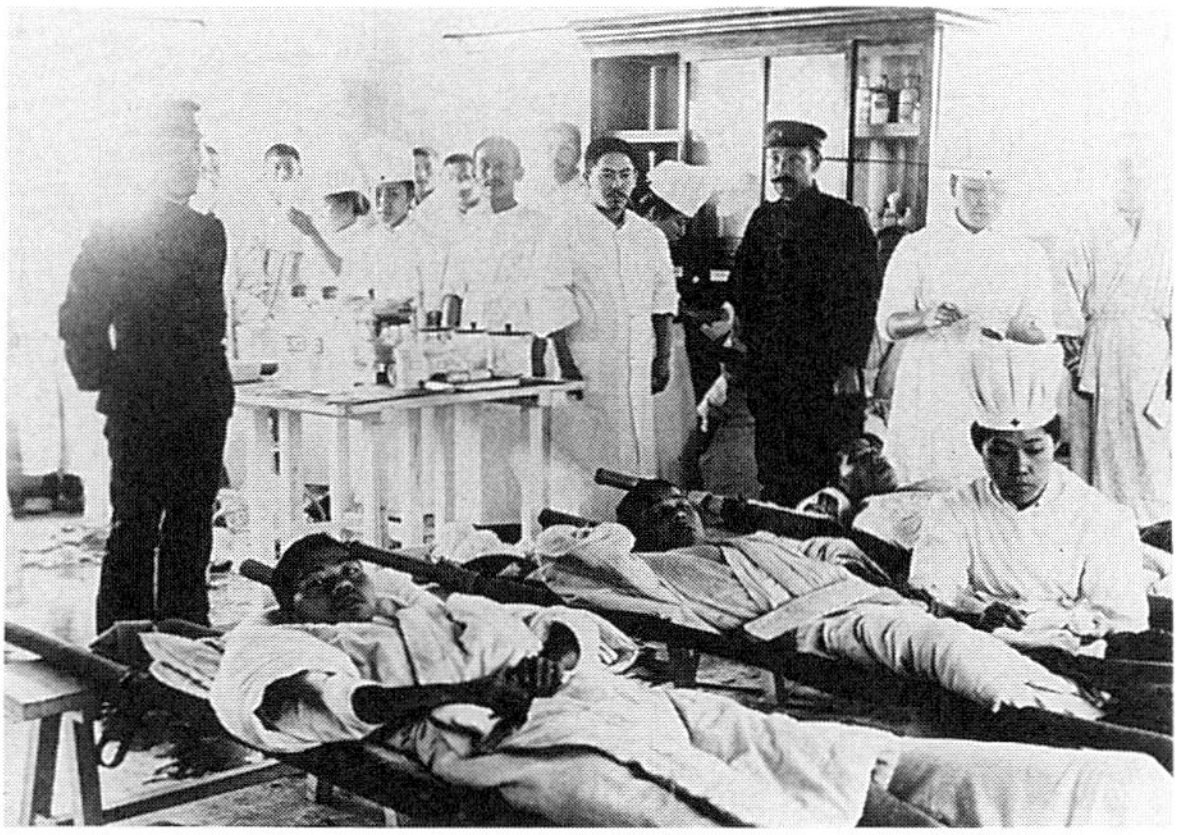

図4-2　姫路病院における救護活動（日本赤十字社所蔵）

つぎに、日露戦争の傷病者について特筆すべき点を指摘しておきたい。それは傷死者と病死者の比率である。日清戦争では傷者一にたいして六・九三倍の病者が出て、病者の死亡率は傷死者の一二〇九倍に達したが、日露戦争では傷者一にたいして病者一・一五、傷死者一にたいして病死者〇・三七と、病死率が大幅に改善されている。これは当時のヨーロッパでの戦争における傷死者と病死者の比率一対一・一八に比較すると、かなり低い数字であった[110]。医療技術の進歩と疾病予防が功を奏した結果といえよう。

また、捕虜についてみると、日赤が戦地で救護した捕虜の実人数は、一万三九九五名と報告されている[111]。一方、捕虜収容所および内地の陸海軍病院で治療を受けた患者七万九八一七名のうち、七万七四九四名が全治した。病種は栄養器系病が二七%を占め、外被病一九%、呼吸器系病一六%、外傷および不慮の負傷一三%がこれにつづく[112]。死者は三七三名であった。このほか、戦地の病院や後送中に一四五三名が死亡している。[113] 内地収容捕虜七万二四〇八名に占める死亡者三七三名の割合、すなわち内地における捕虜患者の死亡率は〇・四七％にすぎず、太平洋戦争時の英米捕虜の死亡率二七％と比べると、異常に低かったと評価することができよう。[114]

このようなロシア傷病者の救護については、一九〇六年にジュネーブで開催された赤十字国際委員会の総会の席上、各国の委員は戦争中日本軍はジュネーブ条約を厳守したのみならず同条約が完全に実戦に適用されることを立証したと称賛した。また、敵国ロシアの委員で世界的に著名な国際法学者マルテンスからも、日本軍の条約遵守を確認する旨の発言があった。[115] この戦争での日本の人道主義に言及した著作は少なくない。[116]

日露戦争において、日本軍当局は国際法の遵守に特別の注意を払い高い評価をえたが、「国際法遵守の模範国」と称され、日本の国際的地位を高めるにいたった背景には、敵国傷病者の救護に尽力した日赤の活動があったことに異論はないであろう。

(1) 日本赤十字社編『日本赤十字社史稿』(日本赤十字社、一九一一年)一三六〇頁。
(2) 詳細については、陸軍省医務局『明治三十七八年戦役陸軍衛生史』第一巻(陸軍省、一九一三年)、「衛生勤務(第六冊)」五一七―五二三頁参照。
(3) 日本赤十字社『明治三十七八年戦役救護報告』(日本赤十字社、一九〇八年、以下、『日露戦争救護報告』と略記)二九頁。
(4) 同右、三〇―三一頁。
(5) 開戦前後の救護団体の派遣については、同右、二九―三七頁参照。
(6) 同右、一〇頁。
(7) 各救護班の編成完結日および派遣地、解散日については、同右、凡例四―一七頁参照。
(8) 『明治三十七八年戦役陸軍衛生史』五二四―五四〇頁。
(9) 『日露戦争救護報告』一一頁。

(10) 同右、九一三―九一四頁。
(11) 有賀長雄『日露陸戦国際法論』(東京偕行社、一九一一年)二二〇頁。
(12) 同右、二二二―二二四頁。
(13) 「医務報告」、明治三七年一一月一日、「第百十四班　卅七年十月、十一月、十二月分報告」、臨救報二六一〇号、明治三八年七月一二日、『日露戦役　第百十四救護班報告　戦地』(書類編冊番号「戦四六二」)所収。
(14) 「患者護送報告」、明治三七年七月九日、「鳳凰城在勤第九十九救護班七月分報告」、臨救庶第三六一八号、明治三七年九月一三日、『日露戦役　第九十九救護班報告　戦地』(書類編冊番号「戦四五〇」)所収。
(15) 『日露戦争救護報告』九二一―九二二頁。
(16) 蜷川新『黒木軍ト戦時国際法』(清水書店、一九〇五年)六七―六八頁。
(17) 同右、六八頁。
(18) 同右。
(19) 『日露戦争救護報告』九二〇頁。
(20) 加福豊次「黒木軍と赤十字」(『国際法雑誌』第六巻二号、一九〇七年一一月)二一―二三頁。
(21) 「臨時報告書」、明治三七年一〇月一三日、「第百九班本渓湖臨時報告」、臨救庶報二四七号、明治三七年一一月七日、『日露戦役　第百九救護班報告　戦地』(書類編冊番号「戦四五七」)所収。
(22) 「第百九班首半部敵ノ重囲ニ陥リタル報告」、臨救庶報一七七号、明治三七年一〇月二九日、同右所収。
(23) 「第四十一臨時救護班医務報告(第二)」、明治三八年四月五日、「第四十一臨時班三月分報告(在大連)」、臨救報一七七〇号、明治三八年四月一九日、『第四十一臨時救護班報告』(書類編冊番号「戦四九三」)所収。
(24) 「事務報告」、明治三八年三月三日、同右所収。
(25) 「第四十一臨時救護班医務報告(第二)」、明治三八年四月五日。
(26) 「作業報告」(日付なし)中の「勤務」「大連兵站病院第一分院付」の記事、「第十六臨時班作業報告」、臨救報八〇号、明治三九年一月一二日、『日露戦役　第十六臨時救護班報告　戦地』(書類編冊番号「戦四七三」)所収。
(27) 「作業報告」、明治三八年一二月二三日、中の「乙　治病保健ニ関スル件」「(ロ)大連ニ於ケル医務」の記事、「第四十一臨時班作業報告」、臨救報七二号、明治三九年一月一二日、『第四十一臨時救護班報告』。

(28)「作業報告」中の「甲　勤務」「(ロ) 大連ニ於ケル勤務」の記事、同右所収。
(29)「事務報告　第七回　四月分」、明治三八年五月五日、「第十六臨時班四月分報告（大連）」、臨救報二四五〇号、明治三八年六月二七日、『日露戦争救護報告』九一五、九二三頁。
(30)『日露戦争救護報告』九一五、九二三頁。
(31)「露国俘虜捕獲総数表」（陸軍省『明治三十七八年戦役俘虜取扱顛末』有斐閣書房、一九〇七年、以下、『俘虜取扱顛末』と略記）付表第一号。
(32)「旅順に於ける救護一班」（日本赤十字社『博愛』第一五七号、一九〇五年三月）四頁。
(33) ロシア衛生部員の残留は、開城規約第九条が「旅順口ニ在ル露国陸海軍ノ衛生部員及経理部員ハ、病傷者及俘虜ノ救護、給養ノ為メ、日本軍ニ於テ必要ト認ムル時期迄、日本軍ノ衛生部員及経理部員指揮ノ下ニ残留シテ引続キ勤務ニ服セシムベシ」と規定していたことによる。
(34)『俘虜取扱顛末』二二三―二二四頁。
(35)「医務報告（一月分）」、明治三八年二月五日、「第拾八臨時班一月分報告」、臨救報一〇七一号、明治三八年二月一五日、『日露戦役　第十八臨時救護班報告　戦地』（書類編冊番号「戦四七六」）所収。
(36)「医務報告第四回　一月分」、明治三八年二月三日、「第十六臨時班一月分報告（在旅順）」、臨救報一五七五号、明治三八年三月三〇日、『日露戦役　第十六臨時救護班報告　戦地』。
(37)「医務報告（一月分）」、明治三八年二月五日、「第拾八臨時班一月分報告」。
(38)「第百四班作業報告」中の「(一)勤務概況」の記事、明治三九年一月一〇日、臨救報第五四号、『日露戦役　第百四救護班報告　戦』（書類編冊番号「戦四五三」）所収。
(39) 同訓示は、『日露戦争救護報告』九五〇―九五一頁所収。
(40)「作業報告」中の「旅順ニ於ケル勤務」の記事、『日露戦役　第四十一臨時教護班報告　戦地』。
(41)「旅順における我赤十字」（『博愛』第一五九号、一九〇五年四月）四―六頁。
(42) ロシア衛生部員が日本軍の処置を非難したため、同国軍医に各病室を巡視させたところ、軍医はその整頓、看護とも完全なことに満足したのみならず、患者から懇切な看護に感謝している旨を聞き、同国衛生部員を代表して謝辞を述べるということもあった（『日露戦争救護報告』九四四頁）。

(43) 有賀長雄「旅順の整理（五）敵の病傷兵士救護」（『日露戦争實記』博文館、一九〇五年五月）六頁。
(44)『俘虜取扱顛末』二一七頁。
(45)「事務報告」、明治三八年五月五日、「第十八臨時班四月分報告（大連）」、臨救庶二〇八二号、明治三八年五月一八日、『日露戦役　第十八臨時救護班報告　戦地』。
(46)『日露戦争救護報告』九五五—九五六頁。
(47) 同右、九三二—九三三頁。
(48)『俘虜取扱顛末』二一四頁。
(49)『日露戦争救護報告』九五七、九六二頁。
(50) 博愛丸、弘済丸および陸軍病院船内における救護班の勤務状況とその成績については、同右、四二七—五九九頁参照。
(51) 細川源太郎著・喜多見昭彦編『日露戦争秘話　病院船弘済丸見聞録』（博文館新社、一九九三年）一九五—一九六頁。
(52) 同右、二〇六—二〇七頁。
(53) 同右、一九二頁。しかし、まったく日本食を食べることができない患者がいたようで、このときは三食ともパンを与えている（『日露戦争救護報告』九六一頁）。
(54) 俘虜収容所の開設日および閉鎖日、各収容所の収容者数については、「俘虜収容所一覧表」、『俘虜取扱顛末』付表第二号所収および「俘虜収容所別収容俘虜数」、同付表第四号所収を参照。
(55)『俘虜取扱顛末』二一四—二一五頁。
(56) 同右、二五頁。
(57) 同右、一三頁。
(58)「韓国京城三増特別委員長ヱ救護施行ニ関スル心得方ニ付通牒」、臨救庶第一九九号、明治三七年二月一六日、『日露戦争仁川臨時赤十字病院関係』（書類編冊番号「戦二六四」）所収。
(59)「報告書」、明治三七年二月二一日、「仁川臨時病院救護報告」、臨救庶四一一号、明治三七年三月四日、同右所収。
(60)「三増京城特別委員長報告」（社長宛電報、二月一一日着）、「露国水兵負傷者救護ニ関シ韓国京城三増特別委員長報告ノ件」、臨救庶九一号、明治三七年二月一二日、同右所収。
(61)「報告書」。

(62) 同右および『日露戦争救護報告』八六〇―八六一頁。
(63) 「第二回報告」、明治三七年三月二三日、「仁川臨時病院第二回報告及患者写真送付ノ通知」、臨救庶八八四号、明治三七年四月七日、同右所収。
(64) 『日露戦争救護報告』八六三―八六四頁。
(65) 「第二回報告」。
(66) 「松山臨時救護所第二回報告」、臨救庶六九二号、明治三七年三月一七日、『日露戦役　松山臨時救護所関係』(書類編冊番号「戦三三六」) 所収。
(67) 四月から九月にかけての「医務報告」参照。同報告は、『日露戦争　第八十一救護班報告　松山』(書類編冊番号「戦四三六」、以下、『第八十一救護班報告』と略記) 所収。
(68) 『日露戦争救護報告』八六六―八六七頁。
(69) 「事務報告」、明治三七年六月一一日、「第八十救護班月報 (松山俘虜)」、臨救庶一八四三号、明治三七年六月一六日、『日露戦役　第八十救護班報告　松山』(書類編冊番号「戦四三五」、以下、『第八十救護班報告』と略記) 所収。
(70) 「事務報告」、明治三七年一〇月五日、「第四十二班一〇月分報告 (松山在勤)」、臨救庶三七二号、明治三七年一一月二六日、『日露戦役　第四十二救護班報告　松山』(書類編冊番号「戦四〇四」、以下、『第四十二救護班報告』と略記) 所収および「事務報告」、明治三七年七月四日、「第八十二救護班六月分報告」、臨救庶二二三九号、明治三七年七月一八日、『日露戦役　第八十二救護班報告　松山』(書類編冊番号「戦四三七」、以下、『第八十二救護班報告』と略記) 所収参照。
(71) 「治病保健」(日付なし)、「第八十一班作業報告 (元松山在勤)」、臨救報八三号、明治三九年一月一三日、『第八十一救護班報告』。
(72) 「事務報告」、明治三八年二月三日、「第八十二班一月々報」、臨救庶一二一二号、明治三八年三月二日、『第八十二救護班報告』。
(73) 「班務処理報告書類」中の「治病保健」の記事、「第四十二班作業報告 (元松山勤務)」、臨救報一三二号、明治三九年一月二三日、『第四十二救護班報告』。
(74) 「作業報告」、明治三八年一一月二五日、「作業報告書」、「第七十六班作業報告 (元松山勤務)」、臨救報四一〇九号、明治三八年一二月一一日、『日露戦争　第七十六救護班報告 (松山)』(書類編冊番号「戦四三二」、以下、『第七十六救護班報告』と略記）所収。
(75)「作業報告書」、明治三八年一二月一一日、「第七十六班作業報告（元松山在勤）」、臨救報四一〇九号、明治三八年一二月一一日、同右所収。
(76) 同右。
(77)「作業報告」（日付なし）中の「治病保健」の記事、「第八十二班作業報告（元松山在勤）」、臨救報二〇六号、明治三九年二月一二日、『第八十二班救護報告』。
(78)「班務処理報告書類」中の「勤務」の記事、「第四十二班作業報告（元松山在勤）」、臨救報一三二号、明治三九年一月二三日、『第四十二救護班報告』。
(79)「作業報告」中の「治病保健」の記事、「第八十二班作業報告（元松山勤務）」。
(80)「事務報告書」、明治三七年八月三日、「第八十救護班七月分報告（松山）」、臨救庶二八四一号、明治三七年八月一五日および「事務報告」、明治三八年一月七日、「第八十班一二月々報」、臨救報八二二号、明治三八年一月一九日、『第八十救護班報告』。
(81)「事務報告」、明治三八年二月三日、「第八十二班一月々報（在松山）」、臨救報一二一二号、明治三八年三月二日、『第八十二救護班報告』。
(82)「事務報告」、明治三八年二月九日、「第七十六班一月々報（在松山）」、臨救報一〇九一号、明治三八年二月一七日、『第七十六救護班報告』。
(83)「第四十二班三月々報告」、臨救報一九二二号、明治三八年五月五日、『第四十二救護班報告』。
(84)「事務報告」、明治三八年五月二一日、「第八十班　四月々報」、臨救報二一八六号、明治三八年五月二八日、『第八十救護班報告』。
(85)「事務報告」、明治三八年四月、「第八十班三月々報（在松山）」、臨救報一八九六号、明治三八年四月二九日、同右所収。
(86) ソフィア・フォン・タイル（小木曽龍・小木曽美代子訳）『日露戦争下の日本――ロシア軍人捕虜の妻の日記』（新人物往来社、一九九一年）五四頁。
(87) F・クプチンスキー（小田川研訳）『松山捕虜収容所日記――ロシア将校の見た明治日本』（中央公論社、一九八八年）一六六―一六七頁。

(88) 同右、一二九―一三二頁。
(89) 同右、一五〇―一五一、一九〇―一九二頁。
(90) 松山俘虜収容所編『松山収容露国俘虜』(松山俘虜収容所、一九〇六年) 二九八―二九九頁。
(91) 「事務報告」、明治三八年五月五日、「第八十一班四月々報 (在松山)」、臨救報二一五七号、明治三八年五月二四日、『第八十一救護班報告』。
(92) 『日露戦争救護報告』九八九頁。
(93) 同右、一〇一〇―一〇一一頁。
(94) 同右、一〇一〇―一〇三二頁参照。
(95) 「第六十三班作業報告 (元金沢勤務)」中の「勤務ニ関スル件」の記事、臨救報四二七六号、明治三八年一二月二一日、『日露戦役　第六十三救護班報告　金沢』(書類編冊番号「戦四二二」) 所収。
(96) 「事務報告」(日付なし)、「第十七救護班報告書 (六月分)」、臨救庶二一六〇号、明治三七年七月九日、『日露戦役　第十七救護班報告　佐世保』(書類編冊番号「戦三八六」) 所収。
(97) 「医務報告」、明治三七年九月五日、同右所収。
(98) 「医務報告」、明治三八年六月五日、『日露戦争　第八十五救護班報告　佐世保』(書類編冊番号「戦四三九」) 所収。
(99) 「事務報告」、明治三八年七月五日、「第十七班六月分報告 (在佐世保)」、臨救報二六四〇号、明治三八年七月一五日、『日露戦役　第十七救護班報告　佐世保』。
(100) 『日露戦争救護報告』一〇二七―一〇三〇頁。
(101) 日本赤十字社島根県支部創設百周年記念事業支部百年史編集委員会『日本赤十字社島根県支部百年史』(日本赤十字社島根県支部、一九九〇年) 二五七頁。
(102) 「明治三十八年五月二十七日日本海大会戦ニ於ケル露艦漂着者　負傷者救護ノ状況」、同右、二五八頁。
(103) 同右。
(104) 『日露戦争救護報告』一〇一一頁。
(105) 同右、三―五頁。
(106) 同右、三一六―三二〇頁。

(107) 同右、五―七頁。
(108) 「救護員死亡事故人数」、同右付表第二八。
(109) 「救護員患者傷病別人員」、同右付表第二七。
(110) 同右、一三―一四頁。
(111) 「戦地派遣救護班救護俘虜及支那人患者土地別人員比較」、同右付表第二。
(112) 「俘虜患者表」、『俘虜取扱顛末』付表第五。
(113) 同右、二八頁。
(114) 『極東国際軍事裁判判決速記録』一八二頁。
(115) 篠田治策『日露戦役国際公法』(法政大学、一九一一年) 六八四―六八五頁。
(116) たとえば、英国人のオリーブ・チェックランドは、「日本の人道主義的な努力の頂点は、約七万人の捕虜を抱え、彼らを公正にそして人道的に扱った日露戦争の最中にあった。日本赤十字社の医療部隊が、病に倒れたり傷ついたロシア人たちを長い期間看病したのであった」と書いている。オリーブ・チェックランド (工藤教和訳)『天皇と赤十字――日本の人道主義一〇〇年』(法政大学出版局、二〇〇二年) 一三頁参照。

第五章　軍都広島と戦時救護

千田武志

一　日清戦争期の広島の医療と日本赤十字社の救護活動

1　陸軍の医療活動と広島

一八九四（明治二七）年六月五日、広島の第五師団に諸部隊の要員の補充を求める第一次充員命令がだされた。これ以降、広島に全国から兵員・物資などが集められ、宇品港から中国大陸に送られた。

こうしたなかで九月一五日には明治天皇が広島に到着し、第五師団司令部に天皇に直属する最高司令部の大本営が移設され、一〇月五日、広島市が戒厳下におかれた。そして一〇月一八日、広島西練兵場内に建築された仮議事堂において、第七臨時議会が開会された。

日清戦争の開戦にともない、広島には全国から多くの兵士・商人・労務者が入りこみ、軍需景気に沸いたが、一方で市民は、物価の高騰、治安の悪化に苦しめられた。また、これまであまり述べられてこなかったが、コレラをはじめとする伝染病の恐怖にもさらされることになった(1)。

日清戦争において広島には、陸軍運輸通信部宇品支部など、兵員や物資輸送関係を中心に多くの軍事施設が整備された。そのなかには広島陸軍予備病院や、当時世界有数の規模と質を誇った似島臨時陸軍検疫所と付属避病院などの医療、衛生施設も存在していた。

一八九四年七月八日、陸軍は平時の病院である広島衛戍病院を利用して、戦時に対応する広島陸軍予備病院を開院した。その後八月八日から一〇月九日まで、広島博愛病院や仏護寺を使用して、臨時的に四分舎を開設した。また一〇月八日に西練兵場内に第一分院、一〇月九日に白島村の旧広島城内に第二分院、一〇月二三日に国泰寺村に第三分院（四二棟中一〇棟は伝染病舎）、一一月一六日に西練兵場内に第四分院を開院した。そのほか、廿日市町転地療養所、厳島町転地療養所や患者転送部（宇品）なども設置した。この結果、広島陸軍予備病院は、最終的に本院・分院・転地療養所をあわせて、四九五九名の患者を収容できる「一大病院ヲナシタ」のであった。(2)

一方、当初、伊部彝院長以下九名であった病院職員は、その後に増員され、最終的に軍医八〇名、雇医師九二名、看護関係者一三四〇名など、一七四八名となった。なお後述するように、このほか、日本赤十字社救護員（日清戦争期には救護班ではなく救護員といわれた）など三一五名が活動している。

一八九四年七月八日から九六年三月三一日まで広島陸軍予備病院に収容された患者は、五万四〇二〇名を数える（ただし実数は五万二五九八名、増加は病名改正による）。この動向をみると、転送が三万八七七二名（七一・八％）と非常に多く、以下、治癒九七四一名（一八・〇％）、死亡二六三四名（四・九％）などとなっており、戦地からの患者を一時収容し、他の陸軍予備病院へ引き渡すという、転送病院としての性格が色濃く反映されている。

また、病類、病名別に分析すると、器械的外傷の四二六一名（七・九％）にたいし、脚気の一万六八八五名（三一・三％）をはじめ伝染病の一万二三六一名（二二・九％）など、病者が圧倒的に多い。なお、この五万四〇二〇名という患者数は、日清戦争にともない生じた陸軍軍人等の戦傷病者数二八万五八五三名の一八・九％を占めており(3)、陸軍予備病院のなかでは群をぬく存在であった。

似島臨時陸軍検疫所は、最新式の蒸気消毒装置や薬物消毒室を備え、一日に五〇〇〇名から六〇〇〇名の消毒が可能な世界最大の施設として計画され、一八九五年四月四日に起工、六月一日に業務を開始した。浴室の一部が未完成など設備の不十分ななかで、入港船舶が殺到する困難に直面したが、しだいに整備され、一〇月三一日までに一三万七六一四名の検疫と一一万二七四六名の消毒を実施した。なおこれは、全国に三ヶ所あった陸軍検疫所の検疫人員二三万二三四六名の五九・二％、消毒人員一五万八四六〇名の七一・二％にあたる。

また、付属施設として避病院も併設された。この避病院には、一二六〇名が収容され、三八二名が死亡した（そのうちコレラ患者は、疑似を含めて九二六名、死者は三一三名）。これは、三ヶ所あった陸軍検疫所付属避病院の収容患者一九九四名の六三・二％、死亡者六三九名の五九・八％を占める。(4)

2　日本赤十字社救護員の広島陸軍予備病院への派遣

清国との戦争が避けられないものとなった一八九四年六月一九日、日本赤十字社は、第二章で述べたように、陸海軍大臣に救護員の派出を要請、二三日に大山巌陸軍大臣より受け入れるという回答をえた。そして陸軍との交渉により、日本赤十字社救護員は、危険の少ない非戦闘地域に派遣されることになった。しかし、看護婦の派遣について陸軍内では、若い女性を陸軍の病院で使用することは、「風紀上頗ル慮ル」(5)と反対論が強かった。

これにたいして大本営野戦衛生長官であり、日本赤十字社の常議員をつとめていた石黒忠悳は、「常に重症患者の看護は婦人の手でするが最も適当」(6)という考えの持ち主であった。また、国際情勢を重要視する人物でもあることから、日本が赤十字条約に加盟している以上、対外戦争が勃発した場合、欧米諸国が篤志看護婦の派遣を打診してくることは明らかであり、そうすると自国の看護婦は拒否して外国の看護婦を受け入れるという奇妙な状態になると、看護婦登用の必要性を強調した。

こうした石黒長官の論理は、不平等条約の改正を念頭におきながら、欧米にたいして文明国の日本と非文明国の清国との戦いとして日清戦争を位置づけようとしていた政府や陸軍首脳の考えと一致するものであった。

このようなこともあり、規律を厳重にして性的問題の発生を防止することに万全をつくしたうえで、広島陸軍予備病院において、軍事施設でははじめてとなる看護婦の勤務が実現することになったのである。責任の重さを認識した石黒長官は、日本赤十字社病院看護婦監督の高山盈を派遣看護婦の取締に任命するとともに、日赤にたいし派遣看護婦の人選に際しては、「第一規律ヲ重ンシ従順ナル者、第二品行方正ニシテ社旨ヲ奉スル心ノ篤キ者、第三技倆ニ練達シ、ナルヘク年ヲトリテ且ツ美貌ナラサル者」(7)とするよう要請した。

同年八月二日、理事首長・陸軍歩兵中佐清水俊の統率のもと、医長高橋種紀ほか医員三名、調剤員一名、看護婦取締一名、看護婦二〇名、書記・会計二名、使丁一名の総員三〇名によって患者一〇〇名に対応する第一回派遣救護員（当初、この組を第一救護員、戦地に最初に派遣された組を第二救護員、当院に二番目に派遣された組を第三救護員としていたが、のちに戦地派遣組のみを順番に呼ぶなど混乱が生じた。ここではこうしたことを避けるため、『日本赤十字社史稿』にならい、広島に最初に派遣された第一救護員を第一回派遣救護員、第三救護員を第二回派遣救護員とする）が組織された。なお、出発を前にして高山は、看護婦を集めて、「皆の中で万一にも不品行の失態をおかす者がでた場合、私は死を決心していると告げ、全員の覚悟のほど問いただした」(8)といわれている。

こうして八月三日に東京を出発した第一回派遣救護員は、八月五日に広島に到着、広島博愛病院を活動の場と定め、八月六日、同院を使用して広島陸軍予備病院第一分舎日本赤十字社救護員派出所を開所した(9)。なお、日本赤十字社広島支部はこれに対応して、それまで広島博愛病院において働いていた看護婦一〇名や同支部看護婦養成所の新卒業生・五名などを召集、いつでも救護員として派遣できる態勢を整えた(10)。

第一回派遣救護員が活動の拠点とした広島博愛病院は、戦時は博愛社と連携して、傷病者を救護する「陸軍病院ノ補助院」、そして平時は民間の患者、なかでも「治療ヲ受クヘキ資ナキ者ヲ救療」[11]する慈善病院の役割を担うものとして計画された。そして、東京の博愛社病院（一八八六年一一月一七日に開院式）に先立って、同年一〇月三日に開院し、広島鎮台病院長の長瀬時衡ら軍医を中心として運営された。

また、日本のジュネーブ条約への加入が具体化するなかで、八六年一一月二八日に、ほかの地域ではみられない広島博愛社が設立された。さらに、八八年五月五日、「広島ノ位地タル第五軍管各県ノ稍中央部ヲ占メ殊ニ鎮台直下ニ在テ所謂枢要ノ地ナレハ地理人情共ニ支部タラザルヲ得ザルノ情勢ニ有之」[12]と強力に運動を展開、第五師団の支援もあって支部設立の条件を満たしていないにもかかわらず、全国でもっとも早く、七月一〇日に日本赤十字社広島支部の設立を実現した[13]。

こうして活動を開始した広島支部は、九三年二月一三日に日本赤十字社広島支部看護婦養成所を設立、広島博愛病院を借用して日本赤十字社看護婦養成所第二回卒業生の川村もとを中心として看護教育を開始、同年一二月二日、七名に卒業証書を授与した[14]。

以上のように、広島においては、陸軍や市民の理解をえて日赤の活動は広がりつつあり、こうした点が救護員の活動の支えとなっていたのである。

その後第一回派遣救護員は、広島博愛病院だけでは収容定員が六〇名にすぎないため、それに加えて隣接するキリスト教会、広島医会場も病室として使用することになった（第一分室）。そして九四年九月一四日に、救護定員を一〇〇名から二〇〇名へ変更するように求められたことにともない、医師一名、看護婦一〇名の増員を受けるとともに、九月一九日に新川場町一三〇番地の戒善寺を借用して補充病院とした（第二分室）。

大本営を広島に移転した九月一五日、日本赤十字社は小山善医長心得、医員四名、調剤員二名、書記・会計二名、看護婦取締仁礼寿賀子（篤志看護婦人会員で仁礼景範海軍中将夫人）、看護婦三〇名、使丁一名の五九名からなる、患者二〇〇名に対応する第二回派遣救護員（当初、第三救護員と呼ばれた）を組織した。九月一八日に広島に到着した第二回派遣救護員は、二一日より仮に広島陸軍予備病院本院の第七号（伝染病、最重病室）、第一号、第五号（雑内科病室）の三病室を分担した。

仁礼夫人が看護婦取締となった経緯について石黒長官は、「此時局に対し、何か相当の用は無いかと申されるから、相当の用は沢山あるが、先づ看護に従事せられたい、是は直ぐに患者に付くのではない、看護婦の中へ這入って、共に寝泊りをして、看護婦の監督をして戴きたい[15]」と依頼し決定をみたという。看護婦取締は重要な役割であるにもかかわらず、適任者が少なく人選に苦悩したことがわかる。

こうしたなかで一〇月八日、かねてより建設中の第一分院が完成した。これにともない、一〇月九日に第一回派遣救護員が第一分舎の患者九五名とともに、第二回派遣救護員が本院よりそこに移転した。なお広島博愛病院は、一一月から日赤救護員（看護婦）の宿舎として利用されることになった[16]。

その後患者の急増にともない、陸軍省より日赤にたいし救護員の増員要請があり、これに応じて一一月五日、日赤京都支部の理事西村七三郎以下、医員四名、調剤員一名、書記・会計二名、看護婦取締一名、看護婦二〇名、使丁一名、合計三〇名によって救護員が編成され、七日より第三分院の、主に伝染病患者を収容する四棟を担当した。京都には、同志社の創設者として知られる新島襄が設立（一八八七年一一月一五日に開業式）した京都看病婦学校があり、同校卒業生五名、生徒二名を中核として篤志看護婦人会員でもある新島八重を看護婦取締として組織されたものと思われる[17]。なお、その後一一日には、医員一名、看護婦一〇名、使丁一名がさらに派遣され、京都支部救護員も患者二〇〇名に対応できる組織となった。

この後も多くの日赤救護員が広島に派遣され、第一、第二回派遣救護員ないし京都支部救護員に所属し活動を展開した。しかし九五年四月一七日に下関条約が締結され、その後しだいに患者が減少したこともあって、六月一七日に京都支部救護員の全員、二一日に第一、第二回派遣救護員の大部分、七月三一日に残る全員の任務が解除された。

この間、第一、第二回派遣救護員として二一二名（このなかには広島支部の四二名をはじめ、岡山・徳島・山口支部などからの一〇八名の看護婦、日本の看護教育の草わけのひとつである東京慈恵医院看護婦教育所卒業の看護婦一二名が含まれる）、京都支部から七〇名、計二八二名の救護員が広島陸軍予備病院に派遣された（このほか日本赤十字社篤志看護婦人会員三三名）。なお東京慈恵医院看護婦教育所は、一八八五年一〇月に、「東京慈恵会医科大学の創設者高木兼寛が、ロンドンのセント・トーマス病院にならって有志共立東京病院開設に力を注ぎ、そこにナイチンゲール看護婦養成所を範とした看護婦教育所を附置したことに始まる」[18]と述べられている。なお高木は、海軍においてイギリス式の医務制度を確立するとともに、脚気予防に多大な功績をあげた医師としても有名である。

広島に派遣された救護員は、日清戦争期に国内外で活動した日赤救護派遣員総数一五五三名の一八・二％、国内一一ヶ所の陸軍予備病院派遣者八三七名の三三・七％にあたる。また広島陸軍予備病院において、日赤救護員は五〇八八名の患者（第一、第二回派遣救護員が三三三一名、京都支部が一七五七名）の治療と看護にあたっているが、この数値は日赤が救護した全入院患者数二万八二七一名中の一八・〇％、全陸軍予備病院で救護した入院患者九四三八名の五三・九％を占めている。なお広島においては、医師一名を含む五名が伝染病などによって死亡している。

3　日本赤十字社救護員の活動とそれにたいする評価

一八九四年八月五日に包帯材料、消毒材料、薬品、患者被服、寝具、医療機器などを準備して広島に到着した日本赤十字社第一回派遣救護員は、第一分舎となった広島博愛病院に荷物をとき、八月九日より活動を開始した。その後、やはり医薬品などを携行して九月一八日に到着した第二回派遣救護員は、一時期、広島陸軍予備病院本院で活動した。

一〇月八日に第一分院が完成し、九日に第一回派遣救護員は第一分舎から、第二回派遣救護員は本院から第一分院へ移転した。これにより陸軍衛生部員と共同救護となり、医薬品も陸軍から支給されることになったが、これまでと同様に治療上、看護上のことについて干渉を受けることはなかったという。

日赤救護員が移転した当時の第一分院は、一棟（七・二メートルと四五メートル、四〇床）の仮病舎二五棟からなっていた。このうち第一回派遣救護員は外科病室九、一〇、一一号と内科病室一三、一四号の五棟、第二回派遣救護員は外科病室七、八号、内科病室一六、一七、一八号の五棟を担当、各棟を一名の医員が分担することになっていた。

医員の出勤は午前八時、退院は午後五時とし、第一および第二回派遣救護員から一名ずつ輪番で宿直にあたった。看護婦も通常の勤務時間は医員と同じであったが、夜間宿直は一棟四名とし、半夜交代で二名ずつ徹夜看護に従事した。看護婦の勤務形態は陸軍と同一で、最重症患者一名に看護婦一名、重症二名に一名、軽症二〇名に三名となっていた。

移転にともなう混乱のなかで、一〇月一〇日に平壌より傷病者二〇名（多くは腸カタル、脚気患者）が入院、このため第一回派遣救護員が担当した「病室ハ忽ニシテ満員ヲ告ケ、補充医員看護婦ノ来着ナク、此ニ一段ノ煩雑ヲ極ム」[19]ることとなった。この時は、救護員の奮闘と翌日に日赤広島支部より一五名の看護婦が派遣されたことに加え、陸軍より看護人の応援があり乗り切れたと報告されている。

その後も患者の増加はつづき、九四年一〇月二二日には、「遠江丸」によって三〇〇名の傷病者が到着、「第一分院ニハ百名入院シ、九百二十ノ臥床ハ全ク充チタ」[20]状態となってしまった。なお彼らの多くは、赤痢と脚気患者であった。

この間の一〇月一二日には、医員・薬剤員を集めた会議において伊部院長より、「手術ヲ要スヘキモノモ可成後送ノ方針」[21]との指示があり、できるだけ自ら手術をおこない患者の苦悩をやわらげたいと考えていた日赤の医師たちは、驚きと落胆を隠しきれなかった。そうしたなかで一〇月二〇日には、第一回派遣救護員の高橋医長により、左上膊肩胛貫通銃創患者の手術が実施された。なおその様子は、つぎのように報告されている。[22]

右ハ去月十五日平壌役ニ際シ上膊骨頭ニ射入シ肩胛骨外縁ニ触レ、以テ背部ノ筋ヲ貫通シ肩胛骨下隅下一ツオル半ノ処ニ射出シ、去十二日一応切開排膿シ尚ホ今日ローベルト氏ニ従ヒ上膊骨頭截除術ヲ施ス、上膊骨ハ外科頸ニ於テ骨折シ上半縦横ニ破砕シ已ニ骨炎ヲ発シ骨縫ヲ施スノ術ナク、止ムヲ得ス上膊中央ニ於テ鋸断シ骨頭モ亦甚シク粉砕シ式ヲ履シテ筋ノ附着ヲ切離スルニ由ナク、片々トシテ骨頭ヲ除去セリ

こうした日赤救護員、とくに看護婦の活動について、広島陸軍予備病院は、「当院ノ業務最モ繁劇ナル時ニ……最モ誠実ニ最モ勤勉ニ当院ノ業務ヲ幇助シ[23]」たと、その治療・看護技術と使命感にたいして高い評価をしている。一方、当初、看護婦の服装を「白衣ノ観音ナリト嗤笑」した広島市民も、小松宮妃、北白川宮妃など篤志看護婦人会員が一様に白衣を着用しているのを目の当たりにして、「看護ハ賤業ニ非ズト云フコトヲ悟[24]」ったといわれる。

このような看護婦にたいする高い評価は、初期の日本の看護教育を担った学校の卒業生が広島に集合し、日赤広島支部の支援をえて使命感をもって実践に臨んだ成果といえよう。さらに、つぎにみるように、繰り返し献身的な看護婦を賞賛する記事を掲載しつづけた新聞、とくに地元新聞の影響もけっして小さくなかった。[25]

看護婦の模範　広島陸軍予備病院に勤務中なる看護婦は、何れも皆な丁寧懇切にして能く其職務を尽すより各患者は非常に其信実を喜び居る、中にも日本赤十字社熊本支部より来りたる西島某子は最も能く万事に心付き重病患者に対するも絶て倦怠の心なく、而して暇あれば必ず室内の掃除及被服の洗濯等能く行渡りて大に患者の心

に満足を与ふるより何れの患者等も彼女を称して慈母と呼居る由、婦女子の身に生れて遠く郷里を辞し奮然進んで看護の任に当りたる其志尚ほ賞すべきに、今は又た能く其職務をつくして患者に満悦を与ふるとは実に得難き看護婦の模範感ずるに余りありといふべし

ただし医師にたいしては、「赤十字社医員の傲慢」という見出しで、「我儘放恣《わがままほうし》なる行為をなし、又たは軍医等の指揮を奉ぜざるのみならず、却て軍医等を凌駕使役せんとする趣ある」[26]と、公式記録にはみられない批判記事が掲載されている。また、陸軍や日赤においては、「何ら風紀上の悪評も起らず」[27]といわれた性的問題についても、日赤の看護婦かどうかは不明であるが、「看護婦の痴談」という見出しで、「広島陸軍予備病院に此醜態痴情を演ずる看病婦あり」[28]と、傷病兵と恋愛した看護婦にたいし、兵士の名誉を害する極悪人かのように実名をあげて糾弾している。

このような例外はあるものの、ほとんどの新聞報道は看護婦に好意的であった。こうしたこともあり、広島においては、「世の婦女子をして国家有事の秋に於て務むべきは看病のことなりとの感想を惹起せしめたると同時に、看護学の必要を感ぜしめたる事なるが、中にも広島英和女学校にては今回学科中に看護学の一科を加へ」[29]ようと計画するにいたったと報道されている。若い女性が「正義の戦争」に参加できる誉れ高い職業として看護婦が認知され、その養成が学校教育のなかに広がろうとしていることをうかがうことができる。

以上のように、日清戦争を通じて日赤救護員、とくに看護婦の存在は、軍事上欠かせないものとしてだけでなく、女性が戦争に参加できる尊い職業として国民からも認められ、そしてやがて自立を求める女性の職業として定着することになった。ただしそこには、救護員の選定に際し専門職としての看護の精神や技術以上に、国の方針や軍人・医師に従順で品行方正なうえ、自己犠牲を厭わない看護婦が尊重され、それらが求められる看護婦像になるなどの傾向があった。

こうした看護婦像は、石黒長官がもっとも感銘した美談として紹介している日赤京都支部救護員の遺書にも反映されている。このなかで一八歳の看護婦は、伝染病室に配属されたのは、看護婦として名誉であり、「何時感染ヲ受クルト雖トモ其職ニ斃ル、ニ於テハ毫モ遺憾ナシ」と覚悟を述べるとともに、両親にたいして、娘は国家のために命を捧げたものと思いよろこんでくださいと書き残して死んだのであるが、葬儀のために広島を訪れた父親は、「娘モ国事ニ尽斃セルヲ以テ僥倖トスル所ナラン、拙者ニ於テモ誠ニ本懐ノ至リナリト」清水理事首長に語ったという。(30)

これをみると、日赤は、「報国恤兵」と「博愛慈善」を二本柱として活動したといわれるが、前者により比重がおかれていたといえよう。また、悲惨な傷病者をもたらす戦争に疑問を感じたり、医師とは異なった視点からよりよい看護を目指す看護婦が生まれにくい風土ができたように思われる。

なお、女性である看護婦の軍病院における救護活動は、男性だけでなく女性も戦争に参加できる道を示し、日清戦争は国民戦争であるという、ナショナリズムにもとづいた世論を形成することに少なからぬ役割を果したといえよう。

二　北清事変期の広島の医療と日本赤十字社救護班の活動

1　陸軍の医療活動と広島

日清戦争において軍事基地としての重要性が証明された広島市とその周辺には、その後も陸軍の施設の開設があいついだ。一八九六（明治二九）年三月には、衛生面で重要な役割を担う、広島軍用水道の工事が開始された（一八九八年八月に完成）。また九七年には、食糧の調達にあたる陸軍糧秣廠宇品支部と、大阪砲兵工廠広島派出所などが設立された。

さて、一九〇〇年に北清事変が起こると、六月二七日に広島陸軍予備病院が広島衛戍病院本院（定員二三〇名）、同三区（定員四六四名）を使用して開院し、七月一八日より戦地から送られてくる患者を収容した[31]。その後、フランス兵を中心とする外国人患者の受け入れと戦地からの日本人還送患者の増加に対応するため、七月二〇日から八月一日にかけて、第三区内に一〇棟の臨時病舎が建設された。

七月に約二〇〇名であった入院患者は、八月に入ると激戦を反映して約一四〇〇名へと急増、そのため輜重兵第五大隊兵営前の空地に十数棟の仮病舎を建て、九月四日に第二区として業務を開始した。また、この間の八月に厳島・廿日市、そして一〇月に五日市に、翌一九〇一年七月に湯田に転地療養所を開所している。

ここで、一九〇〇年六月二七日から翌年一〇月一〇日までに広島陸軍予備病院に収容された患者の入院後の動向を追うと、日清戦争の時と異なり、入院患者七九一九名のうち、治癒が五〇二九名（六三・五％）と多く、以下、転送三六四名（四・六％）、死亡二三四名（三・〇％）などとつづく。北清事変においては、予備病院が広島だけにしか開設されず、一定期間、同院において改良を加えた治療がおこなわれたことによると推測できる。

つぎに病類、病名別にみると、戦時特有の外傷および不慮（不慮の事故のことと思われる）は、一〇九六名（一三・八％）と日清戦争時よりも比率は増加しているものの、やはり全身病の三四九二名（四四・一％）、栄養器病の一三三八名（一六・九％）などの病者が圧倒的に多い。

また、全身病の内訳をみると、一六九三名の脚気と一五六八名の伝染病があいかわらず多いが、伝染病のなかにコレラはみられず、そのことも日清戦争期に比較して死亡率を減少させたものと思われる。

すでに述べたように（第三章参照）、政府は外国人患者を広島陸軍予備病院に入院させることを決定、はじめて軍病院に外国人を入院させるため、七月から九月にかけて病院船「博愛丸」と「弘済丸」によって一二五名（フランス人一二二名、ベトナム人一名、オーストリア人二名）を広島に輸送した。そのうち四名は船内で死亡したが、一名が広島において発病したため、予備病院において治療を受けた者は一二二名となった。

その結果、治癒七〇名、事故退院三〇名、転送一七名、死亡五名となり、一二月には全員が退院した。なお、船内を含む死亡者九名のうち七名は、広島市にある比治山陸軍墓地に埋葬された。

そもそも広島陸軍予備病院は、前述のように広島衛戍病院を引き継いだのであるが、開戦とともに半数の職員が野戦部隊に転出し、西原政徳院長以下、医師六名、看病人六二名など一一一名で業務を開始しなければならなかった。その後職員数は、送られてくる患者の増加にともなう設備の拡充に対応して、七月末に二〇八名、八月末に四〇八名、九月末には五三一名へと急激に増加するが、そのなかには臨時に採用された看病人が多く、熟練するには時間が必要であり、それまでの間は日赤救護班が大きな役割を果たすこととなった。

2　日本赤十字社救護班の広島陸軍予備病院への派遣

すでに述べたような経緯によって（第三章参照）、広島陸軍予備病院に日本赤十字社救護班が派遣されることになった。この受け入れのため一九〇〇年七月一一日、書記一名をともなって広島に到着した緒方惟精賛事は、日本赤十字社広島支部事務員の協力をえて、医薬品を保管する材料庫と隣接地西向寺（広島市細工町）を寄宿舎として借用する手配をするとともに、第五師団を訪れて病室の借用を依頼し、承認をえた(32)。

こうして準備がすすめられるなかで、七月一五日、「博愛丸」によって送られてきた外国人患者は日赤に委託するという方針にそって、医員二名、調剤員補一名、看護婦長一名、看護婦一〇名、通訳員一名、事務員一名の、合計一六名からなる第一救護班が編成され、七月一六日に広島に到着した。

ただちに広島陸軍予備病院の一室を借用して外国人患者用の病院を開設しようとしたが、七月一七日に桂太郎陸軍大臣より、外国人患者は政府において治療することになったため、第五師団のもとで救護活動を展開するよう命じら

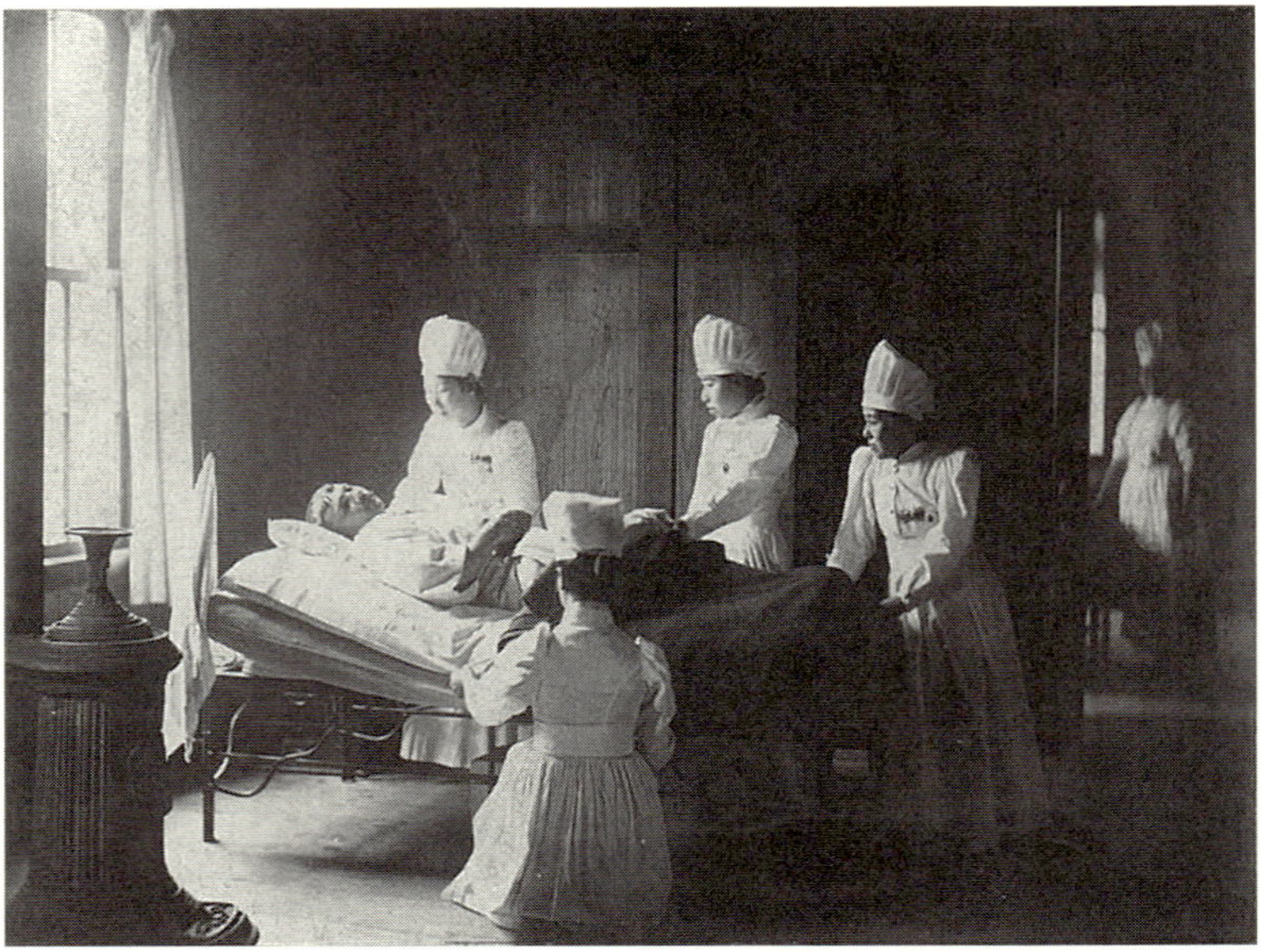

図5-1　広島陸軍予備病院におけるフランス兵の看護（陸上自衛隊衛生学校彰古館所蔵）

れた。なお患者の増加が予想されたため、七月二三日、日赤広島支部による合計一四名からなる第二救護班が編成された。

これらの班員にたいして江木千之日赤広島支部長（県知事）は、「今回諸子を召集せられしは、列国の傷病者を当予備病院に収容治療せらるゝに因ることなれば、諸子は之が看護をなすに当り苟くも不快を感ぜしむるの行為ある可からず……又諸子の召集せられしや……予備役の召集せられしに異ならねば其意を体して宜しく奮励努力せられたし[33]」と訓示した。

八月にいたり、三日に本社と神奈川・京都・大阪の四支部員による看護婦長一名と看護婦一〇名を一組とする三組、さらに一七日、島根・岡山・大阪・京都・名古屋の五支部による第三から第七までの五救護班（各一四名）が編成され、広島陸軍予備病院において救護にあたった。

これ以降も患者の増加はつづき、これに対応するため、九月七日、看護婦長六名（本部派遣）、看護婦六〇名（二五名は山口・広島・香川支部より派遣、三五名は看護婦未派遣支部より一名ずつ派遣）からなる五組（第四から第九組）を編成した。

これら看護婦は、全国各地より集合しなければならないこと、技術的に訓練の必要があることなどの理由により、まず日赤病院の看護婦寄宿舎に入寮のうえ、病室看護を実習させて九月八日に東京を出発、九月九日に広島に到着、広島陸軍予備病院の勤務についた。

九月一〇日以降、看護婦が増加し、患者も治癒するものが多く、ようやく平常の勤務が可能となった。このため一一月九日と一四日には第一、第四、第五、第六、第九の五組、五六名が解任となった。

その後も任務の解除がすすめられ、一二月二六日以降は広島・岡山支部によって編成された第二、第四救護班を残すのみとなり、一九〇一年三月五日をもって両班の任務も解除された。

一九〇〇年七月一九日より翌年三月五日まで、日赤救護員二七一名が広島陸軍予備病院に派遣され、一三二八名（日本人一二〇六名、外国人一二二名）の患者の医療と看護に従事した。これは、北清事変における日赤救護員総数七六八名の三五・三％、救護した全患者数一万二八三五名の一〇・三％にあたる。

このほか広島には、宇品特派救護員が二五名派遣され、三二六名の患者を取り扱い、また今回も少なからぬ篤志看護婦人会員が救護活動にあたっている。

3 日本赤十字社救護班の活動とそれにたいする評価

一九〇〇年七月一六日に最初に広島に到着した第一救護班は、七月一九日より広島陸軍予備病院第三区の手術室の勤務にあたった。そして七月二一日から第一区に移り、外科および手術室を担当、主として外国人傷兵、あわせて日本人傷兵の治療に従事した。

こうして七月二一日から本格的な救護活動に入るのであるが、第一救護班にとってこの日から九月九日までは、重傷外科患者が多い時にもかかわらず職員が少なく、もっとも忙しい時期であった。そのため一名の医員で一〇〇余名の患者を診療、看護婦も二名で患者三二名を担当し、定時に食事をとること、夜間に就寝することができないこともあった。

すでに述べたように、広島陸軍予備病院には一二二名の外国人患者が入院、主に日赤救護班によって治療がなされたのであるが、陸軍省は、広島陸軍予備病院にたいする評価は、国家の体面にかかわるとして、特別待遇をおこなった。彼らには、当時もっとも環境の整っていた第一区（旧広島衛戍病院）が割り当てられ、便所・家具・食器・食事などもできるだけ西洋式のものが提供された。

また七月には、特別に軍医学校教官三等軍医正で、「二年前に臨床用X線装置一号機を私費で輸入した」[34]医学博士の芳賀栄次郎など三名を広島に派遣し、主に外国人患者の治療にあたらせた。広島衛戍病院には、すでに前年の一八九九年にX線装置が導入されていたが、さらに性能の優れた二台の導入を要求し（八月二七日認可）、外国人や日本人の戦傷者を対象に二八九枚を撮影、日清戦争に比較して切断手術を減少させるなど、大きな成果をあげた。

外国人患者の救護にあたった第一救護班は、当初、通訳がいても医学上のことが理解できず、不便を感じたという。しかしながら簡単な語学の研修もあり、意思の疎通が可能となり、治療上において両者が不便を感ずることはあまりなくなった。

また、慈愛の念をもって献身的に看護にあたったこともあり、外国人患者は、「恰モ児輩ノ慈母ヲ迎フルカ如」[35]く看護婦に接した。そのため退院の際、患者の多くは別れを惜しみ、感謝の礼状などを残して帰国している。

外国人患者の食事は、ドイツ衛戍病院の規定を参考にしながら、下士卒は一人一日一円、佐尉官は二円、将官は三円とし（いずれも並食）、あらかじめ献立表は作成せず、季節と嗜好に応じて調理がおこなわれた（実際は西洋料理店の岡本楼に依頼）が、肉類・野菜類はなるべく同一の種類を使用しないように心がけた。また並食の患者には、飲料として一人一日一瓶以内のブドウ酒が与えられた（ブドウ酒代は、下士卒一円、佐尉官二円、将官三円）。

これにたいして日本人患者の食事についてみると、病状によって平食、七分食、五分食、全粥食、五分粥食、稀汁にわけられているが、脚気対策として麦を混入することはなかったようである（脚気にかかると麦飯を提供した）。また、一週間の献立によると、和食を基本としながら昼食に魚、夕食に牛肉がつくなど、当時の日本人の食事からみると栄養価の高いものとなっている。ただし重症患者にたいして、嗜好品や滋養品を提供できないなど、外国人患者に比較すると、見劣りするものであった。

日本赤十字社救護班の活動について陸軍は、繁忙期に、「赤十字社看護婦ハ最モ効力ヲ現ハセリ」(36)と高い評価をしている。さらに今回は、すでに述べたように輸送船に看護婦が動員されたことに加え、全県から広島へ救護員が派遣されたが、このことは日赤の看護教育の広がりを示すものといえよう。

これに加えて、北清事変に際しての大きな課題であった外国人患者にたいする医療と看護においても好評をえたことにより、日本赤十字社は国際赤十字の一員としての地歩を築いたといえる。ただし、あるがままの日本を見せることなく、ひたすら無理をして西洋流のもてなしをすることによって、果たして相互理解が深まるのかなど、将来に残された問題は多かった。

こうした点はあったものの、フランスという当時の先進国から患者の治療と看護を託され、それを感謝されるかたちで実行しえたということは、日本陸軍と日本赤十字社の医療と看護水準が、国際的評価をえたといえよう。

ただし外国人患者の救護は、国家の体面が重要視されたため、救護班、とくに看護婦にたいして、日清戦争期よりもさらに厳しい規律と自己犠牲を強いることになった。また江木支部長の、救護班の召集は予備役の場合と同様であるという訓示にみられるように、日赤を軍と同一視する指導者が少なくなかったことがわかる。

三　日露戦争期の広島の医療と日本赤十字社救護班の活動

1　陸軍の医療活動と広島

広島は日清戦争、北清事変以来、軍事施設の集積がすすみ、ロシアとの戦争が避けられない状況となった一九〇四（明治三七）年には、陸軍運輸通信部宇品支部が陸軍運輸部本部に昇格、また陸軍貨物廠（一九〇五年に陸軍被服廠広島派出所、一九〇七年に広島陸軍被服支廠と改称）が設立されるなど、いっそう兵站基地としての機能を強化した。その結果、日露戦争期にも、ほとんどの部隊と物資が宇品港より中国大陸などへ送りだされ、帰還したのであった。また、日本一の広島予備病院（日清戦争、北清事変では広島陸軍予備病院と呼ばれたが、日露戦争においては広島予備病院という名称が使用された）、似島臨時陸軍検疫所などの医療衛生施設も整備された。

国の命運をかけた日露戦争においては、多くの患者が広島に還送されることが予想されたため、これまでにない規模の病院や検疫所が求められることになった。一九〇四年三月六日、広島予備病院の開設命令がだされ、広島衛戍病院第三区（基町）の建物を利用し、三月一三日をもって準備を完了した。その後四月二日、広島衛戍病院を閉鎖し、ここを広島予備病院第一分院とし全職員を配属し、四月一九日、本院を第一分院（広島衛戍病院本院）に移し、これまでの本院（広島衛戍病院第三区）を第一分院と改称した[37]。

戦闘の激化にともない、同年一〇月一五日までに七つの分院が開設され、広島予備病院は一万名余を収容できる規模となった。さらに一二月一日に山口・浜田・忠海の各衛戍病院を閉鎖して分院とするなど拡張がつづいたが、一九〇五年三月頃から患者が減少したこともあり、八月七日に小姓町分院を閉鎖したのをはじめ、徐々に分院を閉院した。なお本院は、一九〇六年一〇月四日まで活動している。

このほか収容患者の増加に応じて、一九〇四年七月八日、後述する似島臨時陸軍検疫所隔離病室を転用して似島仮病室、九月六日に寺院を利用して西寺町仮病室を設置した。また湯野・鞆・室積・廿日市・五日市・別府に、それぞれ転地療養所を開所した。なお本院のほか浜田分院も、島根県那賀郡有福村と同郡美又村に転地療養所を開所している。

一九〇四年三月六日の開院時、大西亀次郎院長以下一六〇名にすぎなかった広島予備病院の職員は、患者の増加とともに増員され、もっとも多い一一月には、三五七八名に達した。その間、とくに当初は、職員とりわけ看護人の不足が深刻であったが、それを補ったのは日本赤十字社の救護班であった。

広島予備病院に収容された患者は、一九〇四年三月六日の開院から一九〇六年九月二九日の閉院まで、二二万四二一三名になるが、これは陸軍総患者一六六万八〇七六名中の一三・四%を占めている[38]。

このように、広島予備病院はこれまでになく拡張され、最大規模の病院としての役割を果たしたが、国の命運をかけた戦争ということで、ほかの陸軍医療施設も拡張されたため、相対的地位は低くなっている。

つぎに患者の入院後の動向をみると、転送が一七万七四六〇名（七九・一%）と圧倒的に多く、以下、治癒二万二四九八名（一〇・〇%）、死亡二六八四名（一・二%）となっており、日清戦争期以上に転送病院という性格が強くなった。

また病類、病名別に分析すると、日清戦争、北清事変の時と同様、脚気が六万九九二一名（三一・二%）とあいかわらず多いが、伝染病は七四六九名（三・三%）に減少し、それにかわって激戦と銃器の発達を反映して傷者が七万三九五三名（うち銃創五万五九五名、砲創一万七三四名、その他一万二六二四名）に達し（三三・〇%）、脚気をしのぐようになっている。

日清戦争を契機に、世界有数の検疫所を建設しコレラなど伝染病を克服した陸軍は、今や銃創・砲創と脚気、そして呼吸器病対策が求められていたといえよう。なお後述するように、このうち脚気については、海軍ではすでに解決ずみであった。

一方の似島臨時陸軍検疫所は、日清戦争期の施設を再利用した第一消毒所（避病院を含む）と、新たに建設した第二消毒所からなり、一日八〇〇〇名の消毒をすることが可能な国内最大の施設として、早くも一九〇四年一一月一日に開所した(39)。同所においては、一九〇六年六月一四日に閉鎖するまで、六六万三四四三名（陸軍検疫所全体一二八万九六二一名の五一・四％）を検疫、四四万七二三四名（陸軍検疫所全体七六万四〇二名の五八・八％）を消毒した。

また六七三名（痘瘡五名、赤痢三九三名、腸チフス九九名、その他一七六名）が避病院に収容されているが、日清戦争時と比較して検疫人員が増加しているにもかかわらず、伝染病患者は減少し、しかももっとも恐れられていたコレラ患者は皆無であった。なおこのうち四七一名は、捕虜患者となっている。

2　日本赤十字社救護班の広島予備病院への派遣と活動

第四章で述べたような経緯によって、日露戦争に際し日本赤十字社救護班が派遣されることになった。まず一九〇四年三月九日に、第七二救護班（山口支部によって三月一二日に編成）と第六八救護班（岡山支部によって三月一三日に編成）に派遣命令がだされ、両班とも一三日に広島に到着、一五日に勤務についた（いずれも医員二名、調剤員一名、書記一名、婦長二名、看護婦二〇名の二六名によって編成）。

これ以降、五月四日に第二（本部）、第六六（島根支部）、第七一（広島支部）、七月二〇日に第一一（大阪支部）、第七四（和歌山支部）、九月二一日に第六九（岡山支部）、第七三（山口支部）救護班、一〇月七日に第一六・第一七・第一八、一一月二二日に第一二九臨時救護班（いずれも本部所管）、一二月三日に第九二（宮崎支部）、一九〇五年一月一八日に第八九（佐賀支部）救護班に、広島予備病院勤務の命令がだされた。

このほか、陸軍病院船の勤務を終えた第一六（長崎支部）、第二七（茨城支部）と第九（京都支部）救護班が、一九〇四年七月一六日と七月一八日より勤務している。

このように広島予備病院には一四の救護班、四つの臨時救護班が派遣されたが、これは通常の救護班七八班（陸軍七四、海軍四）に短期救護班一五を加えた全救護班九三班の一九・四％にあたり、一四班で二位の東京予備病院より四班多い。

また、一九〇四年三月一五日の業務開始から一九〇六年二月二八日の全救護班引き揚げまで、傷痍一万九五八二名、伝染病三一九五名、平病三万一〇四一名、合計五万三八一八名の救護をおこなった。これは日赤救護班が治療や看護をした患者八二万七二二五名の六・五％、陸海軍病院合計二一万八二七四名のうちの二四・七％にあたり、二位の東京予備病院の三万三八九四名を引き離して首位であった。

このように広島予備病院に派遣された救護班、救護人員は、予備病院のなかでもっとも多いが、その占める比率は過去の戦争に比較して低い。なお篤志看護婦人会も、六名勤務している。

今回の特筆すべきこととして、看護婦の風紀の乱れを防ぐために講話会を設置することとし、一九〇五年五月一九日に第一回を開催、これ以降、週に二回ずつ実施された。

各班の活動については、一九〇四年三月一五日から翌年一〇月三一日まで広島予備病院に勤務した第七二救護班に代表させ、述べることにする。

本班は、常に旧広島衛戍病院庁舎に勤務し、主に戦地から送られた外科重症患者、あわせて少数の内科患者（いずれも大部分将校）の救護にあたった。救護は重要な戦闘のたびに困難をきわめたが、奉天会戦後の院内最大の病室の状況は、「患者ハ概ネ手術ヲ要スル者ノミ、或ハ上膊、下腿ヲ切断セル者アリ、或ハ褥瘡ニ呻吟スルアリ、或ハ死ニ瀕スルアリ」(40)という惨状を呈した。そのため一日中休む時間もなく看護はもちろん、患者の収容と転送、ベッドの整頓などに追われた。

広島予備病院には、アメリカ人医学博士アニタ・ニューカム・マギー（以下、慣例によりマギー夫人と呼ぶ）と九名の看護婦、そしてイギリス人のリチャードソン夫人が勤務している。

このうちマギー夫人一行一〇名は、東京で歓迎を受けたのち、小沢武雄日赤副社長にともなわれて京都・神戸を見学し、一九〇四年五月二八日に広島に到着した。そして六月一日より、第二および第六八・第七二救護班とともに広島予備病院に勤務することとなり、本院（旧広島衛戍病院）で重症戦傷者の救護にあたった。一行にたいする評価は、「皆頗ル熱心且ツ懇切ニ勤務セルヲ以テ負傷兵士等大ニ歓喜シ用務ノ処弁ヲモ特ニ一行ニ倚託ルニ至レリ」[41]と高かった。

小沢副社長ら日本側はマギー夫人に、当時の日本で一般的であった、看護婦二〇名によって一〇〇名の患者を看護する方式にかえて、雑役などはいっさいせず、看護婦三名で六〇名の患者を担当するアメリカ式の看護をしてもかまわないことを告げた。そこには外国人に便宜をはかるとともに、新技術を積極的に吸収しようとする意図があった。しかしこうした試みは、マギー夫人が日本の言語、慣習を知らずに自国流を実施することは失敗を招くと固辞したため、実現しなかった。ただし、広島予備病院においては、「看護婦をして何等訓練を要せざる雑役をも執らしむは、経済上及職掌の性質上妥当ならず」[42]という考えのもと、雑用には雇看病人（男性）を使用するなどの改善がなされた。

またマギー夫人は、日本女性との交流を望み、病院勤務後の夜間に看護婦を集めて英語を教えた。これを知った小沢副社長は、看護婦および篤志看護婦人会員とアメリカの看護婦との交流をうながすため、一九〇四年六月六日に茶話会を開いた。なお一行は途中、七月から八月にかけて病院船の救護にあたり、一〇月一〇日に広島予備病院の勤務を終えた。

こうした日赤救護班の活動にたいし広島予備病院は、救護班の看護術をふまえた親身な看護に感謝を示している。

また手術に際し、「器械ノ措置、消毒ノ実施等思慮緻密温和ノ女性男性ニ勝ル数等ナリト」[43]、女性の優秀な点を認めている。

さらに、将来の参考のためにマギー夫人から新たな看護方法、英語を学ぼうとするなど、積極性がみられる。戦時救護にあたることのできる看護婦を全国で養成していた日本赤十字社はそれを実現するとともに、さらに本来の赤十字が有している国際的活動にむけて歩みはじめたといえよう。

四　日露戦争期の呉海軍病院と日本赤十字社救護班の活動

1　日露戦争期における呉海軍病院の活動

ロシアとの関係が日ましに悪化しつつあった一九〇三（明治三六）年一二月、呉海軍病院（鈴木孝之助院長）は戦時期の収容患者最多予定数五二〇名のうち、二五〇名は現存の四病室、三〇名は仮設伝染病室、一〇〇名は水雷団兵舎、五〇名は水雷団水雷装填庫、九〇名は予備艦倉庫を仮病室として収容する計画をたてた。そしてただちに水雷団兵舎階上に水雷団第一仮病室を整備し、軽症患者を移した。

その後、一九〇四年四月に仮説伝染病室を竣工、患者の増加にそなえた。こうしたこともあり開戦後、佐世保海軍病院から送られてくる患者がそれ程多くなく、また日清戦争時の経験もあり、業務はスムーズに遂行されていた[44]。

そうしたなかで一九〇五年六月一日、日本海海戦戦闘負傷者など二〇〇余名をのせた病院船「神戸丸」が、六月三日に入港するという情報が届けられた。これに対応するため、新たに水雷団艇隊倉庫に水雷団第二仮病室を整備し、吉村晋院長をはじめ職員が一丸となってレンガ造の第一、第二病室の患者を仮設伝染病室および水雷団第一、第二仮病室に移し、「神戸丸」の入港にそなえることにした[45]。

日本海海戦勝利の祝賀気分にひたっていた六月二日、「近来未曾有ノ強震」[46]（芸予地震）が発生、呉市は死者六名、重傷者七名、軽傷者二九名、微傷者五〇名、家屋全壊五戸、半壊二五戸という大きな被害を受けた。海軍においても呉鎮守府庁舎（レンガ造）、呉鎮守府司令長官官舎（木造）、呉海軍病院（レンガ造）などが壊滅的な打撃をこうむった。とくに病院のレンガ造の第一、第二病室は被害が大きく、そのため新たな患者の収容ができなくなった。

このように、芸予地震の発生により在院患者二六〇名と「神戸丸」の患者の収容をせまられた呉海軍病院は、六月三日に当初の計画どおり予備艦倉庫三棟を仮病室に転換するとともに、六月四日に軍法会議仮病室を開設した。さらに、佐世保鎮守府において保管中のロシア海軍の病院船「アリヨール」（日本名「楠保丸」）を呉軍港に移動させ、七月二九日から患者を収容（一日平均一三〇余名）、これによって呉海軍病院の病室不足は解消された。

日露戦争期に呉海軍病院に入院した患者の状況を示すと、この時期二九〇二名が入院、このうち治癒した患者が二〇四三名（七〇・四％）、転送一六三名（五・六％）、死亡四六名（一・六％）、その他六五〇名（二二・四％）と治癒が多い。これは佐世保海軍病院から症状の安定した患者を受け入れて、比較的長期間にわたって治療できたことによる。

一方、病類、病名別に分析すると、花柳（性）病が九三四名（三二・二％）と圧倒的に多く、つぎに外傷五七八名（一九・九％）、そして肺結核を含む呼吸器病三七二名（一二・八％）、栄養器病一八三名（六・三％）、全身病一四七名（五・一％）、戦闘負傷一三六名（四・七％）とつづいている。

全身病の内訳がわからないので断定できないが、おそらくこのうちの大部分は伝染病であり、脚気患者はほとんどみられなかったものと推測される。なお、外傷患者のうち非海軍軍人が三二四名と過半数を占めているが、このうちの大部分は呉海軍工廠職工の公傷患者である。

2　日本赤十字社救護班の呉海軍病院への派遣と活動

第三章で述べたように、北清事変期に日本赤十字社救護班がはじめて佐世保に派遣されたが、救護をすることなく帰京しており、日赤救護班の海軍における実質的な活動は日露戦争期にはじまった。呉海軍病院においても二つの班を受け入れたが(47)、このうち第二四臨時救護班（東京慈恵医院看護婦教育所卒業の看護婦等により構成）は、一九〇四年一一月一六日に編成、一七日に日赤本部に集合、同日のうちに東京を出発、広島で打ち合わせをして二〇日に呉に到着、二一日から翌年一〇月二〇日まで、第三七救護班（日赤静岡支部より派遣）は一九〇五年四月二七日に編成、五月一日に静岡を出発し二日に呉に着き、五月三日から一二月一五日まで勤務、両班あわせて五二名（一班二六名で医員二名、調剤員一名、書記一名、看護婦長二名、看護婦二〇名）で一九七九名の患者を救護している。

最初に到着した第二四臨時救護班は、当初、木造の第三病室に勤務した。その後一九〇五年三月一五日から半数に分かれてレンガ造の第一および第二病室を担当、そして五月四日をもって両病室とも第二四臨時救護班、第三七救護班による共同勤務、五月一二日より六月一日まで第一病室は第二四臨時救護班、第二病室は第三七救護班の受け持ちとなった。なお、両班の親睦をはかるために五月二一日午後八時三〇分より、第一回茶話会が開かれ、以後、毎月一回の実施が予定された。

このように比較的余裕のある救護活動は、「二日午後二時四十分強震アリ第一病室第二病室（煉化構造）ハ非常ノ損害ヲ被リ壁ハ大亀裂ヲ生シ危険少ナカラサルニ依リ一時避難セシムル為メ担架又ハ徒手運搬(48)」するなど、一変した。夜になっても停電はつづき、提灯の光をたよりに救護活動がおこなわれた。

そうしたなかで、病室から外に避難させた患者や「神戸丸」の傷病者を仮病室へ収容するため、二日から九日まで連続夜間勤務がつづいた。なお、これまで地震発生時、第一、第二病室は、「新患者収容準備ノ為メニ空虚(49)」と述べられてきたが、両班の報告書により第一病室は、「当時在室患者ハ階上患者三十三名内担架ヲ要スル者四名、階下患

図5-2　呉海軍病院（博物館明治村所蔵・日本赤十字豊田看護大学保管）

者二十七名内担架ヲ要スル者四名ナリシカ未タ全ク双方ノ引継ヲ了ヘズシテ其錯雑一方ナラズ」[50]という状態であり、また第二病室は、軽症患者のみ転室させたあとに地震にあったということが判明した。

芸予地震以降、日赤救護班は第三病室や仮病室に勤務したが、そのなかには第三七救護班が担当したかつてのロシアの病院船「楠保丸」が含まれていた。この病院船については、「船内ノ室広ク且ツ空気流通宜シク凡テ整頓シ、勤務上ニ甚タ便利ヲ与ヘラレタリ」[51]と高い評価がなされている。

呉海軍病院に派遣された日赤救護班の活動は、派遣人員や救護人数からみると、それ程の意味をもったとはいえないだろう。しかしながらはじめての海軍病院での活動において、芸予地震という大災害のなかで多くの患者の救援にあたったことは、特筆すべきことといえよう。この点について病院は、「誠ニ救護ノ実ヲ尽シタ」[52]と高く評価し感謝している。

はじめて海軍病院で救護したことによる貴重な経験としては、ロシア海軍が建造した病院船へ勤務したことなどがあげられるが、より注目すべき点は、後述するように呉海軍病院において脚気患者が少ないのは、食事と関係しているのではないかという指摘をしていることである。

また、海軍病院だから実施しえたと断定することはできないが、異なる救護班の共同勤務や親睦を深める茶話会の開催も興味深い。第二四臨時救護班の場合、呉海軍病院と東京慈恵医院との密接な関係もあってか、「今ヤ我班ハ啻ニ呉海軍ノミニ止マラス、我邦海軍一般ノ環視セル処謂ハヾ模範的材料ニ提供セラレツ、アル実ニ名誉アル初舞台」[53]と、自らの役割を位置づけていた。後年、同班に参加した金子なほは、「勤務は楽ではなかったが、看護婦本来の仕事はここにあるように思われてくることさえあった」[54]と回想している。なお第二四臨時救護班の調剤員が、病気のため死亡している。

最後に少しくわしく、脚気にたいする第二四臨時救護班の勝俣英吉郎医師の報告と、その後の経緯について述べてみたい。一九〇五年三月の「医務報告」において勝俣医師は、「当病院ニ在リテ注意スヘキハ脚気患者僅カニ二名ニ過キサルコト是ナリ、……而カモ何レモ軽症ナルハ該病ノ兵食ト何等カノ関係アルヲ暗示スルモノヽ如シ、然レトモ這ハ学術上ノ大問題ナレバ浅薄ナル経験ヲ以テ之カ判断ヲ為スコト能ハサルハ論ヲ俟タス」[55]と、陸軍が拒否してきた脚気と食事の関係について遠慮がちに指摘した。

これにたいして日本赤十字社本部は、「特ニ記スヘキハ海軍部内ニ脚気病ノ稀有ナルニ在リ、即チ本班勤務全期間ニ於テ僅々二人ノ患者ヲ見タルニ過キス、……蓋シ食餌の選択ニ原因スルモノナラン」[56]と、より断定的に脚気の原因が食事にあることを受け入れた。

陸軍軍医の多い日本赤十字社のなかで、こうした報告書を発表しえたのは、これ以上この問題を放置できないと考える人が少なくなかったことを示しているが、このような変化が海軍病院に救護班を派遣したことによって生じたことも忘れてはならない。

なお試みに、呉海軍病院の一号食の献立を記すと、朝食は麦飯とスープ、昼食は麦飯と魚類、夕食はパン、牛肉、野菜と和洋食混合で、和食の時は麦飯となっており[57]、和食主体で麦飯が献立にみられない広島予備病院とは大きな相違があったのである。

（1）日清戦争における広島の医療と看護の具体的状況については、千田武志「日清戦争期における広島の医療と看護」（『広島医学』第六二巻第六号、二〇〇九年六月）三一五―三三〇頁を参照。
（2）大本営野戦衛生長官部『明治二十七八年戦役陸軍衛生紀事摘要』（大本営野戦衛生長官部、一八九八年）四〇六頁（陸上自衛隊衛生学校所蔵）。
（3）陸軍省『明治二十七八年戦役統計』上巻（一九〇二年）七一五頁。
（4）陸軍省『臨時陸軍検疫部報告摘要』（一八九六年）五、六七、二三七、二三九、二四〇、二四九頁（陸上自衛隊衛生学校所蔵）。似島臨時陸軍検疫所については、主に同書を使用した。
（5）大本営野戦衛生長官部『明治二十七八年戦役陸軍衛生紀事摘要』四八一頁。
（6）石黒忠悳『懐旧九十年』（岩波書店、一九八三年）二九五頁。
（7）日本赤十字社『看護婦養成史料稿』（一九二七年、二〇〇七年復刻）一九頁。なお、戦時における日本赤十字社看護婦の活動の概要については、亀山美知子『近代日本看護史Ⅰ　日本赤十字社と看護』（ドメス出版、一九九七年）および川口啓子・黒川章子編『従軍看護婦と日本赤十字社――その歴史と従軍証言』（文理閣、二〇〇八年）を参照。
（8）吉川龍子『高山盈の生涯――心の色は赤十字―初代の看護婦監督』（蒼生書房、一九八七年）七一頁。
（9）救護員の派遣については、特記した以外は、日本赤十字社『明治二十七八年役日本赤十字社救護報告』（日本赤十字社、一八九八年）一五一―一六二頁および高橋種紀（日本赤十字社第一、第三救護員医長）『明治廿七八年之役日本赤十字社第一第三救護員報告』明治二八年八月二五日（書類編冊番号「戦四八」）による。
（10）『芸備日日新聞』一八九四年八月五日。
（11）広島博愛病院創立発起人『慈善病院設立大旨』一八八六年一月一日、三―四頁（沢原照子氏所蔵）。
（12）日本赤十字社広島県支部『日本赤十字社広島県支部百年史』資料編（日本赤十字社広島県支部、一九九一年）一三頁。

（13）日本赤十字社編『日本赤十字社史稿』（日本赤十字社、一九一一年）二五六頁。
（14）「広島支部看護婦養成処設置之義」、明治二六年二月一六日および「広島支部養成所看護婦卒業証授与式景況」、明治二六年一二月九日、『看護婦関係書類』明治二六―二七年（書類編冊番号「一六七」）所収。
（15）小野田亮正速記『日本赤十字社史稿附録　男爵石黒忠悳　日本赤十字社懐旧談』五四―五五頁（日本赤十字社所蔵）。
（16）『芸備日日新聞』一八九四年一一月二日。
（17）佐伯理一郎『京都看病婦学校五十年史』（京都看病婦学校同窓会、一九三六年）二九頁（同志社社史資料センター所蔵）。
（18）慈恵看護教育百年史編集委員会『慈恵看護教育百年史』（東京慈恵会、二〇〇三年）序。
（19）高橋種紀「第一回救護員第二十回報告」、明治二七年一〇月一七日、『明治廿七八年戦役広島予備病院医長報告』明治二七―二八年（書類編冊番号「戦四九」）所収。
（20）高橋種紀「第一回救護員第二十一回報告」、明治二七年一〇月二三日、同右所収。
（21）「第一回救護員第二十回報告」。
（22）「第一回救護員第二十一回報告」。
（23）広島陸軍予備病院『明治二十七、八年役広島陸軍予備病院衛生業務報告』第一（一八九六年）一二四頁。
（24）帝国廃兵慰藉会編（神戸務著）『日本赤十字社発達史』（帝国廃兵慰藉会、一九〇六年）四八九頁。
（25）『芸備日日新聞』一八九五年一月二六日。
（26）『芸備日日新聞』一八九四年一二月二五日。
（27）石黒『懐旧九十年』二九六頁。
（28）『芸備日日新聞』一八九四年一一月二日。
（29）『芸備日日新聞』一八九五年一月二二日。
（30）栗原芳『日本赤十字社沿革史　全』（博愛館、一九〇五年再版発行）、三五三頁。なお遺書は、『日本赤十字社史稿附録　男爵石黒忠悳　日本赤十字社懐旧談』五六―五七頁に掲載されている。
（31）陸軍省『明治三十三年清国事変戦史附録第三　人馬衛生業務』一四八―一五〇頁（防衛省防衛研究所図書館所蔵）。本項については、主にこの資料を用いた。
（32）「広島派遣緒方賛事第一報告」、明治三三年七月一二日、『北清事変広島派遣救護報告』明治三三―三四年（書類編冊番号

「戦一三九」）所収。なお本項に関しては、主にこの書類と、『日本赤十字社史稿』、『北清事変救護作業概要』および『北清事変救護作業概要続編』（日本赤十字社、一九〇〇年）による。
(33)『芸備日日新聞』一九〇〇年七月二六日。
(34) 木村益男「北清事変と広島病院１」（『防衛ホーム』第七四五号、二〇〇八年八月）。
(35) 青柳正辰（第一救護班医員）「業務報告」、明治三三年一二月二四日、『北清事変広島派遣救護班業務報告　医員』明治三三―三四年（書類編冊番号「戦一四〇」）所収。
(36)『明治三十三年清国事変戦史附録第三　人馬衛生業務』一五四頁。
(37) 広島予備病院『明治三十七八年戦役広島予備病院業務報告』前編（一九〇七年）一頁（陸上自衛隊衛生学校所蔵）。広島予備病院については、主に同書による。
(38) 陸軍省『明治三十七八年戦役陸軍衛生史』第二巻統計、一三一頁。
(39) 陸軍省『明治三十七八年戦役検疫誌』（一九〇七年）三―四、五五一―五五二、五六六頁。似島臨時陸軍検疫所については、主に同書を使用した。
(40) 日本赤十字社『明治三十七八年戦役日本赤十字社救護報告書』（日本赤十字社、一九〇八年）六二三頁。
(41) 同右、一一六八頁。
(42)「米国費府赤十字代表者マッギー夫人一行の勤務に就て」（『日本赤十字』第一三九号、一九〇四年六月）、一二頁。氏名の表記については、マッギーとマギーがあるが、本章では後者に統一した。
(43)『明治三十七八年戦役広島予備病院業務報告』前編、七九頁。
(44) 呉海軍病院については、主に千田武志『呉海軍病院史』（呉海軍病院史編集委員会、二〇〇六年）五二―六五頁による。
(45) 海軍省医務局『日露戦役海軍衛生史』（一九一〇年）一七六―一七七頁。
(46) 呉鎮守府副官部『呉鎮守府沿革誌』（一九三六年）一六頁。
(47) 日清戦争に際し呉鎮守府病院（この時期、海軍病院という名称は使用されなかった）には、日赤救護員は派遣されなかったが、海軍軍人の夫人など一七四名によって篤志看護婦会が組織され、同院において看護助手的な活動をしている（成医会『成医会月報』第二〇六号、一八九九年五月、三六頁）（東京慈恵医科大学図書館所蔵）。
(48) 成嶋銯伍（第三七救護班上席医員）「第三十七班六月分報告（呉）」、明治三八年七月一四日、『日露戦役呉海軍病院派遣第卅七救護班報告附作業報告』明治三八年（書類編冊番号「戦四〇一」）所収。

(49) 海軍軍令部『明治三十七八年海戦史』第七部、巻二〇、二九二頁。

(50) 高城亀三郎（第二四臨時救護班医員）「第廿四臨時班六月分報告（呉）」、明治三八年七月五日、『日露戦役呉海軍病院派遣第廿四臨時救護班報告附作業報告』明治三七―三八年（書類編冊番号「戦四七九」）所収。

(51) 成嶋錸伍「作業報告」、明治三九年一月一〇日、『日露戦役呉海軍病院派遣第卅七救護班報告附作業報告』。

(52) 『明治三十七八年海戦史』第七部、巻二〇、三三六頁。

(53) 勝俣英吉郎（第二四臨時救護班医員）「第二十四臨時班三月々報（在呉）」、明治三八年四月五日、『日露戦役呉海軍病院派遣第廿四臨時救護班報告附作業報告』。

(54) 『慈恵看護教育百年史』二二五頁。

(55) 勝俣英吉郎「医務報告」、明治三八年五月五日、『日露戦役呉海軍病院派遣第廿四臨時救護班報告附作業報告』。

(56) 『明治三十七八年戦役日本赤十字社救護報告書』八四七頁。

(57) 高城亀三郎「第廿四臨時班六月分医務報告（在呉）」、明治三八年七月五日、『日露戦役呉海軍病院派遣第廿四臨時救護班報告附作業報告』。

第II部

日本赤十字社の国際的展開と平時事業

日本赤十字社本社において開催された，1934年第15回赤十字国際会議の様子［9章］.
(博物館明治村所蔵・日本赤十字豊田看護大学保管)

第六章　第一次世界大戦と看護婦の海外派遣

河合利修

一　対独戦争における救護活動

1　病院船による救護活動(1)

一九一四（大正三）年八月二三日、日本はドイツに宣戦布告した。日本赤十字社は、病院船の準備をすでにそれ以前に計画し、また陸軍省からも計画の必要性を内々に伝えられていた。日赤が所有していた病院船である、博愛丸および弘済丸は、平時においては日本郵船の定期航路に使用されており、戦時においては日赤が病院船として使用することとなっていたものの、そのためには改装が必要であり、準備には時間が必要であった。しかし、病院船の使用可能性は秘密事項であり、日本郵船と交渉することもできず、日赤は計画にとどめていた。

宣戦布告前の八月一八日、陸軍大臣岡市之助より九月上旬までに二隻の病院船を使用に供するようにとの命令があり、日赤はただちに日本郵船と交渉、期日までに準備を完了した。博愛丸は九月五日に、弘済丸は九月一二日に宇品港に入り、陸軍の指揮下に入った。また、その前に二隻の病院船は、当時の「ジュネーブ条約ノ原則ヲ海戦ニ応用スル条約」[2]により、白色に塗装され、幅一メートルの赤い線が書かれるなどの艤装がほどこされた。さらにドイツ政府にたいしては、病院船に関する通告がなされ、病院船としての条約上の条件が満たされた。

病院船に乗船した救護員は総数一〇二名、そのうちの六〇名が看護婦であった。博愛丸および弘済丸は、ともに各八回の航海をおこない、一九一四年一二月二一日の弘済丸の第八回航海をもって、その任務を完了した。病院船が稼働したのは、約三ヶ月と短期間であった。

日赤の病院船は、龍口、労山湾、沙子口において患者を収容し、日本本土、すなわち門司、下関、宇品、呉に患者を後送した。後送された患者総数は二〇八四名であったが、これら患者の病類別については、平病者数が戦傷者数をわずかに上回っており、かならずしも戦傷者が多かったわけではなかった。また、重傷者は少なく、したがって船内における治療は比較的容易であった。しかしながら、船が大きく揺れた航海が多く、救護員も含めて船酔いをする者が続出した。さらに、平病者の多くは脚気であり、病院船内での死亡者二名も、いずれも脚気によるものであった。

病院船が後送した患者は、ほとんどが日本軍兵士であったが、ドイツ人捕虜三一名もそのなかに含まれていた。捕虜の取り扱いについては、日赤社長花房義質が病院船配属の救護員にたいして、外国人の取り扱いについてはとくに注意するよう訓示のなかで強調した。実際、たとえば、日本人と捕虜の食事はまったく異なっており、日本人は和食を、捕虜は洋食を供されていたのである[3]。

2　佐世保海軍病院への救護班派遣[4]

宣戦布告から約二ヶ月後の一九一四年一〇月二〇日、海軍大臣八代六郎は日赤にたいして、主に看護婦からなる救護班一個班を佐世保海軍病院に派遣するよう命じ、その後さらに一個班を同病院に派遣するように命令した。これらの命令により日赤は、長崎の第一七班と広島の第七〇班の二個班、計五二名を佐世保海軍病院に派遣したのである。

佐世保海軍病院における救護班の勤務は、一九一四年一〇月二八日より、一九一五年一月二〇日までの三ヶ月弱であり、延べ一万一五五三名を治療・看護した。長崎から派遣された第一七救護班の報告によると、同班は外科患者五五名と伝染病患者七五名を担当した。外科患者のうち、戦傷者はわずかに九名であった。また、伝染病は、赤痢、腸チフスおよびパラチフスであり、赤痢患者の多くは重症であったが、チフス患者の多くは軽症であった。

治療の対象はほぼ全員日本人であり、唯一の例外はイギリスの軍人二名であった。これら二名のイギリス人は、イギリス軍艦「トライアンフ」号の乗組員であったが、二名の患者にたいして看護婦長および看護婦の計二名を専属にあてた。はじめのうちは言語がわからず、看護は難しかったが、「漸次言語ニ習熟シ満足ヲ与ヘ得ルニ至」った。(5)

3　青島への救護班の派遣(6)

ドイツとの戦争の主戦場となったのは、青島であった。戦闘はきわめて短期間で終了し、それにともない日赤が派遣した救護班の規模も限られていたが、ここではそれまでの戦争における日赤の救護活動との重要な違いがあった。すなわち、看護婦がはじめて救護のために、海外の戦地に派遣されたのである。

一九一四年一〇月一二日に陸軍次官津野一輔より、青島開城の際には捕虜患者の収容のために救護班の派遣を要請することがある旨、連絡があった。そして、同年一一月一〇日に陸軍大臣は救護班二個班を青島に派遣するように命令し、福岡および佐賀支部から救護班が派遣された。救護班が現地に到着したのは、一一月二二日であった。

派遣される救護班にたいしては、日赤佐賀支部長若林賚藏が「彼我の別なく」救護をおこなうよう訓示で述べている。(7)救護班は当初、徳華高等学校病院に、その後、元ドイツ総督府病院であった青島守備軍病院に派遣された。福岡の救護班の派遣の様子を、『福岡日日新聞』は以下のように伝えている。

御国の為めに赫々たる勲功を立て山東の山野に傷つき病める武夫《もののふ》の看護は素より敵ながら同じく祖国に尽して囚はれの身となれる独逸傷病兵をも療養せんと赤十字社福岡支部召集に係る第八十四救護班の一行は軍国の秋酣なる十七日午前九時門司行二等列車にて愈博多駅を出発したり(8)

徳華高等学校病院の患者数は、外科患者一一一名、内科患者七三名（うち伝染病患者五三名）であった。外科患者の傷は化膿し、また包帯、衣服、寝具が汚染するなど「酸鼻ニ堪ヘサル」状況であった(9)。内科患者のうち、赤痢患者は重傷ではなかったが慢性化し、また、腸チフスは一名の重症者を除き、回復期にあった。衛生状態は悪く、排泄物は病室や廊下に放置され、ベッドおよび衣服は垢と膿にまみれており、さらに清掃に必要な水についても水道の破壊により井戸から人力で運ばなければならない状態であった。

もっとも、救護医員左座金蔵は福岡の新聞に、徳華高等学校病院は、「流石に医術本場の独逸人が経営せる丈《だけ》あって諸般の設備完全し且一般医術界にて困難の手術と認められたる大手術も一方に戦乱混雑中に拘らず着々遂行せられし」という報告を寄せている(10)。

青島守備軍病院は、一九一四年一二月中旬から徳華高等学校病院の患者を徐々に収容しはじめた。『救護報告』によると、青島開城二ヶ月が経過し、この間に「我陸軍官憲ニ於テ整理ヲ行ハレタルヲ以テ特ニ報告スルノ事項ナシ」としている(11)。

青島への看護婦派遣は、日赤にとってはじめての戦地への看護婦派遣であった。そしてこの派遣は、看護婦が戦地病院において救護の任務を果たせるか、とくに捕虜患者にたいして十分な救護を与えられるかの「実験」となったといえる。

看護婦の活動と捕虜の取り扱いについては、「青島徳華高等学校病院内ニ於ケル日本赤十字社救護班ノ勤務」に詳しいが、この報告書によると、看護婦を派遣するに際して、平時における日本国内の病院勤務に比べて看護婦が「精神的並肉体的困難」に堪えることができるか懸念があり、とくにドイツ人捕虜患者のように習慣が異なる者に対応する際、看護婦にたいして「看護学ノ教フル所以外ニ重大ナル精神的重荷ヲ加フル」ことはいうまでもない、という認識があった(12)。しかしながら、このような予想はまったく「杞憂」であり、ヨーロッパにおける婦人への礼儀をつくす態度と同じように、捕虜は看護婦に対応し、また看護婦以外の職員の命令にも服したと報告されている(13)。

さらに、一二月二五日に青島守備軍病院において、捕虜は盛大にクリスマスを祝うことができた。このときの報告書によると、ドイツ人捕虜は日本の厳格な軍紀に従うべきであり、「彼等ニコンナ御祭騒ヲサセル必要ハ毛頭ナイ」が、「人情」から国のために戦って負傷した者を厚遇すべきであり、また赤十字の博愛主義からも軍紀の範囲内でクリスマスの式典をおこない、慰労すべきであると記している(14)。クリスマスの二、三日前から看護婦がプレゼントをいれる「慰問袋」を縫うなどし、当日には式において讃美歌が歌われた後、牧師が説教をし、最後にドイツ人有志者や日赤からプレゼントが捕虜に贈られた(15)。

青島派遣救護班の活動期間は、一九一四年一一月二三日から一九一五年一月二二日の二ヶ月であり、派遣された救護員の総数は、六七名（うち救護看護婦は四〇名）であった。そして、取り扱い患者総数は延べ五三三九名であり、そのうち捕虜は延べ一〇六名であった。

日赤機関誌であった『博愛』一九一五年二月一〇日号は、青島派遣終了後、看護婦派遣について以下のような評価を下している(16)。

又看護婦が青島の如き特殊の地に派遣せられたるは従来未だ其の例なく又其の看護すべき患者は言語風俗人情等を異にする外国人なるにも拘らず能く其任務に耐へ且つ彼等に満足を与へて我国民の人道博愛心を諒せしめしが

如き是れ看護婦教育に改良を加へたる効果の現はれたるものに外ならず候。

もっとも、同誌三月一〇日号では、看護婦および教育者にたいして、外国人に接する際に慎重さも求めている。

看護婦教育に関してモ一つ注意したきは外国人を看護する場合の心得に候。仄聞《そくぶん》する所によれば、我赤十字の看護婦が外国人の看護に当るや、大抵最初はいたく彼を恐れ憚るの風あり、併しながら外国人特有の愛嬌と御世辞とに釣り込まれ、いつしか親むや次第に狎《な》るゝの風あり終には握手をいつまでもして居るとか、或は肩を打つとか、……かくては我赤十字看護婦たるの面目を傷くるのみならず、我日本婦人の評価を下落せしむべきに付、厳に戒慎せねばならぬことと存候、這《これ》は啻《ただ》に看護婦自身に於て厳に戒慎すべきのみならず、養成当局者は生徒を教育するに方りよく〳〵注意すべき点と存候。(17)

二　英仏露三ヶ国への救護班の派遣(18)

1　派遣準備

第一次世界大戦における英仏露国への救護班派遣は、政府の閣議決定を受けて、日赤が一九一四年九月一一日に同社の常議会において決定した。当時の日赤の監督者であった陸軍大臣と海軍大臣の許可をえ、また外務省をとおして派遣先の政府からの許可もえた。救護班は主に看護婦からなっていたが、先進国であるヨーロッパに派遣するために、人選には細心の注意が払われ、外国語の知識、技量、心身の健康の面で秀でた人物が選ばれた。(19)以下、救護班の派遣順に述べることにしたい。

2　ロシアへの救護班派遣[20]

救護班は総勢二〇名と、英仏への救護班よりも人数は少なく、そのうち一三名が看護婦であった。救護班は、一九一四年一〇月二三日に東京を出発し、シベリア鉄道を利用して、ペトログラード（現在のサンクト・ペテルブルグ）に約四週間後の一一月一六日に到着した。救護班はペトログラードにある「上流紳士」のクラブを改装したうえで、「日本赤十字社救護班病院」として開院した。

一二月二〇日に患者を収容しはじめ、二三日には患者数が定員の一〇〇名になった。そのときの患者は、戦闘による負傷者が主で、銃創四八名、砲創四三名、白兵創一名、打撲四名、凍傷・火傷・捻挫・轢傷各一名ずつであり、階級は准士官と下士卒であった。

ペトログラードにあった日赤の病院は、伯爵夫人クライミツヘルの申し出により、一九一五年六月には、同市の近くの避暑地エラーギンにある同夫人の別荘に移り、夏期の間に患者をそこでみることとなった。

救護班は一〇月にペトログラードに戻ったが、戦局の影響で収容患者数が増加したため、二〇〇床を増やし、三〇〇名を収容できるようにした。また、日赤本社は新たに七名の救護員を増派し、それらの救護員はペトログラードに一二月に到着した。しかし戦闘が少なく、さらに病院がほかにも建設され、「各病院共収容ノ競争ヲ見ルカ如キ状況」になり、日赤の病院の収容人員は五十余名にまで落ち込み、「閑散ノ状態ヲ継続スルコト二月余ニ及」んだ。[21]一九一六（大正五）年三月末には二一五名が収容され、その後患者数は減少した。

このようななか、ロシア側はこの救護班病院の存続を強く希望し、派遣期間は二度延長されたが、ロシア側からのさらなる滞在期間延長については日赤が「絶対ニ出来難」い[22]とし、救護班の帰国を主張した。その結果、救護班の帰国が決定し、一九一六年四月二五日にペトログラードを出発し、シベリア経由で日本に帰国、五月一五日に救護班は正式に解散した。[23]

救護班は結局、一九一四年一二月一九日から一九一六年四月八日まで活動し、その間に、治療をおこなった患者総数は四九六名、延べ四万三五三一名であった。四九六名の患者のうち、「重傷殊ニ多ク其ノ主ナル者ハ銃創ニシテ砲創之ニ次」いだ[24]。死亡した者は六名であった。

3　フランスへの救護班派遣[25]

フランスに派遣された救護員総数は二九名であり、そのうち看護婦が二二名を占めた。看護婦の資質は高く、たとえば看護婦の約三分の一が、北清事変と日露戦争における救護の経験者であった[26]。救護班は一九一四年一二月一六日に東京を出発し、スエズ運河経由で翌一五年二月四日、一ヶ月半におよぶ航海ののち、フランスのマルセーユに到着した。マルセーユ到着の翌日にはパリに入り、さらにパリ到着三日後の二月七日には、「日本赤十字社病院[27]」が、フランス陸軍省の下におかれたパリ凱旋門付近のホテル・アストリヤに開院した。

一九一五年三月から五月のアラスからダンケルクにかけての戦い、九月のシャンパーニュの戦い、一九一六年四月から六月にわたるヴェルダンの戦いの影響で入退院者数が増加し、病院は多忙であった。たとえば、一九一五年四月の塩田広重救護医長の報告によると、パリに到着以来、「纔《ワズ》カニ塹壕奪取ノ小迫合ニ過ギザリシ為、負傷者数甚ダ多カラズ」という状況であったが[28]、同年五月の報告によると、「本院へ送致セラルヽ負傷者ハ孰レモ極メテ重大ナルモノナルノミナラズ、就中、永ク野戦病院ニ収容シ置キテ後、殆ド手ヲ尽クスベキ途ナキニ到リ、始メテ本院へ回送シ来レルモノモ尠ナカラズ、斯クノ如キモノハ悉ク高度ナル化膿ヲ有セル」と状況が変化していった[29]。

現地での救護班にたいする評価は高かった。たとえば、塩田救護医長の報告には、さまざまな手段で日本赤十字社病院に入院できるように画策する傷病兵が存在したとある[30]。また、『ル・フィガロ』紙は、救護看護婦について以下のように報じている[31]。

日本看護婦ハ病院内デ設ケタ特別ナ学校デ三ヶ年ノ教程ヲ終ヘタ上デ十ヶ年ハ政府ノ召集ニ応ズベキ義務ヲ有スルモノデアツテ、啻慈愛ノ感情ニ許リ切ナルノミデナク恰モ軍人ノ様ニ皇帝ノ命令ノ下ニ進退スルコトニ忠ナルモノデアル、シカモ此厳格ナ規律ハ却テ益々日本人ノ心ヲ善意ニ鼓舞スルモノ、〔ママ〕様デアル、孰レノ病院ヲ観テモ此病院程厳格ニ看護婦ノ動作シテ居ル所モナケレバ此家ノ内位看護婦ガ嫣々然トシテ働イヲ〔ママ〕居ル所モナイ

救護看護婦はこのような高い評価をえたものの、同医長の報告書が、看護婦の活動の困難さをとりあげているのも事実である。たとえば、言葉が通じないことによる意思疎通の難しさから、看護婦は精神的疲労が大きく、また看護婦二二名のうち、三名の健康がすぐれず、ことにそのうちの二名はそれぞれリウマチ性関節炎と脛骨骨膜炎を患い、短期間での治療は難しかったという(32)。

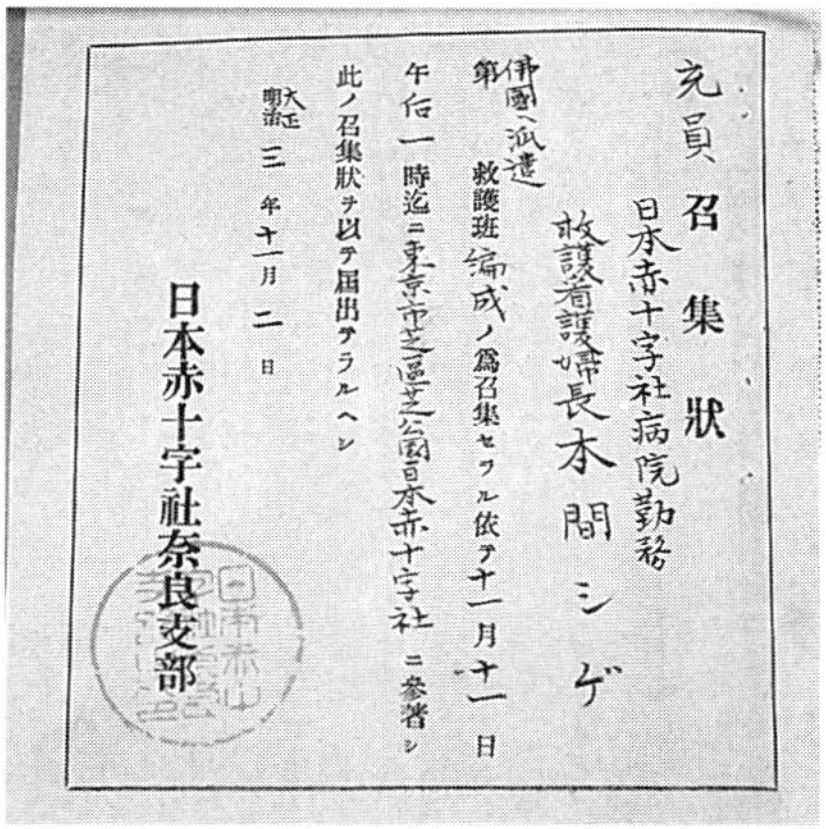
充員召集状
日本赤十字社病院勤務
救護看護婦長本間シゲ
佛國ヘ派遣
第　救護班編成ノ為召集セラル依テ十一月十一日
午后一時迄ニ東京市芝區芝公園日本赤十字社ニ参著シ
此ノ召集状ヲ以テ届出ヲラルヘシ
大正三年十一月二日
日本赤十字社奈良支部

図6-1　召集状（博物館明治村所蔵・日本赤十字豊田看護大学保管）

貴婦人からなるフランスの篤志看護婦との関係について、塩田医長は、言語不通であり、日赤の看護婦が篤志看護婦によりかえって使われるのではないかと憂えた(33)。当初、篤志看護婦は注射など実質的な看護活動をおこなっていたが、これをやめるよう説得し、それにかわって食事の運搬などに従事してもらうようにし、「互ニ尊敬ヲ払ヒツ、円満ニ提携」するようになった(34)。

フランス派遣救護班は、当初五ヶ月間の滞在予定であったが、フランス政府の強い希望により、滞在が一九一五年六月と一二月に二度延長された。フランス政府はさらなる滞在延長を望んだが、日赤は救護員一同の疲労などの理由から一九一五年一二月に救護班の帰

国を決定した。日本赤十字社病院の事業は、英国赤十字社が引き継いだ。そして一九一六（大正五）年七月一〇日にパリを出発し、ケープタウンを経由して帰国、九月一六日に救護班は解散した。

このように救護班は、一九一五年二月一四日より一九一六年七月一日にかけて、病院における活動をおこなった。その間、入院患者総数は九一〇名、延べ五万四八三二名であり、そのうち二三名が死亡した。また、入院患者傷病の内訳は、創傷八五八名、外科的疾患四〇名、内科的疾患一二名であった。

4　イギリスへの救護班派遣[36]

イギリスに派遣された救護班は二六名からなっていた。フランスおよびロシアに派遣された救護班が病院を開設したのにたいして、イギリス側からの要望で、イギリスに派遣された救護班にはイギリスの病院での傷病兵の看護が求められていたため、看護婦が二二名と高い割合を占めた。

一九一四年一二月一九日に東京を出発した救護班は、アメリカ経由でイギリスに向かい、約一ヶ月後の翌年一月二二日にイギリスに到着した。イギリスに派遣された救護看護婦松田きくゑいは、アメリカでの歓待について以下のように証言している[37]。

そのころは飛行機も発達せぬ時代でしたので、イギリスへは、アメリカ回りで二カ月有余もかかって行かなければなりません。至るところで歓迎攻めに会い、私どもは日本を代表してきた日赤看護婦という誇りでいっそう責任の重大さを感じました。アメリカでは高峰譲吉博士や野口英世博士にもお目に掛り、励ましの言葉を賜り「日本から女性が来るとは珍らしい。ともかく日本の名誉にもなるし、救護のため進んで外国まで来たことは良かった」と喜ばれた。野口博士はときどき日本語を忘れて「ええと、日本語でなんと言ったっけ」と頭を掻きみんなを笑わせました。

イギリス到着後は、ロンドン郊外にあったネトリー赤十字病院において活動をおこなった。日赤の看護婦にはイギリス人看護婦がつけられ、英語や習慣を学ばせた(38)。これにより、救護看護婦の語学もおおいに向上し、また、患者も日赤の看護婦の熟練した懇切な看護に「大ニ満足」した(39)。

この点について、英国陸軍の医員であり、救護班に付属したボーナーは救護医長鈴木次郎に宛てた書簡のなかで、「日本看護婦の作業を見ると、実に日本婦人は柔順、勤勉である、自分は英国人として彼是言ふでは無いが、日本婦人は外国婦人の如き形式で無く、心から親切に事を計る、殊に英国看護婦と相並んで働いて居るのを見ると、益す〔ママ〕日本婦人の心からの親切を見ることが出来る」と、日赤の看護婦を賞賛している(40)。

露仏派遣救護班と同じく、イギリス派遣救護班の活動も戦闘の影響を受けた。とくに一九一五年九月下旬には、患者数が一七七名ともっとも多くなったが、それは、ダーダネルおよび英仏方面から送られてきた傷病兵であった。英仏方面から送られてきた傷病兵は戦闘により負傷した者であり、ダーダネルから送られてきた傷病兵は、「伝染病者又ハ戦傷ニ伝染病ヲ兼ネタルモノ」であった(41)。

看護婦の実際の活動については、前述の松田きくゑいが、以下のように証言している(42)。

　さてイギリスの病院はバラック建てで一棟に二〇名収容、うち一〇名づつ〔ママ〕を日本とイギリス救護班員が担当しました。勤務は午前八時から夜五時までで、うち三時間休憩があります。私どもは誠実に日本看護婦の名にかけての意気ごみで看護に努めましたので、非常に評判が良く、とくにマッサージが好評さくさくで、他の病室からもマッサージを頼みに来る患者さんがおりました。英国の看護婦さんは荒っぽく病院内を飛んだりはねたりしてお

図6-2　イギリスに派遣された救護班員とイギリス人看護婦および患者の写真
（博物館明治村所蔵・日本赤十字豊田看護大学保管）

りました。英語は私どもは不じゅうぶんでしたが、看護をするのに不自由でなかったということは、私たちの熱意が患者たちに伝わっているからだったでしょう。

イギリス派遣救護班は派遣期間の延長がなく、当初の予定どおり一九一五（大正四）年一二月三一日に救護活動を終了した。終了直前に救護医長、救護医員および救護看護婦長二名が国王ジョージ五世に謁見したほか、帰途救護班はロンドンに三週間滞在し、救護班への謝意を表すために催されたさまざまな会合に出席した。救護班は翌年一月二二日にイギリスを離れ、三月二四日に東京で解散した。

イギリスにおける救護班の活動は、一九一五年二月一日から同年一二月三一日までであった。この間、医員が担当した病棟に収容された患者は六六二名、延べ二万三四〇五名であった。六六二名のうち、「死亡僅ニ四名ニ過キサリシハ最上の成績」であったと、『社史続稿』下巻は結んでいる[43]。また、イギリス人医員が担当した病棟において、日赤看護婦が看護を担当した患者は一九三〇名、延べ七万八八〇九名であった。

三　捕虜救恤事業

1　俘虜救恤委員の設置(44)

日赤は日清・日露戦争において捕虜のための活動をおこなったが、それは主に傷病した捕虜の救護であった。捕虜取り扱いの責任は、あくまでも抑留国にある。また、第一次世界大戦中に効力を有していた一九〇六（明治三九）年のジュネーブ条約（「戦地軍隊ニ於ケル傷者及病者ノ状態改善ニ関スル条約」）は、傷病した捕虜の取り扱いのみについて定めており、捕虜取り扱いに関する赤十字の役割については、とくに言及がなかった。

ところで、一九一二（明治四五）年五月にワシントンで開催された第九回赤十字国際会議は、以下のように捕虜のための赤十字の活動について決議した。

各国赤十字社ハ平時ヨリ特別委員会ヲ組織シ同委員会カ戦時俘虜軍人ノ為受クル所ノ寄贈金品ヲ収集シテ之ヲ在ヂュネーヴ国際委員ノ善良ナル注意ニ委スルコトヲ要ス(45)

赤十字国際委員会（以下、ＩＣＲＣと略記）は、この決議にもとづき、捕虜に関する中央事務局をジュネーブ市内に設置し、各国赤十字社にも特別委員を設置することを、一九一四（大正三）年八月に要請してきた。日赤はこの要請に応え、同年一〇月に「日本赤十字社俘虜救恤委員規程」を定め、俘虜救恤委員を設置した。

俘虜救恤委員は、ドイツ人捕虜に関する通信および捕虜のために寄贈された金品の伝達をおこなった。また、ドイツに捕虜としてとらえられていた日本人の人名がＩＣＲＣから通知された場合には、その捕虜の家族に知らせ、日本人捕虜の家族や友人から捕虜に宛てた手紙および救恤品を発送する作業もおこなった。このように俘虜救恤委員の活動は、捕虜にかかる通信と寄贈品の受付および発送に限られていた。

2　赤十字国際委員会の視察

第一次世界大戦中、ドイツおよびオーストリア人捕虜が日本国内の収容所に収容された。ＩＣＲＣは一九一七（大正六）年一月に、ＩＣＲＣが捕虜の状況視察をおこなうことへの許可を、日赤をとおして陸軍省に依頼し、陸軍省もこれに同意した。視察をおこなったのは、横浜に在住していたスイス人医師フリッツ・パラヴィチーニであった。パラヴィチーニは、一九一八年六月二八日から七月一五日まで、久留米、大分、似島、青野原、板東、静岡、習志野にあった捕虜収容所を視察した。

ＩＣＲＣが編集した『第一次世界大戦中の救恤活動記録集　第二〇巻――在横浜医師フリッツ・パラヴィチーニ博士による日本国内捕虜収容所視察報告（一九一八年六月三〇日―同年七月一六日）』（以下、『報告』と略記）によると、パラヴィチーニは捕虜の代表に視察のなかで会い、代表は取り扱いについての不満や希望を申し立てることができた。[46]『報告』は、捕虜の衣食住について詳細に伝えている。たとえば、収容所では、被服および日用品の購入のために、毎月兵士一名につき五〇銭、下士官一名につき一円、准士官一名につき五円が支給されていた。[47]似島では一九一八年七月一日から六日にかけて、捕虜一人当たりパン二九六二グラム、馬鈴薯二〇六二グラム、牛肉二八一グラム、豚肉六七五グラムなどの食料が支給され、一日一人当たりのエネルギー摂取量が二五二〇カロリーであったことも計算されている。[48]パラヴィチーニは『報告』において、「全体として、捕虜らの健康状態は申し分ないように思われます」としている。[49]

捕虜がもっとも望んでいたのは、自由であった。たしかにパラヴィチーニは、捕虜が比較的自由に行動できることを報告している。たとえば、静岡収容所の捕虜は、久能山の名所旧跡を訪問し、また捕虜のなかには静岡市内で就業している者もいたのである。(50) しかし、たとえ収容所外にでることができても、それは完全な自由ではなかった。以下、『報告』を引用する。(51)

捕虜らは、もっと自由を、と欲しているのです。場合によっては、完全に自由な状態になりたいと望んでいます。とりわけても、この点は、傷痍軍人および傷病兵に許容されるべきかもしれません。こうしたことに応じた収容所が数年来計画中ですし、少なくとも応急措置として必要でありましょう。

そして、パラヴィチーニは「以上のような愁訴を捕虜らに忘れさせるために、効果的な方法としては、身体や頭脳を使った何らかの作業」、たとえば労働などの作業に従事させることをあげている。(52) しかし、これはあくまでも「愁訴を捕虜らに忘れさせる」ための方法であり、捕虜が収容所から自由になるわけではない。「完全に自由な状態」とは、とくに捕虜が帰国することを意味したのである。『報告』のなかでパラヴィチーニは、捕虜を帰国させるよう提言するまでにはいたっていないが、捕虜の希望と状況は以下のように記しており、帰国の重要性を示唆している。(53)

捕虜らは当地日本で飽食して肥え太るよりも、飢えてもかまわないから故国に居ることを望んでいるのです。収容期間が長引いていることにより、些細な事柄でも耐え難いものとなり、捕虜らはますます怒りっぽくなっています。

3　捕虜収容所としての日赤支部の使用

日赤の三支部の庁舎が、捕虜収容所に充てられるため、大戦中陸軍省に貸与された(54)。すなわち、日赤福岡支部は一九一四年八月から一九一八年一二月まで、大分支部と静岡支部が一九一四年一二月から一九一八年八月までであった。三支部の庁舎のうち、大分と静岡には、パラヴィチーニが訪問している。静岡収容所は、ドイツ人捕虜九九名とオーストリア人捕虜七名を収容していたが、捕虜収容所の様子が、以下のように報告されている(55)。

……当収容所は、一九一四年一二月九日に開設され、三階建ての赤十字施設二棟に置かれていますが、極めて狭苦しくなっています。約四〇〇〇平方メートルの面積のうち、ほぼ七〇〇平方メートルが建物敷地に充てられています。そのような（狭苦しい）状態をいささかなりとも排除（改善）するために、当収容所の隣り合っている大きな公会堂の利用が試みられています。

大分収容所は、二一五名のドイツ人捕虜を収容していたが、二〇名の将校等が支部の建物に、残りの捕虜が「学校校舎の一部に収容されて」おり、「所内はすし詰め状態」であったという(56)。

福岡収容所は、青島で降伏したワルデック総督を収容したが、総督の収容については、各地で「取り合い」が発生した(57)。「守将ワルデック総督も愈福岡に収容する事に決定したるが是より先東京、大阪、久留米の各収容地にては何れもワルデック総督を収容せんものと種々熱望し」たと、新聞は報じた(58)。

当時の新聞は、総督と捕虜の住居および生活について詳しく報じている。総督の居室は、皇族を接遇したこともある特別室としたが、これは特別室が、支部の西側「楼上にて最も眺望に富み博多湾の風光を一望に収むる」ためであった(59)。また、下士官以下の五四三名を一一月一五日に収容するために、一三日夜から一四日にかけて博多旧柳町の借家人はすべて立ち退かされ、収容所が建設されたが、建設の状況は「殆んど戦場の如き観を呈し」ていたという。[60] さらに、海軍大佐であったワルデック総督は、日本軍の大佐と同様に一ヶ月二八〇円の生活費を支給され、下士官以下は一人一日食費三〇銭を給付されたが、これは日本兵の一日の食費一八銭より多額であると、「某陸軍将校の談」として報じられている。[61]

また福岡における捕虜の待遇については、賛否を争う論争が生じ、これを『福岡日日新聞』が報じている。[62] 反対を唱えた陸軍中佐手島半次郎は、「第一ワルデックを福岡赤十字社楼上に奉り上ぐるのが大なる間違ひで之は外に方法があると信ずる福岡市に赤十字社の建物の如き善美を尽した建築は外にない」と主張している。[63]

それにたいして、賛成を唱えた九州帝国大学総長眞野文二は、「九州の大都市と誇れるにも拘はらず西洋式ホテルの絶無なるは実に遺憾千万」であり、「ワ総督の収容所として赤十字社を利用したには何も優遇とかまた贅沢すぐる等と言ふ程の事にあらず」としている。[64]

この論争は、捕虜の待遇に関して、第一次世界大戦中にも必ずしも好意的ではない意見があったことを示すと同時に、他面では、その賛否を論じることが可能であったことをも示しているといえる。

（1）　病院船における救護については、日本赤十字社『大正三四年戦役　日本赤十字社救護報告』（日本赤十字社、一九一七年、以下『救護報告』と略記）五―九、二四―五二頁、および加藤順一「日独戦争における病院船博愛丸の捕虜救護に対する議論について――日本赤十字社文書を中心に」（『人文研究論叢』第二号、二〇〇六年三月）二一―四六頁を参照。

（2）　日本は、一八九九年にこの条約に署名、一九〇〇年に批准した。

（3）　捕虜の食事については、加藤「日独戦争における病院船博愛丸の捕虜救護に対する議論について」三七―四〇頁を参照。

（4）　佐世保海軍病院における救護については、『救護報告』九―一一、五二―六二頁を参照。

（5）　同右、五七頁。

(6) 青島における救護については、『救護報告』一一一一五、六二一一一七頁を参照。
(7) たとえば、青島に派遣される救護班にたいする日本赤十字社佐賀支部長の訓示があげられる（同右、六五頁）。
(8) 「雄々しき首途　赤十字救護班の福岡出発」（『福岡日日新聞』一九一四年一一月一八日）。なお原文にあるルビは、一部そのまま使用し、それ以外は省略した。
(9) 『救護報告』七八頁。
(10) 「独華病院の傷病兵　青嶋に在る救護班の活動」（『福岡日日新聞』一九一四年一二月二二日）。なお原文にあるルビは、一部そのまま使用し、それ以外は省略した。
(11) 『救護報告』八一頁。
(12) 同右、九一―九二頁。
(13) 同右、九三頁。
(14) 同右、九九―一〇〇頁。
(15) 同右、一〇一―一〇五頁。
(16) 「東京だより」（『博愛』第三三四号、一九一五年二月一〇日）一頁。なおルビは省略した。
(17) 「東京だより」（『博愛』第三三五号、一九一五年三月一〇日）一頁。なお原文にあるルビは、一部そのまま使用し、それ以外は省略した。また筆者が一部ルビを付した。
(18) 英仏露国への救護班派遣を、とくに看護婦派遣の視点から論じたものとして、河合利修「第一次世界大戦中の日本赤十字社による英仏露国への救護班派遣」（『軍事史学』第四三巻第二号、二〇〇七年九月）四―二五頁を参照。
(19) 日本赤十字社編『日本赤十字社社史続稿』下巻（日本赤十字社、一九二九年、以下『社史続稿』下巻と略記）三四三頁。
(20) ロシア派遣救護班については、『社史続稿』下巻、三五二―三七七頁を参照。
(21) 同右、三六九頁。
(22) 「在露救護班上野医長へ回答ノ件」、大正五年二月二六日、『欧州戦乱　露国派遣救護班関係秘書課ノ分　其三』（書類編冊番号「戦七三八」）所収。
(23) ロシア派遣救護班の帰国後、救護班内部の人間関係の問題が新聞に取りあげられるようになった。「赤十字社　積年の情弊暴露せられんとす　問題の小栗はつ子は米国式の新しき女」（『報知新聞』一九一六年八月二二日、『新聞集録大正史』第

四巻、大正出版、一九七八年、二八四頁）所収。
(24)『社史続稿』下巻、三七〇頁。
(25) フランス派遣救護班については、日本赤十字社『仏国派遣救護班報告　第一編　事務報告』（日本赤十字社、一九一六年、以下『仏国派遣救護班報告』と略記）を参照。
(26)「救護員戦時名簿」『欧州戦乱　仏国派遣救護班関係』（書類編冊番号「戦七二四」）所収。
(27)「報告第十二号」、大正四年二月二七日、『欧州戦乱　仏国派遣救護班報告』（書類編冊番号「戦七二五」）所収。
(28)「報告第十六号」、大正四年四月一九日、同右所収。なおルビは、筆者が施した。
(29)「報告第十八号」、大正四年五月一五日、同右所収。
(30)「報告第四十号」、大正五年三月三〇日、同右所収。
(31)「我国ニ於ケル日本人」（『ル・フィガロ』一九一六年五月二五日）は邦訳されて、『仏国派遣救護班報告』九二—一〇二頁に掲載されている。引用部分は、九四頁。
(32)「報告書第二十一号」、大正四年六月二四日、『欧州戦乱　仏国派遣救護班報告』（書類編冊番号「戦七二五」）所収。
(33)「報告第十三号」、大正四年三月一〇日、同右所収。
(34) 同右。
(35)「仏国派遣日本赤十字社救護班引揚ニ関スル件、大正五年五月二二日、『欧州戦乱　仏国派遣救護班関係秘書課ノ分　其三』（書類編冊番号「戦七四〇」）所収。
(36) イギリス派遣救護班については、『社史続稿』下巻、四〇五—四三二頁を参照。
(37) 日赤石川従軍看護婦の記録編纂委員会編『日赤石川従軍看護婦の記録』（日本赤十字社石川県支部、一九七四年）二八頁。
(38)「鈴木医長発花房社長宛第一信、大正四年二月三日、『欧州戦乱　英国派遣救護班報告　其一』（書類編冊番号「戦七二一」）所収。
(39)「第五回業務報告」、大正四年三月一〇日、同右所収。
(40)「鈴木医長英国派遣救護班の勤務状況に関する演述要旨」、大正五年三月三一日、『欧州戦乱　英国派遣救護班関係』（書類編冊番号「戦七一九」）所収。
(41)『社史続稿』下巻、四二三頁。

(42) 日赤石川従軍看護婦の記録編纂委員会編『日赤石川従軍看護婦の記録』二八頁。
(43) 『社史続稿』下巻、四二六頁。
(44) 捕虜救恤事業については、『社史続稿』下巻、五九一―六二二頁、およびJACAR（アジア歴史資料センター）Ref. C〇八〇四〇一七〇二〇〇、『大正三年乃至九年　大正三年乃至九年戦役俘虜に関する書類　陸軍省』（防衛省防衛研究所所蔵）を参照。なお、当時、捕虜は俘虜とよばれていたが、本章では固有名詞および原文の引用以外は、捕虜とした。
(45) 『社史続稿』下巻、五九一頁。なお、原文において外国の地名には二重線が付されている。
(46) 本報告は翻訳され、大川四郎編訳『欧米人捕虜と赤十字活動――パラヴィチーニ博士の復権』（論創社、二〇〇五年）一七九―二三四頁に掲載されている。なお、日本軍の捕虜取り扱いについては、内海愛子『日本軍の捕虜政策』（青木書店、二〇〇五年）に詳しい。
(47) 大川編訳『欧米人捕虜と赤十字活動』、一八三頁。
(48) 同右、一八四頁。
(49) 同右、一八三頁。
(50) 同右、二〇九頁。就業している職種と人数については、土木作業員一一名、パン焼き職人二名、大工一名、製鉄工七名があげられている。
(51) 同右、一八九頁。なお下線は省略した。
(52) 同右、同頁。
(53) 同右、一八八頁。
(54) 支部庁舎の貸与については、『社史続稿』下巻、六一九頁を参照。
(55) 大川『欧米人捕虜と赤十字活動』二〇八―二〇九頁。なお引用文中の算用数字は漢数字に変えた。また訳注は省略した。
(56) 同右、二〇六頁。
(57) 日本赤十字社福岡県支部『福岡九十年史』（日本赤十字社福岡県支部、一九八〇年）二六二―二六三頁。
(58) 「ワ総督福岡収容確定　福岡俘虜収容所の諸設備」（『福岡日日新聞』一九一四年一一月一三日）。なおルビは省略した。
(59) 「俘虜将校収容所設備　赤十字支部と物産陳列所」（『福岡日日新聞』一九一四年一一月一四日）。なおルビは省略した。また、陸軍省の文書にも、福岡支部が「洋風建築物ニシテ風光明媚ナル博多湾ニ臨」むとある。JACAR（アジア歴史資料

センター）Ref. C〇三〇二四四六八四〇〇、『欧受大日記　大正四年二月下』（防衛省防衛研究所所蔵）。

(60)「戦場の如き柳町　収容所修繕工事着手」（『福岡日日新聞』一九一四年一一月一五日）。なおルビは省略した。

(61)「俘虜総督は少将格相当　生活費は一ヶ月二百八十円」（『福岡日日新聞』一九一四年一一月一三日）。なおルビは省略した。

(62) 捕虜待遇についてはそのほかにも、病院船博愛丸での待遇に関して、日赤内部から批判がおこった。加藤「日独戦争における病院船博愛丸の捕虜救護に対する議論について」二四―三三頁参照。

(63)「俘虜とその待遇如何」（『福岡日日新聞』一九一四年一一月一九日）。なお原文では、引用部分の一部の右側に黒丸が付されているが、省略した。

(64)「俘虜とその待遇問題」（『福岡日日新聞』一九一四年一一月二一日）。なお原文では、引用部分右側に黒丸が付されているが、省略した。

第七章　シベリア出兵とポーランド孤児の救出

黒沢文貴

一　日本赤十字社による国際的な救護活動の展開

第一次世界大戦期における日本赤十字社は、前章でも触れたように、救護看護婦のはじめての海外戦地への派遣となった日独戦争での戦時救護や、ロシア・フランス・イギリス三ヶ国への看護婦組織の救護班の派遣と救護材料の寄贈など、精力的な活動を展開した。

さらに国際的活動としては、イタリア・ベルギー・セルビア・モンテネグロ・ルーマニアなど各国赤十字社への救護材料の寄贈や、イギリス・フランス・イタリア・ベルギー・アメリカ・スイス等各国の赤十字社と赤十字国際委員会への慰問使の派遣などもあり[1]、それらも含めて、日本赤十字社の国際的評価を高めることになったのである。

そうした諸活動は、日本赤十字社の貴重な国際的経験として、当該期の日赤のもつ国際性を基礎づけるものであったが、実は第一次大戦末期から戦後にかけても、海外での事実上の戦争状態における日赤による救護活動（以後、戦時救護と表記）が、引きつづきおこなわれていたのである。それが、一九一八（大正七）年から二五年にかけて実施された日本軍のシベリア出兵にともなう戦時救護であった。

本章では、これまであまり言及されることのなかった、この戦後にまでおよぶ、しかも長期にわたる日本赤十字社の戦時救護活動について、まず概観することにしたい(2)。それは第一に、ロシア崩壊後の政治的な混乱と不安定な治安状態におかれたシベリア・北満州方面への救護班の派遣（のちには北樺太へも派遣）であったこと、第二に、そうした地域への連合各国との共同出兵というシベリア出兵の国際的性格を反映した、当初より諸外国（軍）との関係を前提とする国際的色彩を帯びた救護活動であったこと、第三に、日本内地からの師団派遣に先立つ救護班の派遣であったこと、第四に、当初においてはチェコスロバキア軍（以下、チェコ軍と略記）の救護が主目的であり、日本軍にたいする衛生幇助は従であったこと、第五に、チェコ軍患者の救護が終了し、出兵目的を変更して日本軍が単独出兵をつづけた一九二〇年七月以降においても、派遣地域に在住するロシア人や中国人をはじめとする各国民の治療救護にあったこと、などを諸特徴とする救護活動であった。

なお本章ではさらに、当該期に展開された日赤の他の国際的な救護活動、とくにシベリアに取り残されたポーランド孤児（シベリア孤児とも呼ばれる）をめぐる救済事業についても、あわせて明らかにすることにしたい。

二　シベリア出兵における戦時救護活動

1　発端

シベリア出兵とは、第一次世界大戦末期の一九一八年八月に、日英米仏などの連合国軍が、ロシア帝国崩壊の結果極東方面に取り残されたチェコ軍を救出し、ヨーロッパ戦線に送り返すことを目的としてはじめた戦争のことである。この新たな軍事行動の開始にともなって、陸軍から日本赤十字社にたいして東部シベリアへの救護班の派遣が要請され、それを受けて一九一八年七月から一九二二年一〇月にかけて、救護班があわせて四回派遣されることになった(日本軍は二二年一〇月シベリアから撤退)。

さらに一九二〇年五月サガレン州のニコラエフスク(尼港)でおこった、シベリア出兵中の日本の守備隊と居留民にたいするいわゆる「露国過激派」による虐殺事件(尼港事件)に起因して、日本軍が北樺太を占領した結果、新たに日赤救護班の派遣が要請され、一九二一年七月から一九二五年四月にかけても、四次にわたる北樺太への救護班の派遣が実施されたのであった(日本軍は二五年五月北樺太から撤退)。

2　東部シベリアへの救護班の派遣開始

日本政府は一九一八年八月六日、シベリア出兵の宣言を公布した。それに先立つ七月一三日、山田隆一陸軍次官が日本赤十字社の石黒忠悳社長と会談し、ロシア沿海州への日赤救護班の派遣を要請した。石黒社長はそれを受けて即日理事会を開き、「東部西伯利派遣臨時救護班編制」と予算の提案を決定し、七月一六日の常議会で全会一致で可決された。

そこで患者三〇〇名を収容しうる病院の設立を可能とする救護班編制が作成され、大島健一陸軍大臣および加藤友三郎海軍大臣にたいして派遣承認の申請がおこなわれた。ちなみに救護班の編制は、救護医長一名、救護医員六名、救護調剤員三名、救護理事一名、救護書記六名、救護看護人長六名、救護看護人六一名、通訳三名、厨夫一〇名、雑役夫九名の計一〇六名という大規模なものであった。

なお提案可決前の七月一五日、日赤本社はすでに各支部にたいして救護班派遣の趣旨、実施の場合の召集人員および注意事項を内示し、召集の準備にとりかからせていた。

七月一七日、陸軍省医務局から派遣先の状況に鑑み救護作業の実施に急を要するため、救護班をその一部だけでも予定計画以前に速やかに出発させることを希望するとの要望が入った。そこで日赤本社は同月一九日、病院開設準備のために救護課長参事田中彌太郎と用度主任主事縫谷元治をウラジオストックに急派するとともに、他方では、二二日に陸軍当局の筋から、救護班派遣の認可と派遣地到着後の指揮を陸軍三等軍医正外垣秀重から受けるべき指令をえたことにより、ただちに救護員の召集をおこない、編成を完結させた。

七月二六日石黒社長は志賀樹太郎救護医長にたいして「臨時救護班ハ陸軍衛生部派遣員ノ指示ヲ受ケ、師団出動ノ場合ハ師団軍医部長ノ指示ヲ受クルモノトス……救護作業実施ニ当リ要スルトキハ日本領事ノ援助ヲ受ケ又ハチエックク、スロワキー軍ノ幹部ニ交渉シテ作業上ノ便宜ヲ図ルヘシ(3)」など救護班勤務心得を交付し、さらに班員一同にたいしても、チェコ軍が「最モ惨状ヲ極ムルコトヲ聞知シ、本社ハ人道上之ヲ看過スルニ忍ビズ」と派遣理由を明らかにしたうえで、海外派遣にともなう注意を含むつぎのような諭告を与えた(4)。

……本班任地ニ在リテ連合与国ノ救護員ト接近スル時ハ互ニ敬愛シ救護上互ニ善ク補ケ各其ノ目的ヲ達センコトヲ期セラル可シ。救護ヲ施行スルニ当リテハ、チエツク軍ト過激派軍トヲ問ハズ、患者ニ対シテ一視同仁ニシテ、敬愛懇篤ヲ旨トスベキハ勿論、彼我風俗言語ノ異ナルニ由リ、宜シク人情ノ機微ヲ察シ、周密ナル注意ヲ加ヘ、患者ヲシテ信頼ノ念ヲ厚クセシムルヤウ勉メラルベシ。

……本社ハ曩ニ英仏露三国ニ救護員ヲ派遣セシニ、幸ニ班員ノ奮励ニ依リ、其ノ成績顕著ニシテ、内外ノ賞讃ヲ博シタリ今ヤ此ノ新ナル救護事業ニ従フ諸氏ニ対シテモ本社ノ目的ヲ達シ栄誉ヲ顕揚セラレンコトヲ望ム

こうして七月二六日、救護医長一名、救護医員二名、救護調剤員一名、救護理事一名、救護員五名が、所要の材料を携えて先発し、さらに八月二日には後続の救護員も出発し、ここに日本赤十字社の救護活動が開始されたのであっ

た（第一次派遣臨時救護班と略称）。それは、「連合外国軍隊の未だ上陸せざる先に赤十字旗をおし立て……何人も思はざる救世主の上陸」としてウラジオストック市民に驚きをもって迎えられ、同時に「当初より好感を以て迎へられ」(5)たのである。なお同年九月に、日本赤十字社浦潮特別委員部が新設されている。

3　第一次派遣臨時救護班の活動開始

七月二九日、先発隊がウラジオストックに到着、日本海軍救護班が収容したチェコ軍の患者五四名を引き継いだ。八月一日、ウラジオストックの西方約四キロのエーゲリシエートにある旧ロシア陸軍病院の建物を利用して、日本赤十字社救護班病院を開設、診療を開始した。また八月五日には、後発隊も到着した。

なお日本官憲とチェコ軍司令部の斡旋をえて、八月二日にウラジオストック市より建物全部の借り入れをおこなった。旧ロシア陸軍病院の荒れ果てた建物の修理にあたっては、ドイツ人捕虜が使役されている。ちなみにX線使用の機械の修理もドイツ人捕虜におこなわせたが、そのX線使用は、ウラジオストック駐在の各国救護班のなかでも唯一のものであった。

八月一五日、チェコ軍の西方への移動にともない、ロシア人避難民などが集中する地方に、救護班を派遣することになった。すなわち、救護班の一部をハルピン（哈爾賓）に、さらに別の一部をハイラル（海拉爾）に分派した。また九月二二日、患者が増加してきたハルピンには、救護班のさらなる増派がおこなわれた。

しかし日赤本社は、限られた資力の有効活用や救護材料の補給などを考慮して、救護班活動の地域を制限する必要を認め、九月二四日、社長が救護班救護医長にたいして、救護班はウラジオストックを根拠地とし、沿海州およびハルピン以東の地域において行動すること、ただし根拠地を離れる場合には給養の準備材料補給等について官憲の確実な保障を受けること、それ以外で救護実施の必要を認めるときは社長の指示を受けること、ハルピン以西に派遣した救護員はなるべく速やかに当面の救護を終え、ハルピン以東に撤退すべきことなどを通達し、その旨を陸軍大臣にも報告したのであった。

こうした通達を受けて、救護班医長はハルピン派遣救護員に引き揚げを命じた。しかし、チェコ軍患者への救援治療の必要もあるため、結局一一月一二日にセミョーノフ軍所属の日本人義勇軍患者を日本赤十字社奉天病院に引き渡し、チェコ軍患者は一一月二五日救護員とともにハルピンを撤退、二七日にウラジオストックに到着し、日赤救護班病院に収容されたのであった。

他方、ハイラルへ派遣された救護員は、八月二七日現地に到着し、ロシア鉄道病院の一部を借り受け、救護所を開設した。セミョーノフ軍所属の日本義勇兵患者二七名を収容したが、同日救護医長より引き揚げの命令を受け、ハルピンに到着した。九月四日、その大部にはウラジオストックへの帰還が命じられたが、一部の救護員には再度ハイラルでの救護活動が命じられ、九月一三日、日本義勇兵患者一二名を収容した。一名の銃創患者以外は伝染病患者であり、一一月一三日までに全患者が治癒し退院したため、救護所は閉鎖され、救護員は一六日にウラジオストックに帰還した。

ところで、ウラジオストックにおける救護活動は、開設直後の八月七日、日赤救護班病院にロシア人が来診に訪れたのを皮切りに、日本人、外国人を問わず外来患者の診療にもおよんだ。しかし、前述のような救護員の分派があり、職員数が減少したため、診療はやむをえず八月二〇日にいったん中止となった。その後、救護活動の立ちあげにともなう繁忙さがひと段落し、救護班の業務が整頓されるのにともない、九月一日より外来診療が再開され、以後一九二一年一〇月に病院が閉鎖されるまで、シベリア在住の各国民の治療にあたった。その活動にたいする一般の信頼は厚く、患者は毎月一五〇〇名を数え、ときには二〇〇〇名から四〇〇〇名の人数にのぼることもあったのである。

4 看護婦組織臨時救護班の派遣

こうして第一次派遣臨時救護班の救護活動は多忙を極めたが、救護員の人数が限られていたため、軍事当局の意見もあり、日赤はさらに看護婦組織の救護班を二個増派することになった。すなわち、九月九日常議会の決議を経て、同日陸海軍大臣にたいして、救護医員（班長）一名、救護看護婦長二名、救護看護婦二〇名よりなる「第一看護婦組織臨時救護班」の増派を申請、九月一九日の認可をえて、二七日に出発させるとともに、さらに一〇月七日には「第二看護婦組織臨時救護班」の増派を申請し、同じく一〇月一八日の認可をえて、二五日にウラジオストックに向けて出発させることになったのである。なおその際、石黒社長は諭告のなかで、「秋冷ニ於テ極寒ノ地ニ向キ加之言語不通ノ患者ニ当ル其苦心察スルニ余アリ殊更外国ノ看護婦ト並ヒテ業務ヲ執ルノ機会モアルヘク此時機ニ於テ我日本赤十字社看護婦タルノ聲誉ヲ揚ケラル、コトヲ望ム」(6)との日赤総裁閑院宮載仁親王の夫人で、日赤篤志看護婦人会総裁でもある智恵子妃殿下の言葉を伝えている。

こうしてこれら二班の看護婦組織の救護班は、敦賀出港後の船酔いに悩まされながらも現地に到着し、慣れない酷寒の地で不眠不休で救護看護にあたったが(7)、たとえば救護班病院でチェコ軍の患者を担当した際には、当初言葉が通じにくい不便さがあったものの、のちに意思疎通がうまくいくようになると、患者の喜悦さもさらに増したのであった。そうした外国人患者は、看護婦は看護事務以外には一切関与しないものと思っていたが、彼女らが病室のいろいろな労務をいやがることなく、しかも快活に従事する姿に、大きな賞賛の声を贈ることになったのである(8)。

5 病院列車の授受

ところで、ウラジオストックの日赤救護班病院に収容される患者の多くが、運行時間の著しく乱れた鉄道の、しかも長旅を強いられており、患者への大きな影響が懸念される状態にあった。また護送者の帰還に多大の日時を費やし、

図7-1　病院列車（陸上自衛隊衛生学校彰古館所蔵）

病院業務にも支障をきたす不利が大きかったこともあり、設備の整った病院列車の必要性が痛感されていた。

しかし、日本陸軍は病院列車を保有しておらず、救護班が焦慮していたところ、たまたまハルピン視察中の志賀救護医長らが、ロシアの東支鉄道長官ホルワットの保管するロシア赤十字社編成の第二ハルピン病院列車があることを知り、そこで浦潮派遣軍司令官大谷喜久蔵に申請し、野戦交通部の斡旋を受けてそれを借り受け、患者輸送勤務を幇助することを計画した。

その結果一九一八年一〇月九日、ホルワット長官が列車を浦潮派遣軍司令部に提供する意思を示したため、さっそく派遣軍司令部は連合国交通委員会議にたいして、当該列車を日本赤十字社救護班に受領保管させ、連合軍傷病者の輸送にあたらせることを提案し、了解をえたのであった。同日、ロシア赤十字社ハルピン支部主事と石川千尋日赤救護理事との間で協約が締結され、ここに車両および付属物の授受が終了することになったのである。

こうした経緯で日赤救護班は、病院列車を手に入れることができたが、それが機関車をともなっていなかったことと運行沿線の危険とを考慮して、軍用列車に連結して運行することとなった。そして同二三日、救護医員、救護調剤員、救護書記、救護看護人、救護看護婦、通訳、厨夫、給仕など二七名が、病院列車に配属されたのである。ウラジオストックとシベリア各地とを結んだこの病院列車は、一九一九年一一月一一日までに都合一四回運行されたが、その後浦潮派遣軍軍医部長の意見にもとづき、その業務は第一陸軍病院に移管されたのであった。

なおこれとは別に、ハルピンにある第六陸軍病院の患者を第一陸軍病院に輸送するため、一九一九年三月一七日から一〇月一〇日までの間に六回、陸軍衛生部員とともに第三看護婦組織臨時救護班と第二次派遣臨時救護班のなかから救護医員二名、救護看護婦長五名、救護看護婦四三名（延数）などが、あわせて六一六名の患者輸送に携わっている。

6　日赤救護班と軍事当局との関係

以上、病院列車救護が現地日本軍との緊密な関係の下におこなわれたように、日赤派遣救護班の活動を概観するにあたり、当然のことながら軍事当局との関係を見逃すことはできない。当初救護班は、外垣秀重軍医正の指揮監督を受けていたが、一九一八年一二月一四日同官の転職にともない、以後はシベリア出兵中の第一二師団軍医部長の監督指揮を受け、同師団守備管区外に行動する場合には陸軍省医務局長の指示を受けることとなった。

その後一九一九年二月七日、日本赤十字社戦時救護規則が派遣救護班に適用されることになったため、陸海軍大臣から以後は浦潮派遣軍司令官の区処を受け、派遣部隊の衛生勤務を帮助し、かつ連合軍傷病者の救護に任ずるとの、勤務内容変更の令達が下されることになった。チェコ軍がすでにザバイカル（後貝加爾）方面への移動を完了し、日赤救護班病院が新たなチェコ軍患者を収容することがなくなったことにともなう、勤務変更の命令であった。

なお救護班分派の当初において、日赤社長は、その糧食および衛生材料等を自給することがシベリアの事情によりほとんど不可能なため、軍にたいして官給を申請していたが、救護班が浦潮派遣軍司令官の隷下に属することにともない、それが実現することになった。

7　日赤救護班による日本軍患者の救護

話は戻るが、一九一八年八月一一日、第一二師団がウラジオストックに上陸し、逐次上陸部隊の患者を、旧ロシア陸軍病院内に開設した患者療養所に収容した。しかし一五日、同師団のニコリスク、ウッスリィスキーへの前進にともない、軍医部長は救護班と交渉し、それら患者全部を日赤救護班病院に収容することになった。それ以後、救護班病院は、八月二六日に第一二師団野戦予備病院がウラジオストックのスエトランスカヤ街にある旧ロシア海兵団の建物に開設され、三一日にウラジオストックにいる陸軍患者の大部分を同病院内に移すまで、ウラジオストックにおける日本軍唯一の傷病者救護機関となった。

一九一八年一〇月二一日、第一二師団兵站病院が開設されると、翌一九年一月八日、救護看護婦長一名と救護看護婦六名にたいして、同病院への勤務が命じられ、一週間交代での派遣がおこなわれた。その後、軍の編制改正により四月二〇日、兵站病院の患者が新しく開設した第一陸軍病院に引き継がれたが、救護員も同じくその病院への勤務を命じられた。さらに六月四日、軍医部長から救護班にたいして、第一陸軍病院での診療に従事するよう命令があり、翌日救護医員一名、救護看護婦長一名、救護看護婦五名が配属され、伝染病患者の診療を担任することになった。それ以後、救護班の陸軍病院勤務が継続しておこなわれることになったのである。

なお当初、救護班の主目的がチェコ軍救護にあったこともあり、日本軍の衛生勤務幇助に主力を注ぐことができなかった。そのため、それを補う意味から、赤十字標章と日本赤十字社の文字を記した患者輸送用の自動車一〇台を、日赤が自己負担で製作し、一九一九年五月までの間に浦潮派遣軍に提供している。

8　日赤救護班によるチェコ軍患者の救護活動

救護班が当初の目的であるチェコ軍患者の収容に着手したのは、前述のように、ウラジオストック上陸日の一九一八年七月二九日のことである。その後九月一八日には、チェコ軍司令官が日赤救護班病院を視察し、その設備の完全にして給養の潤沢なことは他の療養所の比較にならないものであり、患者にとってこれにまさる幸福はないと賞賛し、大いに感謝の意を表したのであった。こうして病院は、毎月一〇〇名内外の新しい患者を収容し、たとえば一二月までに救護したチェコ軍患者は、五九五名にのぼった。

他方、入院中のチェコ軍患者から、日本への転地療養を希望するものがでていた。そこで日赤社長は、救護班勤務心得第八の趣旨にもとづき、一八年一一月一五日、田中義一陸軍大臣にたいして、希望患者を東京本社病院に後送すること、その際には日赤本社の護送人をつけるが、ウラジオストックから宇品までは陸軍軍用船に便乗させてほしいこと、それらの患者の監督・保護にはチェコ国民協会より任命された在京のチェコ軍中尉にあたらせることなどを稟請した。

その結果一九一九年一月、チェコ軍患者二〇名が東京に到着し、ただちに日赤本社病院に収容されたのであった。以後、石黒社長はそれらチェコ軍患者の慰労のために病院を訪問し、患者総代よりは懇篤な感謝の言葉が述べられた。日本の温和な気候と病院長以下医員、看護婦の心のこもった熱心な治療看護を受けた結果、一月余りで全治し退院できることになった。二月一五日、退院にあたり日赤本社は送別会を催し、翌日彼らは「日本国民の義俠と日本赤十字社の仁慈とは実に感激に堪へず」[9]と熱誠なる感謝の意を表して退京した。

なお一九一九年一一月以降、第一陸軍病院が日赤救護班病院の建物へ移転したが、それにともないその第一陸軍病院に転院し、救護班看護婦の看護を受けていたチェコ軍の患者は、一九二〇年五月、全員が本国に帰還するため退院することになり、ここにチェコ軍患者の救護が終了することとなったのである。

9　日赤救護体制の変化

一九一九年一一月、浦潮派遣軍軍医部長の意見にもとづき、日赤救護班の救護体制が大きく変化することになった。それまで日赤救護班病院として使用していた建物と救護班の保管していた病院列車とを、浦潮派遣軍第一陸軍病院に引き渡すことになったのである。すなわち、エーゲリシエートにある日本赤十字社救護班病院を閉鎖して、そこにスエトランスカヤ街にあった第一陸軍病院を移転させ、その代わりにその第一陸軍病院が使用していた建物（第一陸軍病院分病室と改称）の一部を利用して、新たに患者収容定員二〇名の救護班病院を設立することになったのである。

こうした事態に直面した日赤本社は、これを機に、当初派遣の救護班の勤務期間が一年余となり、健康上の問題も懸念されたため、救護班全員を帰還させることになった。そして現在の派遣班のように、男子看護人組織のものに看護婦組織救護班を入れ、同一作業に従事させることは適当でないとも判断し、新たに派遣される救護班は看護婦組織のものだけとし、あわせて人員の縮小による経費の節減もおこなうこととしたのである。

こうして以後派遣される救護班は、看護婦組織救護班のみとなり、原則として一個は日赤救護班病院に勤務（臨時救護班と呼称）、もう一個は第一陸軍病院（一九二〇年一一月、浦潮陸軍病院と改称）への配属勤務（看護婦組織臨時救護班と呼称）となったのである。

ちなみに二回目以降の派遣班の派遣は、つぎのとおりである。二回目が一九一九年一一月から一年間派遣された第二次派遣臨時救護班（救護医長一名、救護医員二名、救護看護婦長一名、救護看護婦一〇名など）と第三看護婦組織臨時救護班（救護医員一名、救護看護婦長二名、救護看護婦二〇名など）、三回目が一九二〇年一一月から一年間派遣された第三次派遣臨時救護班（救護医長一名、救護医員二名、救護看護婦長一名、救護看護婦一〇名など）と第四看護婦組織臨時救護班（救護医員一名、救護看護婦長二名、救護看護婦二〇名など）、そして最後の四回目が、日赤救護班病院の閉鎖にともない派遣救護班が縮小され、浦潮陸軍病院への配属のみとなった一九二一年一一月から翌年一〇月にかけての第五看護婦組織臨時救護班（救護医員三名、救護看護婦長二名、救護看護婦二〇名など）である。

10　日赤救護班のその他の活動

東部シベリアに派遣された日赤救護班は、結局四年三ヶ月余という長期にわたる救護活動を展開した。その詳細をここで述べる紙幅の余裕はないが、いくつかの興味ある事項について触れることにしたい。

(1)　ロシア窮民の救助事業

一九一九年一月、内田康哉外務大臣から日赤にたいして、シベリア地方のロシア窮民と北満州地方のロシア避難民を救済するための衛生材料等を、外務省に設けられた臨時西伯利亜経済援助委員会の援助品として交付するので、その無償配布方を取り計らうようにとの通達があった。それを受けて第一回の医薬品・包帯などの援助品の寄贈が同年三月、日赤本社派遣員から在ウラジオストックのロシア赤十字社代表にたいしてなされ、ロシア赤十字社病院等に配布された。さらに第二回目は、とくにシベリア・イルクーツク以西のロシア窮民の救済のため、同年一〇月から一一月にかけてイルクーツクとオムスクに日赤本社から派遣員が送られ、無事に授受がなされた。

他方、同年一二月一六日、山梨半造陸軍次官から日赤副社長にたいして、ウラジオストックの日赤救護班病院は、臨時西伯利亜経済援助委員会の委託により、主としてロシアの窮民および避難民への施療をおこない、そのための諸経費は当該委員会が支弁する旨の通牒があった。なお、その施療費は翌一九二〇年四月一日以降、臨時軍事費からの支弁となった。

こうして日赤救護班病院がスエトランスカヤ街に移転した第二次派遣臨時救護班以降、縮小された救護班病院はロシア窮民および避難民の救療に主として尽力したが、その他にもウラジオストック在住の各国傷病者に治療を施したのであった。なおロシア人の患者には、下級労働者がもっとも多く、栄養も概して不良で、医薬品を給するよりもむしろ麵麭〔パン〕を与えた方がよい者もあった。他方、救護班病院の治療を信頼して、四〇〇キロメートルの道を越えてくる有力な知識階級の者もいたといわれている。

（2）帰国待ちの各国捕虜にたいする救護活動

一九二〇年七月五日、平山成信日赤社長は陸海軍大臣にたいして、東部シベリアにおけるドイツ、オーストリア、ハンガリー、ポーランド各国の捕虜がウラジオストックに集中し、還送されるに際して、それら捕虜中に患者がでたときには日赤において救護し、また乗船の際に衛生材料を供与することとし、目下ウラジオストックに派遣している臨時救護班にその実施をおこなわせたい旨を申請した。八月七日、田中陸相は申請どおり認可し、あわせて「患者ノ救護及衛生材料供与ニ要スル経費ハ其ノ社ニ於テ負担スヘシ」「右救護実施ニ関シ其ノ社ヨリ『ヂュネーヴ』赤十字国際委員会ニ通報シ各国赤十字社ニ対シテ宣言スヘシ」と、その実施心得を令達した。[10]

さらに八月二〇日、浦潮派遣軍参謀長はドイツ、オーストリア、ハンガリー、ポーランド、ルーマニア、ユーゴスラビア、チェコ等各国の俘虜還送委員に、前記日赤本社の援助提供に関する通牒を発した。

こうして日赤社長は、第二次派遣臨時救護班医長にたいしてその実施方を通達したが、捕虜患者には実際上、捕虜のなかにいた医師が診療にあたっていたので、第二次派遣臨時救護班在任中の救護の願い出はなかった。他方、第三次派遣臨時救護班の在任中には、一九二一年三月、トルコ人の捕虜全員が本国に還送されるに際して四名の患者の収容があり、さらに同年五月にはハンガリーの患者三名を収容し、うち二名を通院患者として治療した。そして同年六月、日本軍管理の捕虜全員の還送が終了し、浦潮派遣軍司令部の俘虜課が廃止されたため、それにともないこの事業も完結したのであった。

(3) ハルピン地方における肺ペスト病の防疫

一九二〇年秋季よりハルピン地方において肺ペスト病が発生し、浦潮派遣軍においてもその侵入防止に努めていたが、二一年四月救護班病院の近接市街にいる中国人がペストに感染し、漸次蔓延の兆しをみせた。患者はほとんど全部中国人の下級労働者である苦力《クーリー》で、連日若干の屍体が道路に遺棄され、きわめて危険な状態であった。しかし、ロシア側の財政が窮乏し、十分な防疫体制がとれないため、日本軍が防疫費五万五〇〇〇余円を支出し、患者の隔離と苦力の予防注射を励行させることとなり、その実施方が救護班病院に委嘱された。注射人員は、中国人一八六四人、朝鮮人九九〇人、日本人一八九人、ロシア人一七人にのぼった。また救護班病院では、外来患者にも予診・検疫を厳重におこない、予防に努めた結果、九月末には患者の終息をみたのであった。

なお赤痢、腸チフスなどの伝染病も、一九二一年四月から夏にかけてニコリスク、ウッスリィスキー、スパスカヤなどに駐屯する日本軍の間で流行し、八月末の累計患者は二〇四名にのぼった。そのため浦潮陸軍病院とニコリスク(尼)市陸軍病院の伝染病患者の治療看護にも、日赤の救護員があたったのであった。

(4) 浦潮陸軍病院以外への救護班の派遣

浦潮陸軍病院に配属された第四看護婦組織臨時救護班の一部は、同病院の将校病室および伝染病室において治療看護にあたり、そのほかに救護看護婦長一名、救護看護婦六名が、四ヶ月以内の交代予定でニコリスク市陸軍病院特別病室(重症患者)の看護に従事した。その第一回の勤務者は一九二一年一月から、第二回は五月からであった。

さらに後任の第五看護婦組織臨時救護班の一部もニコリスク市陸軍病院に派遣された。第一回は二一年一二月から、第二回は二二年二月から、第三回は四月から、第四回は七月からであった。なお第四回派遣中の救護看護婦長以下は、救護班引き揚げのため八月、浦潮陸軍病院への復帰を命じられ、これをもって同病院への派遣は打ち切りとなった。

他方、浦潮陸軍病院の管理に属する一番川施療所（一九二〇年一〇月二九日設置）には、二一年二月以来救護員が配属され、三月淺川道三救護医員が施療所長に命じられたが、同所における地方民への施療は九月二六日をもって終了した。

（5）　武力衝突時の対応

一九二〇年三月三一日、「露国革命軍」からシベリア出兵中の日本軍にたいして撤兵要求がだされたが、日本軍は適当と認める時期まで現状を維持する旨を声明し、要求を拒絶した。そのため浦潮派遣軍軍医部長は、両者間における武力衝突の危険性を顧慮し、日赤救護班病院の所在地がもっとも危険と判断、救護班医長にたいして指揮下にある救護看護婦長と救護看護婦を一時陸軍病院内の第三看護婦組織臨時救護班の宿舎に避難させるよう注意を与え、その交代としては、陸軍病院の看護長と看護卒を救護班病院勤務とすることを指示した。そのため医長はただちに、看護婦長以下一一名と女子通訳一名を移動させることにした。その後、浦潮派遣軍と沿海州臨時政府の「露国革命軍」との間で武力衝突が発生したが、革命軍が武装解除され、市内が平穏に復したため、四月七日、避難していた救護員も救護班病院に復帰した(11)。

一九二一年三月三一日、反過激派のカッペリイ軍が政変を起こし、過激派民警との間で衝突戦闘があり、その関係で救護班病院にカッペリイ軍の戦傷者若干名を収容し、応急措置を施した。また五月二六日にもウラジオストックにおいて、カッペリイ軍とアントノーフ首班の過激派政府軍との間で戦闘がおこなわれ、カッペリイ軍が勝利したが、その際浦潮派遣軍司令部の命によって、救護医長は救護員七名を率いて自動車による巡回救護をおこない、戦傷者一〇名、戦死者五名の救護処置を施したのであった。

11　東部シベリア派遣救護班の活動実績

浦潮派遣軍は一九二二年七月二八日、全軍撤去の大命に接した。それを受けて八月二三日以後、各陸軍病院および分院では引き揚げのための準備が進行した。ニコリスク市陸軍病院は九月一〇日残留患者を後送し、一二日病院を閉鎖してウラジオストックにいたり、一〇月一日同地より乗船、帰還した。また浦潮陸軍病院は一〇月一日、一番川施療所を撤去、七日には日赤の第一次派遣臨時救護班から移管された病院列車をロシア官憲に交付し、その他のロシア官憲の建築物や物品は一八日ロシア委員に引き渡され、病院の主力は一九日救護員二七名、軽症患者三六名とともにウラジオストックから乗船し、帰還の途についた。こうして第五看護婦組織臨時救護班は一〇月二一日宇品に上陸し、その時点をもって勤務を解除され、二六日東京に帰着、即日解散となったのであった。

以上、日本赤十字社の東部シベリアにおける救護活動は、第四次派遣班（第五看護婦組織臨時救護班）の帰還をもって終了した。救護事業の実施期間は約四年三ヶ月、一五六五日におよび、派遣された救護員の総数は三一一名、患者総数は実員六万三九九六名、延員六五万九八七名にのぼった。また総経費は、一一六万七九〇七円七三銭であった。

ちなみに、職名別の派遣救護員の内訳は、救護医長三名、救護医員二二名、救護調剤員五名、救護理事一名、救護副理事四名（内一名は再任）、救護書記一六名、救護調剤員補二名、救護看護婦長一二名、救護看護人長八名、救護看護婦一三三名、救護看護人六七名、通訳四名、厨夫一四名、雑役夫一四名、使丁一四名であった。また患者数の内訳は、入院の実員六一二五名、延員一三万六四三一名、外来の実員五万六二〇二名、延員五一万七〇九名、輸送の実員一六六九名、延員三八四七名となっている。

なお第一次派遣の救護員中、看護婦二名、雑役夫一名の計三名が病気により死亡しており（病名はそれぞれ敗血症、腸チフス、流行性感冒）(12)、のち一九二六年四月に靖国神社に合祀されている。

さらに患者を国別等でみると、チェコ、ロシア、中国、イギリス、フランス、仏領安南、セルビヤ、ポーランド、ギリシア、ドイツ、オーストリア、ハンガリー、トルコ、ユダヤ、英領インド、そして日本、朝鮮など多岐にわたっている。

最後に、救護実施に関与した日赤本社職員および救護員の功績にたいしては、政府から恩賞がおこなわれ、また一九二二年一月二四日にはチェコスロバキア共和国政府からも、同国患者の救護に関係した本社職員と救護員中の若干名にたいして勲章が授与されている。

12　北樺太への派遣

一九二〇年七月、ニコラエフスク事件にともなうサガレン州内要地の保障占領のため薩哈嗹《サガレン》州派遣軍が編成され、薩哈嗹軍政部が設置された。司令部の所在するアレクサンドロフスク（亜港）には軍政部付属診療所が開設されていたが、住民の激増と軍将来の行動上、軍衛生部員のみでは対応しきれなかったため、二一年六月一七日、尾野実信陸軍次官より平山成信日赤社長にたいして、日赤救護員をアレクサンドロフスク港に派遣し、在留人民の救療業務に従事するよう要請があった。その結果、六月二〇日の常議会決議にもとづき、救護班長以下一四名からなる臨時救護班が派遣されることになった。こうして二一年七月から二五年四月にかけて、「薩哈嗹州亜港派遣臨時救護班」が組織されることになったのである。

第一次派遣臨時救護班は七月二〇日現地に到着し、派遣軍軍医部長の命令で付属診療所（救護医員二名、救護書記一名、救護看護婦五名）、陸軍病院（救護看護婦長一名、救護看護婦四名）、婦人病院（救護医員兼務一名）に勤務することになり、二五日から救護活動を開始した。診療所で扱う患者は日本人、朝鮮人、ロシア人、中国人などで、伝染病などの隔離患者は陸軍病院に移送することになっていた。その陸軍病院には貧困患者のための施療部があり、救護員はその治療看護に従事した。また婦人病院では、芸妓、酌婦の梅毒検査をおこない治療した。

以後救護班は一年交代で派遣され、業務内容はそのまま引き継がれることになった。一九二四年に派遣された第四次派遣臨時救護班は、派遣軍の撤退にともない二五年四月一〇日に現地を引き揚げ、一八日東京に帰還し解散した。その三年一〇ヶ月にわたる救護活動の実績は、救護患者実員数一万二三二七名、延員数一五万一九九六名であり、派遣された救護員の総数は四六名であった。

三　ポーランド孤児の救済活動

1　発端

ポーランドは、一七九五年の第三次ポーランド分割によってロシア帝国に併合されていたが、ロシア政府がポーランド人の政治犯を多くシベリアに流刑していたため、ロシア革命当時、多数のポーランド人がシベリアに住んでいた。しかし、ロシア革命後の内戦状態によって住む家を追われ、身一つの状態となった多数のポーランド避難民が、寒冷と飢餓、伝染病の流行と交通機関の不足・不便な状態のなかで、母国（ポーランドは一九一八年一一月に独立、日本の承認は一九年三月）に帰ることもままならず、多くの死者をだしながら取り残されていた。

そこで、せめて次世代のポーランドを担う子供たちだけでも救い出し、母国に帰還させようと、ウラジオストック在住のポーランド人たちが一九一九年一〇月、「波蘭国避難民児童救護会」という救済委員会を組織した。しかし、ルーブルの暴落による手持ち資金のひっ迫と期待していたアメリカからの援助が拒否されるなど活動が困窮を告げるなか、日本政府に窮状を訴え、その救済を求めることになったのである。

すなわち一九二〇（大正九）年六月、児童救護会会長のアンナ・ビェルキェヴィチ夫人が、ウラジオストック駐在ポーランド領事と極東ポーランド赤十字社代表の紹介状をもち外務省を訪れ、「児童ヲ愛シ、可憐ナル花ノ如ク児童ヲ撫育スル美シキ国タル日本国ガ、大戦ノタメ斯ク不慮ノ災ヲ受クルニ至リタル吾ガ孤児院ノ罪ナキ児童等ニ対シ其ノ援助ト救護ヲ与ヘラルベキコトヲ信ジテ疑ハザルモノナリ(13)」と嘆願したのである。

外務省としては、これが「人道問題」であり、また日本とポーランド「両国ノ国交トニ鑑(14)」み、できるだけ「応諾」する考えであった。しかし「政府ニ於テハ経費ノ関係上之ヲ引受クルハ不可能」であり、そこでさっそく陸軍省と協議のうえ、六月二〇日付で埴原正直外務次官から石黒日赤社長にたいして、その救護方が依頼されることになったのである。

そこで石黒社長は七月五日、常議会決議と陸海軍大臣の認可をえて内田康哉外務大臣に、本件は「国交上並人道上寔ニ重要ノ事件ニシテ救援ノ必要ヲ認メ候ニ付本社ニ於テ之ヲ収容シ給養致スヘク候(15)」と回答し、ここに日本赤十字社を主体とするポーランド孤児の救済事業が、ただちにはじまることになったのである(16)。

2　第一次救済事業

ウラジオストックに集合していたポーランド孤児は、陸軍交通船の筑前丸や樺太丸などに便乗して敦賀港に到着し、はじめて日本の土を踏むことになった。たとえば一回目は、一九二〇年七月二〇日に五六名の児童と付添人五名が筑前丸に乗船してウラジオストックを出発し、二二日敦賀に上陸、即日敦賀駅を発して翌二三日午前七時四〇分東京駅に到着し、東京府下豊多摩郡渋谷町字下渋谷にあった福田会《ふくでんかい》（孤児育養を事業とする慈善団体）の孤児舎寮三棟に収容された。施設は娯楽室、食堂、病室、運動場、庭園などを備えていたうえに、日赤本社病院に隣接しており、衛生上の処置に関する利便性があった。なお敦賀上陸と汽車輸送に関しては、日赤の敦賀委員部、町役場、警察署、陸軍運輸部出張所、陸軍被服廠派出所、敦賀税関支署などの支援を受け、また日赤支部、団体、個人（敦賀町民を含む）からの金品の寄贈や慰問などが沿線各地であり、児童たちを大いに歓喜させ、満足させた。

児童にたいする直接的な監督保護には、児童救護会会長のビェルキェヴィチ夫人と付添人があたったが、日赤本社からも事務主幹（庶務課長、のちに救護課長）、通訳、書記などが配属され、児童の風紀、衛生、日常生活などに関する意思疎通を付添人たちとはかり、さらに慰問の金品や訪問者の取り扱いなどにも万全を期した。また日赤病院の医員、看護婦が収容施設を巡視し、ときに健康診断を実施するなど、当然のことながら児童の健康状態には細心の注意が払われた。なお来日した児童は皆、満足な衣服を身にまとっていなかった。そのため衣服は下着類も含めて、すべて新しいものが用意された。

以後、四回にわたって同様に、孤児の受け入れがおこなわれた。第二回は九月一七日に児童一一二名と付添人一一名、第三回は一〇月二一日に児童七三名と付添人五名、第四回は二一年三月一日に児童一二六名と付添人一一名、第五回は七月六日に児童八名と付添人一名が収容された。来日した児童の総数は三七五名（男二〇五名、女一七〇名）、付添人は三三名（男一五名、女一八名）であり、年齢は二歳から一六歳にわたっていた。なお二一年一月、シベリアの奥地からウラジオストックに集められた児童一三〇名は出港までの間、日本軍兵舎に収容されたが、藁布団六〇個、毛布一〇〇枚が日赤救護班病院から貸与されている。

また前述のように、児童の健康には注意が払われていたが、不幸にも二一年四月下旬から五月初めにかけて、三回目に来日した児童のなかから腸チフス患者が発生し、二二名に伝播した。児童らは回復したが、防疫勤務中の看護婦一名が感染し、帰らぬ人となった。

ところで日赤は、この救済事業の開始とともに、一万三〇〇〇枚のポスターを作成して日赤関係者や新聞社に配布し、広く国民の関心と同情を喚起することに努めた。その結果、約一年の間に個人や団体から実に多くの善意と金品とが寄せられた。寄付金総額は一万八四八円、物品は一九七件（評価金五八八四円）にのぼり、すべて児童救護会に引き渡された。また毛利公爵家による庭園招待や慶應義塾ワグネルの音楽会、日光見物など、さまざまな個人や団体による慰安会も催され、悲惨なシベリアの荒野で疲弊しきっていた児童たちの心身を回復させるのに大いに貢献した。
さらに皇室も関心を寄せた。なかでも貞明皇后は児童らの境遇を深く憐れみ、大森鐘一皇后宮大夫や三條公輝皇后宮職主事などをたびたび施設に差し向け、四回にわたり合計一五五〇円におよぶ御菓子料が下賜された。一九二一年四月六日には日赤本社病院に行啓、奉迎した四歳の児童の頭を何度も愛撫し、「大事ニシテ健ヤカニ生ヒ立ツヤウニ」(17)と言葉をかけ、ビェルキェヴィチ夫人にもねぎらいの言葉をかけた。ポーランド本国にも伝わったこの行啓は、やがて皇后の「慈愛の御手」(18)と題して描写され、流布することになる。

こうして施設に収容された当時は、「概ネ顔貌蒼白ヲ呈シ破綻ノ粗服ヲ身ニ纏ヒ跣足ニテ歩行セシ可憐ノ児童」も、生活の安定をえて身心ともに「一変シ真ニ活気アル児童」となったのであった。(19)そして当初の予定通り、在米ポーランド人の救助団体の援護を経て本国に帰還すべく、横浜からアメリカに向けて出国したのである。たとえば一回目の収容児童と付添人は、二ヶ月余の滞在ののち、九月二八日に横浜港を出発し、日本郵船の汽船に便乗してアメリカをめざしたのであった。

以後、翌一九二一年七月八日までに、八回に分けて児童三七〇名、付添人三二名が渡米し、第一次救済事業は終了したのである。なお児童のうち男子三名はウラジオストックに送還され、女子二名はポーランド公使館に引き渡され、女性付添人一名が事務処理のため日本に残留している。また出発に際しては、毎回日赤本社で送別会が催され、それにたいして児童らは日本語で「ありがとう」と謝辞を述べ、日本とポーランド両国の国歌を高唱して名残りを惜しんだのである。

なおビェルキェヴィチ夫人が、日本の救済活動をいかに高く評価し、感謝していたかに関しては、一九二一年四月一九日付のつぎの彼女の談話によく表れている(20)(読点は筆者)。

図7-2　ポーランド孤児（日本赤十字社所蔵）

米国ハ常ニ正義人道ノ独占権ヲ有スルガ如ク自任シ之ヲ高唱スト雖其ノ実情ヤ果シテ如何、過日浦塩ニ於テ米国赤十字社代表者ニ対シ我ガ孤児救済ノ件ニ就キ便宜ノ供与ヲ懇請シタルニ、彼等ハ其ノ標榜スル正義人道ヲ度外視シテ拒絶セリ、依テ我等ハ日本赤十字社代表者ニ此ヲ歎願セシニ多大ノ同情ヲ以テ応諾セラレタリ、此ガ為ニ米国代表者ハ亦急遽其ノ方針ヲ変更シテ前提議ニ対シテ承諾ヲ与フルニ至レリ、斯クシテ孤児等ハ前後数回ニ亘リテ救済移送スルヲ得タルモ、日米両国ノ孤児待遇ニ非常ニ懸隔アル、米国ノ如キハ何処ニ於テ其ノ正義人道ヲ認メ得ヘキ、之ニ反シ日本ノ接遇ノ至善ニシテ甚親ナル実ニ感謝ニ堪ヘサルナリ

3　第二次救済事業

一九二二年、児童救護会会長ビェルキェヴィチ夫人が、再び日本赤十字社にたいしてポーランド孤児の救済を求めてきた。ポーランド公使の依頼状とともに平山社長にだされた三月二二日付の願書によれば、孤児二〇〇〇余名がなおシベリアに取り残されているが、他国人に一切の給養を

認めないというソ連政府の制度のため、ポーランド本国への汽車輸送が「飢餓」と「疾病」による多数の孤児たちの「斃死」という「大悲劇」を生み、今後は汽船輸送によらざるをえないこと、在米ポーランド人の救助団体が解散しているためアメリカ経由の本国送還もできず、児童救護会は「全ク無援ノ地位」にあること、そのため日本をおいて頼れるものもなく、日本赤十字社に本国までの汽船輸送の「高義仁侠」をお願いしたいということであった(21)。

日赤本社がただちにウラジオストック派遣中の川畑兼弘日赤救護班長に実情を調査させたところ、「児童ノ窮状惨ノ又惨タルモノアルノ事実(22)」が判明した。そこで日赤本社は、児童たちが「予想以上ノ惨状ヲ呈シ居リ人道上之ヲ黙止スルニ忍ビズ」、しかしその全部の救済には莫大な経費がかかるため、「最モ救済ノ急ヲ要スルモノト認メラル、孤児約四百名及其付添人トシテ四十名ヲ限度」として「浦潮ヨリ一時大阪ニ収容」し、さらに「神戸ヨリ乗船『ダンチヒ』迄輸送救済」することとし、陸海軍大臣の認可をえて、その旨を七月二一日付の文書で、内田外務大臣にも通報したのである(23)。こうして日赤によるポーランド孤児の救済が、再びおこなわれることになった。

孤児たちは八月七日から二九日にかけて、三回に分けて来日した。たとえば一回目は八月五日ウラジオストックを出発し、七日に敦賀上陸、八日朝大阪に到着し、府下天王寺村の大阪市立公民病院看護婦宿舎に収容された。この施設は未使用の新築二階建ての洋館で眺望もよく、広い庭園や遊技場を備えたものであった。なお敦賀までの航海に際しては、川畑救護班長が乗船委員に命じられたほか、淺川道三救護医員と井上喜市救護医員が輸送船乗船委員および船内委員を命じられ、児童たちを無事に敦賀に送り届ける役を担った。また新たに来日した児童の総数は三八九名、付添人は三九名であり(24)、年齢は一歳から一五歳にわたっていた。

前回同様、日赤の心温まる救護や国民の同情、そして皇后の「恩眷《おんけん》」を受けて児童の心身も回復した。そして児童と付添人は、八月二五日に日本郵船の香取丸、九月六日に熱田丸に乗船して神戸を出発、それぞれ一〇月一七日と二七日にロンドンに到着し、イギリス船に乗り換えて一一月初旬、無事ダンチヒに到着したのであった。

4　日赤の孤児救済事業にたいするポーランドの謝恩

日赤の孤児救済事業は、ポーランド政府だけでなく各種団体、新聞紙、また小学校児童にいたるまで、多くのポーランド官民から大いなる感謝の念をもって迎えられた。ポーランド大統領は大正天皇に一九二二年一二月三日付の親書を送り、児童たちが日本赤十字社に収容されたのは「実ニ不幸中ノ幸福」であり、その「恩遇ハ彼等ノ心肝ニ深ク銘セシ所」と述べ[25]、謝意を表している。またポーランド衛生長官も日本公使に「波国児童が横浜を出発するに際し追惜したると謝恩の涙を流したるとは以て児童に対し施為せられたる援助の貴重なりしことを証明するに於て最良のものたり。当衛生省は……人道的思想を発揮せられたる美挙に感銘するの余り茲に義俠なる日本国に向ひ当省の尊崇、謝恩の意を表示する[26]」と感謝状を送っている。さらに在米ポーランド人の救助団体副会長は「我等は日本の恩を忘れない」と、つぎのように書き残している[27]。

憐れむべき不運なる児童に対する日本人の態度は筆紙に尽されない。……日本赤十字社は衣食と寝所とを与へ、優しき保護にて是等の児童を取り囲んだ。恰も母が自分の子供を愛護するやうに此等の児童を擁護愛撫し幾多の慈善団体は限りなき奉仕と金品を贈ることに吝かでなかつた。日本人は我等とは全く縁故の遠い異人種である。日本は我波蘭とは全く異りたる地球の半面に存する邦である。……何れも此等児童が西比利に於て受けた耐へ難き苦痛を一刻も早く忘るるやうに色々と努めてくれた。かくの如く我等の児童は同情の空気と優しき愛護の下に、おいしき食物を与へられ殆んど生れ変つたやうな心持と身体とになつたことは誰れも認むる所である。……等しく日本人の此等の美しき崇高なる行為に対する我等の謝恩心は我等の脳底に深く印象せられるのである。……波蘭国民も亦高尚なる人種である。故に我等は何時迄も恩を忘れない国民であるといふことを日本人に告げて見たい。日本人が日本に於て波蘭児童の為に尽してくれたことは波蘭国及米国の何処にても既に知れ渡つて居るといふことを告げて見たい。……最後に日本人に言つて見たい。記憶せよ、我等は何時までも日本の恩を忘れない。而して我等の此の最も大なる喜悦の心の言葉でなく行為を以て何れの日か日本に酬ゆることあるべしと。

なお日赤のポーランド孤児救済事業にたいしては、赤十字社連盟事務総長から日赤に感謝状が贈られたほか、赤十字国際委員会幹事シュレムメルからも、ポーランド赤十字社社長ハルレルのつぎのような書簡を添えた謝意が表されている。(28)

波蘭児童に対し真に慈母的救護を施為せられたる由日本の医師並に看護婦は献身と慈善との精神を発揮せられたり……赤十字徽章の下に地球上の諸国民を合同せしむる人道的共力主義を斯く高尚に諒解、実施せられたる日本国民全体に対し本職共は不渝の謝恩を負ふものに有之候

(1)　日本赤十字社編『日本赤十字社史続稿』下巻（日本赤十字社、一九二九年、以下『社史続稿』下巻と略記）四三八―四八三頁参照。

(2)　本章で扱うシベリア出兵期の日赤の戦時救護活動の概観については、『社史続稿』下巻、四八四―五七八頁、同編『日本赤十字社社史稿』第四巻（日本赤十字社、一九五七年）二四四頁のほか、黒沢文貴「シベリア出兵における日本赤十字社の戦時救護活動――概要と史料」（河合利修編『赤十字史料による人道活動の展開に関する研究報告書』日本赤十字豊田看護大学、二〇〇七年）に基本的に負っている。詳細に関しては、それらの文献を参照されたい。

(3)　『社史続稿』下巻、四九二頁。

(4)　「救護班西伯利派遣記」（『博愛』第三七六号、一九一八年八月一〇日）八、九頁。

(5)　石川千尋氏談「浦塩派遣救護班状況談」（『博愛』第三八三号、一九一九年三月一〇日）一四頁。なお同時期にシベリアに派遣されたアメリカ赤十字社の救護班の人選は、聖路加国際病院長トイスラーがおこない、班員の多くが日本人で構成され

ていたといわれている（『博愛』第三七六号、一〇頁、同第三七九号、一九一八年一一月一〇日、八頁）。その意味でも、シベリアでの救護における日本人の存在感は高かったといえよう。

（6）「第一看護婦組織救護班増派」（『博愛』第三七八号、一九一八年一〇月一〇日）五頁。なお社長諭告では、とくに「同僚間ニ苟モ猜疑嫉視ノ情ヲ挟ム時ハ遂ニ百弊ヲ醸シ九仞ノ功ヲ一簣ニ欠クノ虞アリ深ク意ヲ致サルヘシ」と看護婦間の融和にも言及している。さらに第二次臨時救護班と第三看護婦組織臨時救護班への社長訓示においては、「ヨク和衷協同シ苟クモ猜疑嫉視ノ念ヲ挟ムコトナク友僚相和シ互ニ相頼リ相扶ケ以テ全体ノ効績ヲ挙グルコトヲ昂ムベシ」と述べるとともに「入院患者等ト談笑ノ間偶々軍機ニ関スルコトヲ耳ニシ意ヲ留メズシテ之ヲ他ニ通信シ若クハ談話スルコトアラバ軍機ノ漏洩トナリ延ヒテ軍事上ノ不利ヲ拓クニ至ルコトアルベシ。是レ軍隊衛生勤務帮助者ノ当ニ深ク慎戒スベキ一事ナリトス」と入院患者との談笑が軍機漏洩につながらないように注意を与えている（『博愛』第三九一号、一九一九年一一月一〇日、九頁）。

（7）たとえば第三看護婦組織臨時救護班に属していた田中（旧姓柏村）ヨシノは、「船に弱い者共が一かたまりになってゲエ！ゲエ！計り……とても苦しい思いをして浦塩港に着いた時ヤレうれしやと一同で喜びあったのも束の間で自動車に乗って第一陸軍病院に着く迄に至る処に死骸がゴロゴロしているし雪は深いし凍ついているし大変な処に来たと胸を打たれた」、「到着やっと夕食を済した処へ……今夜から勤務だと聞かされて驚いて身仕度をした」と述懐している（田中「第三看護婦組織臨時救護班要員として西伯利亜派遣について」、日本赤十字社看護婦同方会広島県支部編集・発行『鎮魂の譜　日本赤十字社広島県支部戦時救護班史』一九八一年、一、二頁）。救護看護婦をめぐってはほかにも、日赤石川従軍看護婦の記録編纂委員会編『日赤石川従軍看護婦の記録』（日本赤十字社石川県支部、一九七四年）三〇—三三頁、「赤十字物語」（日本赤十字社島根県支部創設百周年記念事業支部百年史編集委員会編『日本赤十字社島根県支部百年史』日本赤十字社島根県支部、一九九〇年）九八九—九九一頁、「暗い病室に淋しく枕並べた我病兵」（『博愛』第三九八号、一九二〇年六月一〇日）一〇頁などを参照。

（8）浦潮日報記者の記事「浦潮救護班病院の光景」は、日赤救護班の「非常な苦心」として三点、すなわち第一に「僅かの人員を以て無制限に施療を求めて来る露西亜人を診療すること」、第二に「海兵団の為に建てられた建物を病院に使用して居ること……それで何の室も大きなものばかりで病室には適しない」、第三に「言語の苦心」と伝えている（『博愛』第四〇七号、一九二一年三月一〇日、一四頁）。

（9）「チエツク患者退院」（『博愛』第三八三号）一八頁。他に「チエック患者の謝辞」（『博愛』第三八二号、一九一九年二月一〇日）一一頁も参照。

(10)『社史続稿』下巻、五四四頁。

(11) この戦闘に身近で接した前掲の田中ヨシノは、「血まみれの傷者が次ぎ次ぎと運び込まれて内科勤務の者迄も出かけるさわぎで大変でした。変なものでこの響を耳にして恐ろしいと思う心よりも何となく「ジット」していられない私も行かなければと思う様な気持になって、いざ戦闘となった時の軍人さんの気持も拝察出来ました」と回顧している（田中「第三看護婦組織臨時救護班要員として西伯利亜派遣について」二頁）。

(12)『社史続稿』下巻、五二五頁。死亡者は岸タマ、国井トシ、小泉為次郎の三名である。ただし『博愛』第三九二号（一九一九年一二月一〇日、一〇頁）の「殉職者」によれば、岸の病名は流行性感冒となっている。

(13) 一九二〇年六月二〇日付埴原次官より石黒赤十字社長宛て文書に添付された「一九二〇年六月一九日付在浦汐避難民児童救護会会長アンナ・ビルケヴィチの覚書」（外務省記録『変災及救済関係雑件（別冊）波蘭孤児救済方ノ件』、請求番号六・三・一・八―一三、外務省外交史料館所蔵）。また「波蘭児童救済会の陳述書」（『博愛』第四〇九号、一九二一年五月一〇日）も参照。ビェルキェヴィチ夫人の名刺には、「波蘭赤十字社々長、波蘭児童救済会々長　アンナ、ビールケッチ」とその肩書と氏名が記されている。なお夫人の姓の表記については、「ビェルキェヴィチ」が発音に近い表記であるが、当時の文書中には「ビルケヴィチ」「ビールケウィッチ」「ビルケウィチ」ほか、いくつかの例がある。

(14)「一九二〇年六月二〇日付埴原次官より石黒赤十字社長宛て在西比利亜波蘭国孤児救済方ニ関スル件」（『変災及救済関係雑件（別冊）波蘭孤児救済方ノ件』所収）。

(15)「一九二〇年七月五日日本赤十字社々長男爵石黒忠悳より外務大臣子爵内田康哉宛て波蘭国児童救援ニ関スル件」（『変災及救済関係雑件（別冊）波蘭孤児救済方ノ件』所収）。

(16) 日赤のポーランド孤児救済事業の概要に関しては、『社史続稿』下巻、八二九―八五三頁参照。日赤は当該問題について、『波蘭国児童救済事業』という報告書をまとめている（日赤本社所蔵）。また孤児来日後の日赤救済事業の毎日の様子を記した史料として、『波蘭児童関係日誌　自大正九年七月至同十年八月　共三ノ一』（一九二〇年七月二四日から翌年八月一四日までの日誌、書類編冊番号「三四九九」）、『波蘭児童関係日誌　自大正九年七月至〃十年六月　共三ノ二』（一九二〇年七月二四日から翌年六月二三日までの日誌、書類編冊番号「三五〇〇」）、『波蘭児童関係日誌　自大正九年七月至〃年十月　共三ノ三』（一九二〇年七月二四日から同年一〇月一日までの日誌、ただし中の表紙には「大正九年七月二四日起　日誌　共

三ノ一　波蘭国児童宿舎日本赤十字社派出員詰所」と記されている、書類編冊番号「三五〇一」）が、日赤豊田看護大学に所蔵されている。なお『波蘭児童関係日誌　自大正九年七月至同十年八月　共三ノ一』の表紙上の記載によれば、このほかの関係書類は「救護課へ貸渡中震災ノ為メ全部焼失ス」ということである。さらに『博愛』第三九九号（一九二〇年七月一〇日）から第六三〇号（一九三九年一月一〇日）にも、救済事業や帰国後の孤児の消息など関連する記事が多く所収されている。関係書としては、松本照男「大正九年シベリア孤児救済秘話」（『Ｖｏｉｃｅ』一九八三年一一月号）、兵藤長雄『善意の架け橋――ポーランド魂とやまと心』（文藝春秋、一九九八年）、日本海地誌調査研究会敦賀上陸ユダヤ人難民足跡調査プロジェクトチーム編集・発行『人道の港　敦賀』（二〇〇七年）、涛声学舎編『阿字門叢書3　欧亜の架け橋――敦賀』（涛声学舎、二〇〇八年）、エヴァ・パワシュ＝ルトコフスカ、アンジェイ・タデウシュ・ロメル（柴理子訳）『日本・ポーランド関係史』（彩流社、二〇〇九年）も参照。

(17)　『社史続稿』下巻、八三九頁。

(18)　『博愛』第四二二号（一九二二年六月一〇日）二六―二九頁。

(19)　『社史続稿』下巻、八三八頁。

(20)　「一九二一年四月一九日波蘭孤児救済会長『アンナビルケウイチ』ニ関スル件」（『変災及救済関係雑件（別冊）波蘭孤児救済方ノ件』所収）。ビェルキェヴィチ夫人の謝辞に関しては、『博愛』第四〇二号（一九二〇年一〇月一〇日）一八―一九頁、同第四〇三号、六頁も参照。

(21)　『社史続稿』下巻、八四二―八四三頁。

(22)　同右、八四三頁。

(23)　「一九二二年七月二一日付日赤社長平山成信より内田外相宛て文書」（『変災及救済関係雑件（別冊）波蘭孤児救済方ノ件』所収）。

(24)　『変災及救済関係雑件（別冊）波蘭孤児救済方ノ件』所収の記録にもとづく筆者の計算による。

(25)　『社史続稿』下巻、八五二頁。

(26)　『博愛』第四一三号（一九二一年九月一〇日）一二頁。

(27)　同右、一〇―一一頁。

(28)　『博愛』第四一七号（一九二二年一月一〇日）三二頁。

第八章　日本赤十字社の平時事業

河合利修

一　赤十字の平時事業の概略

日本赤十字社の歴史、とくに戦前の歴史は戦時救護を中心に語られることが多い。たしかに、一九四五（昭和二〇）年以前の日赤の主たる任務は、戦争において傷病兵を救護することにあり、実際にその設立以降、すべての戦争と事変において日赤は救護をおこなった。

しかし、その位置づけは戦時救護の下にあったとしても、平時事業も日赤の活動のかなりの部分を占めていたといえる。日本の戦前が戦争を抜きにして語れないことは事実だが、他方、戦争のない時期のほうが長かったことも事実である。日赤は平時において、たんに戦時救護の準備のみに専念していたわけではない。たとえば看護婦養成と病院経営は、戦時救護に供することを目的としていたが、赤十字病院と看護婦が全国で平時において患者へ提供した医療は戦時救護とは直接関係なく、戦時救護とは一線を画して論じられるべきであろう。

また、現在の日赤の活動における災害救護をはじめとする平時事業を考えるとき、戦前の平時事業がなければ、現在のこのような活動は成りたたなかったであろう。

赤十字において指導的役割を果たしたジャン・ピクテは、その著書において赤十字社の平時事業の重要性を、以下のように唱えている(1)。

……創設当初の一年間は、傷病兵の救護とそのための準備が赤十字の唯一の使命だったのです。

しかし、赤十字が武力紛争時の任務遂行能力を備えるために、各国赤十字社は平時に活動することの必要性に気づきました。第一に赤十字は要員を訓練し、必要な機材を整え、緊急動員のために備えなければなりません。一方、赤十字要員は、平時において無為に過ごしたり、待ちの姿勢の活動によって志気を低下させることは許されません。誰であろうと大部隊を訓練しながら、それを万一の不測の事態のために無為に待機させておくわけにはいかないのです。特に世界中に多くの癒すべき傷病者がいる場合には、なおさらそうです。

そこで赤十字社は病気に苦しむ一般市民への介護に乗り出し、病院や介護施設を運営し、看護学校を設立し、衛生状態の改善のために活動し、自然災害にも関わり始めたのです。最終的に、すべての国民を活動の対象とすることで自ずと平時活動を目的とするようになりました。……もし赤十字が当初の戦時活動だけの範囲に止まっていたならば、赤十字運動は未だに世界中に広がらず、今日ほど普及しなかったことは確かです。

日本赤十字社は、さまざまな平時活動をおこなってきた。戦前においても、結核診療所の開設や児童保護活動など、当時の必要性に沿った活動があった。しかしながら本章では、主として戦時救護と平時事業との関係、またとくに災害救護、医療事業そして看護婦養成の展開に焦点をあてながら、明治、大正期の日赤の平時事業について考察することにしたい。

なお、「平時事業」とは本章では、日赤がおこなった活動のうち、戦時救護をのぞくすべての活動を意味するものとする。ただし「平時事業」の意味が、時代およびそれを使用する者によって変化したことを、本章の最後で指摘することにしたい。

二　創立期における平時活動

1　博愛社の規則にみる平時活動の可能性

博愛社は一八七七（明治一〇）年八月に「博愛社社則附言」を制定し、そのなかで「平時」において社員は「報国恤兵の義務」を「講究」し、戦時救護のための物品はあらかじめ準備することとしている[2]。「平時」という用語は使用されているが、戦時救護のための準備をおこなうことが博愛社の平時における役割であり、たとえばそれは、同附言に「本社ノ集金及諸物品ハ戦地創者患者ノ救済ニ供スルノ外決シテ外ニ使用スルヲ得ス」とあることからも、病院経営、看護婦養成あるいは災害救護のような平時事業がほとんど念頭になかったことがわかる。

一八八一年一月に「博愛社社則」は改正され、「本社ノ組織目的及平時戦時ノ事業……ヲ網羅」した「博愛社規則」が社員総会において決定された[3]。この規則のなかで博愛社は、戦時において傷病者を看護することを目的とし、そのために本社事務を戦時平時に二分し、平時には戦時の準備をし、平時の事業としては「治療器械」の整備、「医員看護員」の募集および「各府県ノ有志者」との連絡をとおした本社の「維持拡張」をあげている。また「規則」は、平時における社員や組織に関する諸規定をおくなど、「社則附言」よりは平時についての条項が詳細になっている。しかしながら平時事業が、基本的に戦時救護のためのみにあることに変わりはなかった。

2　戦時救護の準備としての病院設立と看護婦養成の開始(4)

博愛社は明治一〇年代後半、ヨーロッパの赤十字社の調査をとおして、救護員、とくに看護婦養成の必要性を強く感じた。一八八三（明治一六）年には、ベルリンに派遣されていた内務省の柴田承桂とオーストリア人で博愛社社員のフォン・シーボルトにたいして、博愛社からヨーロッパ赤十字社に関する調査が依頼された(5)。

さらに翌一八八四（明治一七）年には、大山陸軍大臣に随行してヨーロッパに出張していた陸軍軍医総監橋本綱常にたいして、同様の調査を依頼した。そして、橋本は帰国後の一八八五年に『赤十字』を著し、そのなかで救護員養成の重要性を強調し、つづく一八八六年五月には病院設立が提案された。

この提案を受けて博愛社の臨時議員会が開かれ、そこで病院の設立が決定された。病院は、飯田町の陸軍用地を借用し、一八八六年一一月一七日に博愛社病院の開院式が挙行された。しかし、博愛社病院の名称は短期間しか使用されず、一八八七年五月二〇日に博愛社が日本赤十字社と改称したのにともない、博愛社病院も日本赤十字社病院と改名された。また、増えつづける患者数にたいして病院の規模が小さかったため、渋谷村（現在の広尾）の御料地に移転することとなり、一八九一年五月一日、当地に開院した。

病院の設立とほぼ時を同じくして、看護婦養成もはじまった。当時看護婦は賤業とされ、また、看護のための教育を受けていたわけでもなかった。このような状況のもと、日赤は職業看護婦を養成する前に、おもに貴婦人からなる篤志看護婦人会を一八八七年に設立し、看護への偏見を崩そうとした。

そして、一八八九年に「日本赤十字社看護婦養成規則」を制定し、この規則にもとづいて一八九〇年四月から看護婦の養成がはじまった。第一回の募集には二五名が出願し、そこから一〇名が合格して第一期生となった。一〇名の内訳は士族八名、平民二名であり(6)、士族出身者が多いという第一期生の出身をみると、少なくとも看護婦の地位向上の努力が実を結んだといえよう。

三　日本赤十字社の初期の災害救護

1　会津磐梯山噴火(7)

日赤の災害救護活動は、一八八八（明治二一）年の会津磐梯山の噴火からはじまった。噴火は七月一五日に発生した。当初、官報が掲載していた傷者が少なく、また社則には、まだ災害救護が明記されていなかったため、日赤本社は救護員派遣を即座に決定するにはいたらなかった。しかし、皇后は噴火発生四日後の七月一九日に宮内次官吉井友実を日赤本社に使わし、本社医員の派遣を求める内旨を下された。

これにより日赤は二〇日に、陸軍軍医三名を現地に派遣し、翌日被災地に入り救護を開始したが、患者数は一八名、うち重傷者は六、七名であった。これは、岩屑なだれによる集落の埋没で死者が圧倒的に多く、負傷者が少なかったためのようである(8)。『日本赤十字社第二回報告』によると、「消毒療法其他諸般ノ手当等一切整備シ患者日ヲ逐テ治ニ赴キ未タ悉ク退院ノ期ニハ至ラサレトモ総テ予後ノ懸念ナク殊ニ戦地ノ如ク傷者続出ノ虞ナキモノ」であったため、福島県知事折田平内と協議のうえで、日赤救護員は二五日に帰郷することとなった(9)。

現地に自発的に支援に来ていた医学生芳賀栄次郎は、日赤救護員が引き上げるときの状況について、後年証言を残している(10)。それによると、急遽現地に入った日赤社長佐野常民が、芳賀栄次郎と同じく医学生の三輪徳寛の二人にたいして、以下のように協力を要請したという(11)。

「まあよくやつて来て呉れた……当社の医員も不眠不休で大分疲労して居り又この地として適当の医師乏しく困却し居る際故是非手伝つて貰いたい……」との話、二人は欣んでこれを諾して治療を輔けて居ると、翌日になり佐野氏は自分等も長くは此処に居られず最早匆々に引上げねばならんが引上げ後は君等お二人に宜敷く後をお願ひ申す……

2　トルコ軍艦沈没[12]

一八九〇（明治二三）年九月一六日、トルコ皇帝から明治天皇への勲章贈呈のために派遣されたトルコ使節が乗船していたトルコ軍艦エルトゥールル号が、和歌山沖で沈没、乗員五八七名が死亡し、生存者は六九名であった。生存者はドイツ軍艦により神戸港に運ばれ、兵庫県の和田岬消毒所が救護所となった。

　宮内省は、傷病乗組員を救護するために式部官丹羽龍之介、侍医桂秀馬および看護婦一三名を派遣した。日赤は、軍艦乗組員の死傷者の救護を本社がおこなうのは「当然」であるとして、宮内省と協議のうえ、宮内省から派遣された式部官に同行して医員一名と看護婦二名が傷病乗組員救護のために派遣されることとなった[13]。日赤の救護員は、宮内省一行に同行して九月一九日に出発、二一日に救護活動を開始した。

　生存者六九名のうち、重傷者は一三名、軽傷者は三八名であり、おもに「打撲創、擦過傷」、そして「刺創」を負っていた[14]。トルコ人傷病者には大島村の住民が手厚い救護をおこなったものの、十分な救護がなされてはいなかったため、傷口が壊疽した者もあり、また、入浴をしていなかったために不潔であった。

　トルコ人を救護することについては、まず言語習慣の面で問題が生じた。すなわち、「言語不通ナレハ診察又ハ手術施行ニ当リ其ノ苦痛ニ絶ヘスシテ号泣スルモノアリ抗拒シテ看護婦ヲ打撃スル」者もいたという[15]。また、神戸在住のルーマニア人レビーを、トルコ語を解するという理由で通訳として雇ったが、レビーの通訳は「不完全」かつ「不親切」であり、ほとんど役にたたなかったため、必要なときだけ雇うこととした[16]。患者に「疲労者振起ノ為ニ与」えた酒は、「直ニ取テ抛棄」された[17]。もっとも報告書は、飲酒をしないトルコ人傷病者には麻酔薬が日本人の三分の一で効いたことを「付言」している。イスラム教徒のトルコ人をはじめて救護する難しさが、ここからもわかる。しかし日本人とトルコ人は双方ともに徐々に馴れてき、「手真似身振又ハ単語ニテ少シハ便ヲ得ルニ至リ」、両者の関係は良好になっていった(18)。

他方、救護員の側にも問題が生じた。派遣された医師野島与四郎が、一〇月八日にブランデーを六、七杯飲んだうえで、小刀により自殺を図ったのである。遺書には「引渡ノ際付与スベキ病床日誌整頓セス為メニ日夜心痛候得共妙策ヲ得ス依テ赤十字社ノ面目ヲ存スルコト非常」であることが、自殺の理由としてあげられていた(19)。この自殺事件に対応するために現地に派遣された医師高橋種紀は、日誌は整頓されていたことから、「精神錯乱」による自殺と断定している。

実質的にトルコ人にたいする救護活動が終了したのは、生存者が軽症あるいは全快して救護の必要がなくなった一〇月二日であり、一命を取り留められた野島与四郎を含めた日赤救護員は、一一日に東京に向け神戸を出発した。トルコ人六九名は、軍艦比叡および金剛に乗船し、一〇月一〇日にトルコに向けて神戸を出発した。

このトルコ軍艦沈没の事例は、日赤がおこなう災害救護の範囲に、純粋な自然災害以外の要素が早い段階から入っていたことを示すものである。また、日赤にとってこれが、外国人を救護したはじめての事例となったのである。

3　濃尾地震(20)

濃尾地震は、一八九一（明治二四）年一〇月二八日に愛知県および岐阜県で発生し、死者七〇〇〇名以上をだす大惨事であった。日赤名古屋支部より本社救護員派遣の要請が電報で到来し、また佐野常民は皇后に地震の状況を報告、皇后から救護をおこなうようにとの内旨があり、日赤は即座に救護員を派遣した。派遣の決裁文書においては、支部からの救援要請について、「天災救護ノ如キハ固ヨリ本社ノ本務ニ」はないが、その惨状をみるに「忍ヒサルノミナラス」、また、「戦時準備ノ一助」とすべきであるとしている[21]。

会津磐梯山噴火救護の際には日赤本社内で当初、災害救護をおこなう決断をしないうちに、皇后の内旨により救護実施が決定された。これに鑑みると、濃尾地震においては、皇后の内旨があったとはいえ、確固とした根拠がなくとも支部からの派遣要請にたいして応じる姿勢が日赤本社内に生じたといえよう。

日赤本社は医員二名、看護婦四名を二九日に愛知県に、医員三名、看護婦六名を三〇日に岐阜県にそれぞれ派遣した。その後、地震の被害の大きさに鑑み救護員が増派され、両県で一〇月三一日から一二月九日まで救護された患者数は計七九一二名、派遣された救護員数は計五六名であった。

本社救護員が到着したときは、地震からすでに数日経っていたが、傷病者の状況は悲惨であった。たとえば、岐阜県武儀郡関町に救護員が到着したのは地震の一週間後であり、傷病者の「創面ハ壊疽ニ陥リ否ラサレハ義膜状ヲ呈スルニ至」っていた[22]。また症状は打撲が一〇分の六、裂創刺傷骨折挫傷等が一〇分の三であり、後者のうち一〇分の二は脱臼火傷捻挫失肉創等であった[23]。

患者にたいする対応について特筆すべきは、看護婦の活躍である。派遣救護員の復命書は、「看護婦カ排洩物ニテ毫モ厭フノ色ナク処措シ又薬ヲ嘗メ食ヲ侑ムルニ誠意懇到ナルヲ以テ母子姉妹ノ慈愛ト雖トモ不及トシテ只管其懇切ヲ歓喜スルニ至レリ」と、看護婦の活躍を伝えている[24]。また、日赤のほかに東京慈恵医院、同志社病院、東京婦人矯風会からも看護婦が派遣されていたが、傷病者はこれらの看護婦たちを尊敬した[25]。『女学雑誌』は以下のようにこの様子を伝えている[26]。

況して女性にして此〔看病――筆者注〕を専門とするものありとは夢にも思はざりしに、忽まちにして天女降り、温乎たる愛の手を以ていたはり慰さむる幾多の看護婦に接し、驚ろき喜ぶこと大方ならず、女の先生々々と崇めて之を医博士の如くに尊とみたり。

こうして濃尾地震における救護活動は、救護患者数と派遣救護員数において、日赤が従事した大規模な救護活動の嚆矢となり、これ以上の規模の活動がおこなわれたのは、一九二三年の関東大震災のときであった。

四　明治後半期における平時事業の整備

1　日本赤十字社社則と天災救護規則の整備

博愛社から日本赤十字社に名称が変更されたことにともない、新たに「日本赤十字社社則」が一八八七（明治二〇）年に成立したが、その第一条は、日赤本社の目的を「戦時ノ傷病者ヲ救療愛護シ力メテ其苦患ヲ軽減スル」ことしている。[27] しかし、会津磐梯山噴火、トルコ軍艦の難破、および濃尾地震における救護活動を受け、日赤は一八九二年の社則改正において、その目的に「臨時天災ノ場合ニ於ケル負傷者ヲ救護スル事」を加えた。これによって、災害救護活動が、日本赤十字社の目的として戦時救護と並ぶこととなったのである。

濃尾地震以降も三陸津波をはじめとして、日本各地においてさまざまな自然災害が発生し、日赤は各々の災害で救護をおこなったが、災害救護に関する具体的な規則がなかったことから、一九〇〇年に「日本赤十字社天災救護規則」をはじめて制定した。[28]

さらに、災害現場で実際に救護をおこなうのは支部であるが、その支部の行動の自由を確保するため、一九〇四年に天災救護規則が改正され、災害救護事業が「専ラ支部ノ事業ニ属」することとなった。こうして日本赤十字社社則および天災救護規則の整備により、日本赤十字社本社・支部の平時事業の役割が明確化していったのである。

2　日赤支部病院のはじまり

日赤創立二五周年記念式典を挙行した一九〇三（明治三六）年、社の組織、社員数、そして資金は充実してきたが、資本金は目標一〇〇〇万円に届かず、そのため救護体制の不備が指摘されていた。そこで、その後一〇年間で目標資本金および救護体制の整備を達成するため、社業整理方針が打ちだされた(29)。そのなかでとくに重要なのが、支部病院設置の提言であった。

社業整理方針によると、「各支部ノ状況ニ鑑ミ又海外同盟各社ノ意向ト実際トヲ察スルニ時勢ノ進歩ハ赤十字事業ヲシテ単ニ戦時ト天災トノ救護ニノミ限」ることを許さないとして、支部は「余力」があれば、「博愛慈善ノ事業」をおこなって「広ク社会ヲ利」するべきであるとしている(30)。支部は病院を設置することを望んでいたが、資金的な問題もあり、実現には困難をともなっていた。しかしながらこの社業整理方針により、支部病院設置に日赤は舵を取りはじめることとなった。

社業整理方針を受けて日赤は、一九〇三年七月に「日本赤十字社支部病院設立準則」を定め、その第一条において「平時ニ於テハ準備救護員ノ養成戦時ニ於テハ傷病者ノ救護ニ供用スルコト」を支部病院の目的とした(31)。この準則にしたがって、一九〇四年二月一日に三重支部が山田赤十字病院を開院、その後、長野、滋賀、台湾において支部病院が開院され、赤十字病院が全国的に展開されていったのである(32)。

3　看護婦養成の拡張(33)

一八八九（明治二二）年、最初に制定された看護婦養成規則によると、養成の目的は戦時における傷病者の看護であった。しかし、前述のように、濃尾地震において救護看護婦が活躍したことから、一八九三年九月に看護婦養成規則が改正され、戦時における看護に加えて、災害が発生した際の傷病者看護も、日本赤十字社の看護婦養成の目的となったのである。[34]

目的に加えて、看護婦養成の規模も拡大していった。日赤は看護婦養成を一八九〇年四月に開始したが、これは基本的に本社の事業であった。同年九月入学の第二期生には、支部より生徒四名が派遣され、合計九名が看護教育を受けるようになった。しかし、東京で養成できる看護婦は限られていたため、一八九三年に広島、京都の両支部が看護婦を独自に養成しはじめた。

日清戦争は、日赤の看護婦養成に一大転機をもたらした。この戦争により、看護婦不足が生じ、支部が「速成看護婦」を養成したのである。[35]日清戦争中に速成看護婦を養成したのは、一七県の支部あるいは委員部におよんだ。しかし、養成期間が二ヶ月から一年と短く、「其ノ技能ノ優劣不統一ヲ免レ」なかったため、看護婦養成方針の統一化が急務となった。[36]「地方部看護婦養成規則」はそのような状況のもと、一八九六年に制定され、これにより地方における看護婦養成の方法が統一されたのである。[37]

このように看護婦養成の規則が整備されていったが、それとともに養成人数も増加した。一八九三年には本部・支部あわせても一五名に過ぎなかった卒業生も、翌九四年には四七名になり、しばらく数十名台で推移したが、一八九九年には三九一名と急増し、以降、ほぼ毎年数百人台で推移したのである。[38]

看護婦養成の第一の目的が戦時救護にあったことは変わらないが、このように養成された看護婦は、平時には病院で通常の看護業務をおこない、赤十字の平時事業の拡大に大いに貢献したのである。

五　大正期における平時事業の拡大――結核予防撲滅事業を例に

平時事業を災害救護としてのみとらえる方法は、大正時代に終わりを迎える。すなわち、日赤は平時事業を拡大し、

図8-1　保健思想普及用ポスター
（日本赤十字社所蔵）

結核予防撲滅事業、妊産婦・児童保護事業および少年赤十字の活動を開始するのである。ここではそのうち、とくに結核予防事業を取りあげることにしたい。

一九〇七（明治四〇）年にロンドンで開催された第八回赤十字国際会議は、結核予防撲滅事業実施のために以下の決議をおこなった[39]。

徴兵ノ際除外セラレタル者並結核病者トシテ軍隊ヨリ除外セラレタル軍人ニ対シ赤十字諸社カ特別ニ其ノ注意ヲ傾ケ以テ同社カ平時ニ於テ結核病ノ撲滅ニ参加スルコトハ望マシキコトトス此ノ点ニ付テハ有効ナル予防ヲ施サムカ為軍事官憲及軍事外官憲ノ援助ハ必要ナリトス

この決議を受けて、日本赤十字社は一九一一年に、伝染病研究所長北里柴三郎が作成した「肺結核病ノ予防撲滅ニ関スル注意書」と題する冊子六万部を作成し、陸海軍官憲および各支部委員部に配布した。

さらに、一九一一年にワシントンで開催された第九回赤十字国際会議において、皇后は平時救護事業奨励のために一〇万円を赤十字に下賜され、ここに基金（のちに「昭憲皇太后基金」と呼ばれるようになる）が設立されることとなった[40]。

これを契機として、日赤は、結核予防撲滅事業の拡張をはかり、支部において結核患者のための療養所を設置することを決定した。『医海時報』は、日赤のこのような動きをその記事のなかで、「吾人は日本赤十字社が、従来の主義より超脱し、平和時代に於ける社会事業、或は慈善事業に著手せるに対して、一大盃を挙げて祝さゞるべからず。」と評価している(41)。

つづいて、日赤は一九一三（大正二）年に「日本赤十字社結核予防撲滅準則」を定めた(42)。準則第二条は、この事業が支部の事業であり、支部は療養所を設置することを定めている。また、第三条は、徴兵検査、あるいはそのあとで結核と診断された者から診断および収容をおこなうと定めている。これは、ロンドン会議における決議に準じているが、「其ノ他ハ支部ニ於テ適宜之ヲ定ム」とされ、日赤は徐々に一般人にも対象を広げることを目指した。

準則の成立以降、一九一四年に大阪支部療養所が開設されたのを嚆矢として、療養所、あるいは赤十字の病院内に結核病室が整備されていった。一九二二年末までには、全都道府県および台湾、満州、朝鮮において赤十字の結核施設が設置されたのである。そして、一九一四年から一九二二年までの入院患者数は延べ八〇万一〇五〇名、外来患者数は延べ一〇三万九五九六名にのぼった。

治療については、大阪支部療養所が一九一五年年度の診療所概況において、「特ニ患者ノ栄養及ビ強壮法ニ注意シ此ノ目的ニ副ハンガ為メ薬餌品ニ対シテハ其撰択ニ意ヲ用イタリ特殊療法トシテハツベルクリンヲ用ヒ就中無蛋白ツヘ《ママ》ルクリンノ効験顕著ナルヲ認ム」と報告している(43)。

また、同概況によると、同年度の収容患者は一二一名、うち無職がもっとも多く四二名、以下、商人一〇名、農民七名、理髪工六名、金具工五名の順になっていた。また前年度には、六名存在していた陸海軍退役軍人(44)も、一九一五年度には存在しなくなった。軍関係者を優先的に収容することが準則には定められているが、現実は必ずしもそうではなかったことを示している。

六　関東大震災における日赤救護活動(45)

戦前において、もっとも大きい被害をもたらした災害は、一九二三（大正一二）年九月一日に発生した関東大震災であった。関東大震災により東京、横浜、そのほか関東の主要都市は壊滅的な被害を受け、また死者は一〇万人にのぼった。東京芝にあった日赤本社の建物は地震に耐えたが、出火して本館が全焼したため、広尾の日本赤十字社病院（現在の日本赤十字社医療センター）内に本社の仮事務所が設置された。

この大災害に対応するため、「臨時震災救護部」が、九月一一日に東京支部内に設置された。その予算として五〇〇万円が割り当てられたが、これは日露戦争の二年間にわたる救護活動で使用した救護費用とほぼ同じ額であった。新しく作成された規則により、日赤社長平山成信が救護部長となり、大震災の救護活動の事務を掌った。

日赤救護活動の本部はこのようにして設置されたが、各支部はこれを待っていたわけではなく、震災直後から活動ははじまった。震災が発生したのは、九月一日正午ごろであったが、東京支部は午後二時には、臨時救護所を東京府庁前に設置した。被災者のための臨時救護施設はここをはじめとして、東京、神奈川を中心として総計一九三ヶ所に開設された。救護が最終的に終了したのは、一九二四年六月であった。そして、臨時救護施設において救護を受けた被災者は、延べ二〇六万七五〇〇名に達した。

東京支部だけではなく、全国の支部からも要員が派遣された。日赤の創立以来一九二三年まで、関東大震災と同じような被害をもたらした地震はなかったため単純な比較は難しいが、大震災における救護活動は、戦時救護以外において日赤が全国的な組織を生かしておこなった最初の災害救護活動といえる。

たとえば、当時の情報伝達の速度に鑑み、北海道支部に震災の情報が伝わったのは九月二日午後四時であったが、支部は迅速に対応し、すぐに北海道から一班一三名が派遣され、救援物資を運ぶために道庁が借り上げた船に便乗し、九月六日に東京に到着した。また、朝鮮本部と満州委員部も救護班を派遣し、それぞれ九月一〇日と一三日に東京において活動を開始した。沖縄を除く他県支部も、遅くとも九月一〇日までには被災地で救護を開始し、総計四四六六名の日赤職員（うち一八〇二名が看護婦、一二〇名が看護婦長であった）が活動をおこなった。

このような、当時としては迅速な対応は、とくに国や県の機関の協力があってはじめて可能であった。前記のとおり、北海道支部は道庁が借り上げた船に便乗することができた。そのほか、大阪支部は大阪より第十四駆逐艦江風を、熊本支部は大阪より軍艦大井に便乗し、東京に向かった。

さらに、派遣された医師・看護婦は突然の召集であったため、必ずしも赤十字病院勤務の者ばかりで編成されたわけではなく、たとえば朝鮮本部からは朝鮮総督府医院の医師、看護婦、書記が臨時救護員として派遣された。関東大震災における救護活動は、多くの困難をともなった。押し寄せる傷病者と物資不足、そして余震の恐怖により、その活動は必ずしも十分なものとはいえなかったようである。熊本支部から派遣され、東京第一衛戍病院において救護活動をおこなった看護婦豊田フサコの証言が、当時の状況をよく表している(46)。

衛戍病院は患者で立錐の余地もない程でした。とくに一室には手当の甲斐もなく、亡くなられた人がいっぱい納められ、臭気が漂い、私たちは思わず手をあわせ、あふれ出る涙をどうすることもできませんでした。さっそく救護活動を開始しましたが、どこからどうしてよいのか、手のつけられない惨状でした。ともかく、少しでも早く患者さんの苦痛をやわらげてあげたいと思い、毎日少しの仮眠をとりながら、昼夜の別なく働きました。まだ、一日に二、三度の余震があり、そのたびに患者さんのおびえる姿を見ると、大震災当日の恐しさが手にとるようにわかり、気の毒でなりませんでした。

一番困ったのは食料と水でした。私たちが熊本からもってきた食料は全部患者さんに与え、私たちは病院から配給される一日二回の粗食でがまんしました。副食はほとんど漬物でした。また、カン入りの水を毎日少しずつ与えられました。洗顔、洗濯の水などあるはずがありません。私は母の手作りの梅干を持たされましたが、その梅干も全部患者さんや看護兵の方にあげてしまいました。

七 「平時事業」の内容の変化

博愛社および日本赤十字社の創設期には、戦時救護が最重要の活動であり、それ以外の活動を平時事業ととらえていたといえる。そこでは戦時平時の二分割が成立し、病院開設、看護婦養成および災害救護は、戦争ではないときにおこなうものとしての平時事業と位置づけられていた。明治時代前半は日赤の規模も小さく、また活動も限られていたため、戦時平時の二分論で論じることができたのである。

ところが、明治時代後半から徐々に病院数が増え、さらに大正時代に入り、結核予防撲滅事業や児童保護事業を開始すると、「平時事業」の概念が変化する。すなわち、病院における診療や結核事業あるいは児童のための事業などの、新しい平時における活動が平時事業の意味するところとなったのである。

たしかに、「戦時事業」と「平時事業」の伝統的な区分は残り、一九一一年から一九二一年までを扱った『日本赤十字社史続稿』下巻の目次では、「平時事業」は災害救護事業も含めた、戦時救護以外の事業となっている。しかし、国際法の専門家である日赤顧問蜷川新はその論文「震災後の平時事業如何」において、以下のように論じている(47)。

〔関東――筆者注〕大震災に於ける日本赤十字の活動は事変事業である、平時事業ではない、日本としては、戦役事業として既に幾多の経験を有し、世界の歎賞を買ふて居る。而して又震災事業に付て、今回一大経験を有した、向後日本赤十字の一大試練を受けざる可からざる事は、実に平時に於ける赤十字事業である、赤十字に関係ある人は、此事に付て大いに考慮し、大いに活動すること実に其の責務である。

そしてこの論文のなかで、蜷川は日赤の平時事業を、「（一）国民一般に衛生思想を与へる事（二）訪問看護婦を置き進んで病者を救ふ事（三）少年赤十字事業を広めること」としているのである。[48]そこにおいて蜷川が、平時事業に災害救護を含めていないことは注目に値する。

また日赤調査部長井上圓治は、その論文「欧州大戦後の赤十字」のなかで、第一次世界大戦前、ヨーロッパ各国は戦時救護とその関連事業にのみ活動を限定し「消極的」であったが、大戦後は「平時に於ても事業を実施させ、而も継続的、積極的に実施させやうとの希望が湧き出した」としている。[49]そして、日赤も戦時事業に加えて「新に平時事業を負担するに至つたのであるから今後大に其の活動力を増加しなければならぬ」ないとしている。[50]井上は、災害救護についてはとくに触れていないが、蜷川と同様に、平時事業を新しい日赤の事業ととらえているということができよう。

大正時代になっても、『日本赤十字社史続稿』の目次が示すように、戦時平時の基本的な枠組みは維持された。しかし以上の二論文は、日赤の「平時事業」の中心が、新しい事業に大きく移っていったことを示している。

（1）　ジャン・ピクテ（井上忠男訳）『解説　赤十字の基本原則』（東信堂、二〇〇六年）一七―一八頁。
（2）　博愛社社則附言については、日本赤十字社編『日本赤十字社史稿』（日本赤十字社、一九一一年、以下『社史稿』と略記）一〇七―一一三頁を参照。

（3）博愛社規則については、同右、一二〇―一四七頁を参照。
（4）博愛社病院および日本赤十字社病院の創設については、日本赤十字社医療センター『日本赤十字社医療センター百年の歩み』（日本赤十字社医療センター、一九九二年）四〇―四三頁を参照。看護婦養成の開始については、日本赤十字社『看護婦養成史料稿』（日本赤十字社、一九三七年）六―一三頁を参照。
（5）柴田承桂は、帰国後の演説のなかで、ヨーロッパの赤十字社における女性の活躍と救護における看護婦の重要性を紹介した。博愛社『明治十七年六月二十六日　柴田承桂演説　欧州赤十字社概況』（日本赤十字社本社所蔵）を参照。
（6）「養成委員ヨリ試験点数採用者人名申出ノ件」、『看護婦養成書類』（書類編冊番号「一〇三―二」）所収。
（7）磐梯山噴火における日赤の救護活動については、『社史稿』一五七九―一五八二頁および日本赤十字社『日本赤十字社第二回報告』（日本赤十字社、一八八九年）二五―三〇頁を参照。
（8）北原糸子『磐梯山噴火　災異から災害の科学へ』（吉川弘文館、一九九八年）五五頁。
（9）日本赤十字社『日本赤十字社第二回報告』二八頁。
（10）芳賀栄次郎「畏友三輪徳寛君の事ども」（鈴木要吉編『三輪徳寛』三輪徳寛先生伝記編纂会、一九三八年）三九九―四〇三頁。
（11）同右、四〇一頁。
（12）トルコ軍艦沈没における日赤の救護活動については、『社史稿』一五八八―一五九三頁、および飯森明子「『エルトゥールル号』乗員救護と日本の対応――日赤報告書から」（『常磐国際紀要』第一三号、二〇〇九年三月）一八一―一九一頁を参照。
（13）「土耳其軍艦沈没ニ付負傷者救護ノ議」、『土耳其軍艦遭難救護書類　自明治二三年九月至同二四年二月』（書類編冊番号「二一一二」）所収。
（14）「土耳其軍艦遭難負傷者救護復命書」、明治二三年一〇月五日、岩崎駒太郎・高橋種紀・山上兼善、同右所収。
（15）「第二回報告」、九月二六日午後、同右所収。
（16）「第二回報告」および「別報」、九月二六日午後三時、同右所収。
（17）「第二回報告」。
（18）「別報」。
（19）野島与四郎自殺未遂事件については、「復命書」、明治二三年一〇月二〇日、溝口宗武・高橋種紀、同右所収を参照。

(20) 濃尾地震における日赤の救護活動に関しては、『社史稿』一六〇二—一六一三頁を参照。
(21) 「愛知岐阜両県震災負傷者救護ノ件」、『愛知岐阜震災一件　明治二十四年』（書類編冊番号「一三一」）所収。
(22) 「震災地出張員復命書」、『愛知岐阜震災一件　明治二十四年』（書類編冊番号「一三〇」）所収。
(23) 同右。
(24) 同右。
(25) 吉川龍子「濃尾大地震の救護」（『日経メディカル』一九八四年一〇月八日号）一四三頁。
(26) 「震地旅行」（『女学雑誌』第二九九号、一八九二年一月九日）七—一二頁。この記事は、吉川「濃尾大地震の救護」に紹介されている。なおルビは省略した。
(27) 「日本赤十字社社則」の制定および一八九二年の同社則改正については、『社史稿』一五八—一六七、一七五—一七七頁を参照。
(28) 「日本赤十字社天災救護規則」の制定および一九〇四年の同規則改正については、『社史稿』一五六八—一五七三頁を参照。
(29) 社業整理方針については、『社史稿』四八四—四九七頁を参照。
(30) 同右、四九四頁。
(31) 支部病院の設立については、『社史稿』八七五—九〇一頁を参照。
(32) 『社史稿』八四八—八四九頁には、広島博愛病院が、広島博愛社により組織された旨の短い記述があるが、ほかには同病院への言及はなく、日本赤十字社は同病院を支部病院とはみなしていなかったのかもしれない。
(33) 看護婦養成の拡張については、『看護婦養成史料稿』一七—五〇頁を参照。
(34) 『日本赤十字社医療センター百年の歩み』七八頁。
(35) 『看護婦養成史料稿』三二頁。
(36) 同右、二三頁。
(37) 同右、三四—三六頁。
(38) 同右、一五六—一六〇頁。
(39) 以下、結核予防事業については、日本赤十字社編『日本赤十字社史続稿』下巻（日本赤十字社、一九二九年、以下『社史続稿』下巻と略記）八八〇—九三七頁を参照。

(40) 昭憲皇太后基金については、本書第九章を参照。

(41) 「先づ重症患者の隔離に着手せよ」（『医海時報』第九七八号、一九一三年三月二二日）二―三頁。「従来ノ主義」は、文脈から戦時救護を意味すると考えられる。この記事は謄写され、各支部に送られた。「医海時報『先ツ重症患者ノ隔離ニ着手セヨ』」謄写各支部へ送付件、大正二年三月二日、『結核一件　大正二年至三年』（書類編冊番号「一五一二」）所収。

(42) 『社史続稿』下巻、九〇五―九〇九頁。

(43) 「大正四年度概況」、『結核予防撲滅事業　大正五年』（書類編冊番号「三〇八七」）所収。

(44) 「大正三年度大阪支部結核病患者療養所概要」、『結核一件　大正四年』（書類編冊番号「一六五八」）所収。

(45) 関東大震災における日本赤十字社の救護については、日本赤十字社編『大正十二年関東大震災日本赤十字社救護誌』（日本赤十字社、一九二五年）を参照。

(46) 日本赤十字社熊本県支部編『日本赤十字社熊本県支部史』（日本赤十字社熊本県支部、一九九一年）一六一頁。

(47) 蜷川新「震災後の平時事業如何」（『博愛』第四四三号、一九二四年四月一〇日）七―一三頁。

(48) 同右。

(49) 井上圓治「欧州大戦後の赤十字」（『博愛』第四五〇号、一九二四年一一月一〇日）九―一九頁。

(50) 同右。

第九章　日本赤十字社の国際関係

河合利修

一　赤十字国際会議と日本赤十字社

1　赤十字国際会議の役割

アンリ・デュナンは、『ソルフェリーノの思い出』のなかで、救護団体を平時から各国に組織するよう提案した。この提案を受けて、まず赤十字国際委員会（以下、ＩＣＲＣと略記）の前身である「負傷軍人救護国際委員会」が、一八六三年二月に設立された。そして、委員会の委員の呼びかけに応じて、一八六三年一〇月、ヨーロッパ諸国の有志代表三六名がジュネーブに参集し、「赤十字規約」が締結された。

「赤十字規約」第一条は、「中央委員」を各国に組織し、戦時において救護活動をおこなうことを定め、これが各国赤十字社の起源となった[1]。一八六三年一二月、ウエルテンベルグ王国（現在はドイツの一部）に赤十字社が設立されて以降、ヨーロッパの国々を中心として、赤十字社が創設されていった。このような流れのなかで、博愛社も一八七七（明治一〇）年に創設されたのである。

「赤十字規約」には、もう一つ重要な点があった。すなわち第九条は、「各邦ノ中央委員及支社ハ万国会ヲ設ケテ集会シ互ニ其経験ヲ報告シ其目的ノ実行ニ便宜ナル規約ヲ協議スルヲ得ヘシ」と規定している。(2) 万国会、すなわち赤十字国際会議は、各国赤十字社がたんに交流する場にとどまらなかった。(3)「其目的ノ実行ニ便宜ナル規約ヲ協議スル」とあるように、赤十字の目的を達成するために必要な決議をすることが、「赤十字規約」に規定されたのである。

第一回赤十字国際会議は、一八六七（慶応三）年にパリで開催されたが、(4) 各国政府は政府代表の会議への出席を要求し、実現した。(5) 一八八七（明治二〇）年にドイツ・カールスルーエで開催された第四回赤十字国際会議では、五年ごとの会議開催が決議された。(6) 一八九七（明治三〇）年にウィーンで開催された第六回赤十字国際会議では、「万国赤十字社総会規則」が制定され、総会参加者（ＩＣＲＣ、各国赤十字社、ジュネーブ条約締約国政府の代表）や決議の方法などが明確化された。(7)

2　日本赤十字社の承認と第四回赤十字国際会議への出席

博愛社の設立は、国際赤十字への参加を意味していたわけではなかった。国際赤十字の一員であるためには、日本国政府がジュネーブ条約を締結し、白地赤十字標章を導入する必要があったのである。それが実現したのは、一八八七年、すなわち、日本がジュネーブ条約を締結し、白地赤十字標章を導入、それにともない博愛社が日本赤十字社と改称された年であった。(8)

博愛社は、第三回赤十字国際会議（一八八四年、ジュネーブ開催）に陸軍軍医監橋本綱常を派遣したが、赤十字社として承認されていなかったため、正式参加ではなかった。正式に日本赤十字社が赤十字国際会議に出席したのは、第四回赤十字国際会議（一八八七年、ドイツ・カールスルーエ開催）であった。(9) ＩＣＲＣは、会議開催二十日前の九月二日付書簡により、日本赤十字社の正式承認を通知、同時に国際会議出席を許可した。(10) 日本赤十字社はこれにより、国際

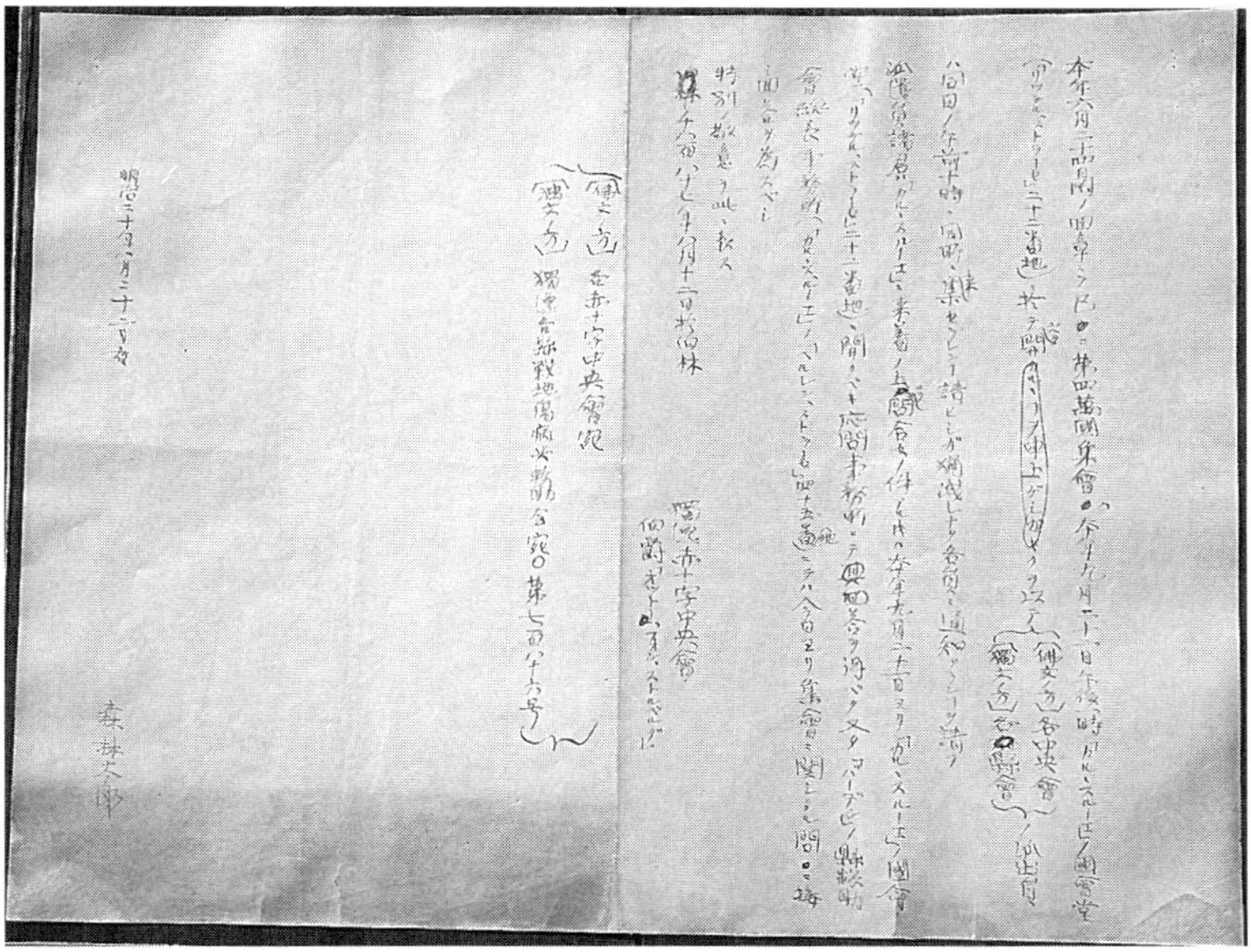

図9-1　森林太郎（鷗外）による議事録（日本赤十字社所蔵）

赤十字の一員となったのである。

カールスルーエには、政府委員として陸軍軍医監石黒忠悳、日本赤十字社委員として日本赤十字社幹事松平乗承が派遣された。また、石黒には、陸軍一等軍医谷口謙および森林太郎（鷗外）が随行した。石黒の回想によると、日本赤十字社は当時、本社社屋建築のため資金が不足しており、ヨーロッパへの渡航費用を負担することができなかった(11)。したがって、「誰か自費で行くものをやらねばならぬ」こととなり、松平乗承が派遣されることになったのである(12)。これは、創立一〇年目の日本赤十字社の実力を表すと同時に、それ以降急速に発展を遂げる日赤の原点を表すエピソードでもあろう。

日本政府および日赤がはじめて参加する赤十字国際会議において、日本代表は存在感を示すことになる。一三の議題のうち、一〇番目の議題が、「欧州ノ諸社ハ世界ノ他ノ部分ニ於テノ戦ニ際シ傷病兵員ニ救護ヲ加フヘキヤ」であった。普遍的なジュネーブ条約に加入して、ようやく国際舞台に登場した日本代表にとって、地理的な限定を救護に加えられるのは、心外であった[13]。石黒は、この議題に反対する以下の演説をした[14]。

若シ不幸ニシテ此原案ヲ賛成スル者アリテ可否ヲ起立ノ多少ニ問フニ至ルコトアラハ日本委員ハ議場ノ外ニ退キ其数中ニ加ハラサルヘシ何トナレハ我輩以為ク「ヂュネーヴ」条約ハ人類互ニ相憐ムノ慈仁ヨリ成ルモノニ外ナラス此人類相憐ムノ慈悲心ハ豈ニ地理学的境界ヲ以テ区域ヲ限定スヘケンヤ邦国ノ大小貧富又ハ道途ノ遠近ニヨリテ其成績ハ均一ナル可ラスト雖トモ同盟邦国干戈ノ惨状ニ陥ルニ方リテ互ニ救護スルハ決シテ免レサルノ義務ト謂フヘシ

ロシアおよびプロイセンの委員は、石黒の演説に賛成した。議論は「一時沸騰セシカ審議ノ後」、この議題は次回の赤十字国際会議に付されることとなったが、採択されることはなかった。

3　第九回赤十字国際会議と昭憲皇太后基金の創設[15]

第四回赤十字国際会議のつぎに、日本赤十字社にとってとくに重要な会議となったのは、一九一二（明治四五）年五月にワシントンで開催された、第九回赤十字国際会議であった。副社長小沢武雄を団長とし、計五名の日赤委員が会議に派遣された。また、政府の委員は、陸軍省参事官秋山雅之介ほか計四名であった。日赤委員五名のうち、篤志看護婦人会幹事長崎多恵子および小笠原貞子の二名は、初の日本人女性参加者であった。『日本赤十字社史続稿』には、「本社事業ノ将来ニ於テ一層婦人ノ努力ニ竢ツモノ多カラントス」と、女性への期待が表されている[16]。

戦時救護から発生した赤十字ではあったが、徐々に平時救護の役割が増大していった。その傾向は、赤十字国際会議の議題にも反映されていった。この点について、会議に出席した小沢副社長は、以下のように述べている[17]。

……平時救護事業の問題は毎五年に開かるゝ万国赤十字総会の議に上り一総会毎により多くの注意を惹くに至つたが、第七回聖彼得堡総会の際には此問題で議場に花を咲かせ、第八回倫敦総会の際には出来得る限り平時の救護に力を致さうと云ふ議論が勝利を占め、今度の第九回華盛頓総会は殆ど其の問題で持ち切りと云ふ勢ひであつた。

赤十字の平時救護重視の流れを受けて、一九一一（明治四四）年に、日赤社長松方正義は、皇室の御下賜金による国際赤十字の平時救護事業のための基金設置を、宮内・陸海軍・外務の各大臣に説いた。[18] そして、趣意書を宮内大臣渡辺千秋に提出したが、長くその回答がなかったため、小沢副社長は赤十字国際会議開催前の一二年二月に宮内大臣と面会、御下賜金についての了解をとった。[19] 正式に宮内大臣から日赤社長に通知があったのは、一二年四月二〇日のことであり、[20] すでに渡米していた小沢は、電報でこの通知について知ったのである。[21]

会議一日目の五月八日に、小沢は、「平時救護事業奨励基金ニ関スル日本赤十字社ノ提議」をした。[22] これにより日本赤十字社は、皇后の御下賜金一〇万円を「赤十字社平時事業ノ奨励金トシテ」日赤経由で国際赤十字に寄贈し、あわせて基金の定款を国際赤十字が定めるよう求めたのである。[23] 会議二日目に、皇后への奉謝文が「満場拍手ヲ以テ」可決され、基金創設が決定された。[24]

基金定款が決定されたのは、第一次世界大戦後であった。第九回赤十字国際会議の決議を受けて日赤が立案した定款は、各国赤十字社の同意をえて、一九二〇（大正九）年に成立した。[25] 定款の要点は、（一）基金の名称は、昭憲皇太后基金とする、（二）基金の管理は、ICRCがおこなう、（三）基金の配分には、基金の利息を充てる、（四）基金の配分は毎年一度、各国赤十字社の平時救護事業にたいしておこなわれる、（五）基金の配分を希望する赤十字社は、ICRCに申請し、ICRCが配分を決定する、であった。[26]

最初の基金配分は、一九二一年一一月に決定された。一九一二年から二〇年までの間、原資一〇万円についた利息は、五九七一〇円六八銭（元金と利息をあわせて四〇万七二六二スイスフラン二三サンチーム相当）にのぼり、この利息から一四万スイスフランが配分された[27]。配分を受けたのは、ハンガリー、デンマーク、ギリシャ、フランスおよびポーランドの赤十字社と赤十字国際委員会であった[28]。昭憲皇太后基金は、以降、毎年その利息から各国赤十字社の平時救護事業に配分をおこない、現在にいたっている。

4　赤十字国際会議の東京開催への試み

日本赤十字社にとって、赤十字国際会議の東京招致は長年の悲願であった。しかし、その道のりは、決してたやすくはなかった。

初代社長佐野常民は、明治二〇年代にはすでに国際会議の東京招致を目指していた。第五回赤十字国際会議（一八九二年、ローマ開催）に政府委員として出席した後藤新平は、帰国後、佐野に赤十字国際会議を日本で開催する覚悟の有無について問うた[29]。佐野も国際会議招致の「素望」をもってはいたが、当時の日赤の資力では困難であったため、佐野が各地を訪問した際は、「常ニ此事ヲ唱道シテ社業拡張ノ速カニセサル可ラサル」ことを社員に説いたのであった[30]。実際に佐野が一八九三（明治二六）年に長崎でおこなった演説が、雑誌『日本赤十字』に掲載されている[31]。

日本が治外法権の下に在て、欧米と権利を同ふする能はざるは、誠に残念至極なれども、我赤十字社は如斯〔カールスルーエにおける日本委員の反論を指す――筆者注〕、毫も外国と権利を異にせず、一歩の其権利を譲りしことなきなり、去れば、益ゝ〔ママ〕、此事業を拡張して、日本国民の忠愛心に厚きを知らしめ、又、何時たりとも、万国大会を引受くるの準備を整へ、我より進て開会を促すに至らば、我国の名誉、果して如何ぞや赤十字国際会議日本招致が現実味を帯びたのは、第九回の会議開催のときであった。第八回赤十字国際会議（一九〇七年、ロンドン開催）において、日赤は次回会議の日本での開催を提案し、「満場喝采」がおこった[32]。ただしこの提案は、「要求」というものではなく、「遠隔ノ地」日本において開催することを各国赤十字社が了解したならば、日赤は各国赤十字社の意向を「甘受」するという、条件つきの控えめなものであった[33]。

この提案の後、アメリカ委員は、次回会議をワシントンで開催したいことを、日本委員に打ち明け、日本委員もこれに同意した。このときの状況を、ロンドン会議に日赤委員として派遣された国際法学者であり日赤の常議員でもあった有賀長雄が、以下のとおり報告している[34]。

〔国際会議日本招致の提案の――筆者注〕翌日在倫敦米国大使館に於て総会出席の各国委員を招待せられた時合衆国赤十字社を代表せるボードマン嬢は曾て日本に来遊せられたる関係もありて小沢副社長と知己の間柄であるから同じく米国の代表者たるサンゲル大佐と共に吾等日本委員を別室に招き懇々内談せられた　その要領は他でない、実は此の次の万国総会は米国で開き之を以て米国の赤十字社を纏める一の機会に利用したいのである、其れ故決して日本の総会開設を横取りするといふのではないが若し多数の国が日本では余り遠すぎるから米国で開きたいと云ふ事になつたならば米国に譲つて呉れる訳には行くまいかという意味であつた、之れは日本でも拒む訳には行かぬ、日本の発言は初めから各国が之を不便とせぬならば開くといふ条件が付けてあるのだから多数が米国を便利とする場合には無論譲るべきである

そして小沢は、アメリカの提案を受け入れ、第九回赤十字国際会議はワシントンで開かれることになったのである。アメリカ赤十字社が、次回会議の日本開催を支援したのは、このような経緯からすれば自然であったといえる。有

賀の報告中にも名前のあがったボードマンは、ポルトガルおよびブラジル赤十字社が第一〇回会議を招致したことを日赤に告げ、そして、「今回下賜セラレタル基金ノ定款ヲ議定スヘキ時期ニシテ右〔第一〇回会議——筆者注〕ハ東京ニ於テスルヲ最モ便宜ト思考スル」ため、会議の日本開催の申請をするよう日赤に促した[35]。

このようにアメリカ赤十字社の支援を受けて、日赤はワシントン会議において、一九一七年開催予定の第一〇回赤十字国際会議の日本招致を提案したのである[36]。しかしながらまたしても、日本招致は実現しなかった。第一次世界大戦が勃発し、会議の開催が延期されたからである。第一〇回赤十字国際会議は、大戦後の一九二一（大正一〇）年にジュネーブで開催され、赤十字国際会議の日本開催が実現するのには、それからさらに一三年の歳月を要したのである。

二　赤十字社連盟の創設と日本赤十字社[37]

1　赤十字社連盟の創設の経緯

第一次世界大戦の発生により、ＩＣＲＣおよび各国赤十字社は、その本来の任務である戦時救護活動をおこなった。しかし、一九一八（大正七）年一一月、連合国とドイツの間に休戦協定が締結され、ヨーロッパにおける戦争が終結するにともなって、赤十字の内部では、平時救護をおこなう国際的な赤十字機関の創設が検討されたのである。

新しい機関の創設を主導したのは、戦勝国である日米英仏伊の五ヶ国の赤十字社であった。五ヶ国の赤十字社代表は、一九一九年二月一日カンヌ会議を開催し、赤十字社連盟創設を討議した。さらに場所をジュネーブに移し、「赤十字規約」が調印された由緒あるアテネ館において、二月一二日から一三日にかけて、赤十字社代表はＩＣＲＣとこの件について討議した。その後も、断続的に五ヶ国の赤十字社代表は、連盟設立に向け会合を重ねた。

同一九年四月一日、五国赤十字社委員会議がパリで開催され、「赤十字社連盟条規」が作成された。条規はＩＣＲＣに通知され、また五ヶ国の赤十字社本社の承認を受けた。条規は、五月五日にパリで調印され、赤十字社連盟はここに成立したのである。本部は、赤十字発祥の地であるジュネーブにおかれた。五ヶ国の赤十字社を代表した委員は、理事局委員となり、理事局議長には、アメリカ赤十字社委員のヘンリー・Ｐ・デビソンが選出された。「赤十字社連盟条規」第二条（目的）は、連盟の活動を以下のとおりに規定した(38)。

本連盟ハ政治、政府及宗派ニ超然タルヘキモノトス

本連盟ハ

第一　全世界ヲ通シ健康ノ増進、疾病ノ予防及苦痛ノ軽減ヲ目的トスル公認ノ国民赤十字篤志機関ノ設立及発達ヲ世界ノ各国ニ奨励促進シ且此等目的ノ為ニ赤十字機関ノ協力ヲ固クスルコト

第二　現今世上ニ知ラレタル各種ノ事実及科学並医学的知識上ノ新貢献及其ノ応用ヨリ得ラルヘキ恩恵ヲ世界ノ全人民ニ蒙ラシムル為ニ仲介トナリ以テ人類ノ幸福ヲ助長スルコト

第三　国内及国際間ニ異常ノ災厄起リタル場合ニ於テ其ノ救護事業ヲ協同シテ行フ為仲介者トナルコト

この条文からもわかるように、健康の増進、疾病の予防および苦痛の軽減のための活動や災害救護など、実際の平時事業をおこなうのは、各国赤十字社であった。連盟は赤十字社を支援し、あるいは赤十字社間の仲介をおこなうに過ぎなかった。しかしながら、各国赤十字社の役割として、平時事業が条規のなかに明記されたことは画期的であった。そして、連盟成立に影響を受けて、各国赤十字社は平時事業を強化していくのである。

連盟は五ヶ国の赤十字社により創設されたが、条規第三条により、各国赤十字社は連盟に加盟することができた。

発足から三年後の一九二二（大正一一）年末までに、赤十字社連盟に加盟している赤十字社数は、四二社にのぼったのである。

2　赤十字社連盟の創設と蜷川新の役割(39)

日本赤十字社は、赤十字社連盟の創設赤十字社の一つであったが、連盟創設の過程において、国際法学者の蜷川新が果たした役割は重要である。日赤は、一九一八年六月一四日から翌一九年三月二九日まで、日赤常議員徳川慶久を団長とした慰問使をイギリス、フランス、イタリア、ベルギーおよびスイスの赤十字社へ派遣した(40)。蜷川も慰問使の随員として派遣されたが、一九一九年一月からは陸軍省の嘱託としてパリで陸軍の調査事務をおこなっていた(41)。そして日赤は、パリに駐在していた蜷川に、連盟設立にかかる日赤の代表委員を嘱託し、蜷川は、赤十字社連盟の創設に関与することになったのである。連盟が創設されると蜷川は理事局委員となり、連盟の活動を担うにいたった。ここでは、蜷川が連盟創設時に果たした役割として、以下の二点について述べてみたい。

(1)　赤十字社連盟の発案

蜷川が果たした役割で重要なものとして、第一に、赤十字社連盟を最初に構想したことがあげられる。蜷川が慰問使に随行して欧米の赤十字社およびICRCを訪問した際、蜷川は、平時事業をジュネーブ条約に盛り込むための同条約の改正を、赤十字の関係者にたいして説いたが、好意的な返事は少なかったという(42)。また、ICRCより『国際赤十字雑誌』への寄稿を勧められたため、蜷川は論文を送付、同誌三月一五日号にその論文が掲載された(43)。その論文のなかで、蜷川は、国際連盟設立にあわせて平時事業をおこなう赤十字の連盟を結成する必要性を、以下のように論じている(44)。

私は赤十字条約が半世紀前に締結されて各国民に負はしめたと同様に、平時に於ても此義務を各国民に負はしむるを必要と考へる。而して「政治的国民連盟《ソシエテ・デ・ナシヨン・ポリティック》」の側に「人道的国民連盟《ソシエテ・デ・ナシヨン・ユーマニテール》」をつくる必要を認める

「政治的国民連盟」は国際連盟を、「人道的国民連盟」は赤十字社連盟を指していたのである。しかし、一九一九年一月にアメリカ講和委員エドワード・M・ハウスは、駐仏日本大使松井慶四郎に書簡を送り、戦勝五ヶ国の赤十字社が会議を開き、平時に赤十字が事業をおこなうためにジュネーブ条約改正を討議することを提案してきたのである。[45]そして、連盟創設のためのカンヌ会議は、終始アメリカがリードし、赤十字社連盟創設はアメリカ赤十字社、とくにその代表であったデビソンが提案したと記されるようになったのである。[46]

これにたいして、蜷川は、日赤機関誌『博愛』で数度にわたり、連盟創設の事情について記した。デビソンは、一九二二年五月六日に死亡したが、その死の追悼に際して蜷川は、以下のようにデビソンと自身の役割を説明している。[47]

「赤十字連盟」を起すに付き、余と氏とは初めより意見常に合致し余は氏を助けて其の事業を進捗せしめた、政治的リーグ・オブ・ネーションスの側らに人道的リーグ・オブ・ネーションを作らざる可らずと主唱せしは、余であつた、デヴイソン氏は、その金力と其の熱烈と其の補助者の合力とを以て、遂に此の大業を為したのであつた。

(2)　国際連盟規約第二五条の挿入

蜷川は、法律家として、赤十字社連盟の設立根拠を条約に求めた。当初蜷川は、ジュネーブ条約の改定を説いていた。しかし、それが困難であることを悟ったからか、理由は不明であるが、新しい条約に連盟創設の根拠を求めた。

そして、注目したのが、国際連盟規約であった。

この点に関して、『日本赤十字社史続稿』上巻が蜷川の功績に言及しているのは、注目に値する。一九一九年二月一四日に発表された国際連盟規約案は、赤十字に触れていなかったが、三月下旬の修正案では、規約案第二五条が赤十字に言及したのである(48)。第二五条は、「連盟国ハ全世界ニ亘リ健康ノ増進、疾病ノ予防及苦痛ノ軽減ヲ目的トスル公認ノ国民赤十字篤志機関ノ設立及協力ヲ奨励促進スルコトヲ約ス」と規定したのである(49)。そして、『社史続稿』には、以下のような記述がある(50)。

蜷川博士ハ初メヨリ此ノ種国際条約ノ必要ヲ各国人ニ向ツテ主張シタルモノナレハ（此ノ事実ハ既ニ世上ニ明カナリ）此ノ事アリテ初メテ二種連盟ノ法律関係ヲ明ニスルヲ得頗ル会心ノ挙ト為セリ即チ此ノ法律関係ナキニ於テハ従来ノ赤十字同盟ニ対シテ違法無益ノモノタルニ至ル可カリシヲ以テナリ

蜷川は、赤十字社連盟と国際連盟との関係について、「赤十字連盟は国際連盟より生れた」としている(51)。国際連盟の正式な成立は、各国の規約批准を待たなければならなかったが、一九一九年五月五日に連盟が成立する前に、規約二五条は確定していたため、「赤十字連盟は国際連盟より生れた」ということができたのである(52)。

さらに、国際連盟規約第二五条の挿入については、蜷川を含めた五ヶ国の赤十字社が提案したことによる可能性が高い。講和会議議事録には、第二五条が挿入された経緯については、まったく記載がない(53)。しかし、国際連盟事務局東京支局主任青木節一によると、第二五条が「規約に採用されるに至つたのは、日英米仏伊の五ヶ国の赤十字社代表等が集まつて相談した結果、進言した為めであります」と述べているのである(54)。

のである。

3　赤十字社連盟の創設が日本赤十字社の平時事業に与えた影響

赤十字社連盟自体が具体的な活動をおこなったわけではなかったが、連盟の創設が各国赤十字社に与えた影響は大きかった。すなわち「赤十字社連盟条規」により、連盟は平時事業をおこなう各国赤十字社の設立と発展を促進したのである。

連盟は、一九二〇年三月二日から九日までジュネーブにおいて第一回総会を開催した(55)。ここで七つの決議が採択されたが、決議第二は各国赤十字社がおこなう具体的な平時事業について言及した。そのうち災害救護については、日本赤十字社は明治二〇年代からおこなっていたが、各国赤十字社の役割として国際的な文書に明記されたのは、これがはじめてであった。衛生事業については、その後連盟本部が各国赤十字社に「児童の保育」をおこなうよう推奨し、これを受けて日本赤十字社は、一九二一年に産院を設けるなど、妊産婦および児童保護事業を開始した(56)。

さらに決議は、「総テ赤十字社ハ赤十字事業ノ為ニ其ノ国ノ青年ヲ組織スルコト」とし、ここから各国赤十字社において少年赤十字の事業がはじまった(57)。日本赤十字社は、一九二二年五月五日に各支部にたいして、尋常小学校五、六年の児童および高等小学校の児童をおもな対象として少年赤十字を組織するように通牒を発した(58)。

この通牒により、まず滋賀支部が一九二二年に少年赤十字を組織し、これ以降、少年赤十字は全国に広がっていった。一九二八（昭和三）年度までにほぼすべての支部に少年赤十字が設置され、一九三五年度末における少年赤十字団（学校ごとに組織）の総数は八〇五三、団員数は二六三万一二六七名にのぼった(59)。

少年赤十字の活動は、たんに赤十字事業や衛生の学習にとどまらず、海外の少年赤十字団員との通信にもおよんだ。少年赤十字の活動は、各地方の学校ごとにおこなわれていたが、その内容は国際的であった。たとえば、一九三〇（昭和五）年四月に発行された『博愛』第五一五号には、「松江市城西少年赤十字団昭和四年度事業概要」が掲載されている(60)。これによると、外国少年赤十字から送られた物品を展示する展覧会が、一九二九年度は四回おこなわれた。

そのうちの一回は、一九三〇年一月一五日に開催された「米国少年団贈物展覧会」であり、アメリカから発送されたクリスマスプレゼントが展示され、「児童の好む品物多かりしため非常に歓迎」されたという(61)。

また『博愛』同号には、一九二九年度の日本と外国の少年赤十字との通信数が報告され、総数は発信一三六八、受信九八四であった(62)。そのうちの約七割がアメリカとの通信であり、それ以外はヨーロッパ主要国との通信が多かった。しかし、チェコスロバキア、エストニア、ラトビア、ルーマニアといった国々の少年赤十字とも相互交流があり、少年赤十字の活動が国際的な広がりをもっていたことがわかる。

三　第一五回赤十字国際会議の東京開催(63)

1　緊張する国際情勢のなかでの徳川社長の欧米訪問

一八七七年に創設された日本赤十字社は、赤十字社連盟創設社のひとつとなり、国際赤十字のなかで揺るぎない地位を占めるまでにいたった。しかし、赤十字国際会議の東京招致は、大正時代においても実現をみなかった。また、昭和に入り、満州事変の勃発により、日本は徐々に国際社会のきびしい眼にさらされるようになっていった。

一九三〇（昭和五）年ブリュッセルで開催された第一四回赤十字国際会議において、東京開催が決定された。日本が国際連盟を脱退し、国際世論がきびしさを増すなかで、日本赤十字社社長徳川家達は、一九三三（昭和八）年八月から翌三四年四月まで、英米をはじめ欧米主要国を訪問し、東京会議の開催の重要性を赤十字社首脳に説いた(64)。

徳川は、ヨーロッパ諸国で、「国際会議になるべく有力な代表者をなるべく多数参加して貰ふやう、各国赤十字の社長または主なる関係者に接して充分希望を述べ」た(65)。また、徳川は、ヨーロッパ訪問のあとにアメリカに渡り、日米関係がギクシャクするなかで、「赤十字国際会議に出席の多からんことを充分申し述べて来た」のである(66)。

『日本赤十字社社史稿』第四巻には、この訪問が「全く個人的」であったものの、日本にたいする「国際誤解の一部をとり除き」、東京会議開催およびその成功に「頗る役立った」と記述されている。(67) たとえ「全く個人的」であったとしても、徳川社長の欧米訪問が、東京会議開催の「根回し」であったことは、事実であろう。

2　赤十字国際会議東京開催の実現

第一五回赤十字国際会議は、一九三四（昭和九）年一〇月二〇日から二九日までの一〇日間、日赤本社において開催された。出席者は、ＩＣＲＣ代表八名、赤十字社連盟代表八名、五四の各国赤十字社代表一九九名、四五ヶ国の政府代表八一名、国際連盟などの団体代表二三名の総計三一九名にのぼった。とくにアメリカ赤十字社は、七八名の代表を派遣し、日赤および日本政府代表の計三八名を上回ったのである。

会議においては、当時の人道問題が議題となり、討議の後に、議題に関する四八の決議が採択されたが、そのうちの多くが赤十字の平時活動に関する決議であった。(68) すなわち、少年赤十字に関する四つの決議、「赤十字社連盟ノ事業」、「平時ニ於ケル篤志補助婦ノ活動」、「国際救済連合」、「赤十字社ノ衛生及福祉事業」、「災害救護ニ対スル赤十字社ノ組織」、「路上救護」、「交通事故ニ関スル統計」、「衛生飛行」の各決議がなされたのである。(69)

しかしながら、東京会議で採択された決議が、平時事業と同じように、戦時救護の準備を重視していたことも見逃せない。(70)「化学及空中戦ニ対シ非軍人ヲ保護スル為ニスル国際委員会ノ事業」、「開戦ノ宣言ヲ伴ハサル軍事行為ニ際シジュネーヴ条約及俘虜法典ノ準用」、「敵非軍人ノ運命ニ関スル条約案」、「ジュネーヴ条約適用ニ関スル法規集」などに関する決議がなされたのである。(71)

とくに決議第三九「敵非軍人ノ運命ニ関スル条約案」(72)は、一九二九年のジュネーブ条約では扱われていなかった文民の取り扱いを定めた点で重要である。軍人ではなく、「敵国民ニシテ交戦者ノ領域又ハ其ノ占領地域ニ在ル者」(73)と

図9-2　記念切手（日本赤十字社所蔵）　左から，第15回赤十字国際会議（1934年発行），佐野常民（1939年発行），ジュネーブ条約成立75年（1939年発行）.

いう限定はあったが、文民を保護する条約案が可決されたことは、文民を保護するための条約が存在しなかった当時としては、画期的であった。

この条約案は、スイス政府により召集される外交会議に提出されることとなっていたが、各国政府は、外交会議開催の必要性を認識しておらず、第二次世界大戦の勃発により、会議が開かれることはなかった[74]。しかしながら、条約案が文民保護に関する一九四九年のジュネーブ第四条約の先駆となったことは、事実である。

3　国家的事業としての赤十字国際会議

赤十字国際会議は、赤十字が開催する国際会議であったが、国家的事業の側面もあった。一〇月二〇日の開会式には、内閣総理大臣岡田啓介、宮内大臣湯浅倉平、外務大臣廣田弘毅、内務大臣五島文夫、陸軍大臣林銑十郎、海軍大臣長谷川清および文部大臣松田清が出席した。

会議開催を祝した記念切手が発行されたが、当時、皇室の慶事や国家的行事が記念切手になることはあったものの、一民間団体の会議の開催に関係して記念切手が発行されたのは異例であった。外国人参加者は、鉄道省より一等無賃乗車券を配布され、また、東京市営電車はじめ地方交通機関も無賃乗車券を発行した。

会議開催中、あるいは会議後に、日本赤十字社本社および支部は、外国人参加者のために旅行を企画した。東京都内では、東京の復興状況視察があり、明治神宮および靖国神社に参拝後、関東大震災で大きな被害を受けた下谷、浅草および本所を回り、旧陸軍被服廠跡の震災記念堂で礼拝をした。また、鎌倉、箱根、日光、京都などの観光地を外国人参加者が訪問した際は、官民あげての歓迎を受けた。

4　アメリカ赤十字社の支援

会議の成功については、欧米の赤十字社、とりわけアメリカ赤十字社の支援によるところが大きかったといえる。ハッチンソンは、日本赤十字社が人道主義よりも愛国主義をその活動の根拠とし、そしてそれを欧米の赤十字社、とくにアメリカ赤十字社が取り入れたと論じている(75)。その愛国主義の受容の是非はこの章の扱う範囲外であるが、アメリカ赤十字社は、「後発」の赤十字社であったため、日本赤十字社をモデルにしていたと思われる。

ハッチンソンも使用している『米国赤十字社雑誌』のイラストには、アメリカ赤十字社の社員数が日本、ドイツそしてロシア赤十字社と比べて極端に低いことが示され、この対比を社員数増加の契機にしようとしている(76)。また、『米国赤十字社雑誌』はその他の号においても、日本赤十字社の活動を詳細に報告している(77)。日本が国際社会で徐々に孤立を深めていくなかで、アメリカ赤十字社をはじめ欧米の赤十字社が赤十字国際会議の東京開催を支援した背景のひとつには、このような日本赤十字社の国際赤十字に与えた影響があったといえよう。

とくにアメリカ赤十字社中央委員会委員長ジョン・バートン・ペインは、第一五回赤十字国際会議の東京開催にたいして、助力を惜しまなかった。ペインは、国際会議後、一九三五年一月二四日に急死したが、彼への追悼の辞が、日赤社長徳川家達、外務大臣広田弘毅らから寄せられている。徳川は、「過般の第十五回赤十字国際会議に対しても亦之が準備に関して夙に助力する所頗る多かりしのみならず老齢と病躯とを以てして再び来朝し率先して百万斡旋に努めたり」と、ペインの功績をたたえている(78)。

5　第一五回赤十字国際会議とその後

国際会議の東京開催により、国際赤十字における日本赤十字社の地位は、頂点をきわめたといえる。一八七七年にわずか三八名の社員からはじまった日本赤十字社が、その五〇年余り後には欧米の赤十字首脳を招いた国際会議を開催したのである。

しかし、これ以降、日本赤十字社は戦争が激しくなるとともに、ＩＣＲＣとの交流はある程度保つものの、他国の赤十字社とは連絡が途絶えるようになった。そして、第二次世界大戦後は、占領下の赤十字社ということで、赤十字国際会議にも占領軍により出席が許可されなくなったのである。

(1)　日本赤十字社編『日本赤十字社史稿』（日本赤十字社、一九一一年、以下『社史稿』と略記）一一頁。
(2)　同右、一二頁。
(3)　「赤十字国際会議」は、『社史稿』では「万国赤十字社総会」、あるいは「万国赤十字総会」と記されているが、本章では「赤十字国際会議」を使用する。
(4)　赤十字国際会議の開催年および開催地については、年表を参照。
(5)　『社史稿』五四二頁。
(6)　同右、五四九頁。ただし、現在では四年ごとの開催となっている。
(7)　『社史稿』五八〇―五八四頁。
(8)　これについては、第一章を参照。
(9)　第四回赤十字国際会議については、『社史稿』五四五―五五三頁を参照。
(10)　『社史稿』五〇九―五一一頁。
(11)　石黒忠悳「社長徳川公の送別会に列して」（『博愛』第五一八号、一九三〇年七月一〇日）一―三頁。
(12)　同右。

(13) 同右。
(14) 『社史稿』五五〇―五五一頁。
(15) 第九回赤十字国際会議および昭憲皇太后基金の創設については、日本赤十字社編『日本赤十字社史続稿』上巻（日本赤十字社、一九二九年、以下『社史続稿』上巻と略記）一三二―一八二頁を参照。
(16) 『社史続稿』上巻、一四三頁。
(17) 小沢武雄「平時救護事業奨励基金御下賜に就ての感想」（『博愛』第二九八号、一九一二年八月一〇日）六―八頁。なおルビは省略した。「聖彼得堡」には「せんとぺーとるすぶるぐ」とルビがふられている。
(18) 『社史続稿』上巻、五一七頁。
(19) 同右、五一七―五二一頁。
(20) 「宮内大臣官房文書課甲第一六五号文書」（宮内大臣渡邉千秋発日本赤十字社社長松方正義宛）、『第九回万国赤十字総会明治四十五年五月』（書類編冊番号「一一一八」）所収。『社史続稿』上巻、五二三―五二四頁所収。
(21) 『社史続稿』上巻、五二四頁。
(22) 同右、一五三頁。
(23) 同右。
(24) 同右、一五五頁。
(25) 同右、二二二―二三六頁。
(26) 同右、二三四―二三六頁。ただし基金は現在、ＩＣＲＣおよび国際赤十字・赤新月社連盟の代表で構成される昭憲皇太后基金管理合同委員会により管理されている。
(27) 同右、二三九―二四八頁。
(28) 同右。なお、ＩＣＲＣは、定款上、基金配分を申請することができた。
(29) 『社史稿』五六四―五六五頁。
(30) 同右、五六五頁。
(31) 「佐野子爵の談話」（『日本赤十字』第一九号、一八九四年二月一五日）六―二七頁。なおルビは省略した。
(32) 『社史稿』六二九頁。

(33) 同右。

(34) 有賀長雄「日本赤十字社と万国総会」（『博愛』第二三六号、一九〇八年六月二〇日）一〇―一三頁。

(35) 『社史続稿』上巻、一七一頁。

(36) 同右、一七一―一七二頁。

(37) 赤十字社連盟創設については、『社史続稿』上巻、三一四―四〇九頁を参照。

(38) 同右、三八〇―三八一頁。

(39) 蜷川と赤十字社連盟の創設については、草間秀三郎「赤十字社連盟の設立――蜷川博士の『平時赤十字構想』を中心として」（『愛知学院大学情報社会政策研究』第六巻第一号、二〇〇三年一二月）三九―五三頁を参照。

(40) 慰問使については、日本赤十字社編『日本赤十字社史続稿』下巻（日本赤十字社、一九二九年、以下『社史続稿』下巻と略記）四三九―四五八頁、『欧州戦乱　慰問使一件　大正七年』（書類編冊番号「戦七四四」）所収および『欧州戦乱　慰問使一件　大正七年同八年』（書類編冊番号「戦七四五」）所収を参照。

(41) 「事務嘱託ノ件照会」、大正七年一二月二七日付陸軍次官山梨半造発日本赤十字社社長石黒忠悳宛、および「蜷川博士ニ事務嘱託ノ件照会ニ対シ陸軍次官ノ回答」、大正七年一二月二八日、『欧州戦乱　慰問使一件　大正七年同八年』（同右所収）。

(42) 蜷川新「赤十字社連盟成立事情の真相」（『博愛』第四三四号、一九二三年六月一〇日）八―一五頁。

(43) 同右。なお、寄稿を勧めるＩＣＲＣの書簡は、一月六日付であった。

(44) 同右。

(45) 同右。この書簡については、外務次官幣原喜重郎が日赤社長石黒に宛てた書簡のなかでも触れられている。幣原は、アメリカの提案にたいして日赤が代表を派遣するよう要請し、その代表には蜷川が適当であると述べている。『社史続稿』上巻、三一四―三一五頁。

(46) 草間秀三郎氏は、蜷川の功績が忘れられた要因として、山東省の問題などで忙殺されていた日本の外務省が、赤十字社連盟創設について「国策として検討する余裕がまったく無かった」ことをあげている（草間「赤十字社連盟の設立」）。

(47) 蜷川新「米国赤十字の偉人デヴィソンの死」（『博愛』第四二三号、一九二二年七月一〇日）一一―一二頁。

(48) 『社史続稿』上巻、三七三―三七四頁。

(49) この条文の文言は、「赤十字社連盟条規」第二条に取り入れられた。同右、三七四頁。

(50) 同右。
(51) 蜷川新「赤十字連盟と国際連盟との関係」(『博愛』第三九二号、一九一九年一二月一〇日)二—五頁。
(52) 同右。
(53) 『社史続稿』上巻、三七四頁。
(54) 青木節一「国際連盟規約第二十五条」(『博愛』第四九七号、一九二八年一〇月一〇日)五—一〇頁。
(55) 第一回赤十字社連盟総会については、『社史続稿』上巻、四〇九—四二九頁を参照。
(56) 妊産婦および児童保護事業については、『社史続稿』下巻、九三七—九七一頁を参照。
(57) 少年赤十字については、『社史続稿』下巻、九九〇—一〇〇六頁、および飯森明子「少年赤十字と東洋地方少年赤十字会議の招致——その『国際理解』をめぐって」(上見幸司先生追悼論文集編集委員会編『人間科学の継承と発展——上見幸司先生追悼論文集』同編集委員会、二〇〇九年)八七—一〇七頁を参照。
(58) 「日本赤十字社少年赤十字ノ実施ニ関スル件通牒」については、『社史続稿』下巻、九九四—九九六頁を参照。
(59) 日本赤十字社編『日本赤十字社社史稿』第四巻(日本赤十字社、一九五七年、以下『社史稿』第四巻と略記)三六九—三七一頁。
(60) 「松江市城西少年赤十字団昭和四年度事業概況」(『博愛』第五一五号、一九三〇年四月一〇日)四三—四五頁。
(61) 同右。
(62) 「昭和四年一月ヨリ十二月ニ至ル通信交換一覧表」(『博愛』第五一五号、一九三〇年四月一〇日)四四—四五頁。
(63) 第一五回赤十字国際会議については、『社史稿』第四巻、一一一—一九一頁、および飯森明子「赤十字国際会議と東京招致問題」(『常磐国際紀要』第六号、二〇〇二年三月)五一—七一頁を参照。
(64) 『社史稿』第四巻、一一二頁。
(65) 徳川家達「外遊より帰りて」(『博愛』第五六四号、一九三四年五月一〇日)一—二頁。
(66) 同右。
(67) 『社史稿』第四巻、一一二頁。
(68) André Durand, *From Sarajevo to Hiroshima : History of the International Committee of the Red Cross*, Geneva, Henry Dunant Institute, 1984, p. 290.

(69) これらの決議については、『社史稿』第四巻、一七〇―一七二頁を参照。
(70) Durand, *From Sarajevo to Hiroshima*, p. 290.
(71) これらの決議については、『社史稿』第四巻、一七四―一七六頁を参照。
(72) 同右、一七四―一七五頁。
(73) 同右、一七四頁。
(74) Jean S. Pictet (ed.), *Commentary IV Geneva Convention relative to the Protection of Civilian Persons in Time of War*, Geneva, International Committee of the Red Cross, 1958, p. 4.
(75) John F. Hutchinson, *Champions of Charity : War and the Rise of the Red Cross*, Boulder/Oxford, Westview Press, 1996, pp. 202-203.
(76) Ibid., p. 232. イラストのオリジナルについては、*American Red Cross Magazine* 11 (March 1916), p. 85.
(77) Surgeon W. C. Brainsted, U. S. N., "The Japanese Red Cross Nurse," *American Red Cross Magazine* 3 (April 1908), pp. 5-14.
(78) 徳川家達「追悼之辞」(『博愛』第五七三号、一九三五年二月一〇日)三三―三四頁。

［補注］

本章においては、アジア地域の赤十字会議について触れることができなかった。たとえば、赤十字社連盟の創設を受けて、第一回東洋赤十字会議が一九二二年にバンコクで、第二回会議が一九二六年に東京で開催され、また、一九三七年には、東洋地方少年赤十字会議が東京で開催された。日本赤十字社の国際関係およびアジアの赤十字社の発展と連携を考えるうえで、これらの会議は重要である。赤十字の地域会議については、飯森明子「赤十字国際会議と東京招致問題」および「少年赤十字と東洋地方少年赤十字会議の招致――その『国際理解』をめぐって」の先行研究が存在する。しかし、他の研究は皆無のため、今後研究すべき課題のひとつといえよう。

第一〇章　昭和初期の事変と日本赤十字社

喜多義人

一　日露戦争後における戦時救護体制の変遷

1　ジュネーブ条約の改正

日赤がその活動において準拠すべきジュネーブ条約は、一八六四（元治元）年八月二二日に調印されたが、その後の普仏戦争で不備が指摘され、改正のための国際会議開催が各国間で合意されていた。ところが、ボーア戦争や日露戦争によって延期され、ようやく一九〇六（明治三九）年六月一一日から、ジュネーブに三七ヶ国の代表を集めて開催されることになった(1)。

新条約は七月六日に調印された。この改正により、条文が旧条約の一〇ヶ条から三三ヶ条に大幅に増加した。主要な改正点をいくつかあげると、まず、交戦者が尊重看護すべき対象を、傷病軍人から「軍隊ニ付属スル其ノ他ノ人員」に拡大した（第一条）。また、傷病者が敵国の権力内に陥ったときは捕虜となることを明記した（第二条）。日赤の活動との関係では、本国政府が認可した篤志救恤協会の人員で、軍衛生機関において使用される者はいかなる場合でも尊重保護され、捕虜として取り扱われないことになった（第一〇条）。そして、救恤協会の衛生材料は私有財産とみなされ、戦争の法規慣例にもとづき、交戦者が徴発権を行使する場合を除き、尊重されることが規定された[2]（第一六条）。

会議では、各国委員が日露戦争におけるジュネーブ条約遵守を敵国ロシアからも称賛された日本の意見を尊重し、それらはおおむね改正案に取り入れられた。一、二通過しないものもあったが、その趣旨においては可決されたのも同じで、まったく同意をえなかったのは一件のみであったという[3]。

日本は、一九〇八（明治四一）年四月二三日、新条約を批准した。陸軍は同条約の註釈書を作成し、訓令をもって現役のみならず在郷軍人にいたるまで、その熟読遵守を命じた。

ジュネーブ条約は、第一次世界大戦の経験と時代の進歩にともない、一九二九（昭和四）年に再び改正された。会議は、四七ヶ国が参加して同年七月一日からジュネーブで開催され、同二七日、三九ヶ条からなる新条約が調印された。

この改正では、博愛精神をますます高調して、傷病者や戦死者の保護尊重をいっそう厚くするため旧条約の不備を補い、また従来明確でなかった点を詳しく規定し、的確に条約の目的を達成することができるようにした[4]。注目すべき改正点として、まず、救恤協会の私有財産にたいする徴発権は、緊急の必要があり、かつ傷病者の安全を図ったあとでなければ行使できないとした点をあげることができる（第一六条）。また、航空機の発達に鑑み、衛生航空機の保護や捕獲された衛生航空機乗員の取り扱いに関する規定が置かれた（第一八条）。さらに、交戦国のうちの一ヶ国がジュネーブ条約の当事国でない場合でも、条約に加入する交戦国間では条約が拘束力を有することが定められた（第二五条）。

日本は、一九三四（昭和九）年一〇月二六日、新条約を批准した。

2　日本赤十字社戦時救護規則の改正

戦時救護規則が日露戦争の前年に改正されたことは、第三章でみた。一九〇八（明治四一）年一一月二六日、同規則は、日露戦争における実験とジュネーブ条約の改正等に対応するため、陸海軍両大臣の認許をえて再度改正された。その要点は以下のとおりである。

まず、救護団体については、救護班の定数が旧規則では陸軍にたいして一一二個、海軍にたいして四個であったが、日露戦争では不足を来し臨時に三二個班を増設した経験から、新規則では陸軍一五五個、海軍八個に増加した(5)。そして、従来の医員二名制は一班を分割して使用するには便利であるが、職務執行上両者の間に円満を欠く場合があるので一名制にあらため、また看護婦長・看護人長の職務がきわめて多忙であることから、その補佐として組長四名を付すことにした。患者輸送縦列も三個から六個に増加したが、編成人員（旧規則では一二〇名）を半減し、本部と五個の輸送班に分け、分割勤務に便利なようにした(6)。

病院船は、現在のものでは患者の収容力に乏しいため、将来は二倍の規模の病院船（四〇〇名収容）を設備する必要を認め編成人員を増加するとともに、従来の甲種乙種の区別を廃して二隻を設備することにした。そして、船内救護は日露戦争の経験から看護婦のほうが最適任と認められたため、新規則では看護婦のみを使用することにし、その労力を軽減するため雑役夫を配置した。また、重症患者の輸送のため、病院列車一

図10–1　救護班編成令旨奉戴（日本赤十字社所蔵）

図10-2　第1回赤十字デーのポスター（日本赤十字社所蔵）

個を新設した。

つぎに、戦時や事変に際して救護事業を統括する機関として、救護部を規定した。従来、本部に臨時救護部が置かれていたが、戦時救護規則にもとづいて設置される機関ではなかったため、陸海軍当局から公認されないという不便があったからである。今回の改正により、救護部部員は日赤救護員の資格をえることになった。

また、「救護員」という職名は、しばしば平時職員の名称と混同されやすく、不便が少なくないため、いずれの職名にも「救護」の二字を冠することにした。これにより以後、「救護医員」や「救護看護婦」の職名が用いられることになった。

ところで、今回の改正では、「戦地ニ於ケル救護班ノ作業ハ兵站管区内ニ於テ之ヲ行フ但シ特ニ前方ノ作業ヲ命セラレタルトキハ此ノ限リニ在ラス」（第一六条）との規定が新設された。これまで救護班の使用は兵站病院および兵站所管内に限られていたが、改正により、危険な戦場で負傷者を収容救護する可能性がでてきたわけで、重要な変更といえよう。

その後、日赤は第一次世界大戦において英仏露へ救護班を派遣し、また青島や東部シベリアでも救護事業を実施した。そのときの経験を踏まえて、一九二二（大正一一）年三月三一日、戦時救護規則の大幅な改正がおこなわれた。

重要な改正点は、準備すべき救護班を陸軍にたいして一七七個（看護婦組織一六七、看護人組織一〇）、海軍にたいして一二個（看護婦組織）に増加したことである。看護人組織の救護班の削減は、日赤が平時事業を拡張するため看護婦の増員を必要とした反面、看護人生徒の志願者数が年々減少したことによる。そのため、看護人組織救護班を整理し、看護婦組織救護班を増加するほうが時宜に適うと判断されたのである。(7) また、シベリアで患者救護に自動車を用いたところ、その有効性が証明されたため、救護団体中に救護自動車を加えることにした。このほか、病院列車が一個から二個にあらためられた。

今回の改正では、旧規則の条文を修正増補するとともに、条章を統廃合した結果、一二章八一ヶ条が八章六一ヶ条に緊縮され、内容も簡明かつ適用しやすいものになった。昭和期の戦時救護活動は、おおむねこの救護規則にもとづいておこなわれた。

3　日本赤十字社と陸海軍との関係の強化

日露戦争以降、日赤と陸海軍との関係がどのように変化したかをみるには、日本赤十字社条例のほか、陸海軍の諸文書を検討しなければならない。

一九〇一（明治三四）年の日本赤十字社条例（以下、「日赤条例」と略記）は、「日本赤十字社ハ陸軍大臣海軍大臣ノ指定スル範囲内ニ於テ陸海軍ノ戦時衛生勤務ヲ幇助スルコトヲ得」（第一条）と規定していた。これにたいし、一九一〇（明治四三）年五月一九日に改正された日赤条例（勅令第二二八号）は、「日本赤十字社ハ救護員ヲ養成シ救護材料ヲ準備シ陸軍大臣海軍大臣ノ定ムル所ニ依リ陸海軍ノ戦時衛生勤務ヲ幇助ス」（第一条）と、「幇助スルコトヲ得」を「幇助ス」にあらため、戦時救護事業の実施を義務づけた。また、陸海軍両大臣は、日赤の申請により軍医を日赤病院に派遣し、患者の診断治療、その他救護員の養成事務を幇助させることができるとしたほか（第四条）、いつでも日赤の資産帳簿を検査し（第六条）、日赤にその事業に関する諸般の状況を報告させることができるとするなど（第七条）、陸海軍との関係がいっそう緊密化した。

日赤条例は、一九三八（昭和一三）年九月九日にも改正され（勅令第六三五号）、令名が「日本赤十字社令」にあらためられた。この改正では、第七条ノ二が新設され、陸海軍両大臣は「日本赤十字社ノ事業ニ関シ監督上必要ナル命令ヲ為ス」ことができるようになった。また、戦時救護勤務に服する救護員の給与は、陸海軍両大臣の定めるところにより、官給することが規定された（第一一条）。

陸軍の文書では、一九一八（大正七）年五月一九日の陸普第一八四九号が、日赤支部等の所在地を所管する師団等の軍医部長が救護団体整備や救護事業実施に関する事項を毎年一回査閲することを通達している。同趣旨の通達は、一九三二（昭和七）年にもでている（九月一三日、陸普第五四三六号「日本赤十字社支部等査閲ニ関スル件」）。さらに、一九三九（昭和一四）年七月一七日の「戦時衛生勤務ニ服スル日本赤十字社救護員ノ取扱ニ関スル件」（陸普第四四三八号）により、救護員は宣誓して軍属になること、および救護員の補充交代に関し配属部隊所管長官は陸軍大臣に上申することが通達された。

こうして、陸海軍の日赤にたいする監督権が強化されていったのである。

二　済南事変における救護事業

一九二八（昭和三）年四月、蒋介石率いる国民革命軍による北伐の進展にともない、日本は中国山東省の省都済南に、居留民保護のため、第六師団の一個旅団を派遣した。革命軍は、五月一日から平穏裡に済南城内に入った。ところが、三日朝、革命軍兵士の日本人商店にたいする略奪・虐殺事件をきっかけに、日中両軍の衝突が発生した。日本軍は第六師団につづいて第三師団を増派し、激しい戦闘のすえ一一日に市内中心部を占領した。

日赤が白川正則陸軍大臣の命令により、救護班を編成したのは六月五日である。救護看護婦は、動員を下令された第三師団（名古屋）と第六師団（熊本）管下の愛知、静岡、岐阜、大分、熊本、宮崎、鹿児島の各支部より各四名を召集し、救護医員二名、救護調剤員一名、救護書記一名、救護看護婦長二名、救護看護婦二名、使丁二名は本部より召集した。

救護班の任務は、陸軍運輸部に配属され、青島、大連、塘沽からの還送患者の輸送業務を幇助することであった。救護班三八名は、六月七日、宇品の陸軍運輸部に到着し、ただちに患者輸送船長城丸の衛生員を命じられた。

長城丸は、大阪商船所有の船舶で二五九六トン、陸軍が徴用して艤装をおこない、病室、手術室、薬室、屎尿処理室、被服消毒所などを設備した。収容定員は最大で一八〇名であった。同船は塘沽、大連および青島において患者を乗せ、門司で第六師団の患者を降ろし、その他の患者を宇品まで輸送することを任務とした。医長は梛野巌陸軍三等軍医正で、陸軍上等看護長が一名配属されたほかは、衛生員はすべて日赤の救護員であった(8)。

救護員の服務は、「患者輸送船長城丸衛生員内務規定」によった。同規定はまず、「衛生員ノ服務ニ関シテハ陣中要務令軍隊内務書並衛戍病院服務規則ニ準拠スルノ外本規定ニ依」ると定め（第一条）、救護員が陸軍の規律に服すべきことを明示した。看護婦については、「服装ヲ正シクシ態度ヲ厳ニシ容儀ヲ正シ長上ノ命ニ遵」うとの規定があった（第一八条）。救護員の宇品帰港時の上陸は、朝食後から夕食時までに限られ（第二四条）、陸上の宿舎で就寝することは許されなかった。

六月七日に宇品を出航し、同二五日に帰港した第一次輸送から、一〇月五日に帰港する第八次輸送まで、長城丸は宇品と大陸間を八回往復し、六八〇名の患者を輸送した。

船内勤務に不可避なのは、船酔いである。救護員は、第一次輸送から船体の動揺による船酔いに悩まされた。このときは青島から塘沽への航海で海が荒れたため、「船暈ニ悩マサレタルモ嘔吐シツツ診察看護ニ努メタ」が、看護婦一名は「船暈ノ為メ就業不能トナリ休マ」ざるをえなかった(9)。しかし、「船ニ馴ルルニ従ヒ船暈者モ少クナリ只一名先天的ニ船ニ弱キ看護婦ノ他ハヨク勤務ニ従事[10]」した。そして、第六次輸送ともなると、「波浪高ク船体動揺強キタメ看護婦ハ殆ント全部船暈ヲ感ゼシモ嘔吐シツツ勤務ニ従ヒ一名ノ欠勤者[11]」もでなくなった。なお、救護結了までの間に、看護婦から急性喉頭炎二名、急性胃炎一名がでたが、前者の一名が五日間休業したほかは、一日で回復している[12]。

長城丸が輸送した患者六八〇名の内訳は、呼吸器系病（胸膜炎、肺尖炎など）が一八八名でもっとも多く、ついで外傷および不慮の負傷一四九名（うち戦傷一〇四名）、伝染病および全身病（結核、脚気など）一二一名、花柳病七六名、栄養器系病七四名の順で、神経系病も一九名いた。このうち一名が船内で死亡した[13]。

衛生員の任務は一〇月六日、第八次輸送をもって終了し、翌日、医長以下四〇名が上陸した。救護班が解散を命じられたのは、同一〇日、日赤本社においてであった。救護事業の結了にあたり、一八日、陸軍大臣から日赤にたいし、「暑気の海上勤務にも拘らず班長以下常に赤十字の精神を体し同心協力克く其の職務に尽瘁し我が衛生勤務上利便を得たるのみならず還送患者に多大の好意を与えた[14]」として、感謝状が贈られた。

三　霧社事件における救護事業

一九三〇（昭和五）年一〇月二七日早朝、当時日本の植民地であった台湾の中央部に位置する台中州能高郡霧社で、先住民タイヤル族による反日武装蜂起事件が発生した。彼らは警察官四〇名を含む一三九名を殺害し、二六名に重軽傷を負わせた[15]。

蜂起タイヤル族の鎮圧は翌二八日から開始され、約一五〇名の警察隊が霧社へ向けて出発した。台湾軍からも六九三名が出動した。これにたいし、タイヤル族は峻険な山岳地帯を利用してゲリラ的戦闘方法で頑強に抵抗したため、軍、警察双方に死傷者が続出した。組織的抵抗が消滅し、軍隊が撤退を開始するのが一一月二一日、撤退完了が一二月二六日であった。鎮圧には台湾軍一一九四名が動員され、警察官一〇七〇名が召集された。

鎮圧終了までに、台湾軍は戦死二二名、負傷二五名、警察隊も戦死六名、負傷四名をだした。このほか、人夫として動員された漢族系台湾人と先住民二九名が戦死し、二一名が負傷し、当局に協力した先住民の死傷者も四一名にのぼった。これにたいし、タイヤル族は六社（部落）で六四四名が戦病死し、五六四名が捕虜となった[16]。

この事件における日赤台湾支部の対応は早かった。事件発生当日の午後一〇時には医員一名、書記一名、看護人一名からなる救護班を現地に出発させている[17]。ついで、三一日、「台中州霧社方面ノ情勢ニ鑑ミ埔里ニ救護班派遣ノ要ヲ認メ医師一看護婦二嘱託一ヨリ成ル救護班二[18]」を派遣した。埔里は霧社の西南二〇キロメートルにあり、負傷者の治療および鎮圧部隊の後方支援基地となった。さらに、「霧社方面派遣ノ当支部救護班ハ第一線部隊ニ配属活動中猶必要ニ応シ出動シ得ル準備アリ[19]」との電報が台湾支部長から本社へ発信された。

救護班は、八一名で編成された警察隊に配属され霧社へ向かい、霧社奪還後は生存者の救出と治療にあたった。しかし、霧社にとどまることなく、警察隊に従って第一線に進出し、救護に従事した。救護員は島内の各医院からも派遣されたが、これらの救護員は霧社の救護所にとどまり、前線にでることはなかった[20]。

前線での救護活動は、日赤側が望んだことではなかったようである。鎮圧の第一線で救護班がかなり危険な状況におかれたことは、以下の本社宛電報から推察することができる。

> 霧社事変ニ付一〇月二七日以来軍隊及警察討伐隊ノ出動ヲ見断崖絶壁ノ険阻ナル山嶽地帯ニ於テ野獣同様ニ敏活ナル人類ト戦闘ヲ交ヘ非常ナル困難ヲ有シツツアリ……支部ヨリ救護班二隊ヲ組織シテ出動シ四囲ノ状況已ムヲ得ス一隊ハ第一線ニ於テ活動シ居レルガ今回ノ事変ニ対シ赤十字トシテ如何ナル程度範囲迄活動スヘキモノナ

ルヤ救護人員ニ対シ万一ノ場合ノ表彰手当等如何ニ手続スヘキヤ。(21)

一〇月二七日以降、一二月三日までに霧社および埔里に派遣された救護員は、医員五名、書記二名、看護人長一名、看護人二名、看護婦一〇名、小使一名の合計二一名に達した。(22)

救護班の活動については、台湾軍が作成したとみられる報告書が、当時の霧社の状況や日赤の埔里における救護活動に言及している。関連部分は、以下のとおりである。

一、軍部ニ於ケル平病者ハ尠キモ警察隊ニハ平病者多数ノ報アリ且気温七乃至十度降雨頻々ニシテ気象ノ悪影響ヲ蒙ラサルコトニ腐心シアリ……

三、救護班ハ霧社ニ開設シ二箇収容班ヲ前線ニ派遣シ救護ニ遺憾ナキヲ期スル傍埔里兵站部衛生部員ト共ニ現時ハ警察隊及地方民ノ救護ニ従事スル州派遣ノ救護班ハ我赤十字社救護班ヲ援助シツツアリ(23)

台湾中央部の山岳地帯にある霧社一帯は、一〇月末ともなると気温が下がり、断続的に雨が降る悪条件にもかかわらず、救護班は軍衛生部員とともに救護に従事した。

霧社に派遣された第一班は、一〇月二九日に霧社に到着して以後、埔里に引き揚げる一一月一六日まで遭難者六四名の救護にあたったが、この期間の救護活動に関する詳細な記録はない。ただ、活動終了後、台湾支部長が社長に宛てた業務報告により、その概要を知ることができる。すなわち、霧社救護班は警察隊に配属されて霧社に入り、遭難重傷者九名に応急手当を施したのち、霧社には救護所を開設せず、引きつづき第一線において傷病者の治療に従事したが、一一月一六日、埔里救護班に合流した。その間の患者は実人数四二名、延人数六四名で、重傷の二名は死亡した。[24]内訳は、外傷が二五名でもっとも多く、ついで呼吸器系病八名、栄養器系病五名、神経系病三名、伝染病一名の順であった。[25]

埔里救護班は、同地に臨時救護所を開設し、遭難者ならびに鎮圧部隊傷病者の治療にあたった。一一月一日から一二月一九日までの収容患者は四二名（延人数六四五名）、外来患者は三八一名（延人数九五六名）にのぼった。[26]前者の内訳は外傷が一四名、栄養器系病五名、呼吸器系病一名、運動器系病一名、その他一三名（うち一二名は恙虫患者）で、[27]重傷の二名が死亡した。一方、後者でもっとも多かったのは呼吸器系病で一二三名を数え、これに栄養器系病九二名、外傷八一名、眼病二四名、神経系病二一名、伝染病一五名、その他一五名、運動器系病九名、循環器系病一名がつづいている。[28]

鎮圧部隊がその目的を達成して全員が引き揚げたのにともない、救護班は一二月二二日、残務を能高郡役所に引き継ぎ、二四日、台北に帰還した。

四　満州事変・上海事変における救護事業

1　満州事変

一九三一（昭和六）年九月一八日夜、奉天郊外柳条湖での満鉄線爆破を中国軍の仕業として軍事行動を開始した関東軍は、政府の不拡大方針を無視して戦線を拡大し、翌年二月には熱河省を除く満州全土を支配下におくにいたった。そして、三月には溥儀を執政とする満州国が成立した。一方、熱河省の中国軍は、一九三三（昭和八）年三月、関東軍により掃討された。中国軍との間に停戦協定が締結されたのは、同年五月三一日であった。

事変勃発当初は、関東軍隷下の衛生機関の運用により負傷者の収容治療に支障はなかったが、一〇月から一一月の戦闘で負傷者や凍傷患者が急増した結果、満州各地の衛戍病院の業務は繁劇を加え、また衛生部員の不足により治療上憂慮すべき事態に陥った。そのため、南次郎陸軍大臣は一一月二一日、日赤にたいし救護班の派遣を命じた。日赤は、ただちに救護班の編成に着手した。一一月二七日、旅順の満州委員本部において臨時第一班が編成され、遼陽衛戍病院に派遣された。その人員は救護医員一名、救護書記一名、救護看護婦長一名、救護看護婦二〇名、使丁一名で、いずれも満州委員本部の所属者であった[29]。

徳川家達日赤社長は同班の編成に際し、「臨時救護班の主たる任務は陸軍病院の勤務に服し軍部の衛生勤務を幇助するに在るを以て班員は所轄長の指揮を受け能く和衷協同其の任務を遂行し……其の目的を達成せられんことを望む[30]」との訓示をおこなった。

つづいて臨時第二救護班が日赤本部において編成を完結し、一二月一日、鉄嶺衛戍病院へ着任した。一二月二一日には、朝鮮本部が編成を担当した臨時第三救護班が旅順衛戍病院へ派遣された。さらに、三個の救護班が編成された。臨時第四救護班（広島衛戍病院へ派遣）、臨時第五救護班（同龍山衛戍病院）、臨時第六救護班（同東京第一衛戍病院）である。

満州における救護状況は、鉄嶺衛戍病院に配属された看護婦によると、一二月には零下三〇度にもなり、マスクをかけるとまつ毛が凍りつき、はずすと鼻穴がくっついた。患者は銃創より装備が不完全なための凍傷が多く、火傷でいう第三度から第一度、患部が壊疽の状態で後送されてきた。しかし、治療方法はリバノール湿布と軟膏ぐらいで、夜になると痛みだしたが、ガーゼ不足のため、二時間ごとにリバノール液を痛みが軽減するまでかけることしかできなかった[31]。朝鮮の龍山でも状況は同じで、北満チチハルあたりから後送されてくる凍傷患者の手足の指はまったく炭素棒のようで、正常な指が一本も残っていない人が何人もいた。凍傷をはじめてみた看護婦たちは、驚きと戸惑いで息をのんだという[32]。

臨時第一救護班から臨時第六救護班は、一九三二（昭和七）年六月から一〇月にかけて、順次その任務を解かれたが、その救護患者数は実人数で四八二八名、延人数では一二万七八四四名にのぼった[33]。満州各地の衛戍病院に派遣された救護班は、戦闘の進展にともなう傷病者の激増と衛生部員の野戦病院への転属による減少等のため、病院業務は激烈をきわめ、とくに受傷後日の浅い患者がほとんどであったため多大の努力を要したが、治療看護に助力し、これを渋滞なからしめることに貢献したと軍当局から評価された[34]。

2　上海事変

日本軍の満州全土の軍事占領は、中国民衆の激しい排日運動と日貨ボイコットを招いた。このような状況のもと、居留民保護のため上海に派遣された海軍陸戦隊は一九三二（昭和七）年一月二八日、中国軍と衝突し、大規模な戦闘が展開された。陸軍三個師団が増派されたが、中国軍の激しい抵抗に遭い、三月二日にいたり、ようやく上海北部を占領した。日本軍は翌三日、中国軍が反撃しない限り休戦すると発表し、戦闘は収拾された。

戦火が上海へ飛び火すると、二月六日、大角岑生海軍大臣は日赤にたいし、救護班の派遣を命じた。まず、長崎支部において第一六救護班と第一七救護班が編成され、ただちに佐世保海軍病院へ派遣された。その後、第七〇救護班（呉海軍病院へ派遣）、第一二救護班および第一三救護班（同横須賀海軍病院）、第一〇七救護班（同佐世保海軍病院）、臨時第一二救護班（同大分亀川海軍病院）が相ついで編成された[35]。

一方、陸軍部隊の派遣にともない、荒木貞夫陸軍大臣も二月一七日以降、数次にわたり派遣命令を発した。これにもとづき臨時第一三救護班が大阪で編成されて上海兵站病院へ派遣され、また傷病者後送のため、救護班二個に船内救護が命じられた。患者輸送船三笠丸勤務の臨時第七救護班と病院船新羅丸勤務の臨時第一一救護班である。このほか、内地の衛戍病院へ臨時第八救護班（広島衛戍病院へ派遣）、臨時第九救護班（同東京第一衛戍病院）、臨時第一〇救護班（同広島衛戍病院）、臨時第一四救護班（同東京第一衛戍病院）、臨時第一五救護班（同金沢衛戍病院）、臨時第一六救護班（同小倉衛戍病院）、臨時第一七救護班（同鯖江衛戍病院、敦賀衛戍病院、富山衛戍病院）が派遣された(36)。なお、救護班は、なるべく出征師団管下の各支部から若干名ずつ召集して編成した。これは、同県同郷の救護員による治療看護が患者に与える精神的影響を考慮した措置であった。

このほか、一九三三年二月に熱河方面の討伐作戦が開始されると、前線から多数の負傷者が後送されてくることが予想されたため、満州委員本部の編成による臨時第一九救護班が奉天衛戍病院へ、朝鮮本部編成の臨時第二〇救護班が奉天衛戍病院遼陽分院へ派遣された。ここにおいて、満州事変勃発以降、編成派遣された救護班は陸軍一九個、海軍七個の合計二六個となった。その救護員数は救護医員三六名、救護調剤員九名、救護書記二四名、救護看護婦長四〇名、救護看護婦五四〇名、使丁三六名の合計六八五名であった(37)。

上海における戦闘の終結と満州国の成立による現地情勢の安定を受けて、内外地の救護班は漸次解任、帰還を命じられ、一九三三年八月二日、臨時第二〇救護班の解散をもって、満州・上海事変における日赤のすべての救護事業が結了した。この期間中、日赤が救護した傷病者の実人数は一万八一九八名（戦傷七六九七名、非戦傷二七六六名、伝染病五〇七名、その他七二二八名）、延人数で五一万七〇九四名（戦傷二三万五五九九名、非戦傷八万四二八五名、伝染病七七〇一名、その他一八万九五〇九名）にのぼった(38)。

両事変において、各救護員はいずれも熱心に応召を希望した。血書の看護婦志願を提出する者もいたという(39)。そして、召集を受けると欣然とこれに応じ、万難を排して参集した。外地にあって飛行機で応召した者、産後二十数日にして応召した者、重病の夫や実父の看護を家族に託して応召した者がいた(40)。そのため、各救護班は迅速に編成を完結することができたのである。

軍衛生部員が前線に出動して人員の不足を来した陸海軍の病院で、救護班は歓喜をもって迎えられた。そして、到着後ただちに部署につき、病室の清掃整頓をはじめとして、看護業務以外に、雑務の処理にもあたった。また、病院船や患者輸送船では、救護員は船酔いに悩まされ嘔吐しながらも、病室を離れなかった。看護婦は、船内で看護にとどまらず、患者の理髪、剃髯、身体の清拭をおこなうなど、衛生面にも最善の注意を払った(41)。

こうした救護員の献身的な勤務ぶりは、患者や軍病院長から贈られた数々の感謝状により明らかである。陸軍大臣もまた、「今次事変ニ際シ日本赤十字社各支部ハ軍部ニ対シ熱烈ナル同情ヲ以テ事ニ当リ……軍ノ衛生勤務幇助ノ為救護班ノ派遣ヲ命セラルルヤ敏速ニ軍部ノ要求ヲ満シ班員一致常ニ赤十字ノ精神ヲ体シ同心協力其職務ニ尽瘁シ傷病者ニ多大ノ好意ヲ与ヘ我カ衛生勤務ノ実績ヲ良好ナラシメタリ(42)」と、謝辞を述べている。

3　満州における巡回救護

日赤はまた、満州各地において、中国住民にたいする巡回診察や治療をおこなっている。

満州事変勃発後、満州委員本部は奉天病院による奉天城内外の巡回救護を実施するとともに、戦闘に巻き込まれ負傷した中国人にたいする院内治療をおこなった。また、中国軍負傷者等を奉天病院に収容している。その数は、救護事業が結了した一九三二年七月一〇日までに、入院患者実人数六八名（うち中国人傷病者二七名）、延人数五七一一名（うち中国人傷病者三六四九名）、外来および巡回救療患者実数六〇一名（日本軍患者三九〇名を含む）、延人数一七〇〇名に達した(43)。

ついで、奉天病院は関東軍の施療計画にもとづき救護班二個を編成し、一九三一年一一月六日から約一ヶ月間にわたり、一班は奉天城内において、もう一班は安奉線沿線において、延べ九九七五名を救護した(44)。さらに、一九三二年四月一一日から五月九日まで、再び奉天城内に局地救療班を、姚南、ハルピン、鄭家屯方面に移動救療班を派遣し、約一ヶ月間に延人数で二万八三〇三名を診療した(45)。

救護班の派遣地が治安の安定している地域であれば問題はないが、安全が保証されない地域で救護活動をおこなうこともあった。関東軍の命令により、一九三二年五月二〇日から六月二五日にわたり、奉天病院から北満地方に派遣された二個の移動施療班は、それぞれ救護医員一名、救護看護婦二名、事務員、通訳等合計六名で編成された。このうち、第一班は東支東部線の一面坡での診療を命じられたが、ハルピン特務機関の参謀から看護婦は危険であるとして同行の中止を命じられた。それでも、救護看護婦が決死の覚悟で同行を嘆願して許可をえた。同線沿線各地はいたるところ匪賊の襲撃に遭い、一面坡にも襲来の情報があり、軍配属の中国人通訳が逃げだすほどであった。幸い、まもなく日本軍旅団が入城して人心が安定し、予定の診療をおこなうことができた。ハルピン、伝家甸、呼蘭で活動した第二班も、匪賊が出没して危険であるとの理由で、呼蘭への進出を一時中止している(46)。

熱河作戦が開始されると、一九三三年三月、同省政治工作の一環として関東軍の依頼を受け、奉天病院において救護班二個が編成された。第一班は救護医員二名、救護看護婦二名、事務員一名、小使一名、第二班は救護医員三名、救護看護婦二名、事務員一名、小使一名、通訳一名であった。両班には満州人の救護医員が配置され、第二班は満州人が班長をつとめた。

第一班はまず朝陽に、その後承徳に施療所を開設し、五月二六日までに実人数一一〇六名、延人数二万八一七七名の診療をおこなった(47)。一方、第二班は北票、ついで凌源で五月三一日までに実人数一万二〇四八名、延人数七万一七一九名の患者を診療した。

両班の移動は、解氷期のための悪路と山岳地帯の峻険な隘路に悩まされたが、医療機関の不備な土地であって医師の診療を受けることができず、また困窮により医薬品を購入することのできない住民もいたため、「我が施療班の活動は旱天に慈雨を見るが如く歓喜して迎えられ」、「自家産の鶏、鶏卵を携へ来り涙を流して謝辞を述べ……或は惜別宴を催して班員を慰労する等、絶大な感謝の意を表し、滞留を熱望」されるほどであった(48)。

これらのほかにも満州委員本部は短期間、少人数の救護員を満州各地に派遣し、好評を博している。(49) 一般住民の救護は、関東軍にとって住民宣撫工作の一翼を担うものであったが、日赤にとっては赤十字主義を普及させる効果をもたらす活動であった。

(1) 会議における審議については、秋山雅之介「赤十字条約改正会議の模様」(『博愛』第一九二号、一九〇七年一月)三二―四九頁参照。
(2) その他の改正点については、日本赤十字社編『日本赤十字社史続稿』上巻(日本赤十字社、一九二九年)一六―三二頁参照。
(3) 芳賀栄次郎「万国赤十字条約改正会議に於ける概況」(『博愛』第一九三号、一九〇七年二月)八―九頁。
(4) 日本赤十字社編『日本赤十字社社史稿』第四巻(日本赤十字社、一九五七年、以下、『社史稿』第四巻と略記)三四―三五頁。
(5) 改正規則二五条は、陸軍にたいする救護班一六七個のうち、看護婦組織のもの一二八個、看護人組織のもの三九個、海軍にたいする八個はすべて看護婦組織と定めた。
(6) 一九一一年七月三一日、戦時救護規則の一部改正がおこなわれ、患者輸送縦列に関する規定が削除された。輸送縦列の編成に充てるべき救護輸送人生徒を志願する者がほとんどの皆無の状況になったためである。これに代え、陸軍にたいする看護婦組織救護班の定数を一一六個から一二八個にあらためた。日本赤十字社編『日本赤十字社社史続稿』下巻(日本赤十字社、一九二九年)一四頁。
(7) 同右、一五頁。
(8) 「自昭和三年六月　至昭和三年拾月　支那事変臨時救護班　業務報告」、救護第九四八号、昭和三年一〇月一七日、中の「総報告」、『支那事変臨時救護班業務報告　昭和三年』(書類編冊番号「三七八五」)所収。
(9) 「第一次還送患者輸送報告」中の「十一、職員保健ノ状況」「第一次ヨリ第八次迄ノ還送患者輸送状況報告」、同右所収。
(10) 「第二次還送患者輸送報告」中の「一一、職員保健ノ状況」、同右所収。
(11) 「第六次還送患者輸送報告」中の「一一、職員保健ノ状況」、同右所収。

(12) 「第二次還送患者輸送報告」中および「第五次還送患者輸送報告」中の「一一、職員保健ノ状況」、同右所収。
(13) 「昭和三年　自六月十七日　至十月六日　還送患者輸送報告」、「自昭和三年六月　至昭和三年拾月　支那事変臨時救護班業務報告」付表第一。
(14) 『社史稿』第四巻、二四六頁。このほか、日赤満州委員本部奉天病院は、一九二八年六月三〇日から七月末日まで、看護婦四名を遼陽衛戍病院奉天分院へ派遣し、入院患者の増加による看護力不足をいくぶん緩和したと評価された（『昭和三年支那事変衛生史』上巻、編者、発行所、刊行年不明、八五頁）。
(15) 蜂起の原因は、日本の威圧的統治および彼らの習慣に反する措置、公共事業への低賃金での使役や賃金支払いの遅延にあったとされる。生駒高常「霧社蕃人騒擾事件調査復命書」（戴國輝編『台湾霧社蜂起事件——研究と資料』社会思想社、一九八一年）三一六—三一九頁参照。
(16) 台湾総督府「霧社事件誌」、戴國輝編『台湾霧社蜂起事件』四四六—四四八、四五四、四六四—四六五、四六九頁。
(17) 台湾支部長は一〇月二九日、本社社長に宛て、以下の電報を発している。「十月二十七日台中霧社蕃人蜂起被害大キ見込ニテ医員一、書記一、看護人一ヨリナル救護班ヲ編成同日（午）後十時発動地へ派遣セリ尚花蓮港方面ニモ追テ派遣ノ筈」。台湾支部長発社長宛、無号、『台湾霧社蕃人騒擾事件　昭和五年』（書類編冊番号「三七七四」）所収。
(18) 「埔里ニ救護班派遣方報告」、台湾支部長発社長宛、救第九三一号、一〇月三一日、同右所収。
(19) 「霧社方面救護班動静報告」、台湾支部長発社長宛、救第九三三号、一〇月三一日、同右所収。
(20) 「十一月八日着電」とのみ記載された電報は、「警察隊所属ノ嘉義医院、台中医院、宜蘭医院ヨリ派遣シタル救護員ハ霧社ニ在リテ診療ニ従事シ戦線ニ立タス」と報告している（同右所収）。
(21) 鎌田台湾支部主事発・本社早川課長宛、無号、一一月八日、同右所収。
(22) 「台湾支部長ヨリ救護班編成派遣報告」、救第一〇一九号、一一月一〇日、同右所収。
(23) 「台湾霧社事件情報抜粋」と題する陸軍の罫紙に書かれ、「参考」の押印がある本文書は、同右所収。
(24) 「救護班全員引揚ニ付業務報告」、救第四三号、昭和六年一月一六日、同右所収。
(25) 「昭和五年　自十月二十九日　至十一月五日　病類別患者表　霧社救護班」、同右所収。
(26) 同右。
(27) 「昭和五年　自十一月一日　至十二月二十九日　病類別患者表　埔里救護班（収容患者）」、同右所収。

(28)「昭和五年　自十一月一日　至十二月二十九日　病類別患者表（外来患者）」、同右所収。
(29) 日本赤十字社『支那事変に関する日本赤十字社救護事業概要』（日本赤十字社、一九三四年）一―三頁。
(30)「満洲事変本社臨時救護班」（『博愛』第五三五号、一九三一年一二月）四一頁。
(31) 佐賀リュウ「戦時救護の思い出」、日本赤十字社看護婦同方会秋田県支部『桐の花』（同支部、一九九一年）七―九頁。
(32) 竹内千代子「満州事変救護の思い出」、日本赤十字社看護婦同方会大分県支部『大分の救護看護史』（同支部、一九八六年）一六六―一六七頁。
(33)『社史稿』第四巻、二四六―二四七頁。
(34) 嘉悦三毅夫「満洲事変と日本赤十字社［その一］」（『博愛』第五四六号、一九三四年五月）三―四頁。
(35) 同右、八―九頁。
(36) 同右、三―八頁。
(37)『社史稿』第四巻、二四六―二四八頁。
(38)「シナ事変派遣救護班取扱患者数一覧表」、同右、二五三頁。
(39) 日赤山梨県支部百年史編集委員会『赤十字山梨百年のあゆみ』（日本赤十字社山梨県支部、一九九〇年）三八八頁。
(40)『支那事変に関する日本赤十字社救護事業概要』一二―一五頁に収められた、看護婦長や看護婦にたいする軍当局の表彰状参照。
(41) 関戸義寛「三笠丸より」（『博愛』第五三九号、一九三二年四月）二八―二九頁。
(42)『支那事変に関する日本赤十字社救護事業概要』二九頁。
(43) 同右、一八、三七―三八頁。
(44) 同右、一八頁。
(45) 同右、三八頁。
(46)「満洲事変に於ける本社救護施設概要（其九）」（『博愛』第五四三号、一九三三年八月）四〇―四一頁。この移動施療において、第一班は実人数四一九〇名、延人数一万五八九二名、第二班は実人数三七六八名、延人数二万六七二四名の住民を診療した（同、四〇―四二頁）。
(47)「熱河方面派遣施療班業務概況」（『博愛』第五五六号、一九三三年九月）三七―三八頁。

(48) 同右、三九―四〇頁。
(49) 『支那事変に関する日本赤十字社救護事業概要』一八―一九、三七―三八、五〇頁参照。また、一九三二年七月の北満地方の水害に際して、救護医員五名、救護看護婦二一名、その他九名が軍衛生機関と提携して、罹災民の救護に従事している（陸軍省編『満洲事変陸軍衛生史』第四巻、陸軍省、一九三五年、八〇一、八〇八―八〇九頁）。

終章　二つの世界大戦と赤十字

小菅信子

本章では、主として二つの世界大戦と赤十字について考察したうえで、第二次世界大戦期の日本赤十字社とその後の動向について概観して、本書の終章とすることにしたい(1)。

一　世界大戦と赤十字をめぐる諸問題

二〇世紀最初の年、赤十字とジュネーブ条約の提唱者アンリ・デュナンは、第一回ノーベル平和賞を受賞した。選考の本会議で議長をつとめたカール・クリスチャン・ベルネルは、「本日の受賞者は来たるべき危険が何であるかを認識し、文明の抱える大きな問題にどう取り組むべきかを理解し、そうした問題をかかえながらも諸国間の平和と友好の推進に最優先で取り組んで」きた人物として、デュナンと彼とともに最初のノーベル平和賞を受賞することになったフレデリック・パシーを紹介した[2]。ベルネルが「来たるべき危険」と「文明の抱える大きな問題」について言及し、デュナンとパシーの二人が最初のノーベル平和賞を受賞したことは、二〇世紀に人類が人道主義（humanitarian-ism）と反戦主義（pacifism）という、平和に向けた二つの思想をとおして戦争に挑んでいくことを示唆するものでもあった。

序章で詳述されているように、一九世紀後半にデュナンの提唱によって実現した赤十字とジュネーブ条約には、平和を維持する機能や戦争自体を禁止する条項は含まれていなかった。赤十字の人道活動は、戦場における不必要な苦痛や死を軽減することを目的として、傷病兵を保護することにはじまった。言葉をかえれば、攻撃対象を制限することで「戦争の文明化」を促そうとするものであった。それゆえに一九世紀半ばの現実政治にあって、デュナンと赤十字の創設者らが訴えた人道は、一般的かつ自明な道徳的概念として万人の心を揺るがし、国際社会に受け入れられえたといえよう[3]。

一九一〇（明治四三）年、デュナンとナイチンゲール、そしてモアニエがあいついで死去した。それから四年を経て、第一次世界大戦が勃発した。それは、一九世紀ヨーロッパの戦場で産声をあげた赤十字にとって、新たな時代の到来を告げる戦争となった。

1　戦争の残虐化と赤十字

第一次世界大戦の死傷者は、一七九〇年から一九一四年までのあらゆる主要な戦争における戦死数の二倍を上回った[4]。英独仏の三国だけでおよそ四〇〇万人以上が戦死した。「すべての戦争を終わらせる戦争」と呼ばれたこの戦争では、機関銃、戦車、潜水艦、航空機、毒ガスといった新たな兵器が使用された。これらの新兵器は無差別な殺戮を可能にし、戦争を残虐化して被害を増大させ、軍事目標の制限や戦場における不必要な苦痛の除去という人道的課題そのものに深刻な衝撃を与えた。とくに一九一七（大正六）年七月にドイツ軍がベルギーのイープル戦ではじめて使用したマスタード・ガスは、毒物や毒ガスの使用を禁止する一八九九年と一九〇七年の「陸戦の法規慣例に関するハーグ規則」に違反するものであった。だが、イープル戦以降、交戦国双方が多様で大量の毒ガスを使用するようになった。毒ガス兵器による大量殺戮を危惧した赤十字国際委員会は、一九一八年二月、その使用を停止するよう交戦国に呼びかけた。

第一次世界大戦では、それまでの二国間の古典的な戦争とは異なり、交戦関係が複雑であったため、捕虜問題も複雑化した。そのため、赤十字国際委員会は、国際捕虜中央局を設置して捕虜名簿の作成や救援物資の提供のために活動した。第一次世界大戦終結までに、ジュネーブの国際捕虜中央局が作成した安否調査票は四八九万五〇〇〇件、捕虜個人に送った慰問品は一八八万四九一四個、集団に送った救護物資は荷馬車で一八一三両にのぼった(5)。

これらの功績にたいして、一九一七年、赤十字国際委員会にノーベル平和賞が贈られた。終戦後、捕虜帰還業務を担当していた国際捕虜中央局が一九一九年に閉鎖されたのちは、赤十字国際委員会がその業務を引き継ぎ、退役軍人の恩給受給のための証明書発行や行方不明者の照会などをおこなった(6)。ジュネーブ条約については一九〇六年に最初の条約改正がおこなわれた。ピクテは、第一次世界大戦では同条約はよく適用されたが、戦後、交戦国双方が捕虜収容所にかなりの数の医師や看護者を残留させ、負傷者の介護にあたらせたことから、衛生要員の帰還については問題を残したと述べている(7)。

大量の従軍者、戦死者、負傷者を生んだ第一次世界大戦では、交戦国の赤十字社がかかわることになった自国軍のための救護活動は多岐におよんだ。たとえば負傷兵の保護業務は、彼らと戦死体を識別し、遺体を回収する業務をあわせて必要とした。戦場における瀕死者の救助は、戦死体を保護することでもあった。英国赤十字社（以下、英赤と略記）の救護員としてフランスに赴き、英赤・聖ヨハネ騎士団合同委員会の監督下にある自動車部隊のリーダーとして行方不明者の捜索任務についたフェビアン・ウェアは、戦死者の氏名と戦死体の埋葬された墓の位置を記録する作業をおこなった。当初はウェアの個人的な活動にすぎなかったが、一九一四年一〇月には英赤の公認活動となり、翌年三月、ウェアは同社内に「墓地登録委員会」を組織した。この活動は戦死者数が増加するにつれて拡大し、のちに同委員会は英赤から同国陸軍省の管轄に入った。ウェアの人道活動は、今日につづく「英連邦戦争墓地委員会」の嚆矢となった(8)。

他方、米国赤十字社は、第一次世界大戦に特徴的な戦闘形態であった塹壕戦による兵士の顔面損傷の再建に貢献した(9)。周知のように、塹壕戦は戦場に溝を掘り、その前に土を積み上げ防御し、溝のなかに身体を隠して応戦する。そのため頭部がもっとも危険にさらされた。兵士たちは鉄製のヘルメットをかぶって頭を保護したが、おかげで命拾いはしたものの顔面に深刻な戦傷を残す者が続出した。顔に受けた複雑な傷はたとえ治癒しても元通りになることはなく、負傷者の社会復帰や経済的自立を阻んだ。宗教的な理由で抑圧されてきた形成外科が欧米諸国でようやく認知されるようになったのは、まさに第一次世界大戦期のことであった。もっとも、麻酔術はいまだ十分に発達しておらず、マイクロ・サージャリーのような高度な医療技術がもちろんない時代であるから、顔面修復のための手術は困難をきわめ、手の施しようのない者には彫刻家の作成したマスクが与えられる場合もあった。こうした戦時顔面損傷の再建術の発達と普及、さらには今日につづく形成外科の発展にユニークな貢献をしたのが、米国赤十字社であった。

右の二例は、第一次世界大戦期にとくに多様化しつつあった各国赤十字社の活動のごく一部にすぎない。第一次世界大戦は、赤十字の発祥地であるヨーロッパの交戦当事国の赤十字社にとって、本格的な常設団体として発展していくうえでの起爆剤となり転換点ともなった。

2 「赤十字愛国主義（Red Cross Patriotism）」

序章で論じられているように、そもそも赤十字の掲げた人道は、政府と軍との関係なしには達成しえないというジレンマのなかで実現した。赤十字の活動は、機構的原則については創設当初から比較的明確で、一国の赤十字社は「なによりもまず、軍の衛生部隊の公認された補助機関」であることを目的として、あるいは「絶対条件」として当初設立運営された[10]。また、各国赤十字社の設立と活動は当該国のジュネーブ条約への加盟を前提としていた。こうしたことがらは、赤十字社は一国にたいして一社であらねばならないという一国一社の原則へとつながり、赤十字社の活動がその国の愛国主義にからめとられ、同社が軍国主義的に組織化していきうる状況に置かれることをも意味した。

一方、一九世紀人道主義の精華でもある赤十字運動の発足は、前近代的な慈善のありかたを問い直す素地ともなっていた。西欧諸国における中産階級の成長は、いわゆる慈善活動を、君主や貴族、大ブルジョワジーなど特定の富裕な個人による機会主義的で単発的で多額の寄付や贈与に依存する方式から、中産階級による、より少額ではあるが定期的で広範な寄付にもとづく方式へと移行させた。一九世紀半ばから第一次世界大戦期までに、ヨーロッパの主要国においては民間の拠出金による大規模な博愛団体の創設が可能となっていたのである[11]。赤十字社は、前線においては自国軍に協力して傷病兵の苦痛を軽減し、銃後においては国民の不安を緩和し、この意味で前線と銃後をつなぐ役割を果たしたが、赤十字社の人道活動が国民の幅広い支持と年拠金の供出によって可能になればなるほど、赤十字と愛国主義の距離はますます近いものになっていった。

かつて一八六三年二月における「五人委員会」の最初の会合で、赤十字の創設者のひとりテオドア・モノアールは、彼らの人道活動の趣旨が「身分の上下を問わず、世界中で承認されているということをより確かなものにする」ために、各国政府や君主、支配層ばかりではなく、大衆の「心を揺さぶる」必要性を説いた[12]。赤十字社は、自国民にまず貢献し、政府や軍の意向や要請に向きあい、国内のジャーナリズムと世論とに敏感であらねばならなかった。実際、戦死体の回収・記録・埋葬業務は当時の英国民の心情に呼応するものであり、結果的に戦死者追悼の今日的慣習を創出する母胎となったといえるし、顔面を負傷しても元通りになるという噂は、塹壕戦下におかれた青年兵の士気を高めたのである[13]。戦争が残虐化すればするほど、戦争の人道化は、国家と戦争指導者にとって国民の士気の安定のために無視できない課題となっていった。

むろん、こうした問題を議論することによって、筆者は、赤十字社と愛国主義、軍国主義との接点、あるいはハッチンソンが「赤十字愛国主義（Red Cross Patriotism）」[14]と名付けた社会現象についての善し悪しを判定しようとしているのではない。にもかかわらずこうした問題をあらためて提起するのは、赤十字社という民間の戦時救護社がアドホックではなく常設の団体として実際に立ちいく際に、「反戦主義」の立場からみて悪い印象を与えるような側面が存在したことを明らかにするためである。さらに、一国の赤十字社の現実主義を実質的に規定していくものが、政府や軍のジュネーブ条約尊重意識、軍事的必要性をめぐる価値観の緊張関係、国民の愛国と好戦の心情的距離、赤十字社の独立性といった要件となっていくことを指摘するためである。

3　戦間期の動向

戦争の残虐化が顕著になった第一次世界大戦後、戦争観念は無差別戦争観から戦争違法観へと転換していった。こうした脈絡のなかで、戦争における暴力を規制しようとする努力は戦争を廃止しようとする努力と対立するという考え方が表明された。こうした見解はすでに一九〇七年のハーグ平和会議においてもみられたが、とくに強調されたのは第一次世界大戦後であった[15]。

戦間期、赤十字国際委員会は戦後平和を強化する方向で活動を進めた。一九二一年の赤十字国際会議に際して、赤十字国際委員会と赤十字社連盟は「平和のためのアピール」をだし、赤十字が発足して以来はじめて、戦争そのものにたいするみずからの立場を明確にし、不戦条約が締結されたのちの一九三〇（昭和五）年には、赤十字が「理解と和解、平和の維持」を支持し、その本来の目的である戦争における苦痛の緩和を実現するための「唯一の手段として、戦争に効果的に反対していく」ことを謳った決議をおこなった[16]。こうしたアピールや決議は、本来的に平和の維持をその機能のなかに包含していなかった赤十字にとって異例なできごとであったが、戦間期の国際社会に胎動しつつあった戦争違法観や、「戦争は文明国には不可能」になったという見解[17]に呼応するものでもあったといえよう。とはいえ、一九三四年に東京で開催された赤十字国際会議において加盟を認められたソ連代表が提出した、戦争反対と平和探求のための活動を求める決議案は、「イギリス、フランスはもとよりポルトガルなどの小国からも大変激しい反対」を受けた[18]。

他方、第一次世界大戦をとおして明らかになったジュネーブ条約や捕虜の待遇をめぐる規定の不備について、一九二九年七月にジュネーブで外交会議が開かれ、一九〇六年のジュネーブ条約の改正版と捕虜条約が採択された。改正された一九〇六年のジュネーブ条約では総加入条項が削除され、これによってあらゆる国家が同条約に拘束されるようになった。「一九二九年の捕虜の待遇に関するジュネーブ条約」において、赤十字国際委員会は、捕虜の保護のための人道活動を自主的な判断によっておこなうことができるようになった。

4　第二次世界大戦とジュネーブ条約の改正

第二次世界大戦が欧州で勃発した一九三九（昭和一四）年までに、赤十字国際委員会によって公式承認された赤十字社・赤新月社・赤獅子太陽社は全部で六一社となった[19]。第二次世界大戦では、各国の赤十字社はもっぱら自国軍の衛生業務の補助をおこなった。捕虜の保護や物資の支援などの国際的な人道活動については赤十字国際委員会を中心に組織され、赤十字社連盟がこれに協力した。第二次世界大戦における赤十字国際委員会の活動はめざましく、一九四四年にふたたびノーベル平和賞を受賞した（実際に授賞式がおこなわれたのは、大戦終結後の一九四五年一二月）。

戦後、赤十字国際委員会は、第二次世界大戦における活動報告において、東部戦線の捕虜処遇、ユダヤ人迫害、日本軍の捕虜処遇をとくに「失敗」としてとりあげ、これらを「文明の敗北」と呼んだ[20]。しかしながら、「文明の抱える大きな問題」は、第二次世界大戦における赤十字の人道活動をとおして、あますところなく明らかになったというべきである。

赤十字の人道活動は、すでに述べてきたように、無差別戦争観の時代にあって軍事目標の制限を訴えることにはじまった。だが、無差別戦争観がたどりついたひとつの帰結でもある第一次世界大戦では、ツェッペリン号による空爆に代表されるような都市空襲がおこなわれ、占領地域や戦場外でも直接戦闘に関係のない一般住民の被害が増大した。また、戦間期には経済不況とナショナリズムの台頭によって民族運動や国内紛争が世界各地で起こり、一般市民が戦闘に巻き込まれることが多くの場面で生じた。第一次世界大戦よりもさらにグローバルな戦争となった第二次世界大戦では、膨大な数の捕虜が出現する一方、兵器の飛躍的な革新、人種主義の跋扈、対敵憎悪の極端な増進などによって、敵国の戦意を喪失させるべく一般市民への無差別攻撃、都市への大規模な空襲が絶え間なくおこなわれるようになった。まさに、第二次世界大戦では、非戦闘員や民間人こそが攻撃の主要な対象となったのである。

広島と長崎への原爆投下は、そうした無差別な大量殺戮が頂点に達した事件であった。これらのケースでは、軍事目標主義は民間人攻撃のための弁明にすぎないかのようにすらみえた。原子爆弾の登場は、人道の諸原則と実践にこれまでにない脅威となった。核兵器の破壊的な性質は、第一次世界大戦期以来、赤十字国際委員会が、空襲による文民にたいする非人道的な無差別攻撃と、人間の尊厳と価値とを蹂躙する無差別兵器の利用にたいして示してきた憂慮が、まさに最悪のかたちで現実化したものであった。空戦に関する規則は、一九二二年のワシントン軍縮会議で策定されたものの未採択に終わっており、衛生航空機の保護を除けば、実効性のある規則は存在しなかった。

赤十字国際委員会は、早くも一九四五年九月に各国赤十字社にたいして、この新兵器がもたらす重大な問題点を指摘し、四六年にジュネーブで開かれた各国赤十字社の代表者予備会議は、戦争目的のための原子力の使用禁止を勧告する決議を採択した。さらに同委員会は、四八年にストックホルムで開催された第一七回赤十字国際会議に四六年決議に関する報告書を提出し、無差別兵器の使用および戦争目的のために原子力を用いることを絶対に禁止することを約束するよう諸国に強く要請した(21)。

ヒトラーによる「人種戦争」や自国民であるユダヤ人への迫害もまた、赤十字による民間人保護の限界を示すものでもあった。一九二九年七月二七日の捕虜についてのジュネーブ条約には文民の取り扱いについての規程がなく、一般原則として一九〇七年ハーグ第四条約付属書前文のいわゆる「マルテンス条項」が存在したにとどまった。ナチスのユダヤ人迫害に際して、ドイツ赤十字社はまったく無力であった(22)。第二次世界大戦後ドイツと日本にたいする一連の戦争犯罪裁判の開廷は、「人道に対する罪」という新たな戦争犯罪概念を導入する一方、ジュネーブ条約をはじめとする戦争法の違反者を処罰した。これらの戦争犯罪裁判は、戦場での行動がのちに評価や処罰の対象となりうるということを警告する事件となった。

最終的に、第二次世界大戦では、おびただしい数の非戦闘員が戦禍の犠牲となった。赤十字は、地理的にはヨーロッパを発祥の地として、時期的には「文明国の時代」をその揺籃期として発達した。第二次世界大戦の終結は「文明国の時代」の終焉であり、「平和愛好国の時代」の幕開けとなった。それは同時に、戦闘員と非戦闘員の犠牲者数の比率が一対一〇〇になると予測される核戦争の脅威のもとに人類がさらされることになる「核の時代」のはじまりでもあった。

一九四九（昭和二四）年、第二次世界大戦の諸問題をふまえて、ジュネーブ条約の改正がおこなわれ、新たに四つの条約が締結され、つづいて一九七七年に二つの追加議定書が署名開放されることになった。戦争は国家間の戦いの場から、独立戦争や内戦すなわち「自由の戦士」やゲリラ、独裁者の戦いの場になった。一九六三年、赤十字国際委員会と赤十字社連盟はノーベル平和賞を受賞した。赤十字国際委員会の前身である「五人委員会」による最初の会合がジュネーブで開かれてから、ちょうど一〇〇年が経ったことを記念しての受賞であった。その二年後の一九六五年、ウィーンで開催された第二〇回赤十字国際会議において、赤十字の基本原則「人道・公平・中立・独立・奉仕・単一・世界性」が決議宣言された。赤十字が発足してから一世紀を経てその原則が宣言されたことは、ソルフェリーノでのデュナンの救護活動という実践からジュネーブ条約が生まれたように、赤十字においては原則よりも実践がつねに先行してきたことを示すものでもあった。

5　「第三標章」の採択

二〇〇五（平成一七）年、第三の追加議定書が署名開放された。これによって、現行の赤十字・赤新月標章につづいて新たな標章――「第三標章」すなわちレッド・クリスタル（赤水晶）が追加された(23)。標章問題の歴史は、赤十字運動の苦難の軌跡でもあった。戦地・紛争地という限界状況において敵味方の区別ない救護をおこなうという運動の理念については合意がはかられているにもかかわらず、その合意を実践に移すに際して不可欠なシンボルをめぐって対立が引き起こされてきた。この対立は、初期においてはキリスト教・ヨーロッパ起源の諸国家と非キリスト教・非ヨーロッパ諸国との間に、また、植民地・脱植民地の時代には被植民地・旧植民地に設立された救護社が採用した標章をめぐって、「多民族国家」ソ連の誕生後は赤十字・赤新月標章を併用する「ダブル・エンブレム」をめぐって、さらにイスラエル建国以降は主としてパレスチナ情勢に連動し中東地域において展開されてきた。この脈絡でいえば、標章問題は、国民国家の時代の国際関係におけるシンボルをはさんだ宗教対立・民族対立・異文化摩擦の表象でもあった。「第三標章」の採択によって、標章拡散の危機はからくも回避され、同問題の包括的解決がはかられることになった。このことは、中東紛争の将来的解決と和解の可能性とにも関わっていた。

第一章でも論じられているように、そもそも一八六四年の第一回ジュネーブ条約で公式に採択された白地赤十字標章は、一八七六—七八年の露土戦争中にオスマン帝国の白地赤新月標章の採択によって複数化した。エジプトもまた赤新月を、つづいてペルシアが白地赤獅子太陽を、シャムが赤い火炎を採用した。これら諸国は標章について赤十字条約を保留し（シャムはのちに保留を撤回）、一九二九年ジュネーブ条約第一九条において赤新月と赤獅子太陽は例外的記号として書き加えられた。この後、条約加盟国の一部が赤新月を採用するようになった。

図11-1　赤十字，赤新月，赤水晶

一方、一九三一年、パレスチナ委任統治領において設立された救護社が、同社の設立と「ダビデの赤盾 the red shield of David」の採用を赤十字国際委員会に通報した。さらに一九三五年、アフガニスタン政府が、「赤壁龕《へきがん》社 Mehrab-e-Ahmar/ The Red Archway Society」の承認を要請した。「ダビデの赤盾」はいわゆるダビデの星と呼ばれる六角星形をデザインした標章で、「赤壁龕」はモスクの壁龕、つまりイスラム教徒が祈りを捧げる方向すなわちメッカの方向をデザインした標章であった。双方のケースとも、赤十字国際委員会はただちに条約上認知されている標章を用いるよう警告し、それぞれの救護社の承認に消極的な態度を示した。

標章問題が再燃したのは第二次世界大戦後、一九四九年外交会議においてであった。たとえば、ビルマは、同国を含むアジア諸国の救護社によって、独自の新標章がそれぞれ採択される可能性を示唆した。その後、インドやジンバブエなど非ヨーロッパ地域の一部の救護社が独自の標章を採択し、赤十字国際委員会に承認を要請したが、いずれも拒否された。

一方、同外交会議では、イスラエルが、およそ二〇年にわたって「ダビデの赤盾社」や軍の医療部隊が用いてきたダビデの赤盾標章の承認を求めた。討論の末、この会議で採択された改正ジュネーブ条約（一九四九年ジュネーブ条約）の第一条約第三八条は、一九二九年条約第一九条をほとんどそのまま踏襲した。赤十字標章と同様に、赤新月と赤獅子太陽が保護標章として公式に確認されたのは、この一九四九年ジュネーブ第一条約第三八条においてであった。その後、一九八〇年にイランが赤獅子太陽を放棄し、かわって赤新月を用いることを決めた。一九八三年には国際赤十字・赤新月連盟が白地赤十字赤新月標章を採用した。

この結果、以下の五点にわたる疑義が生じるようになった。第一に、標章をめぐる現在の状況が、国際赤十字・赤新月運動の原則の一つである「公平」に反するものではないかという疑義である。つまり、一方で赤十字あるいは赤新月の標章を容易に識別することが可能な国々と社があるのにたいして、それが困難な国家や社があるという事実である。第二に、同様に現況が原則の一つである「世界性」にもとるのではないかという問題である。前述のイスラエルのケースや、あるいはエリトリアのケースなどがそれにあたる。エリトリアの場合、同国の人口はほぼ半々のキリスト教徒とイスラム教徒によって占められており、その結果、同国は「ダブル・エンブレム」すなわち「赤十字赤新月」標章の承認を求めてきた。しかしながら、「ダブル・エンブレム」は条約上認められていない。現行のジュネーブ条約では、「赤十字」か「赤新月」かのいずれかを採用しなくてはいけないことになっている。かつて、ソ連では、「ソ連赤十字赤新月社同盟」が同国を代表し、各共和国はそれぞれに赤十字社ないしは赤新月社を設立していたが、ソ連崩壊後しばらくのあいだ、やはり人口のほぼ半分をキリスト教徒、残り半分をイスラム教徒が占めるカザフスタンは「ダブル・エンブレム」を採用した。しかし、のちにカザフスタン赤新月社に改称、二〇〇三年に正式承認された。他方、エリトリアの場合、同国政府は「ダブル・エンブレム」の採用を欲しつつも、二〇〇〇年にジュネーブ条約に加盟する際には、標章に関する条約上の留保をいっさいおこなわなかったという経緯があった。第三に、標章「拡散」の危険はイスラエルとエリトリアに限った問題ではなく、また、第四に、条約上で承認されている標章が現に複数化していることによって、多宗教国家内の標章にたいする不満を、該当国の赤十字社ないし赤新月社がかろうじて抑えているようなケースでは、万一内戦が勃発した場合、社内が分裂し機能麻痺に陥る危険がありうる。さらに、もっとも深刻な第五の問題として、複数の標章の併存が、とりわけ異なる標章を用いている勢力の間で戦線が開かれた場合、保護標章の機能を弱体化させ、中立を表すシンボルとしてではなく、「敵」を認識するための記号として機能してしまう恐れがでてきた。

標章を、「保護」を表すシンボルとして機能させるためには、敵味方ともに、同じデザインの記号を用いる必要がある。にもかかわらず、条約上、保護標章の統一が破られている状況が長年つづいてきた。一九九〇年代には、赤十字国際委員会が非宗教的な新デザインの標章の制定を提案、二〇〇〇年にはジュネーブ条約締約国会議を開催する予定であったが、中東情勢の悪化のため延期された。本問題に終止符を打ったのは、二〇〇五年一二月のジュネーブ外交会議であった。このジュネーブ外交会議の一般討議には五〇ヶ国以上の代表が参加し、もっぱらイスラエルの「ダビデの赤盾社」と「ダビデの赤盾」の問題、パレスチナ赤新月社の正式承認をめぐる問題、シリア赤新月社の問題を念頭に、大多数が標章問題について包括的解決にいたる必要を強調し、第三議定書を支持した。しかし、一部の代表は中東情勢――とりわけ一九六七年以来イスラエル軍によって占領されているゴラン高原の状況に鑑み、採択にはまだ機が熟していないと異議をとなえた。かくして、「第三標章」（第三追加議定書）の採択が投票によって決せられた。これについて、フランソワ・ブニヨンは、「第三標章」と標章の採択は、「運動のシンボルが同時に希望、寛容、開放性そして普遍性のシンボル」であることを示す機会にしなくてはいけないと述べた。最終的に、第三追加議定書は九八対二七（棄権一〇）によって採択された。この事実については、これを国際赤十字・赤新月運動に楔を打ち込む行為であるとする非難も聞かれた。二〇〇七年三月の段階で、ジュネーブ条約加入国数一九四（ちなみに国連加盟国数一九二）、第一議定書一六七、第二議定書一六三にたいして、第三議定書は七五ヶ国（当事国九）である。

二　世界大戦と日本の赤十字

一九〇二（明治三五）年、デュナンが第一回ノーベル賞を受賞した翌年、博愛社は創設二五周年を迎えた。同年一〇月二一日に上野公園で開催された祝典において、佐野常民は、大給恒とともに、日本赤十字社名誉社員に推薦された[24]。佐野が世を去ったのは、その年の一二月七日のことであった。文明国としての証を「法律ノ完備、若クハ器械ノ精良等」ではなく赤十字社の発展に求めた佐野は、日露戦争での日赤の目覚ましい活躍と諸外国の称賛を知ることなく他界した。佐野とともに博愛社を設立し、佐野が日本海軍の設立に寄与したように、日本陸軍の創設に貢献をした大給が世を去ったのは、くしくもデュナンやモアニエ、ナイチンゲールが他界したのと同じ一九一〇年のことであった。

1　国際評価の劇的変化

「文明国」の仲間入りをめざす近代日本は、国家・軍・皇室の関係を「報国恤兵」としての愛国心と「博愛慈善」としての戦場人道観の絡みあいのなかで構築していった。日赤の急速な発達、日本軍における戦場人道観の浸透、国民レベルでの赤十字思想の浸透は、無差別戦争観の脈絡のなかでこそ可能になったといえる。敵味方の区別ない戦時救護という人道基準は、とりわけ日赤が発達を遂げつつあった近代の日本における国益や軍事的要請に呼応するものであった。日赤は、天皇と国家・国民との明確かつ強固な関係の重要な結節点、近代日本における最大規模の国民統合装置、さらには海外委員部の設置を通して、新たに獲得した植民地における帝国臣民化を促す装置としての役割を果たした[25]。

他方、日本のジュネーブ条約加盟と日赤の発展に期待を寄せる国際的な気運もあった。赤十字は一九世紀後半のヨーロッパではじまった人道運動であり、ジュネーブ条約はヨーロッパ諸国間の戦争の文明化に向けた盟約であった。とはいえ、「文明意識は何よりも〈自分たちの風俗が優れている〉という〈ヨーロッパの自意識〉」であったとするならば、(26) そうしたヨーロッパの自意識は、こと戦争の文明化という課題においては微妙な展開をみせたというべきであろう。赤十字が発足した当時のヨーロッパには、国際法はキリスト教諸国間にのみ適用されるべきものであるとの風潮はいまだ根強かった。しかしながら、トルコと日本の加盟は、赤十字の人道活動とジュネーブ条約の普遍化、世界化の道程において顕著な一歩を記す出来事であり、さらに、非キリスト教国である日本による「赤十字」標章の採用はこうした脈絡において特別な意味をもった。(27)

第一次世界大戦後の「五大国」入り、赤十字社連盟の創設、一九三四年東京での赤十字総会開催は、近代日本における赤十字の発展がひとつのピークに達したことを示す事件であった。いまや日本赤十字社は、世界の赤十字社を牽引する指導的立場にたったはずであった。しかしながら、英国の日本研究者のオリーブ・チェックランドは、東京で赤十字総会がおこなわれた「一九三四年の日本が自身を国際赤十字の一員であると考える権利はまったくなかった」と述べる。(28) チェックランドはその根拠として、一九二九年の捕虜条約を日本が批准しなかったことを批判的に論じている。

あたかもこうした後世の批判を予期するかのように、一九三三（昭和八）年一一月、翌年の東京での赤十字国際会議の開催を間近に控えて、当時日本赤十字社常議員であった蜷川新は、ジュネーブ条約について、日本赤十字社社員「二百数十万の社員の中に、恐らく詳しく知って居る人は多くはない」と嘆きつつ、(29) 同社主催の講習会において、つぎのような危惧を表明している。

此の会議〔一九三四年の東京での赤十字国際会議――筆者注〕に関し、私が大いに心配だと思ふ事を御参考迄に申上げて置かうと思ふ。例へば前に申したやうに、日本が宣戦無しに満州上海で武装衝突をやつた。其の折に捕虜は無かつた、徳川副社長が昨年上海に行かれました時に、特に私は其の点を伺つて置いたのですが、副社長が上海病院で支那人の負傷者を御覧になつたのは七人だけであつた。七人だけでも、御覧になつたことは、確かによかつた。一人の捕虜が無く、満州に於ても一人も捕虜が無い。一寸此の点に就て私には心配に思はれますが。それは私の杞憂だけで、或は何もなくて済むかも知れない(30)。

捕虜条約の未批准とそれが日本国内に与えた影響については、同時期から第二次世界大戦終結までの期間の日赤史料の精査を通して、今後さらなる検討を進めていく必要がある。軍事的価値が人道的価値を圧倒するような状況がさまざまなレベルで国内にしだいに醸成され、日中戦争から第二次世界大戦にかけて偏狭なナショナリズムが蔓延することになるが、「報国恤兵」や「博愛慈善」もまた、そうした国内の歴史的文脈のなかで読みかえられていった。この結果、チェックランドが指摘したように、日露戦争における日赤ほど称賛された赤十字社は他に例がなく、「一九四一年から一九四五年の太平洋戦争中の同社ほどその失敗によって国際的な屈辱を味わった赤十字社もまたない」という事態に陥ることになった(31)。わずか四〇年の間に、日赤にたいする国際評価は劇的に変化したのである。

こうした日赤への国際評価の劇的な変化は、もっぱら日中戦争期から太平洋戦争期における日本軍による戦場での非人道的行為を阻止したり抑止したりすることができなかった日赤の無力からくるものであって、日赤自体が非人道的行為をなしたわけではもちろんない。赤十字国際委員会の歴史を記したアンドレ・デュランは、戦後とりわけ日本と欧米関係諸国との間で摩擦の種になる日本軍の連合軍捕虜処遇問題について、日本赤十字社は「捕虜に関する決定を下すことができる唯一の機関である軍の最高司令部には何の影響力ももっていなかった」と説明している(32)。

2　赤十字と「銃後報国」

このような国際評価の激変にもかかわらず、日中戦争から第二次世界大戦終戦までは、日本赤十字社の活動が統計的に最高潮に達した時期であった。日中戦争当時二九三万人であった社員数は、一九四〇年には四〇一万、開戦翌年の四二年には五八四万、終戦時には一五二一万人にまで膨張した。これを昭和一〇年代と比較すると、社員数は七倍、年拠金は約一四倍（実質的には約四倍）、一九三六―四五年の特別会計を加算した総支出は、前一〇年間と比較すると二四九・八％にものぼった(33)。

こうした全国的な統計数値が、いかなる地方の活動をとおして可能になったかについては、今後さらなる検討が必要であろう。たとえば、一九三九年二月、日本赤十字社山梨県支部三恵村分区長（同村長）名で配布された日本赤十字社への入社案内状には、入社資格は「内外国人問はず老も若きも男女の区別なく一般的」であることは謳われているが、救護の無差別主義についての言及はない。日本赤十字社の「本来の使命」は、「祖国の犠牲者を救援看護する」こと、「全国各支部は本社の統制下に其の府県民の人道博愛の精神乃至銃後の至情を基調」とすること、と説明されている。日本赤十字社にたいする皇室の「眷護」に関する言及は「勅令の規定に基づき」と記されるにとどまり、赤十字事業の意義について以下のような説明がなされている。

図11-2　第二次大戦中の赤十字デーポスター（日本赤十字社所蔵）

> 歓呼の声に送られ勇躍として征途に上れる将兵各位が不幸にして敵弾に仆れ、病魔に襲はれ、苦痛に呻

吟するの情を偲ぶ時、之れが看護は、之れが手当は勿論御家族御親類又は御隣家の方々にては決して無之、只今貴下の御協翼下さる赤十字事業の担任する処に深くも御理解賜はり、赤十字事業を通じて銃後報国の至誠を一層昂揚せられ候様お願ひ申上げて止まざる次第に御座候。国の為に尊き血を流せ！　家の為に清き汗を絞れ！　人の為に熱き涙を濺げ！　は由来大和民族通有の誇りに有之、……(34)

すでに述べたような統計上の加速度的な日赤の事業拡張は、それを支える町村分区の努力なしにはありえなかった。実際、この時期、赤十字の地方組織にとって、割り当てられた年拠金の「回収」は決して容易な作業ではなく、戦時赤十字事業についての一般の理解と認識をえる努力なしには不可能であった。(35)救護の無差別主義や捕虜救援についての言及こそないが、赤十字社への入社案内に、いわゆる軍国美談の脈絡とは異なる、日本兵の「敵弾に仆れ、病魔に襲はれ、苦痛に呻吟する」イメージが公然と用いられたことは注目すべきである。泥沼化した日中戦争期において、人々は国家と国民のために戦う家族や隣人を、無用で不条理な苦痛と死から解放するものとしての赤十字への期待を切実に抱いたといえよう。

以下では、日中戦争期から第二次世界大戦終結までの時期の日本赤十字社の活動を概略する。

3　戦地での救護活動

盧溝橋事件から終戦までの期間の日赤による救護活動を概観すると、陸海軍の要請で日本赤十字社が派遣した救護班は九六〇班、救護員は三万三一五六名、その派遣地域は内地軍病院をはじめ、病院船、中国、南洋域にまでおよび、最終的に殉職者は一一〇〇名をこえた。(36)この時期に日赤がおこなった戦時救護は、傷病兵への救護活動がほぼすべてを占めていた。(37)これは一九二九年の傷病者に関するジュネーブ条約、日本赤十字社令および日本赤十字社戦時救護規

図11-3　本社から戦地に出発する日赤看護婦（日本赤十字社所蔵）

則にそったものであった。また、殉職者については、それまでの戦争における死亡とは異なり、戦闘に巻き込まれたことによる例が日立った。それ以前の戦争では、日本赤十字社は同社看護婦の戦地への派遣にはつとめて慎重であった。日清戦争から日露戦争までの時期においては、看護婦の勤務先は病院船か内地の病院に限定されていた。第一次世界大戦では、四四名が青島に派遣され、七五名が英仏露三ヶ国に派遣されはしたものの、戦闘に巻き込まれることはなかった。これは男性救護員すなわち医師、薬剤師、看護人等についてもいえることであり、赤十字社の救護要員が最前線に派遣されることはなかった。しかしながら、太平洋戦争末期には、救護員であっても戦闘に巻き込まれて死亡する例がでてくるようになった(38)。

4　従軍看護婦とジュネーブ条約

日赤の戦時救護員は赤十字本来の使命を果たした者たちであったが、ジュネーブ条約や赤十字の理念をどの程度意識していただろうか。戦時救護員の育成を目的とする「日本赤十字社看護婦養成規則」が最初に制定されたのは、一八八九〔明治二二〕年六月のことであった。同規則は、日清戦争直前の一八九三年九月に一部の教科科目――「軍人勅諭」「陸海軍人等級及び徽章」「赤十字条約」――を追加した[39]。さらに、一九〇八年、同規則は「日本赤十字社救護員養成規則」と改称され、「赤十字事業ノ要領」は「修身」と科目統一されて昭和期にいたった。太平洋戦争開戦後は、救護員の需要増加から、以前と比較すればこうした科目の教授は十分とはいえなくなったにせよ、概して、ジュネーブ条約の精神は戦時救護員の意識のなかに定着していたといえよう。この点については、戦中戦後と公刊されてきたおびただしい数の従軍看護の手記や体験記からもうかがうことができる。

日赤の伝統ある三年教育を、看護婦不足のために二年半で繰り上げ卒業で召集令状を頂き、救護班〔静岡第四八六救護班――筆者注、以下同様〕の一員として、親の涙も何のそので祖国を後に致しました。当時、私は十九歳の最年少者でした。……〔インパール作戦崩壊の後〕雨季が明けると、待ってましたとばかり病院は連日敵機の襲来で、爆撃、機銃掃射を受けました。その頃の勤務は外科病棟でした。ここ〔ビルマ・シャン高原・第一一八兵站病院〕では赤十字条約など全く守られませんでした[40]。

なんといっても〔昭和〕十九年の内はまだよい方で、二十年春から戦況悪化で患者は目も当てられぬほどでした。……一度敵の飛行機が撃墜されて全身火傷の敵兵が外科へ運ばれてきました。先程まで機銃掃射をしていたであろうこの飛行士、憎んでもあまりあるはずなれど、病院に来た以上は治療してやらねばなりません。「薬がもったいない、死ねばよいのだ、殺してしまえ」患者達が多数取りまいて口々に叫んでおりました。背中に私達がかくれんぼう出来るほど、体の大きな人でした。私達は親切に取り扱ってチンク油を塗って治療してあげました。これが赤十字精神というものです[41]。

引用にあるような捕獲された敵兵を実際に救護した例はまれであっただろうが、赤十字条約や敵味方の区別ない救護の精神は看護婦のあいだに共有されていたというべきであろう。そもそも、「赤十字精神」は、日赤看護婦のみならず一般学童たちの修身や国語といった教科で扱われ[42]、日中戦争期に中国に派遣された救護班のために地方で開催された壮行会では、学童の代表が、「日本のナイチンゲールとも言ふべき」日赤看護婦に、「やがて戦地に於て負傷した御国の兵隊さん方は勿論のこと、言葉も通じない支那の兵隊さんまでにも」「平和の女神として敵味方の区別なく」看護をなすように声援を送ることもあった[43]。

5　敵国捕虜の救護

一九四二年一月一四日、日赤は「日本赤十字社俘虜救恤委員部規則」を制定し、日赤外事部に「俘虜救恤委員部」（委員長は島津忠承副社長）を設置して、捕虜と被抑留者にたいする救護を開始した[44]。この俘虜救恤委員部は、一九一四年（大正三）年一二月五日、第一次世界大戦に対応するかたちで発足した「俘虜救恤委員会」をその前身としていた。

俘虜救恤委員部は「俘虜非軍人タル従軍者ニシテ俘虜ノ取扱ヲ受クルモノ及被抑留者等ノ救恤ニ関スル事務ヲ掌ル」と規定され[45]、その主な事務内容としては、「帝国ノ権内ニ在ル俘虜及被抑留者ニ対シ、外国赤十字社ノ俘虜救恤委員部ヨリ『ジュネーヴ』俘虜情報中央部ヲ介シテ、又ハ外国赤十字社ヨリ俘虜情報中央部ヲ介シテ、或ハ直接ニ救恤金品ヲ送リ来リタルトキハ、軍事官憲ノ指示ヲ得テ交付手続ヲ為シ、又同俘虜及被抑留者ノ所在及安否ニ関スル情報ヲ要求シ来タリタルトキハ、関係当局ニ就キ必要ナル情報ヲ得、之ヲ俘虜情報中央部又ハ外国赤十字社ニ回報スルコト」とされた[46]。

同委員部は、「軍事官憲」の監督下で、主として捕虜に関する事務処理を担当し、捕虜への救恤品の配分、安否調査、赤十字国際員会代表による収容所視察の際の通訳ならびに旅行の手配など、同委員会を補佐する活動をおこなった。具体的な活動内容を掲げると、一九四二年には島津委員長が大阪、東京、川崎、横浜の収容所視察をおこなった。また、救援金や救援品の支給、各国からの救援品の支給をおこなった。一九四三年には、香港、フィリピン、仏印、シンガポールの収容所を二ヶ月にわたって視察した。また、赤十字通信の発受信もおこなった。一九四四年には、西部軍管轄下にある収容所の視察や東京の収容所の視察をおこなった。一九四五年には、赤十字国際委員会の収容所・抑留所の視察に便宜をはかった。

とはいえ、戦局が悪化するにつれ、委員部は日本人捕虜関係の業務で手いっぱいの状態になっていった。戦後、ある俘虜救恤委員部の部員は、「当時は戦時逆転のポイントになったミッドウェイ海戦の詳細も知らされず、戦争の帰すうについておぼろげな不安はもちつつも、赤十字国際委員会に日本内地や占領地で十分な活動をさせてあげたいということだけを考えていたものだった」と回想している[47]。終戦後、俘虜救恤委員部を訪れた赤十字国際委員会代表は、そこで「一五歳の少女が〔連合軍捕虜関係の〕すべての書類を管理していた！」とそのときの衝撃を回想した[48]。

捕虜の救護に関連してより衝撃的であったのは、一九四三年ボルネオで日本海軍が赤十字国際委員会より派遣された医療宣教師でボルネオ駐在代表のカール・マタイス・ヴィシャーとその妻をスパイとして処刑した事件であった。一九四五年半ば在日スイス代表から赤十字国際委員会に宛てられたメッセージによれば、ヴィシャー夫妻は「ボルネオにおける捕虜および民間人抑留者の数を知ろうとしたのみならず、氏名や年齢、人種、地位、生活および健康状態までも知ろうと犯罪的に探索し、さらに彼らに食料を送ろうとした」ためスパイの容疑をかけられた[49]。いわゆる「ヴィシャー事件」である。ただし、この事件は、その記録が敵襲によって失われたため、公式には認められていない[50]。

6　国内空襲犠牲者の保護

一九二九年のジュネーブ条約には文民保護を定めた条項がなく、また、日本赤十字社令および日本赤十字社戦時救護規則にも傷病兵以外への救護活動の規定はなかった。したがって、一九四二（昭和一七）年四月一八日からはじまり一九四五年に熾烈を極めた連合軍による本土空襲への救護では、日本赤十字社は戦時救護の救護班とは別に救護班を組織し、被災者救護をおこなった[51]。

原爆投下後の救護については、広島の場合、爆心地付近に位置していた日本赤十字社広島支部は全滅し、広島陸軍病院赤十字病院も職員五五四名のうち半数以上が死傷した。ただし、同病院は建物が倒壊を免れたため、なんとか救護活動をおこなった[52]。山口、鳥取、岡山の三支部はただちに救護班を派遣し、とくに山口県支部は八月六日、山口県知事から派遣の要請により医療班三個班を派遣、八月一四日まで活動をおこなった[53]。山口の第一次派遣救護班につづいて、第二次派遣救護班は、広島師団長の要請により、八月一一日に広島第二陸軍病院海軍病院へ派遣されるべく四個班が召集された。さらに、二一日には山口陸軍病院へ一個班が派遣され、第二次派遣救護班の任務が完了したのは、九月一〇日になってからのことであった（ただし、広島への原爆投下直後の日赤による初期救護についての詳細な実証研究は今後の課題のひとつである）。

広島と同じく長崎も、投下と同時に医療救護施設をふくめて一定圏内は壊滅的打撃を受けた[54]。日本赤十字社長崎支部の診療所は爆心地から三キロメートルの位置にあり、多数の負傷者が治療を求めて殺到した。同診療所も爆風の被害を受けていたが、医師をはじめ日赤看護婦らが応急治療に不眠不休であたった。投下後四―五時間のうちに近隣の大村海軍病院から派遣された救護隊（第三六二班）に加わったある看護婦によれば、救護トラックで炎のなかを強行突破し、「失神しそうな地獄絵図」のなかで「必死に恐怖をこらえて」、持参した医薬品がつきるまで救護をおこなった[55]。被災地からはおびただしい数の負傷者が大村、諫早、川棚などの近隣地域の陸・海軍病院や一般病院に、救援列

図11-4　広島赤十字病院と付近一帯の焼け跡（『広島原爆医療史』［広島原爆傷害対策協議会，1961］より）

車やトラックなどで搬送された。それらの病院に配属された長崎県をはじめ各県支部の日赤看護婦は、不眠不休の救護に従事した。久留米や佐賀の陸軍病院などの県外救護班が長崎に到着したのは投下の翌日であったが、はじめて被災地長崎に入市した看護婦は、つぎのように述べている。

市内に入り、そのものすごさにびっくり、声も出ない。救護所の本部大光寺について、思わず両手で目をかくした。私はプロの看護婦、でもそのすさまじさ、むごさ、この世のものではない光景、……看護婦さん水、水をのませて、あっちからもこっちからも。その声が聞こえなくなる時はもう息を引き取っている。……何もしてやれない我が身がつらい、情けない。(56)

爆心地から二キロメートルの位置で被害を受け、投下当日の九日深夜に大村海軍病院に搬送された男性は、同院での救護の様子を、つぎのように述べている。

治療とは名ばかり、傷口に赤チンを塗っただけ、……そのまま真っ白なシーツと毛布のベッドに、血だらけ泥だらけの身体を包み、死んだように眠り込んでしまった。お昼らしい、ふと目を覚ますと、看護婦さんがやさしくスプーンでお粥を口に入れている。にこやかな笑顔、思わず涙が流れた、数人の軍医と十数人の看護婦さんたちが親切なのに驚いた。……正に白衣の天使とはこの人たちのことだろう。[57]

赤十字国際委員会の駐日代表部のフリッツ・ビルフィンガーが広島を訪問したのは、原爆投下から三週間余が過ぎた八月三〇日のことであった。彼の報告と要請により、連合軍最高司令官総司令部は一五トンの医療品と医療器材を提供することに同意した。投下から約一ヶ月を経て、駐日代表マルセル・ジュノーは広島で被爆者の救護にあたった。[58]九月八日、広島の惨禍を目の当たりにしたジュノーは、「歴史の新たな一ページがめくられた。原子爆弾の物理的な効果は信じがたいほどで、あらゆる理解を超えた、想像を絶するものだった」として、のちにつぎのように回想している。[59]

たとえそれが被爆一ヶ月後であろうと、この新兵器の劇的な結末を見たものにとっては、今日、世界が存続か絶滅かという選択の岐路に立たされていることは、もう疑いようのないことなのである。もし、この新兵器が未来の戦争で使用されるなら、多くの人間がすさまじい阿鼻叫喚のうちに死んでいくのを、私たちは目の当たりにすることになる。[60]

7　不戦の国の赤十字へ

日本赤十字社の占領改革については、連合軍総司令官が直接介入し、米国赤十字社の代表とともに進められた。[61]改革は主として社則の改正と人事機構の改組によるものであった。

一九四八年八月、戦後初の赤十字国際会議がストックホルムで開催された際、島津忠承社長は「技術顧問」としての立場しか許されなかった。同社長をはじめ日赤代表には日の丸の旗のついた席が用意されていたものの、彼らは表決権も採決権も与えられない「オブザーバーのような形」での参加となった。会議場には、「日本を憎悪してきた感情を隠しきれない人」や、島津社長らに「相当きびしい批難をさえなげつける」某国代表もいたが、「過去の話はよそうではないか、われわれは将来のことを語ろう」と述べたオーストラリア代表サー・ジョン・モリスのような人物もいた[62]。

第二次世界大戦後、日本赤十字社は、いわゆる赤十字社としてきわめてユニークな存在となった。戦争を放棄した新憲法のもとで、日赤は、赤十字社本来の使命とされてきた戦時救護活動をおこなわない赤十字社となった。一九五二（昭和二七）年に制定された「日本赤十字社法」第一条は、日本赤十字社の目的を「赤十字に関する諸条約及び赤十字国際会議において決議された諸原則の精神にのっとり、赤十字の理想とする人道的任務を達成すること」と定めている。具体的な業務としては、第二七条において以下の四項目が掲げられた。

一　赤十字に関する諸条約に基く業務に従事すること。
二　非常災害時又は伝染病流行時において、傷病その他の災やくを受けた者の救護を行うこと。
三　常時、健康の増進、疾病の予防、苦痛の軽減その他社会奉仕のために必要な事業を行うこと。
四　前各号に掲げる業務のほか、第１条の目的を達成するために必要な業務。

第一号の業務の内容としては、ジュネーブ条約に規定のある戦時救護も含まれる。しかしながら、このような活動を発生させるような事態に日本が直面したことはこれまでになく、したがって、第二号から第四号にある平時業務が

主な活動となって今日にいたっている。(63)

8　「赤十字の微妙さと限界」

本章をしめくくるにあたって、近代日本における赤十字の歴史をひもとくことによって浮かびあがってくるもっとも顕著な問題のひとつを指摘するとすれば、それは、マックス・フーベル〔フーバー〕の指摘する赤十字の微妙さと限界であろう。

フーベルは、「赤十字というものの微妙さと限界」を理解することの困難さゆえに、赤十字の指導的地位にある者や赤十字の問題について叙述しようとする者は、「殆ど叡知に近い知性を必要とする」と戒めている。(64) 筆者を含め本書の執筆者がどれほどこの戒めにそった叙述をなしえたか否かは、読者の判断に任せなくてはならない。

いずれにせよ、近代日本における戦争の人道化への努力をめぐる微妙さと限界こそが、一方で日赤を短期間で飛躍的に発展させ、国民的規模の活動となし、内外における日赤のめざましい活躍と貢献を可能にしたといえるだろう。日本赤十字社は、赤十字なる他者を自己の〈伝統〉と融合させ、近代日本における天皇と皇室を頂点とする愛国心の培養土、国民統合の装置としても機能した。一方、赤十字の微妙さは、その限界と表裏一体をなしていた。限界は、一九三〇年代から四〇年代前半にかけて、反西欧としての自己の文化的民族的優越性の模索と、〈国民軍〉の士気の維持という二つの課題が、名誉の戦死、生きて虜囚の辱めを受けずという実践のファナティックな奨励において一致した時にあらわになった。にもかかわらず、あるいは、それゆえにこそ、同時期の日本人の多くは、赤十字と赤十字標章にたいして憧憬と、敬意と、称賛の感情を抱いていたのである（ただし、日中戦争期から第二次世界大戦期、さらには戦後から現代にいたる時期の日本赤十字社の歴史についての実証研究と分析は、今後の重要課題のひとつである）。

今日、映像と通信技術のさらなる発達、ジュネーブ条約によるジャーナリストの保護によって、テレビの生中継で、戦争や紛争で辛酸をなめる人びと、生命の危険をかえりみず人道活動に従事する人びとの姿が報道されるにいたって、各国政府や国際機関はもとより、一般市民の人道活動への関心はいっそう高まりつつある。それは同時に、かつて人びとの記憶に残りにくかった歴史的な出来事を、研究者の取り組むべき主要なテーマに押し上げる力ともなっている[65]。この意味でも、一九七〇年代にいたるまで、戦争や紛争の真っただなかにある地域で、組織的で広範な人道活動をおこなっていたのは、もっぱら赤十字であったことをいま一度想起する必要があるだろう[66]。

（1）本章の基本文献は以下のとおり。「文明」と「人道」については、大沼保昭『人権、国家、文明——普遍主義的人権観から文際的人権観へ』（筑摩書房、一九九八年）、田中忠「人道観念の諸相」（寺沢一他編『国際法学の再構築　上』東京大学出版会、一九七七年、九五—一四八頁）。一九世紀後半の非ヨーロッパ・非キリスト教国の国際社会加入については、広瀬和子「国際社会の変動と国際法の一般化——一九世紀後半における東洋諸国の国際社会への加入過程の法社会学的分析」（寺沢一他編『国際法学の再構築　下』東京大学出版会、一九七八年、一〇七—一六〇頁）。国際人道法については、藤田久一『新版　国際人道法〔増補〕』（有信堂、一九九三年）。赤十字国際委員会、各国赤十字社、日本赤十字社の歴史についての『日本赤十字社社史稿』以外の文献としては、井上忠男『戦争と救済の文明史——赤十字と国際人道法のなりたち』（PHP研究所、二〇〇三年）、André Durand, *From Sarajevo to Hiroshima, History of the International Committee of the Red Cross*, Geneva, Henry Dunant Institute, 1984. John F. Hutchinson, *Champions of Charity: War and the Rise of the Red Cross*, Colorado and Oxford, Westview Press, 1996. 日本赤十字社編『人道——その歩み　日本赤十字社百年史』（共同通信、一九七九年）、Olive Checkland, *Humanitarianism and The Emperor's Japan 1877–1977*, London, Macmillan, 1994（邦訳は、工藤教和訳『天皇と赤十字——日本の人道主義一〇〇年』法政大学出版局、二〇〇二年）。

（2）吹浦忠正『赤十字とアンリ・デュナン——戦争とヒューマニティの相剋』（中公新書、一九九一年）一三四—一三七頁。ノーベル平和賞が設立された歴史的文脈については、Peter Nobel, "Alfred Bernhard Nobel and the Peace Prize", pp. 259–273, *Revue Internationale de la Croix-Rouge*, No. 842, March–June 2001 を参照。デュナンのノーベル平和賞受賞にたいするジュネーブの反応については、André Durand, "Le premier Prix Nobel de la Paix (1901) Candidatures d'Henry Dunant, de Gustave

"Moynier et du CICR", *ibid.*, pp. 275–285を参照。当時、赤十字国際委員会とその委員長であるモアニエは、デュナン個人ではなく委員会が同賞の候補であるべきだと考えていた。あわせて、Hutchinson, *Champions of Charity*, pp. 191–193 参照。

（3）たとえば当時のオスマン帝国に対する「人道的干渉」や、第二次世界大戦後の一九八〇年代以降において論争の的となる「人道的救援」で用いられている「人道」とは趣を異にしていた。

（4）George L. Mosse, *Fallen Soldiers : Reshaping the Memory of the World Wars*, New York, Oxford University Press, 1990, p. 3.

（5）Durand, *From Sarajevo to Hiroshima*, p. 46.

（6）井上『戦争と救済の文明史』二〇二頁。Durand, *From Sarajevo to Hiroshima*, pp. 47–48, pp. 108–123. こうした活動は戦間期における各国の退役軍人会の再組織にも連動していった。たとえば英国については、Graham Wotton, *The Official History of the British Legion*, London, Macdonals & Evans, 1956を参照。

（7）ジャン・ピクテ（井上忠男訳）、日本赤十字社・青少年課編『国際人道法の発展と諸原則』（日赤会館、二〇〇〇年）六三頁。

（8）フェビアン・ウェアの戦死体回収、埋葬作業と英連邦戦争墓地委員会の発足については、小菅信子「〈戦死体〉の発見——人道主義と愛国主義を抱擁させた身体」（石原久郎・鈴木晃仁編『身体医文化論——感覚と欲望』慶應義塾大学出版会、二〇〇二年）のとくに三六八—三七五頁を参照。

（9）第一次世界大戦期の戦傷外科・形成外科の発達、米国赤十字社の貢献については、エリザベス・ハイケン（野中邦子訳）『プラスチック・ビューティー——美容整形の文化史』（平凡社、一九九九年）の五二—六一頁、Sander L. Gilman, *Making the Body Beautiful: A Cultural History of Aesthetic Surgery*, Princeton and Oxford, Princeton University Press, 1999, pp. 159–161.

（10）ジャン・S・ピクテ（井上益太郎訳）『赤十字の諸原則（全訳）』（日本赤十字社、一九五八年）一二七—一二八頁。

（11）The British Red Cross Society ed., *The Red Cross : Then and Now*, London, The British Red Cross Society, 1984, pp. 12–13.

（12）Pierre Boissier, *From Solferino to Tsushima : History of the International Committee of the Red Cross*, Geneva, Henry Dunant Institute, 1978, p. 55.

（13）小菅「〈戦死体〉の発見」三七〇—三七五頁、エリザベス・ハイケン『プラスチック・ビューティー』五六頁。

（14）Hutchinson, *Champions of Charity*, pp. 256–276.

（15）藤田『新版　国際人道法』三四—三五頁。

(16) Durand, *From Sarajevo to Hiroshima*, p. 195, 267. あわせて井上『戦争と文明の救済史』二一三頁参照。また、戦間期には、赤十字国際委員会の意思を引き継いで、国際連盟主導のもとで、「窒息性ガス、毒性ガスまたはこれらに類するガスおよび細菌学的手段の戦争における使用の禁止に関する一九二五年のジュネーブ議定書」が主要国間で締結された。

(17) 藤田『新版　国際人道法』三四頁。

(18) オリーブ・チェックランド『天皇と赤十字』一〇一—一〇二頁。

(19) 日本赤十字社編『日本赤十字社社史稿』第五巻（日本赤十字社、一九六九年、以下『社史稿』第五巻と略記）八一頁。

(20) Frederic Siordet, *Inter Arma Caritas : The Work of the International Committee of the Red Cross during the Second World War*, Geneva, The International Committee of the Red Cross（以下 ICRC と略記）, 1948 ; popular edition 1973. 抄訳は、大川四郎編訳『欧米人捕虜と赤十字活動——パラヴィチーニ博士の復権』（論創社、二〇〇五年）二三—五八頁。

(21) Durand, *From Sarajevo to Hiroshima*, p. 631.

(22) 井上『戦争と救済の文明史』二二四—二二五頁。赤十字とホロコーストについては、さしあたり、Jean-Claude Favez (ed. and trans. by John and Beryl Fletcher), *The Red Cross and Holocaust*, Cambridge, Cambridge University Press, 1999 参照。

(23) 「第三標章」問題に関する主な参考文献としては、François Bugnion, "The emblem of the Red Cross : A brief history", Geneva, ICRC, 1977, off-print from *International Review of the Red Cross*, No. 194, April 1977, pp. 167–190 ; No. 195, May 1977, pp. 229–256 ; No. 196, June 1977, pp. 283–298. François Bugnion, *"The red cross and red crescent emblems"*, Geneva, ICRC, 1989, off-print from *International Review of the Red Cross*, No. 272, September–October 1989, pp. 408–419. François Bugnion, "Towards a comprehensive solution to the question of the emblem", Geneva, ICRC, June 2000, off-print from *International Review of the Red Cross*, No. 838, June 2000, pp. 427–478, revised fourth edition : off-print April 2006. 同様に、本問題については赤十字国際委員会のウェブサイト www.icrc.org. を参照。小菅信子「戦地紛争地等における保護標章の複数化と統一（いわゆる赤十字標章問題）について」（科学研究費補助金基盤研究(c)(2)、二〇〇三—二〇〇五年度）。

(24) 日赤名誉社員の授与は、それまで皇族に限られていた。佐野常民については、吉川龍子『日赤の創始者　佐野常民』（吉川弘文館、二〇〇一年）。

(25) たとえば、植民地の時代の国際赤十字運動と赤十字社の歴史、「満州国赤十字社」の創設をめぐる問題については、小菅信子「赤十字標章、赤十字社、植民地」（河合利修編『赤十字史料による人道活動の展開に関する研究報告書』日本赤十字豊田看護大学、二〇〇七年）三八―四六頁、とくに四二―四五頁。赤十字社と帝国臣民化の問題は、今後の課題である。

(26) 牧原憲夫『全集　日本の歴史　第一三巻　文明国をめざして』（小学館、二〇〇八年）一一頁。

(27) また、日露戦争における日本のジュネーブ条約遵守は、日英同盟の盟友である英国にとって特別な意味をもった。Philip Towle, *From Ally to Enemy: Anglo-Japanese Military Relations 1900–1945*, London, Global Oriental, 2006. とくに pp. 37–44 を参照。

(28) オリーブ・チェックランド『天皇と赤十字』一〇三―一〇四頁。

(29) 蜷川新『赤十字条約に就て』（日本赤十字社、一九三四年）五―六頁。

(30) 同右、四一―四二頁。

(31) オリーブ・チェックランド『天皇と赤十字』二一三頁。

(32) Durand, *From Sarajevo to Hiroshima*, p. 534.

(33) 『社史稿』第五巻、四〇頁。山梨県ならびに同県現甲州市地域における事例については、小菅信子「総動員と日赤分区」（塩山市史編さん委員会編『塩山市史　通史編　下巻』塩山市、一九九八年）三五二―三五四頁を参照。

(34) 昭和一四年二月、日本赤十字社山梨支部三恵村分区長発、松里村役場『昭和十四年赤十字綴』（甲州市教育委員会所蔵）。

(35) 小菅「総動員と日赤分区」三五二―三五四頁参照。

(36) 『社史稿』第五巻、四〇、二〇三頁。日本赤十字社編『日本赤十字社社史稿』第六巻（日本赤十字社、一九七二年、以下『社史稿』第六巻と略記）、二四六頁。「遺芳録公刊に際して」日本赤十字社編『遺芳録』日本赤十字社、一九五七年。

(37) この時期の日赤の戦地での救護活動については、秦郁彦「日本赤十字社と戦時救護」（河合編『赤十字史料による人道活動の展開に関する研究報告書』）八一―九〇頁、川口啓子・黒川章子編『従軍看護婦と日本赤十字社――その歴史と従軍証言』（文理閣、二〇〇八年）参照。あわせて、二〇〇八年夏に史料公開された日赤の戦時救護報告書については、『朝日新聞』（二〇〇八年八月三一日付）参照。ならびに、河合利修「第二次世界大戦期ならびに戦後の日本赤十字社について」（二〇〇九年三月一三日、日本大学法学部における日赤ワークショップでの報告論文）。

(38) 戦闘の直接の影響により死亡者が生じたのが、日中戦争から太平洋戦争までの日本赤十字社戦時救護のひとつの特徴であった。

(39) 亀山美知子『近代日本看護史Ⅰ　日本赤十字社と看護婦』（ドメス出版、一九八三年）三一、四二頁。

(40) 柏崎次子「ビルマ従軍記に寄せて」(宮部一三編『白衣の天使』叢文社、一九七二年)一〇九―一一一頁。
(41) 川口和子(旧姓景山)「敵の負傷者にも愛の看護を」(宮部編『白衣の天使』二一一―二一六頁)。
(42) 赤十字は修身および国語の教科書の常連教材であった(『社史稿』第五巻、一一四―一一六頁)。
(43) 引用は、日本赤十字社山梨支部主催日本赤十字社救護班壮行式において読みあげられた尋常小学校六年生による「壮行の辞」ならびに少年赤十字団代表による「祝辞」(『山梨教育』第四七五号、一九三七年一〇月、四八―五〇頁)。
(44) 『社史稿』第五巻、二一七―二一九頁。あわせて大川四郎編訳『欧米人捕虜と赤十字活動』、桝井孝『太平洋戦争中の国際人道活動の記録(改訂版)』(日本赤十字社、一九九四年)、原禎嗣「日本赤十字社戦中文書の基礎的研究――太平洋戦争中の俘虜救恤活動に関する史料紹介を兼ねて」(『法学論集』第六〇号、山梨学院大学法学研究会、二〇〇八年)を参照。
(45) 『社史稿』第五巻、二一七頁。
(46) 同右。
(47) 木内利三郎「初対面の鉢合わせ」(徳川圀斉編『徳川圀順を偲ぶ』、私家本、一九七一年、四九頁)。
(48) マルセル・ジュノー(丸山幹正訳)『ドクター・ジュノーの戦い　増補版』(勁草書房、一九九一年)二五〇頁左参照。
(49) *Report of the International Committee of the Red Cross on its Activities during the Second World War September 1939–June 1947, Vol. 1, General Activities*, Geneva, The International Committee of the Red Cross, 1948, p. 444. *Ibid.*, p.445. マルセール・ジュノー『ドクター・ジュノーの戦い　増補版』二七六―二七九頁をあわせて参照。
(50) 『社史稿』第五巻、一三五―一三八頁、二二六―二二七頁。
(51) 原爆投下後の広島における日赤の救護活動については、日本赤十字社広島県支部編『日本赤十字社広島県支部百年史　資料編』広島(ぎょうせい、一九九一年)八七―八九頁。
(52) 日本赤十字社山口県支部編『百年のあゆみ　日本赤十字社山口県支部』山口、(ぎょうせい、一九九一年)三六七―三七二頁。
(53) 長崎への原爆投下と初期救護については、Nobuko Margaret Kosuge, "Prompt and utter destruction : the Nagasaki disaster and the initial medical relief," *International Review of the Red Cross*, No. 866, June 2007, pp. 279-304.
(54) NHK取材班『長崎　よみがえる原爆写真』(日本放送出版協会、一九九五年)一三〇―一三二頁。
(55) 日本原水爆被害者団体協議会編『原爆被害者調査　ヒロシマ・ナガサキ　死と生の証言』(新日本出版社、一九九四年)

三四四―三四五頁。

（57）同右、二六〇―二六一頁。

（58）Durand, *From Sarajevo to Hiroshima*, pp. 631-632. ジュノーについては、大佐古一郎『平和の勇者ドクター・ジュノー――探せ！　ヒロシマの恩人の軌跡』（蒼生書房、一九八九年）参照。

（59）Marcel Junod, "The Hiroshima Disaster," *International Review of the Red Cross*, Vol. 230, September-October and November-December 1982. マルセル・ジュノー（村木真知子訳）「ヒロシマの惨禍」（『赤十字新聞』一九八三年五月、第四九〇号―八四年一月、第四九九号）引用は第四九〇号、六頁。

（60）マルセル・ジュノー「ヒロシマの惨禍」第四九九号、三頁。

（61）竹前栄治・中村隆英監修、天川晃他編集、菅沼隆解説・訳『ＧＨＱ日本占領史　第23巻　社会福祉』（日本図書センター、一九九八年）〈10〉―〈11〉頁、九九―一〇六頁。

（62）サンケイ新聞社編『日赤百年』（サンケイ新聞社、一九七七年）二二五頁。

（63）一九四七（昭和二二）年に制定された「災害救助法」第一条には「国が地方公共団体、日本赤十字社……の協力の下に、応急的に、必要な救助を行」なうことが定められた。日本赤十字社法成立前に、災害救助が法律により義務づけられたことは、日本赤十字社の戦後の活動を規定するものとなった。そして、災害救助法の成立のあと、一九五五（昭和三〇）年六月にこれまでの日本赤十字社の内部規則である「日本赤十字社戦時救護規則」は廃止され、新たに「日本赤十字社救護規則」が定められ、災害救護の活動の基礎となった（『社史稿』第六巻、二〇七頁）。

（64）マックス・フーベル「序文」（ピクテ『赤十字の諸原則』）一―三頁。

（65）ＵＮＨＣＲ国連難民高等弁務官事務所編著『世界難民白書二〇〇〇――人道行動の五〇年史』（時事通信社、二〇〇一年）一頁参照。

（66）さらに、冷戦が終わるまで、「紛争の真っ只中で」人道活動をおこなっていた組織は、赤十字と、「国境なき医師団」などの少数の非政府組織であった（同右、二〇六―二〇七頁）。

あとがき

日本赤十字社はその創立以来、日本が関わった戦争および事変、あるいは国内で発生した災害などにおいて活発な救護活動をおこなってきた。さらに赤十字事業をリードする組織のひとつとして、赤十字社連盟の創設に深く関与するなど、国際赤十字のなかで重要な地位を占めたほか、本書ではあまり触れえなかったが、東アジア地域においても平時の防疫活動を展開し、またアジアの赤十字社が参加する地域会議開催を主導するなど、国境を越えて大きな役割を果たしてきた。しかし「はじめに」でも指摘されているように、日本赤十字社の歴史は、その役割の大きさや重要性に比して、これまでほとんど学術的な研究の対象とはされてこなかった。

たしかに、日赤の事実上の正史である『日本赤十字社史稿』の各巻をはじめ、日清戦争から第一次世界大戦までの戦争・事変および関東大震災のあとに日赤が編纂したそれぞれの詳細な『救護報告』等を使用すれば、日赤の歴史のかなりの部分は明らかになる。

しかし、それらはあくまでも「正史」であり、当然のことながら、掲載されていない事柄も多い。また『社史稿』および『救護報告』に、日赤の活動に携わった人々の「生の声」が掲載されることは皆無である。したがって本書の各執筆者は、『社史稿』や『救護報告』（本史料を用いた研究もこれまでにはない）を参照しつつ、第一次史料である日赤文書や機関誌『日本赤十字』と『博愛』、その他の史料にできる限りあたって、日本赤十字社の歴史をひもとくように努力した。

ところで、日赤文書のなかには、関東大震災と第二次世界大戦により散逸したものもあったが、散逸を免れた文書は黒いファイルに綴じられて、日本赤十字社本社の文書庫で長い間にわたって保存されてきた。しかし震災・戦災をかいくぐった文書は、皮肉なことに、日本が平和を謳歌し、経済発展を遂げていた一九七四（昭和四九）年にかなりの部分が消失することになった。すなわち、日本赤十字社創立百周年記念事業として、本社社屋が改築され、それにともない多くの文書が焼却されたのである。

焼却処分を幸いにして免れたファイルのうち、博愛社設立に関わる歴史的に重要な文書は日赤本社に残された。それ以外のファイルは、博物館明治村に寄贈され、旧名古屋衛戍病院の建物のなかで、一部の研究者をのぞき、人知れずひっそりと保管されていたのである。そして二〇〇五（平成一七）年一月に、明治村所蔵の日赤史料が日本赤十字豊田看護大学に移管されたことにより、広くそれらの基本文書の閲覧が可能となったのである。なお、そうした日赤史料をめぐる詳細について、ここで多くを述べる紙幅はない。関心をおもちの方は、河合利修「日赤史料概観」（同編『赤十字史料による人道活動の展開に関する研究報告書』日本赤十字豊田看護大学、二〇〇七年）を是非ともご参照いただきたい。

さて本書は、学校法人日本赤十字学園の平成二〇年度「赤十字と看護・介護に関する研究」助成金をもとに、日赤文書および関係史料を利用しておこなわれた共同研究の成果である。日本赤十字社の歴史に関する本格的な学術研究は、はじまったばかりであるといえる。とくに本研究をとおして、以下の四点がこれからの主要な研究課題として浮かびあがってきたといえよう。

第一に、日中戦争から太平洋戦争までの戦時救護については、「はじめに」でも述べられているように、原史料の公開が最近なされるようになったばかりであり、既存の史料を含めた本格的な学術研究は今後の大きな課題である。

第二に、現在、日赤本社および日赤豊田看護大学が保管・公開している史料は、日赤本社がまとめた戦前の本社文書が中心であり、日赤の各支部・施設の文書および日赤の戦後の文書については、必ずしも正確に把握されていないのが現状である。またそれゆえに、日赤の地方における活動および戦後の日赤の歴史に関する学術研究も、これからなされなければならない課題である。

第三に、各国赤十字社に関する網羅的な学術研究は、ハッチンソンなど少数の研究者によるものがあるだけであるが、日本赤十字社の特徴を明らかにするためにも、各国赤十字社との比較研究が重要かつ必要である。とくに日中戦争・太平洋戦争期の日赤の活動を理解するためには、同時代の戦争を経験した各国赤十字社、とりわけ総力戦体制下の各国赤十字社の活動の実態との対比が必要不可欠な作業であり、場合によっては、国際的な共同研究が組織される必要がある。

第四に、「はじめに」でも触れたように、平戦両時における赤十字の活動は多様である。したがって日本赤十字社がおこなってきたさまざまな活動を歴史的に明らかにし、全体としてどのように意義づけ評価するのかについては、なお今後に残された課題である。

我々共同研究者は、それらの課題を含めた日赤に関する学術研究を今後も進め、将来、日本赤十字社についての総合的かつ通史的な歴史研究の成果を世に問うことができればと願っている。その意味で、本書はその第一歩である。

最後に、本書を刊行するにあたり、まず、日本赤十字豊田看護大学が現在保管している日赤文書の所蔵者である博物館明治村に厚くお礼申しあげたい。博物館明治村のご理解とご協力がなければ、この研究はおろか、貴重な日赤文書が永久に失われていたことであろう。

また、本研究と出版のために助成をいただいた学校法人日本赤十字学園およびその母体である日本赤十字社の皆様にも、深甚なる謝意を表したい。とくに、日赤本社の情報プラザの皆様には、さまざまな面でご協力をいただいた。

末尾になってしまったが、厳しい出版状況のなか、本書の企画にいち早くご理解をいただいた東京大学出版会の高木宏製作部長、実際に編集をご担当いただいた山本徹、笹形佑子の両氏にも厚くお礼申しあげたい。本書が比較的スムーズに刊行することができたのも、以上お礼を申し述べた皆様のご理解とご厚情の賜物である。本書がいささかなりとも、日本赤十字社に関する本格的な学術研究の先駆けとなり、また日本赤十字社を一事例とした近代日本の人道活動にたいする歴史的理解の一助となるならば、執筆者一同これにすぐる喜びはない。

河合利修

木畑洋一・小菅信子・フィリップ・トウル 編　戦争の記憶と捕虜問題　A5　四二〇〇円

見市・斎藤・脇村・飯島 編　疾病・開発・帝国医療——アジアにおける病気と医療の歴史学　A5　四八〇〇円

北岡伸一 著　日本陸軍と大陸政策——1906-1918年　A5　六二〇〇円

秦郁彦 編　日本陸海軍総合事典 第2版　B5　三四〇〇〇円

細谷千博・イアン・ニッシュ 編　日英交流史 1600-2000〈全5巻〉　A5　各四六〇〇〜五〇〇〇円

三谷博・並木頼寿・月脚達彦 編　大人のための近現代史 19世紀編　A5　二六〇〇円

ここに表示された価格は本体価格です．御購入の際には消費税が加算されますので御了承下さい．

日本赤十字社と人道援助

2009年11月19日　初　版

［検印廃止］

編　者　黒沢文貴《くろさわふみたか》・河合利修《かわいとしのぶ》

発行所　財団法人　東京大学出版会
代表者　長谷川寿一
113-8654　東京都文京区本郷7-3-1 東大構内
電話 03-3811-8814　FAX 03-3812-6958
振替 00160-6-59964
http://www.utp.or.jp/

印刷所　株式会社平文社
製本所　矢嶋製本株式会社

ISBN 978-4-13-026221-7　Printed in Japan

執筆者紹介（執筆順）＊は編者

黒沢文貴＊（くろさわ　ふみたか）

1953年生．東京女子大学現代教養学部国際社会学科教授．〈主要業績〉『大戦間期の日本陸軍』（みすず書房，2000，吉田茂賞），『日本外交の国際認識と秩序構想』（編著，有斐閣，2004），『山県有朋と近代日本』（共著，吉川弘文館，2008）．

小菅信子（こすげ　のぶこ）

1960年生．山梨学院大学法学部政治行政学科教授．〈主要業績〉『戦争の記憶と捕虜問題』（共編著，東京大学出版会，2003），『戦後和解——日本は〈過去〉から解き放たれるのか』（中公新書，2005，石橋湛山賞），"The non-religious red cross emblem and Japan," *International Review of the Red Cross*, No. 849, June 2003, "The prompt and utter destruction : the Nagasaki Disaster and the initial medical relief," *International Review of the Red Cross*, No. 866, June 2007.

喜多義人（きた　よしと）

1958年生．日本大学法学部法律学科准教授．〈主要業績〉「日本軍の国際法認識と捕虜の取扱い」（平間洋一ほか編『日英交流史 1600-2000　3 軍事』東京大学出版会，2001），「日露戦争の捕虜問題」（軍事史学会編『日露戦争 1　国際的文脈』錦正社，2004），「国際捕鯨問題と日本」（須藤英章編『現代日本の法と政治——粕谷進先生古稀記念』信山社，2007）．

千田武志（ちだ　たけし）

1946年生．広島国際大学医療福祉学部医療経営学科教授．〈主要業績〉『英連邦軍の日本進駐と展開』（御茶の水書房，1997），「英連邦軍の進駐と日本人との交流」（平間洋一ほか編『日英交流史 1600-2000　3 軍事』東京大学出版会，2001），「明治中期の官営軍事工場と技術移転——呉海軍工廠造船部の形成を例として」（奈倉文二・横井勝彦編著『日英兵器産業史——武器移転の経済史的研究』日本経済評論社，2005）．

河合利修＊（かわい　としのぶ）

1968年生．日本赤十字豊田看護大学看護学部准教授．〈主要業績〉「日本赤十字社史料から見た日露戦争における日本赤十字社の救護活動」（山梨学院大学ポーツマス講和100周年記念プロジェクト編『日露戦争とポーツマス講和』山梨学院大学，2006），『赤十字史料による人道活動の展開に関する研究報告書』（編著，日本赤十字豊田看護大学，2007），「第一次世界大戦中の日本赤十字社による英仏露国への救護班派遣」（『軍事史学』第43巻第2号，2007）．

索　引

あ　行

か　行

な　行

は　行

ま　行

や・ら・わ　行

日本赤十字社関係資料

凡例

条約については，各国赤十字社および白地赤十字標章を規定する主な条約の重要項目を掲げた．日本赤十字社に関する国内法令および関連規則については，日本赤十字社の設立および活動の根拠となる主な法規の重要項目を，戦前と戦後にわけて掲げた．

I　条約

（1）戦地軍隊ニ於ケル傷者及病者ノ状態改善ニ関スル条約（1864年）

第一条　戦地仮病院及ヒ陸軍病院ハ局外中立ト見做シ患者若クハ負傷者ノ該病院ニ在院ノ間ハ交戦者之ヲ保護シテ侵スコト勿ルヘシ

第二条　戦地仮病院及陸軍病院ニ於テ任用スル人員即チ監督員，医員，事務員，負傷者運搬員並ニ説教者ハ各其本務ニ従事シ且ツ負傷者ノ入院スヘク若クハ救助スヘキ者アル間ハ局外中立ノ利益ヲ享有スルモノトス

第六条　一　負傷シ又ハ疾病ニ罹リタル軍人ハ何国ノ属籍タルヲ論セス之ヲ接受シ看護スヘシ

三　治療後兵役ニ堪ヘスト認メタル者ハ其本国ニ送還スヘシ

四　又其他ノ者ト雖モ戦争中再ヒ兵器ヲ帯ヒサル旨盟約シタル者ハ其ノ本国ニ送還スヘシ

第七条　二　局外中立タル人員ノ為ニ臂章ヲ装附スルコトヲ許ス但其交付方ハ陸軍官衙ニ於テ之ヲ司トルヘシ旗及臂章ハ白地ニ赤十字形ヲ画ケルモノタルヘシ

（2）千八百六十四年八月二十二日「ジエネヴア」条約ノ原則ヲ海戦ニ応用スル条約（1899年）

第一条　一個人又ハ公認セラレタル救恤協会ノ費用ヲ以テ全部又ハ一部分ヲ艤装シタル病院船ニシテ其ノ所属交戦国ヨリ之ニ官ノ命令ヲ付シ且戦闘開始ノ際又ハ交戦中其ノ之ヲ使用スルニ先チ船名ヲ敵国ニ通告セラレタルモノハ亦均ク尊重セラレ捕獲ヲ免ル丶モノトス

第四条　一　第一条第二条及第三条ニ掲ケタル船舶ハ交戦国ノ傷者病者及難船者ヲ其ノ国籍ノ如何ニ関セス救護扶助スヘシ

二　各国政府ハ右船舶ヲ何等軍事上ノ目的ニ使用セサルコトヲ約定ス

第五条　二　第二条及第三条ニ掲ケタル船舶ハ其ノ外部ヲ白色ニ塗リ幅約一「メートル」半ノ赤色ノ横筋ヲ施シテ之ヲ標識スヘシ

四　病院船ハ総テ其ノ国旗ト共ニ「ジエネヴア」条約ニ定メタル白地ニ赤十字ノ旗ヲ掲ケテ之ヲ標識スヘシ

第七条　総テ捕獲セラレタル艦船内ニ在リテ教法医療及看護ニ従事スル人員ハ侵スヘカラサルモノニシテ俘虜ト為スコトヲ得ス

第八条　凡ソ艦船内ニ在ル海陸軍人ノ傷者病者ハ其ノ何レノ国籍ニ属スルニ論ナク捕獲者ニ於テ之ヲ保護介抱スヘシ

（3）戦地にある軍隊の傷者及び病者の状態の改善に関する千九百四十九年八月十二日のジュネーヴ条約（1949年）

第二四条　傷者若しくは病者の捜索，収容，輸送若しくは治療又は疾病の予防にもつぱら従事する衛生要員，衛生部隊及び衛生施設の管理にもつぱら従事する職員並びに軍

隊に随伴する宗教要員は，すべての場合において，尊重し，且つ，保護しなければならない．

第二六条　一　各国赤十字社及びその他の篤志救済団体でその本国政府が正当に認めたものの職員のうち第二十四条に掲げる要員と同一の任務に当るものは，同条に掲げる要員と同一の地位に置かれるものとする．但し，それらの団体の職員は，軍法に従わなければならない．

第三八条　スイスに敬意を表するため，スイス連邦の国旗の配色を転倒して作成した白地に赤十字の紋章は，軍隊の衛生機関の標章及び特殊記章として維持されるものとする．

もっとも，赤十字の代りに白地に赤新月又は赤のライオン及び太陽を標章として既に使用している国については，それらの標章は，この条約において同様に認められるものとする．

II　日本赤十字社に関する国内法令および関連規則

1　戦前

（1）博愛社社則（明治10年5月）

第一条　本社ノ目的ハ戦場ノ創者ヲ救フニアリ一切ノ戦事ハ曾テ之ニ関セス

第四条　敵人ノ傷者ト雖モ救ヒ得ヘキモノハ之ヲ収ムヘシ

第五条　官府ノ法則ニ謹遵スルハ勿論進退共ニ陸海軍医長官ノ指揮ヲ奉スヘシ

（2）日本赤十字社社則（明治20年5月）

第一条　本社ハ戦時ノ傷者病者ヲ救療愛護シ力メテ其苦患ヲ軽減スルヲ目的トス

第三条　本社ハ千八百六十三年「ヂュネーヴ」府ニ開設セル万国会議ノ議決及ヒ千八百六十四年八月同府ニ於テ欧州諸政府ノ間ニ締結セル条約ノ主義ニ従フモノトス

第四条　本社ハ第一条ノ目的ヲ達スル為メ左ノ事業ヲ執行スルモノトス

第一　平時ニ於テハ傷者病者ノ救護ニ適応スヘキ人員ヲ養成シ物品ヲ蒐収シ務メテ戦時ノ準備ヲ完全ナラシムル事

第二　戦時ニ於テハ軍医部ニ付随シ之ヲ幇助シテ傷者病者ノ救護ニ尽力スル事

第七条　本社ノ事業ヲシテ両陛下眷護ノ聖意ニ適セシメ且軍陣衛生ノ諸整備ニ応セシムル為メ宮内省陸海軍省ノ監督ヲ受クルモノトス

（3）日本赤十字社条例（明治34年12月・勅令第223号）

第一条　日本赤十字社ハ陸軍大臣海軍大臣ノ指定スル範囲内ニ於テ陸海軍ノ戦時衛生勤務ヲ幇助スルコトヲ得

第三条　陸軍大臣海軍大臣ハ第一条ノ目的ノ為メ日本赤十字社ヲ監督ス

第四条　第一条ノ勤務ニ服スル日本赤十字社ノ救護員ハ陸海軍ノ規律ヲ守リ命令ニ服スルノ義務ヲ負フ

第六条　戦時服務中日本赤十字社ノ理事員，医員，調剤員及看護婦監督ハ陸海軍将校相当官ノ待遇ニ，書記，調剤員補，看護婦長，看護人長及輸長ハ下士ノ待遇ニ，看護婦，看護人及輸送人ハ卒ノ待遇ニ準ス

（4）日本赤十字社令（昭和13年9月・勅令第635号）

第一条　日本赤十字社ハ救護員ヲ養成シ救護材料ヲ準備シ陸軍大臣，海軍大臣ノ定ムル

所ニ依リ陸海軍ノ戦時衛生勤務ヲ幇助ス
第三条　陸軍大臣，海軍大臣ハ第一条ノ目的ノ為日本赤十字社ヲ監督ス
第六条　陸軍大臣，海軍大臣ハ何時ニテモ官吏ヲ派シ日本赤十字社ノ資産帳簿等ヲ検査セシムルコトヲ得
第七条　陸軍大臣，海軍大臣ハ日本赤十字社ノ事業ニ関シ監督上必要ナル命令ヲ為スコトヲ得
第八条　陸海軍ノ戦時衛生勤務ニ服スル日本赤十字社救護員ハ陸海軍ノ紀律ヲ守リ命令ニ服スルノ義務ヲ負フ

（5）日本赤十字社看護婦養成規則（明治22年6月）
第一条　本社看護婦養成所ヲ設ケ生徒ヲ置キ卒業後戦時ニ於テ患者ヲ看護セシムル用ニ供ス
第二条　看護婦生徒ヲ志願スル者ハ修学年間専ラ之ニ従事シ且ツ卒業后二ヶ年間病院ニ於テ看護婦ノ業務ニ服シ後二十年間ハ身上ニ何等ノ異動ヲ生スルモ国家有事ノ日ニ際セハ速ニ本社ノ召募ニ応シ患者看護ニ尽力センコトヲ誓フ可シ
第三条　看護婦生徒ニ採用ス可キ者ハ左ノ資格ヲ備ヘンコトヲ要ス
　一　年齢二十年以上三十年以下ノ者
　一　身体強壮ニシテ性質温厚ナル者
　一　従来ノ履歴品行ニ尤ム可キ所ナキ者
　一　普通ノ文字ヲ読ミ得仮名交リ文ヲ作リ算術ノ心得アル者
　一　本社ニ於テ確実ト認ムル東京府下在住ノ保証人二名アル者

（6）日本赤十字社戦時救護規則（明治36年11月）
第一条　日本赤十字社ノ戦時救護事業ハ西暦千八百六十四年八月二十二日瑞西国ヂュネーヴ府ニ於テ欧羅巴諸政府ノ間ニ締結シ明治十九年十一月十五日ヲ以テ日本帝国政府ノ加盟シタル条約及ヒ千八百九十九年七月二十九日和蘭国海牙府ニ於テ各国政府ノ間ニ協定セル千八百六十四年八月二十二日ヂュネーヴ条約ノ原則ヲ海戦ニ応用スル条約ノ主義ニ従フ
第二条　戦時救護事業ハ左ノ救護団体ヲ以テ之ヲ執行ス
　一　救護班
　二　患者輸送縦列
　三　病院船
　四　患者休養所
　五　材料庫
第五条　救護団体ノ勤務ハ陸海軍戦時衛生勤務ノ規定ニ随ヒ且ツ所属陸海軍官司ノ指揮及ヒ監督ノ下ニ之ヲ施行ス
第七条　救護団体ノ編成ハ戦時事変ノ際社長陸軍大臣又ハ海軍大臣ノ命ヲ受ケ或ハ認可ヲ得テ之ヲ行フ
第一六条　救護員ハ局外中立ヲ守リ決シテ交戦動作ニ関与スヘカラス
第一八条　救護員ハ之ヲ分テ理事員，医員，調剤員，看護婦監督，書記，調剤員補，看護婦長，看護人長，輸長，看護婦，看護人，輸送人トス
第二九条　理事ハ所属団体ニ敵ノ傷病者ヲ収療シタルトキハ陸戦ノ法規慣例ニ関スル条約附属ノ規則第十四条ノ規定ヲ執行スヘシ

第四〇条　戦地ニ於ケル救護班ノ事業ハ兵站管区内ニ於テ執行スルヲ例トス

（7）戦時衛生勤務令（陸軍省・明治27年6月）

第三二七　日本赤十字社救護員ノ派遣ハ陸軍大臣之ヲ命ス其必要ノ人員ハ野戦衛生長官又ハ陸軍省医務局長之ヲ定メ野戦衛生長官ハ兵站総監ニ医務局長ハ直ニ陸軍大臣ニ具申スルモノト

第三二八　派遣セラレタル救護員ハ兵站総監部留守師団司令部要塞司令部対馬警備隊司令部又ハ運輸通信官衙ノ管理ニ属シ其勤務ニ関シテハ野戦衛生長官当該軍医部長及各所属長ノ指揮命令ヲ受クルモノトス

第三二九　中立徽章ハ派遣ノ命セラレタル救護員ニ限リ之ヲ装著スルコトヲ得

第三三〇　救護員ハ陸軍ノ紀律ヲ遵奉シ命令ニ服従スヘキ義務ヲ負フモノトス

第三三一　救護員ノ給料旅費被服寝具等ハ該社団ノ自弁トシ宿舎及糧食舟車馬ハ場合ニ依リ官給ス

2　戦後

（8）災害救助法（昭和22年10月・法律第118号）

第一条　この法律は，災害に際して，国が地方公共団体，日本赤十字社その他の団体及び国民の協力の下に，応急的に，必要な救助を行い，災害にかかつた者の保護と社会の秩序の保全を図ることを目的とする．

（9）日本赤十字社法（昭和27年8月・法律第305号）

第一条　日本赤十字社は，赤十字に関する諸条約及び赤十字国際会議において決議された諸原則の精神にのつとり，赤十字の理想とする人道的任務を達成することを目的とする．

第三条　日本赤十字社の特性にかんがみ，この自主性は，尊重されなければならない．

第二七条　日本赤十字社は，第一条の目的を達成するため，左に掲げる業務を行う．

一　赤十字に関する諸条約に基く業務に従事すること．

二　非常災害又は伝染病流行時において，傷病その他の災やくを受けた者の救護を行うこと．

三　常時，健康の増進，疾病の予防，苦痛の軽減その他社会奉仕のために必要な事業を行うこと．

四　前各号に掲げる業務のほか，第一条の目的を達成するために必要な業務

第二八条　日本赤十字社は，前条第一項第一号及び第二号に掲げる業務（以下「救護業務」という．）に従事させるために必要な者（以下「救護員」という．）を常時確保しておかなければならない．

日本赤十字社関連年表

年	出来事
1820	フローレンス・ナイチンゲール，フィレンツェで生まれる（5月）．
1822	佐野常民，佐賀で生まれる（12月）．
1828	アンリ・デュナン，ジュネーブで生まれる（5月）．
1839	大給恒，江戸で生まれる（11月）．
1854	フローレンス・ナイチンゲール，クリミア戦争において救護活動をおこなう（11月）．
1859	ソルフェリーノの戦いにおいて，アンリ・デュナンが救護活動をおこなう（6月）．
1862	アンリ・デュナン，『ソルフェリーノの思い出』を出版（11月）．
1863	負傷軍人救護国際委員会（五人委員会）設立（2月）．赤十字規約採択（10月）．初の赤十字社がウエルテンベルグ（現在はドイツの一部）に設立（12月）．
1864	最初のジュネーブ条約締結（8月）．
1865	イスラム教国のトルコ，ジュネーブ条約に加入（7月）．
1867	佐野常民，パリ万国博覧会において赤十字館を見学する．第1回赤十字国際会議パリ開催（8月）．
1868	明治維新．トルコにヨーロッパ・キリスト教国以外で初の赤十字社が誕生（6月）．
1869	第2回赤十字国際会議ベルリン開催（4月）．
1870	普仏戦争において，負傷軍人救護国際委員会がはじめて安否調査をおこなう（7月）．
1873	佐野常民，ウィーン万国博覧会に現地責任者として出張，岩倉使節団一行やスイス留学中の大山巌と出会う．岩倉使節団一行，ジュネーブで負傷軍人救護国際委員会メンバーと会談（6-7月）．
1875	負傷軍人救護国際委員会が赤十字国際委員会（以下ICRC）に改称（12月）．
1876	トルコが赤新月標章を使用，以降イスラム教国で赤新月が使用される．
1877	博愛社設立，博愛社社則制定（5月）．西南戦争救護．博愛社社則附言制定（8月）．
1881	博愛社社則が改正され，博愛社規則制定（1月）．
1883	ドイツ出張の柴田承桂にジュネーブ条約および赤十字社の調査依頼（4月）．
1884	第3回赤十字国際会議ジュネーブ開催，橋本綱常がオブザーバーとして出席（9月）．
1886	日本，ジュネーブ条約加入（6月）．広島博愛病院設立（10月）．日本政府，ジュネーブ条約加入を公布（11月）．博愛社病院設立（11月）．広島博愛社設立（11月）．
1887	博愛社が日本赤十字社に改称，日本赤十字社社則制定（5月）．第4回赤十字国際会議カールスルーエ開催，日赤正式参加（9月）．日本赤十字社篤志看護婦人会設立（6月）．
1888	初の災害救護である磐梯山噴火救護（7月）．アフリカ初の赤十字社として「『コンゴ』及亜非利加赤十字社」設立（12月）．
1889	日本赤十字社看護婦養成規則制定（6月）．
1890	看護婦養成開始，10名入学（4月）．トルコ軍艦エルトゥールル号沈没，難船者救護（9-10月）．
1891	濃尾地震救護（10-12月）．日赤機関誌『日本赤十字』発行（12月）．
1892	第5回赤十字国際会議ローマ開催（4月）．
1893	

年	出来事
	第1回看護婦生徒卒業式(10月).
1894	日清戦争救護(8月-96年2月).
1896	地方部看護婦養成規則制定(5月).『日本赤十字社看護学教程』刊行(6月).三陸津波救護(6-9月).
1897	第6回赤十字国際会議ウィーン開催(6月).台湾台北(1月)および台中(2月)に支部を設置.
1898	陸軍にたいする日本赤十字社戦時救護規則制定(10月).
1899	「ジュネーブ条約ノ原則ヲ海戦ニ応用スル条約」採択(5月).病院船博愛丸(4月)と弘済丸(6月)を装備.日本赤十字社戦時海軍傷病者救護規則制定(7月).
1900	北清事変救護(6月-01年6月).日本赤十字社天災救護規則制定(7月).
1901	日本赤十字社条例制定(12月).アンリ・デュナン,第1回ノーベル平和賞受賞(12月).
1902	日本赤十字社創立25周年.第7回赤十字国際会議ペテルスブルグ開催(5-6月).佐野常民死去(12月).
1903	創立25周年を機に打ち出された社業整理方針をうけて,日本赤十字社支部病院設立準則制定(7月).それまでの戦時救護規則を統合し,日本赤十字社戦時救護規則制定(11月).
1904	初の支部病院として,三重支部山田病院開院(2月).日露戦争救護(2月-06年3月).
1905	大連に関東州委員部設置(12月).
1906	ジュネーブ条約改正(7月).サンフランシスコ地震被災者へ義援金送付(5,6,8月).
1907	第8回赤十字国際会議ロンドン開催,結核に関して決議をおこなう(6月).
1908	日本赤十字社戦時救護規則改正(11月).

年	出来事
1909	満州委員部奉天病院開院(11月).
1910	大給恒死去(1月).『甲種看護教程』上下巻刊行(4,5月).フローレンス・ナイチンゲール死去(8月).アンリ・デュナン死去(10月).
1911	『日本赤十字社史稿』刊行(12月).
1912	中国紅十字会承認(1月).第9回赤十字国際会議ワシントン開催,昭憲皇太后基金設立およびフローレンス・ナイチンゲール記章を制定(5月).大正改元(7月).
1913	日本赤十字社結核予防撲滅準則制定(6月).日赤機関誌『日本赤十字』を『博愛』に改称(11月).
1914	第一次世界大戦救護(9月-16年9月).初の結核療養所として,大阪支部療養所開設(9月).英仏露3ヶ国へ救護班派遣(10月-16年9月).初の看護婦戦地(青島)派遣(11月).日本赤十字社俘虜救恤委員規程制定,俘虜救恤委員設置(12月).
1917	ロシア革命.
1918	ICRCパラヴィチーニ代表が国内捕虜収容所を視察(6-7月).シベリア出兵救護(7月-22年10月).
1919	日英米仏伊の赤十字社によりカンヌ会議開催(2月).赤十字社連盟創設(5月).
1920	第1回赤十字社連盟総会パリ開催(3月).第1回ナイチンゲール記章授与,日赤看護婦3名受賞(5月).ポーランド孤児第1回受入れ(7月-21年7月).
1921	第10回赤十字国際会議ジュネーブ開催(3-4月).北樺太へ救護班派遣(7月-25年4月).最初の昭憲皇太后基金の配分(11月).
1922	日本赤十字社戦時救護規則改正(5月).日本赤十字社産院開設(5月).ポーランド孤児第2回受入れ(8月).滋賀支部において初の少年赤十字団設立(10月).第1回東洋赤十字会議バンコク開催(11-12月).
1923	

年	出来事
	第11回赤十字国際会議ジュネーブ開催(8-9月).関東大震災救護(9月-24年6月).
1924	イラン赤獅子太陽社承認(5月).
1925	第12回赤十字国際会議ジュネーブ開催(10月).
1926	第2回赤十字東洋赤十字会議東京開催(11月).参考館開館(12月.32年10月に赤十字博物館と改称).昭和改元(12月).初の救急法講習会である衛生講習会開始.
1927	京都府丹後地方震災救護(3月)
1928	済南事変救護(6月-10月).第13回赤十字国際会議ハーグ開催(10月).
1929	ジュネーブ条約改正(7月).『日本赤十字社史続稿』上下巻刊行(10月).
1930	第14回赤十字国際会議ブリュッセル開催(10月).霧社事件救護(10-12月).
1931	満州事変救護(11月-33年8月).
1932	上海事変救護(2月-33年8月).
1933	赤十字デー開始(11月15日:1864年ジュネーブ条約の公布日).
1934	日本赤十字社令制定(9月).第15回赤十字国際会議東京開催(10月).
1935	水上救助法講習会実施要領制定(2月).
1936	スペイン内乱の犠牲者にたいして日赤,ICRCに救援金送付(10月,1939年2月).
1937	日中戦争救護開始(7月).
1938	第16回赤十字国際会議ロンドン開催(6月).日赤の支援により,満州国赤十字社設立(7月).
1939	第2次世界大戦勃発(9月).
1941	「赤十字デー」が「赤十字日」に改称(11月).太平洋戦争救護開始(12月).
1942	日本赤十字社俘虜救恤委員部規則制定,俘虜救恤委員部を設置(1月).日本赤十字社戦時救護規則改正,救護事業を統括する救護本部の設置を規定(7月).
1943	日本赤十字社救護本部設置(1月).ICRCヴィシャー代表,ボルネオで日本海軍にスパイ容疑で捕らえられ夫人とともに処刑(12月).
1944	病院船うらる丸(9月)および旭邦丸(10月)撃沈,日赤看護婦14名死亡.
1945	空襲被災者のための日赤支部・病院による救護活動.マルセル・ジュノー駐日首席代表として訪日(8月),広島原爆被害者を救護(9月).連合国総司令部,日赤再建のため顧問派遣(10月).日本赤十字社篤志看護婦人会廃止(10月).日本赤十字社救護本部廃止(11月).
1946	看護教育模範学院開校(6月),聖路加女子専門学校と看護婦教育を合同でおこなう(-53年).
1947	日本赤十字社令廃止(1月).災害救助法制定,日赤の災害救助を規定(10月).
1948	「青少年赤十字の手引」配布,青少年赤十字が新制度で再出発(6月).第17回赤十字国際会議ストックホルム開催,日赤はオブザーバーとして出席(8月).群馬第532班の解散をもって,第2次世界大戦派遣救護班が全て解散(11月).
1949	ジュネーブ条約改正,ジュネーブ四条約採択(8月).『赤十字家庭新聞』創刊(8月).
1950	赤十字デーを11月15日から5月8日(アンリ・デュナン誕生日)に変更.朝鮮戦争勃発,連合軍総司令部の命令により看護婦を国連軍病院に派遣.
1951	日赤機関誌『博愛』第741号をもって廃刊(6月).
1952	日本赤十字社血液銀行開設(4月).第18回赤十字国際会議トロント開催,日赤正式参加で国際赤

年	出来事
	十字復帰を果たす(7-8月).日本赤十字社法制定(8月).
1953	在中国(3月-58年7月)・ソ連(12月-56年12月)残留邦人引揚げ事業.
1954	日本赤十字女子短期大学開校(4月).第23回赤十字社連盟理事会(オスロ開催)において日赤,原水爆実験禁止を提案(5月).
1955	日本赤十字社救護規則制定,従来の戦時・災害救護に関する諸規則を廃止(6月).
1956	在朝鮮残留邦人引揚げ事業(4月).日本赤十字社広島原爆病院開院(9月).赤十字奉仕団規則制定,赤十字奉仕団の制度整備(10月).
1957	第19回赤十字国際会議ニュー・デリー開催(10-11月).
1958	日本赤十字社長崎原爆病院開院(5月).
1959	在ベトナム残留邦人引揚げ事業(3月-61年6月).在日朝鮮人北朝鮮帰還事業(12月-67年12月).
1960	コンゴ動乱に戦後初の日赤医療班海外派遣(8月-11月).
1961	災害対策基本法制定,日赤を指定公共機関に指定(11月).
1963	日赤機関誌『赤十字家庭新聞』を『赤十字新聞』と改題(1月).赤十字百周年記念国際会議開催(8-9月).
1964	ライシャワー事件をうけて,献血推進の閣議決定(8月).新潟地震救護(6-8月).
1965	第20回赤十字国際会議ウィーン開催,赤十字基本原則を決議(10月).
1969	第21回赤十字国際会議イスタンブール開催(9月).
1970	東南アジア太平洋地域青少年赤十字国際セミナー「こんにちは'70」開催(7-8月).
1971	在日朝鮮人北朝鮮帰還事業再開(5月-84年7月).
1973	第22回赤十字国際会議テヘラン開催(11月).
1974	国際人道法の再確認と発展のための外交会議ジュネーブ開催(2月-77年6月).初の老人福祉施設である特別養護老人ホーム錦江園開設(6月).視覚障害者のための神奈川県ライトセンター開設(8月).
1975	「はたちの献血」キャンペーン開始(1月).
1977	日本赤十字社創立百周年.ジュネーブ条約追加議定書採択(6月).第23回赤十字国際会議ブカレスト開催(10月).
1980	イラン革命により,イラン赤獅子太陽社がイラン赤新月社に改称(10月).
1981	第24回赤十字国際会議マニラ開催(11月).
1982	フォークランド戦争勃発,ジュネーブ第2条約がはじめて適用される(4-6月).
1983	「NHK海外たすけあい」キャンペーン開始(2月).第3回赤十字社連盟総会ジュネーブ開催,連盟の名称を「赤十字・赤新月社連盟」に改称(10月).
1985	日航機墜落事故救護(8-9月).
1986	日赤初の看護大学である日本赤十字看護大学開学(4月).第25回赤十字国際会議ジュネーブ開催,会議の名称を「赤十字・赤新月国際会議」に改称(10月).
1988	台湾住民元日本兵への特定弔慰金等支給業務開始(4月).
1989	平成改元(1月).在サハリン「韓国人」支援事業開始(7月).
1990	東西ドイツ統一(10月),東西ドイツ赤十字社統合(91年1月.ICRC 91年7月承認).対ロシア人道

年	出来事
	支援(12月-95年5月).
1991	湾岸戦争(1月). 第8回赤十字・赤新月社連盟総会ブダペスト開催,連盟の名称を「国際赤十字・赤新月社連盟」に改称(11月).
1993	北海道南西沖地震救護(7-9月).
1994	中華航空機墜落事故救護(4月).
1995	阪神・淡路大震災救護(1-3月). 第26回赤十字・赤新月国際会議ジュネーブ開催(12月).
1996	ペルー日本大使公邸人質事件救援(12月-97年5月).
1997	対人地雷禁止条約(オタワ条約)採択(9月).
1998	国際刑事裁判所に関するローマ規程採択(7月).
1999	血液の安全性向上のため,核酸増幅検査(NAT)を全献血者の血液に実施(10月). 第27回赤十字・赤新月国際会議ジュネーブ開催(10-11月).
2000	標章問題を討議するため第28回赤十字・赤新月国際会議を開催する予定であったが,中東情勢悪化のため延期(11月).
2001	インド大地震救援,初の緊急対応ユニット(ERU)使用(1-3月). アメリカ同時多発テロ事件発生(9月).
2002	小泉首相訪朝,日赤が要請していた拉致被害者安否調査に朝鮮赤十字会が回答(9月).
2003	安全な血液製剤の安定供給の確保等に関する法律成立,献血推進事業に法的裏付けができる(7月). 第28回赤十字・赤新月国際会議ジュネーブ開催(12月).
2004	国民保護法成立,日赤の武力攻撃事態における役割規定(6月). 新潟県中越地震救護(10-12月). スマトラ島沖地震・津波災害救援(12月-).
2005	ジュネーブ条約第3追加議定書採択(12月).
2006	第29回赤十字・赤新月国際会議ジュネーブ開催,「赤いクリスタル」標章導入のため内部規則改正, ICRCがイスラエル・ダビデの赤盾社およびパレスチナ赤新月社承認(6月). 本人確認のための献血カードを導入し,血液の安全性確保を図る(10月).
2007	能登半島地震(3-4月)および新潟県中越沖地震救護(7月). 第30回赤十字・赤新月国際会議ジュネーブ開催(11月).
2008	クラスター爆弾禁止条約採択(5月).
2009	ICRC,駐日事務所開設(2月). 赤十字思想誕生150周年記念キャンペーン,原宿・表参道で開催(5月).

［付記］
負傷軍人救護国際委員会から赤十字国際委員会への改称年については, Hans Haug, *Humanity for all : The International Red Cross and Red Crescent Movement*, Berne, Stuttgart and Vienna, Haupt, 1993, p. 52. に依拠した. なお, ハウグ氏は1983年から1991年までICRCの委員であり, この出版に関してはアンリ・デュナン研究所の協力をえている. 今回改めてICRCに問い合わせたところ, 改称の決定が1875年12月, はじめて公にしたのが1876年2月との回答(2009年10月7日付)であった.